Walter Laqueur

Der Schoß ist fruchtbar noch

Walter Laqueur

Der Schoß ist fruchtbar noch

Der militante Nationalismus der russischen Rechten

Aus dem Englischen
von Thomas Pfeiffer und Renate Weitbrecht

verlegt bei Kindler

Titel der Originalausgabe:
Black Hundred
The Rise of Russian Fascism
© 1993 by Walter Laqueur
Originalverlag: Harper Collins, New York

Die Deutsche Bibliothek – CIP-Einheitsaufnahme

Laqueur, Walter:
Der Schoß ist fruchtbar noch: der militante Nationalismus der russischen Rechten
Walter Laqueur. Aus dem Engl. von
Thomas Pfeiffer und Renate Weitbrecht
München: Kindler, 1993
Einheitssacht.: Black Hundred <dt.>
ISBN 3-463-40212-2

Umschlaggestaltung: Graupner & Partner, München
Umschlagphoto: © Jürgens, Berlin
Satzarbeiten: Dr. Ulrich Mihr, Tübingen
Druck und Bindung: Ebner Ulm
Printed in Germany
ISBN 3-463-40212-2
5 4 3 2 1

Inhalt

Teil 4

Kampf um die Macht seit 1987

Einleitung

Einmal mehr steht Rußland am Beginn einer *Smuta,* einer Zeit der Wirren. Wie lange sie dauern wird, und wie Rußland danach aussehen wird, kann niemand vorhersagen. Was man allerdings bereits jetzt mit Sicherheit erkennen kann, ist die Wiederkehr einer nationalistischen Bewegung, deren Anhänger fest daran glauben, daß Rußland nur durch eine starke, autoritäre Regierung gerettet werden kann, die eine konservative Politik verfolgt und Recht und Ordnung wiederherstellt. Das vorliegende Buch untersucht die Ursprünge dieser Bewegung, ihre Stärken und ihre inneren Widersprüche.

Auch unabhängig von diesem radikalen Nationalismus driftet die russische Politik insgesamt in ein »nationaleres« Fahrwasser ab, und es ist absehbar, daß sich dieser Trend noch verstärken wird. Er ist die unvermeidliche Reaktion auf den Zusammenbruch der alten Sowjetunion. Viele Millionen Russen leben außerhalb des neuen Rußlands, und auf der anderen Seite fordern separatistische Volksgruppen innerhalb Rußlands, wie etwa die Tataren, Autonomie oder gar volle Unabhängigkeit. Gäbe die russische Republik diesen Forderungen in vollem Umfang nach, würde sie ihre eigene Existenz in Frage stellen. Vielleicht ließen sich die Probleme mit etwas gesundem Menschenverstand und Kompromißbereitschaft lösen oder wenigstens entschärfen. Aber das sind Tugenden, an denen es in Krisenzeiten noch immer gemangelt hat, und da alle nichtrussischen Republiken und Nationalitäten einen stark nationalistischen Kurs steuern, scheint ein Konflikt unausweichlich. Das Zeitalter des Nationalismus und der Nationalitätenkonflikte, das in Europa 1945 zu Ende ging, dämmert wieder über Osteuropa und der ehemaligen Sowjetunion herauf.

Lange Zeit richteten westliche Wissenschaftler ihr Hauptaugenmerk auf die russische Linke. Und das nicht ohne Grund: Nach 1917, dem Jahr der entscheidenden Niederlage der Rechten, blieb die

Verbreitung rechten Gedankenguts auf sektiererische Gruppen von Exilrussen in Ländern wie dem Vorkriegs-Jugoslawien und dem Nachkriegs-Argentinien oder auf kleine Zirkel sowjetischer Dissidenten beschränkt. Die Rechte war politisch bedeutungslos, ideologisch blaß und uninteressant. Wozu also Zeit auf das Studium kleiner Gruppen von Exzentrikern verwenden, deren Zukunftsaussichten gleich Null zu sein schienen?

Zugegeben, diese Beschreibung ist nicht ganz korrekt. Nationalismus und rechtsgerichtete Ideen wurden zwar unterdrückt, aber beileibe nicht ausgerottet. Seit Stalin, der aus Not den »Sozialismus in einem Land« propagiert hatte, nahm die Politik der Sowjetunion immer nationalere Züge an. Die Kommunisten behaupteten zwar von sich, sie seien die Partei der Linken, doch viele Beobachter, darunter nicht wenige Exilrussen, erkannten, daß Rußland ebenso nationalistisch geworden war wie einst unter den Zaren. Bereits in den frühen zwanziger Jahren hatten viele, vor allem Emigranten, prophezeit, daß das sowjetische Regime zunehmend auf einen nationalistischen und russisch-traditionalistischen Kurs einschwenken und das sozialistische Element allmählich in den Hintergrund drängen würde. Zu diesen Gruppen gehörte auch die »Neue Vechi-Bewegung« in Berlin und Paris; einige ihrer führenden Vertreter kehrten später nach Rußland zurück, scheiterten aber größtenteils. Sie hatten zwar eine bestimmte Entwicklung richtig vorausgesehen, sich aber um einige Jahrzehnte verschätzt. In einigen Punkten waren ihre Prognosen zutreffend, in anderen völlig falsch. In meinem ersten Artikel über die russische Geschichte behandelte ich das Phänomen der Vechi-Bewegung. Dabei habe ich gelernt, daß es verhältnismäßig einfach ist, neue geistige und politische Trends schon im Ansatz zu erkennen. Aber nicht alle Trends entwickeln sich weiter, und wenn, dann sorgen Hemmfaktoren dafür, daß die Entwicklung nur langsam voranschreitet.

Erst das größte politische Erdbeben unserer Zeit, der Zusammenbruch des Kommunismus und der Sowjetunion, ermöglichte der russischen Rechten die Rückkehr. Solange das Sowjetregime noch existierte, konnte ein russischer Nationalist allenfalls auf eine Art Nationalbolschewismus hoffen – eine Bewegung, die noch heute ihre Anhänger hat. Erst nach dem Zerfall der offiziellen Sowjetideologie konnte traditionelles rechtes Gedankengut wieder offen propagiert werden. Dagegen ließe sich einwenden, daß das Jahr 1987 im Grunde gar kein entscheidender Wendepunkt gewesen sei; so sei der Unterschied zwischen dem offiziellen Antizionismus in der Zeit vor den Reformen und dem darauffolgenden Antijudaismus gar nicht so groß gewesen. Jedermann habe gewußt, daß »Antizionismus« ein Codewort sei, dessen wahre Bedeutung auch dem Ungebildetsten nicht verborgen geblieben sei. Oder, um ein anderes Beispiel zu nennen: »Russophobie« sei zwar das Schlagwort der letzten Jahre gewesen, doch habe es bereits vorher existiert, nur unter anderen Namen wie »Antisowjetismus«. Solche Einwände enthalten durchaus ein Körnchen Wahrheit. Aber ebenso wahr ist, daß es vor der Glasnost-Ära unmöglich war, die Staatsideologie offen zu kritisieren, geschweige denn, den Monarchismus oder die Weißen Armeen des Bürgerkrieges zu verherrlichen.

Der Zusammenbruch des Sowjetkommunismus hinterließ ein ideologisches und politisches Vakuum, und ein solches Vakuum wird in Rußland als unnatürlich empfunden, mehr noch als anderswo. Einige sahen im Sturz der Diktatur die große Chance, im Zuge der weltweiten Demokratisierung Rußland die Freiheit wiederzugeben und endlich den Traum zu verwirklichen, den Generationen von russischen Intellektuellen gehegt hatten. Aber die Chancen standen von Anfang an schlecht. Demokratische Traditionen waren in der russischen Geschichte nie tief verwurzelt. Zudem war absehbar, daß der Zusammenbruch der Sowjetherrschaft in eine ernste Krise führen würde – politisch, sozial und wirtschaftlich. Solche Krisenzeiten sind der Stärkung demokratischer Institutionen nicht förderlich. So gesehen hatten die rechtsgerichteten nationalistischen Kräfte gute Aussichten im Kampf um die Seele Rußlands und seine politische Zukunft.

Die vorliegende Studie beschäftigt sich mit der äußersten Rechten und den extremen Nationalisten in Rußland. Aber aggressiver Chauvinismus und Fremdenhaß finden sich in allen Nachfolgestaaten der Sowjetunion, dementsprechend düster sind, zumindest was die nähere Zukunft angeht, die Aussichten für die Demokratie in den meisten Republiken, selbst in den am höchsten entwickelten. Sie wären heute rosiger, wenn die Republiken einen *modus vivendi* gefunden hätten, der es ihnen ermöglichte, auf der Basis friedlicher Koexistenz zusammenzuarbeiten. Aber eine solche Verständigung blieb aus, und die Folge war eine Verschärfung der nationalistischen Spannungen. Sollte die Demokratie in Rußland tatsächlich scheitern, so wird die Liste der Schuldigen lang sein, angefangen bei den Zaren und den kommunistischen Herrschern, die es versäumt haben, ihr Reich beizeiten in einen Commonwealth freier Nationen umzuwandeln. Aber auch die Separatisten, die ihre neugewonnene Freiheit nicht dazu benutzt haben, Versöhnung und Ausgleich zu suchen, sondern gegeneinander und gegen Rußland Politik machten und gewissermaßen über Nacht von Unterdrückten zu Unterdrückern wurden, stehen in der Verantwortung.

Wie stellt sich nun, kurzgefaßt, die Position der russischen Nationalisten dar? Nun, die Rechte hätte einen langsamen, schrittweisen Umbau der Sowjetunion vorgezogen. Der Preis, der für die Abschaffung des alten Systems bezahlt werden mußte, also der Verlust aller nichtrussischen Republiken einschließlich der Ukraine, war ihr zu hoch. Im August 1991 wurden binnen weniger Tage drei Jahrhunderte russischer Geschichte ungeschehen gemacht, und der Grund hierfür war ihrer Meinung nach die Schwäche der zentralen Führung. Um zu retten, was noch zu retten ist, bedürfe es einer geistigen und politischen Wiedergeburt, einer Rückbesinnung auf die nationalen und religiösen Werte des russischen Volkes. Der Versuch, westliche Werte zu übernehmen und westliche Institutionen zu kopieren, sei dagegen zum Scheitern verurteilt. Rußland sei schon immer seinen eigenen Weg gegangen, und politische Systeme, die anderswo funktionierten, seien für Rußland ungeeignet. Dies gelte auch für die parlamentarische Demokratie. Wie schrieb schon Solschenizyn: Die Rivalität der Parteien verzerrt den Willen des Volkes. Nach Meinung der Nationalisten braucht das Land in dieser schwierigen Zeit nicht nur eine starke Führung, sondern auch eine Reihe nationaler und religiöser Grundsätze, an denen es sich in den kommenden Jahren (oder Jahrzehnten) wieder aufrichten kann. Diese Grundsätze existierten, man müsse sie nur unter den Trümmern hervorholen und den Menschen wieder zu Bewußtsein bringen. Die einzige Alternative sei der Nihilismus, der weitere Niedergang, ein Abdriften in die Anarchie, vielleicht sogar die Auslöschung des russischen Volkes.

Das ist, in aller Kürze, die Haltung der »Russischen Partei« (im Gegensatz zu den »Westlern«[1]). Zumindest bis zu einem gewissen

Grad teilen auch einige Liberale diese Haltung. Auch sie sind der Meinung, daß sich noch nie in der Geschichte eine Gesellschaft von einem totalitären System in eine Demokratie verwandelt hat (außer nach einer totalen Niederlage im Krieg und nachfolgender militärischer Besatzung). Immer habe es eine Übergangszeit gegeben, in der eine starke, autoritäre Zentralregierung die Führung übernommen habe.

Je schlimmer die Lage wurde, desto überzeugender erschienen die Parolen der Russischen Partei. Aber ihre Argumentation krankte an einigen grundsätzlichen Schwächen und Widersprüchen. So behaupteten die russischen Nationalisten immer, daß das frühere (kommunistische) Regime eine Politik des »nationalen Nihilismus« verfolgt habe. Damit taten sie Stalin und seinen Erben unrecht, die in ihrem antikosmopolitischen Eifer kaum zu übertreffen gewesen waren. So hatte man unter Stalin behauptet, daß alle wichtigen Erfindungen von Russen gemacht worden seien. Und bereits in den dreißiger Jahren hatte man die traditionellen Helden der russischen Geschichte wieder auf den Sockel gehoben, von Alexander Newskij bis zu den Generälen des 19. Jahrhunderts. Heute wird zwar neben Dmitrij Donskoj, dem Helden der Schlacht auf dem Schnepfenfeld (Kulikowo Pole) im Jahr 1380, auch Sergej von Radonesch als Nationalheld verehrt, jener Priester, der Dmitrij und seine Soldaten am Vorabend der Schlacht gegen die Tataren geweiht hatte. Aber das ist lediglich eine Akzentverschiebung, keine geistige Revolution. Die dringlichsten Probleme, vor denen Rußland heute steht, sind ökonomischer und sozialer Natur. Doch die russischen Nationalisten haben kein Wirtschafts- oder Sozialprogramm. Sie haben zwar lautstark ihren Unmut zum Ausdruck gebracht, doch bis auf Allgemeinplätze zum Thema nationales Interesse und nationale Solidarität haben sie bis dato keine konkreten Alternativen vorgeschlagen. Nationalismus kann immer noch ein wirksames Mittel sein, die Unzufriedenen, die Benachteiligten und darüber hinaus all jene zu mobilisieren, deren patriotische Gefühle verletzt wurden und die glauben, daß zur Rettung des Vaterlands radikale oder gar gewaltsame Maßnahmen vonnöten seien.

In Rußland gab es zu allen Zeiten einen Hang zu Radikalismus und Extremismus, die Neigung, jenseits aller Vernunft an einer Idee oder einem Ideal festzuhalten. Der Sozialismus, eine politische Doktrin, aus der in anderen Ländern die Sozialdemokratie und der Wohlfahrtsstaat hervorgingen, verwandelte sich hier in einen Alptraum. Die gleiche Gefahr droht vom Nationalismus. Er ist eine explosive Kraft und könnte sich, wenn er durch Haß und Egoismus angeheizt wird und seine Ziele ohne Rücksicht auf alle anderen Werte verfolgt, in ein ähnliches Ungeheuer verwandeln.

Kommunismus und Nationalismus waren schon immer meine Hauptinteressensgebiete. In den sechziger Jahren forschte ich über die ideologischen Ursprünge des Faschismus und stieß dabei auf die »Schwarze Hundert« und die *Protokolle der Weisen von Zion.*[2] Die Tatsache, daß ich zu einer Zeit, da die nationalen Leidenschaften in Europa hohe Wellen schlugen, unter einem totalitären Regime aufwuchs, hilft mir, so glaube ich, den Nationalismus anderer Menschen zu verstehen. Aber diese Erfahrung hat mich auch gelehrt, daß historische Parallelen nur von beschränkter Gültigkeit sind. Westliche und russische Schriftsteller vergleichen die gegenwärtige Entwicklung gern mit der Endphase der Weimarer Republik und dem Aufstieg der Nazis. Und in der Tat gibt es einige auffällige ideologische Gemeinsamkeiten (mehr darüber weiter unten). Aber die Unterschiede sind kaum weniger zahlreich. Die politische Konstellation im postkommunistischen Rußland unterscheidet sich grundlegend von der Situation im Deutschland des Jahres 1932.

Wir leben in einer Zeit der politischen Polarisierung und Radikalisierung, und Ausländer, die kritisch und distanziert über die russische Rechte schreiben, sehen sich schnell dem Vorwurf der Russophobie ausgesetzt. Dieses Buch wurde ohne polemische Absichten geschrieben. Daß es in Rußland eine rechtsextremistische Bewegung gibt, ist keine besonders schockierende Erkenntnis. Parteien dieser Couleur gibt es praktisch in allen europäischen Ländern, in Amerika und in vielen anderen Staaten. Warum also sollte ausgerechnet Rußland eine Ausnahme machen?

Ich bin kein Russe, und das Leid der Russen ist nicht das meine. Aber ich kann verstehen, was sie in Anbetracht der katastrophalen Entwicklung empfinden, und ich fühle mit ihnen. Ich kenne die Verhältnisse in ihrem Land gut genug, um zu wissen, daß die russische Geschichte nicht nur aus Knechtschaft, Rückständigkeit und verpaßten Gelegenheiten bestand. Ich bewundere vieles an der russischen Kultur, und viele Eigenschaften der Russen sprechen mich an. Das russische Volk hat, und das ist meine feste Überzeugung, ein besseres Los verdient. Die Geschichte der Nationen folgt ihren eigenen Gezeiten, und ich sehe durchaus Chancen, daß Rußland sich irgendwann in der Zukunft von der gegenwärtigen Misere erholen wird.

Ich verstehe sehr gut, daß viele Russen in dieser schweren Zeit verbittert sind und ein Gefühl der Erniedrigung empfinden. Der Zerfall des alten sowjetischen (und russischen) Imperiums war wahrscheinlich unvermeidlich. Doch die Art und Weise, wie er vonstatten ging, kam einer Katastrophe gleich. Dies könnte auf lange Sicht schlimme Folgen haben.

Wer von Rußland erwartet, daß es gegen sein offenkundiges nationales Interesse alle Forderungen der neuen Republiken erfüllt und allen separatistischen Bestrebungen nachgibt, der erwartet einen Grad der Selbstnegation, der in der Geschichte seinesgleichen sucht. In dieser Frage können russische Patrioten, ob von links oder rechts, nicht grundsätzlich unterschiedlicher Meinung sein. Es gibt kein moralisches oder historisches Gesetz, das Völkern oder Gesellschaften vorschreibt, Selbstmord zu begehen.

Die Rechte hat den Patriotismus keineswegs für sich gepachtet. In einem berühmten Aufsatz zum Tode von Konstantin Aksakow schrieb Alexander Herzen:

> Ja, wir waren ihre Gegner, aber auf eine seltsame Art. Wir hatten die gleiche Liebe, aber nicht die gleiche Art zu lieben – und wie Janus oder der doppelköpfige Adler schauten wir in verschiedene Richtungen, obwohl das Herz, das in uns schlug, dasselbe war.

In jener zivilisierteren Zeit war der Konflikt zwischen Slawophilen und Westlern ein interner Streit innerhalb der russischen Intelligenzija. Auf welcher Seite stand Peter der Große? Er stieß die Tür nach Westen am weitesten auf. Er sagte aber auch: »Wir werden einige Jahrzehnte lang Europa brauchen. Später aber müssen wir uns wieder von ihm abwenden.« Tschaadajew schrieb, er finde in der russischen Geschichte weder denkwürdige Leistungen noch erbauliche Beispiele, nur Barbarei und finsteren Aberglauben. Und trotzdem wurde er nicht wegen ausgewiesener Russophobie aus den

Reihen der Patrioten verstoßen. Selbst seine Kritiker wußten, daß es nicht Haß war, der ihn zu solchen Äußerungen bewegte, sondern die Liebe zu seinem Land, gepaart mit tiefster Verzweiflung. Ja, man war sogar bereit, einem Exzentriker wie Pecherin wenn auch nicht zu verzeihen, so doch Verständnis entgegenzubringen, als er Rußland verließ, zum römischen Katholizismus konvertierte und schrieb:

> Wie süß ist es doch, sein Heimatland zu hassen und ungeduldig auf seinen endgültigen Untergang zu warten.

Es stimmt zwar, daß mit der zweiten Generation von Slawophilen, »von der Realität abgestoßenen und sich in historische Phantasien flüchtenden Männern«, der Graben weiter aufriß. So befand Pogodin, daß Rußland sich in jeder Beziehung von Europa unterscheide, angefangen bei Klima und Landschaft, und daß es in einer großen Synthese alle Errungenschaften der Menschheit verkörpere, alle Zivilisationen in Harmonie vereine und Herz und Verstand miteinander versöhne. Aber die Vorstellung vom »verderblichen Westen« fand erst nach dem Sieg der reaktionären Kräfte im Jahr 1849 Verbreitung, allerdings wurde sie dann auch von nicht wenigen Westlern geteilt.

Ich habe von den »Westlern« und den Slawophilen des 19. Jahrhunderts gesprochen, um die Einstellung der heutigen Rechtsnationalisten zur russischen Intelligenzija in eine historische Perspektive zu rücken. Nach Meinung der Slawophilen empfinden die Demokraten (oder »Demofaschisten«, wie sie sie manchmal nennen) nicht die gleiche Liebe zu Rußland. Sie sind Eindringlinge, die das nationale Erbe verachten und einen verderblichen Einfluß ausüben, dem entgegengewirkt werden muß. Dies erinnert an die Haltung der Rechtsextremisten gegen Ende der Weimarer Republik. Auch die deutsche Rechte sah überall einen seelenlosen Materialismus am Werke und konstatierte einen allgemeinen Sittenverfall: Nationale Werte wurden in aller Öffentlichkeit ausgehöhlt, Kriminalität und sexuelle Ausschweifungen wurden verherrlicht, und entwurzelte Kosmopoliten verhöhnten alle Äußerungen eines gesunden Patriotismus.

Natürlich war dieser sittliche Verfall kein Zufall, sondern das Ergebnis einer vom Weltjudentum angezettelten Verschwörung mit dem Ziel, alles Gesunde zu unterhöhlen und Deutschland den Wiederaufstieg zur Großmacht zu verbauen. Die Intellektuellen der extremen Rechten behaupteten zwar von sich, die Mehrheit des Volkes zu repräsentieren, doch in Wahrheit fühlten sie sich schmerzlich isoliert. Der Feind war allgegenwärtig, beherrschte die öffentliche Bühne, stand immer im Rampenlicht und vergab Orden für antinationale, europäische Gesinnung. Alles, was er hervorbrachte, wurde positiv dargestellt: Relativitätstheorie und moderne Kunst, Demokratie und Bolschewismus, Kampagnen für die Abtreibung und gegen die Rechtsordnung, dekadente Negermusik und Nacktbars. Kurzum, die demokratische Intelligenz hatte eine schamlose Diktatur der Unmoral installiert.[3]

Diese Zeilen beziehen sich auf das Deutschland von 1933, sie hätten im gleichen Wortlaut aber auch von russischen Rechten in der gestrigen Ausgabe der Zeitungen DEN oder RUSSKIJ VESTNIK publiziert werden können.

Eine so tiefgreifende geistige und politische Krise, wie Rußland sie gegenwärtig erlebt, erschüttert das seelische Gleichgewicht eines Volkes und birgt die Gefahr, daß die Menschen sich in Phantasien aller Art flüchten. In einer ruhigeren Epoche hatten einige Propheten Rußlands historische Mission verkündet, die darin bestehen sollte, der gesamten Menschheit die Erlösung zu bringen. Der Glaube an die Sendung einer Nation und ihre Überlegenheit ist weder besonders bedenklich, solange er keine militärischen Konsequenzen nach sich zieht, noch ist er spezifisch russisch. Es war ein Franzose, der schrieb, daß jeder Mensch zwei Vaterländer habe, *le sien et plus la France.* Deutsche Kinder mußten jahrzehntelang in der Schule die Verse des Dichters Geibel auswendig lernen:

Und es mag am deutschen Wesen
einmal noch die Welt genesen.

Und Addison schrieb, daß jeder richtige Engländer es mit drei Franzosen aufnehmen könne, daß die Themse der erhabenste Fluß in Europa sei und daß es kein herrlicheres Kunstwerk als die London Bridge gebe.

Noch wird in Rußland nicht über die heilige Mission des russischen Volkes debattiert. Doch es gibt einen anderen Zug in der Mentalität der radikalen Rechten, der durchaus eine Bedrohung darstellt: ihr Hang zur Paranoia.

Ich werde mich in diesem Buch mit verschiedenen Formen des Verfolgungswahns und dem Glauben an Verschwörungstheorien beschäftigen. Eine der harmloseren Theorien besagt, daß immer, wenn ein Herrscher starb – von Dmitrij, dem Sohn Iwans des Schrecklichen, über Alexander I. bis hin zu Stalin –, entweder nicht alles mit rechten Dingen zuging oder der Herrscher gar nicht tot, sondern heimlich fortgeschafft worden war.[4] Dasselbe gilt in verstärktem Maße für die toten Idole der Rechten. In vielen Ländern begegnen uns solche Wahnideen in abgeschwächter Form bei Kriminalschriftstellern, Filmemachern und auch bei politischen Fanatikern. Ein Teil der Öffentlichkeit hat anscheinend eine Schwäche für Geschichten um Intrigen und Konspirationen. In Rußland hat diese Neigung Tradition. Vor rund hundert Jahren gab uns der große russische Philosoph Wladimir Solowjow eine nahezu perfekte Beschreibung dieses Phänomens:

> Stellen wir uns eine Person vor, von gesunder und kräftiger Statur, begabt und nicht unfreundlich – denn so sieht, ganz zu Recht, die allgemeine Vorstellung vom russischen Volke aus. Wir wissen, daß die Person (oder dieses Volk) zur Zeit in einem äußerst mißlichen Zustand befangen ist. Wollen wir ihr helfen, dann müssen wir zuerst verstehen, was ihr fehlt. So finden wir heraus, daß sie nicht wirklich verrückt ist, sondern ihr Geist lediglich in starkem Ausmaße von falschen Vorstellungen befallen ist, die an eine *folie des grandeurs* und eine Feindseligkeit gegenüber allem und jedem heranreichen. Gleichgültig gegenüber ihrem eigenen Vorteil, gleichgültig auch gegenüber dem wahrscheinlich eintretenden Schaden, stellt sich diese Person Gefahren vor, die es nicht gibt und gelangt so zu den absurdesten Schlußfolgerungen. Ihr scheint, daß alle Nachbarn sie beleidigen, sich vor ihrer Größe nur ungenügend verbeugen und sie in allem möglichen zu verletzen trachten. Diese Person klagt die Mitglieder der eigenen Familie an, ihr zu schaden, sie zu verraten und ins Lager des

> Feindes überzulaufen. Sie stellt sich vor, daß die Nachbarn die Fundamente ihres Hauses zu schwächen suchen und sie sogar mit Waffengewalt angreifen wollen. Also wird diese Person unglaubliche Summen für den Kauf von Kanonen, Gewehren und eisernen Schlössern aufwenden. Wenn ihr dann noch Zeit bleibt, wird sie sich gegen die eigene Familie wenden. Wir werden uns natürlich davor hüten, dieser Person Geld zu geben, obgleich wir darauf bedacht sind, ihr zu helfen. Statt dessen werden wir versuchen, sie davon zu überzeugen, daß ihre Vorstellungen falsch sind und jeglicher Grundlage entbehren. Wenn jedoch diese Person sich nicht überzeugen läßt und auf ihrem Wahn beharrt, dann werden weder Geld noch Medikamente helfen.[5]

Solowjow glaubte, daß das russische Volk innerlich stark genug sei, um sich selbst zu kurieren. Aber er räumte auch ein, daß solche Wahnideen schon ganze Völker in den Untergang getrieben hätten.

Solowjows bemerkenswert zutreffende Beschreibung dieser besonderen Schwäche, an der die extreme Rechte in Rußland leidet, wurde vor genau hundert Jahren geschrieben, also bevor es eine moderne Psychiatrie gab. Die allgemeine Situation in Rußland war damals stabil. Noch deutete nichts auf die Revolution von 1905 hin, noch war die Schwarze Hundert nicht in Erscheinung getreten, noch war der Begriff »Russophobie« nicht erfunden. Und doch gab es schon damals einen festen Glauben an allgegenwärtige Konspirationen, und dieser Glaube ist bis heute ein wichtiger Pfeiler im Gedankengebäude der Rechtsextremisten geblieben. Wenn einige Menschen schon in einer relativ ruhigen Zeit absurden Ideen anhängen, um wieviel größer ist dann die Gefahr eines kollektiven Wahnsinns in ernsten Krisenzeiten?

Ich habe diesen Aspekt deshalb so hervorgehoben, weil er in diesem Buch immer wieder ein Rolle spielen wird. Das soll aber nicht heißen, daß alle Vertreter des rechten politischen Spektrums solche Phantasien teilen. Gemäßigte und liberale Nationalisten verurteilen sie sogar aufs schärfste.

Wo zieht man die Grenze zwischen der gemäßigten und der extremen Rechten? Eine einfache Faustregel lautet: Die einen suchen den Grund für Rußlands Unglück allein in den Intrigen und Umtrieben der Feinde im In- und Ausland, die anderen sind bereit, vor der eigenen Türe zu kehren, Selbstkritik zu üben und, wo angebracht, Reue zu zeigen.

Wie bereits erwähnt, findet man Formen der politischen Paranoia beileibe nicht nur in Rußland. Sie treten überall auf, nur eben in einigen Ländern häufiger (und intensiver) als in anderen, und in der Geschichte Rußlands spielen sie eine ganz besondere Rolle. Was sind die Gründe dafür? Selbst wenn wir mehr über gruppendynamische Prozesse wüßten, über die tieferen Ursachen für Mißtrauen und Wut, über die Projektion von Haß und Schuld, so hätten wir immer noch keine zufriedenstellende Antwort. Fremdenhaß ist so alt wie die Welt. Er ist bei populistischen Bewegungen und Gruppen der extremen Rechten in vielen Ländern anzutreffen, und er war auch ein hervorstechendes Merkmal des Stalinismus. Doch Fremdenhaß ist nicht identisch mit dem Phänomen, das ich hier zu beschreiben versucht habe. Was ich meine, ist der Kampf gegen Trugbilder und Phantome, eine Art kollektiver Don Quijote, der gegen Windmühlen anrennt und sich ständig von heimtückischen Riesen bedroht fühlt, die Böses gegen ihn im Schilde führen, ein Don Quijote, der weder komisch noch tragisch ist, der jeden versöhnenden Zug vermissen läßt, der nur von Haß getrieben wird und für sich selbst und für andere eine Gefahr darstellt.

Die Psychopathologie kann uns helfen, Menschen wie Hitler oder Stalin und ihre Gefolgsleute besser zu verstehen. Aber sie kann uns nicht auf alles eine Antwort geben. Es gibt ein Element des Bösen, das mit den normalen Maßstäben für geistige Gesundheit oder Krankheit nicht zu fassen ist. Dies gilt auch für die Fanatiker der russischen Rechten. Ihre wichtigsten Beweggründe sind Ressentiments und brennender Haß, ein »Haß, der zur Auslöschung aller Werte führt«.[6] Wie tief dieser Haß sitzt, wird vielleicht nirgendwo deutlicher als in der Verachtung, mit der Rechtsextremisten in ihren Zeitungen über die »menschlichen Werte«, die angeblich allen Menschen gemein sind, schreiben.

An dieser Stelle sind ein paar Bemerkungen über den Aufbau des vorliegenden Buches angebracht. Der »russische Gedanke«, so wie er heute von der extremen Rechten interpretiert wird, enthält nichts wesentlich Neues. Die Mischung mag neu sein, nicht aber die Zutaten. Um den Ursprüngen dieses Gedankens nachzuspüren, müssen wir in der Geschichte zurückgehen. Deshalb beschäftigt sich der erste Teil dieses Buches mit den vorrevolutionären Doktrinen. Auf ihnen basieren die modernen Ideologien, von ihnen beziehen sie ihre Anregungen. Ferner mußte ich mich mit Dostojewskij, den Slawophilen und der orthodoxen Kirche auseinandersetzen, obwohl sie alle für die Pamjat-Bewegung genausowenig verantwortlich gemacht werden können wie etwa Fichte oder Nietzsche für Adolf Hitler. Ideologisch stehen die Schwarze Hundert und ihre emigrierten Anhänger der extremen Rechten von heute sehr viel näher; auf diesen Zusammenhang werde ich noch im einzelnen eingehen. Doch nicht nur unter den Emigranten entstand eine »Russische Partei«. Vorläufer einer solchen Bewegung gab es nach dem Zweiten Weltkrieg auch in der Sowjetunion selbst; auch auf sie wird in diesem Zusammenhang eingegangen. Im Anschluß daran werden die aktuellen Manifestationen rechter Theorie und Praxis diskutiert.

Höchstwahrscheinlich werden mir Kritiker vorwerfen, daß ich mich in dieser Studie auf ein paar Randgruppen konzentriere und so den Eindruck erwecke, alle russischen Patrioten seien Chauvinisten, Schurken oder Spinner. Das liegt nicht in meiner Absicht. Der russische Patriotismus ist so natürlich und legitim wie jeder andere. Meine Sorge gilt den extremistischen Positionen und ihren Verfechtern. Einige dieser Gruppen sind unbedeutende Sekten, aber beileibe nicht alle. Ein politisch-literarisches Magazin, das in einer Auflage von mehreren hunderttausend Exemplaren erscheint, kann nicht als Randerscheinung abgetan werden, und inzwischen gibt es viele Publikationen dieser Art. Vielleicht wird der Einfluß der Extremisten in den nächsten Jahren nicht zunehmen, und vielleicht arbeitet die Zeit doch nicht für sie, wie sie selbst glauben. Aber in Krisenzeiten können sie mit ihren Ideen bei einer beachtlichen Zahl von Menschen Zustimmung finden, und es wäre einfältig, diese Möglichkeit außer acht zu lassen.

Die Wahrscheinlichkeit, daß eine Gruppe wie Pamjat in Rußland jemals die Macht erringen wird, ist sehr gering. Aber die Schwarze Hundert ist mehr als eine politische Gruppierung; ihr Name steht für eine bestimmte Gesinnung und für Wesenszüge, die im Dunkel der russischen Urseele wurzeln, in »ihren von der Aufklärung unberührten Schichten«. Die Trennlinie verläuft nicht zwischen links und rechts, sondern zwischen denen, die an Freiheit, humanistische Werte und Rechtsstaatlichkeit glauben, und jenen, die diese Werte verachten. Semjon Frank, der die moralisch-politische Trennlinie beschrieb, die zwischen der ersten und der zweiten Revolution von 1917 verläuft, sagte voraus, daß in einer Zeit des Wiederaufbaus von Staat und Gesellschaft (wofür er den Begriff *Perestroika* verwendete), die Schwarze Hundert wieder zu einer wichtigen destruktiven Kraft werden könnte.[7]

Im ersten Teil dieses Buches werden Experten auf wenig Neues stoßen. Dies ließ sich leider nicht vermeiden. Aus der Zeit vor der Glasnost-Ära gibt es einige ausgezeichnete Studien über das rechte Denken unter russischen Dissidenten und über den Nationalbolschewismus, die mir sehr hilfreich waren. Diese Werke sind in den bibliographischen Anmerkungen am Ende des Buches aufgeführt. Über den zeitgenössischen Rechtsextremismus, dessen Geschichte mit der Ära Gorbatschow begann, liegen hingegen noch keine umfassenden Darstellungen vor. Ich mußte mich also auf Neuland vorwagen. Glücklicherweise wurde ich dabei von meinem Kollegen Walerij Solowej unterstützt. Er hat dafür gesorgt, daß mir nicht etwa der Mangel, sondern der Überfluß an gedrucktem Material Kopfzerbrechen bereitete.

Ein Großteil dieser Materialien war extrem schwer aufzutreiben. Selbst in der Bibliothek des amerikanischen Kongresses und anderen spezialisierten Sammlungen oder Archiven wird der Interessierte viele dieser Zeitschriften vergeblich suchen, ganz zu schweigen von den Broschüren und Flugblättern. Ich schulde Herrn Solowej großen Dank. Er hat mich nicht nur unablässig mit Material versorgt, er hat mir auch zahllose Fragen beantwortet und mein Manuskript einer kritischen Prüfung unterzogen. Bestimmte Abschnitte des Buches (besonders das Kapitel über das nationalistische Establishment) stammen ebensogut aus seiner Feder wie aus meiner. Die endgültige Fassung wurde allerdings von mir geschrieben. Ich glaube, daß Herr Solowej mit vielen meiner Aussagen konform geht, aber nicht unbedingt mit allen. Andere, die mir bei bestimmten Fragen im historischen Teil weitergeholfen haben, waren Josef Frank, Gregori Freeze, Abraham Ascher, Hans Rogger, Michail Epstein, Leonard Stanton und Michael Hagemeister. Kari Anderson, die Bibliothekarin des CSIS, half mir freundlicherweise bei der Beschaffung einiger seltener Bücher. Auch meine Freunde Larissa und Frantisek Silnicki leisteten mir in dieser Hinsicht wertvolle Dienste. Außerdem unterstützten mich meine Assistentinnen Aimee Breslow und Anne Truslow sowie eine kleine Gruppe fleißiger amerikanischer und russischer Praktikanten am CSIS – Sarah Despres, Dmitrij Ossipow, Jon Kenny und Nancy Oslo.

Teil 1
Vor der Revolution

1 Die russische Sendung

Patriotismus, also die Liebe zur Heimat, gibt es seit Urzeiten. Der Nationalismus als eine Doktrin hingegen, als ein Wert- und Glaubenssystem, wurzelt im Zeitalter der Romantik. Die russische Identität hat sich über viele Jahrhunderte hinweg entwickelt; die frühe russische Literatur, wie etwa die Nestor-Chronik (*Powest vremennych let*) und das Igor-Lied, sind genuin russische Leistungen, von fremden Kulturen unbeeinflußt. Dasselbe gilt für die frühe russische Malerei und die Lehren der russischen Kirche.

Im 13. Jahrhundert haben Russen ihr Land erfolgreich gegen die deutschen Ordensritter verteidigt und in den nachfolgenden Jahrhunderten, weniger erfolgreich zwar, gegen Mongolen und Tataren. Ideologie kann dabei kaum eine Rolle gespielt haben. Die berühmte Feststellung des Mönches Filofej aus Pskow in seiner »Epistel gegen die Astronomen«, Moskau sei das »dritte Rom«, beeindruckte die damaligen Herrscher und Untertanen nur wenig. Nur langsam entwickelte sich daraus ein Glaubensbekenntnis.[1] Und noch im selben Jahrhundert kam die Vorstellung vom »Heiligen Rußland« auf.

Von allen europäischen Ländern war Rußland am stärksten isoliert. Folgt man den Berichten zahlloser Reisender, dann blieb Rußland von den politischen, kulturellen und sozialen Entwicklungen in anderen Teilen Europas weitgehend unberührt. Ein radikaler Umschwung erfolgte erst unter Peter dem Großen. An seiner Politik der Modernisierung und Öffnung nach Westen scheiden sich bis heute die Geister. Seit dieser Zeit folgen Staat und Nation in Rußland verschiedenen Entwicklungslinien.

Nationalbewußtsein hat sich immer aus der Opposition gegen ausländische Einflüsse entwickelt. Auch Rußland machte da keine Ausnahme. Die Altgläubigen sahen in dem Reformer Peter ein Werkzeug des Teufels, weil er mit vielen alten Sitten und Traditionen brach; daß sie ihre Bärte abschneiden mußten, war eine zusätzliche Erniedrigung. Aber Unmut regte sich nicht nur unter den rückwärtsgewandten Untertanen. Die politische Führungsschicht war verärgert über die zentrale Rolle der Deutschen am Hof, in der Regierung des Landes, in der Armee und im diplomatischen Dienst. Die höheren Stände orientierten sich eher an Frankreich, was wiederum bei einigen Patrioten heftigen Widerstand auslöste.

Viele Russen beklagten, daß die Geschichte ihres Landes von Deutschen geschrieben werde, denen der notwendige patriotische Geist fehle, und daß an der neuen Akademie der Wissenschaften Ausländer dominierten. In bewußter Opposition gegen ausländische Einflüsse bildete sich eine literarische Schule heraus, die vor allem durch Dramen und die ersten russischen Geschichtsbücher hervortrat. Die Autoren dieser Schule waren zwar wohlmeinende Männer, verfügten aber weder über ein großes Talent, noch konnten sie auf ungebrochene nationale Traditionen zurückgreifen wie die Franzosen, die Briten oder die Deutschen. Die patriotischen Dramatiker gerieten denn auch schnell in Vergessenheit. Doch ihre Überzeugung, daß das russische Volk zu bedeutenden kulturellen Leistungen imstande sei, blieb lebendig. Es kam sogar zu Behauptungen wie: »Wir sind ein besseres und bedeutenderes Volk als die Deutschen.« Fonwisin (der, wie sein Name verrät, nur auf eine kurze russische Ahnenreihe zurückblicken konnte) schrieb, die Russen hätten mehr Gefühl, mehr Herz und eine größere Fähigkeit zu lieben als die meisten Ausländer.[2]

Wie kam es zu solchen Behauptungen? Teils beruhten sie auf einem instinktiven Gefühl, teils auf dem neuerwachten Interesse an der russischen Sprache, an der Volkskunst, an den Gebräuchen, Redensarten und Liedern der einfachen Leute. Die Suche nach einem eigenen Nationalcharakter begann in Rußland lange vor der Romantik, als sie unter Herders Einfluß in Deutschland einsetzte. Der neue Geist fand seinen eloquentesten Ausdruck in den Schriften Nikolaj Karamsins. Während einige seiner Zeitgenossen, wie etwa Plawilschtschikow, sich zu der Behauptung verstiegen, daß die Russen den anderen Völkern in nahezu jeder Hinsicht überlegen seien (»Der Russe kann alles verstehen ... Kann sich irgendein anderes Volk solcher Qualitäten rühmen?«), wies Karamsin in seiner *Geschichte des Russischen Reiches* und in seinem berühmten *Memorial über das alte und das neue Rußland* darauf hin, daß dies nur Mythen seien – allerdings erfolgreiche Mythen. Die Vorgänger Peters des Großen hatten nie die Überzeugung aufgegeben, daß das Heilige Rußland der fortschrittlichste Staat auf der Erde und die orthodoxen Russen die besten Untertanen seien.

Solche Ansichten waren zwar Selbsttäuschung, aber sie stärkten den Patriotismus und das moralische Rückgrat des Landes. Nach Karamsin hatten die petrinischen Reformen Rußland seiner »Russischkeit« beraubt und die Einheit der Nation zerstört. Peter habe nicht erkannt, daß die nationale Gesinnung die moralische Stärke seines Volkes ausmache. Doch glücklicherweise sei seinen Reformen kein durchschlagender Erfolg beschieden gewesen, der russische Geist habe überlebt, und es bestehe große Hoffnung auf eine nationale Wiedergeburt.

In der Zeit nach Karamsin wurde der Nationalismus Bestandteil der offiziellen Doktrin des russischen Staates, doch seine Schriften beeinflußten auch die Slawophilen. Zu Beginn und dann wieder am Ende des 19. Jahrhunderts herrschte ein konservativer Nationalismus vor, doch dazwischen gaben die Slawophilen den Ton an. Die konservativen Nationalisten glaubten an eine organische Entwicklung, die langsam und schrittweise erfolgte. Da sie aber die menschliche Natur und das russische Volk pessimistisch beurteilten, wollten sie so wenig Entwicklung wie möglich zulassen. Besonders skeptisch betrachteten sie die Lobreden über den unverdorbenen Nationalcharakter, die Reinheit und Tugendhaftigkeit der russischen Bauern in Vergangenheit und Gegenwart. Sie selbst trauten dem gemeinen Volk nur so lange über den Weg, wie es Gott und dem Zaren gehorchte. Liebe zum Vaterland, schön und gut, aber die Autokratie war unverzichtbar. Das russische Volk mußte vor ausländischen (also europäischen) Einflüssen geschützt werden, nicht so sehr, weil sie aus dem Ausland kamen, sondern weil sie den Glauben an Kirche und Monarchie untergruben. Darauf gründete die berühmte Losung »Autokratie, Orthodoxie und *Narodnost,*« und es war gewiß kein Zufall, daß *Narodnost,* der zweifelhafteste der drei Pfeiler, auf denen das Staatswesen ruhte, als letzter genannt wurde (ein unübersetzbarer Ausdruck, der in diesem Zusammenhang soviel wie Volksmonarchie bedeutet). Die Konservativen waren keine Zyniker, die meinten, daß Nationalismus (oder Religion) gut für das Volk sei, ohne selbst an solche Werte zu glauben. Aber sie waren Realisten, und in ihrem Weltbild war wenig Platz für Messianismus und

Träumereien. Viele (darunter auch Pobjedonoszew, der Oberprokuror des Heiligen Synods) schwärmten für England, wußten aber auch, daß der Durchschnittsrusse weniger aufgeklärt und gesetzestreu war als der Durchschnittsbrite und daß die Zeit für ein Regierungssystem nach englischem Vorbild noch lange nicht reif war.
Die Überzeugung, daß das russische Volk an Politik kein Interesse habe, teilten sie mit demokratisch gesinnten Slawophilen wie Iwan Aksakow, in dessen Denken »das Volk« eine ebenso wichtige Rolle spielte wie der Zar. Doch auch Aksakow glaubte, daß in Rußlands Leben und Geschichte kein Platz für die Demokratie sei. Das russische Volk wolle nicht regieren, es sehne sich nur nach bäuerlicher Autonomie.
Gleichzeitig trat Aksakow für das Recht auf freie Meinungsäußerung ein, und dies brachte ihn zwangsläufig in Konflikt mit den konservativen Nationalisten, die sogar davor zurückschreckten, dem Volk eine russische Bibel zu lesen zu geben; sie bestanden darauf, daß der Gottesdienst weiterhin in Kirchenslawisch zelebriert wurde, einer Sprache, die kaum jemand verstand. Der Nationalismus der Konservativen war wahrscheinlich realistischer als die romantischen Träumereien der Slawophilen. Aber er war kaum dazu angetan, unter den gebildeten Schichten Begeisterung hervorzurufen, geschweige denn unter den »Söhnen der Küchenmägde« – also der entstehenden Intelligenzija.
Allgemeine Aussagen über das Slawophilentum zu machen ist nicht nur schwierig, sondern möglicherweise auch irreführend, denn die Wortführer dieser Bewegung waren ausgeprägte Individualisten. Es gab weder ein gemeinsames Manifest noch ein Programm oder eine klare Parteilinie. In vielen wichtigen Punkten herrschte Uneinigkeit, ob es nun um die Einstellung gegenüber anderen Nationen ging, um die Beurteilung der russischen Geschichte und Gegenwart, die Ziele der Außenpolitik, die Zensur, die Auswirkungen des Kapitalismus auf Rußland oder die Rolle Peters des Großen. In einem Punkt war man sich jedoch weitgehend einig: Das russische Volk sah einer großartigen Zukunft entgegen, während der Westen, von dem Rußland ohnehin nichts Gutes zu erwarten hatte, im Niedergang begriffen war. Außerdem war man überzeugt, daß der russische Staat in den vorausgegangenen hundert Jahren zu stark geworden sei und das Volk (vor allem die Bauern) unterdrückt habe. Die Slawo-

philen kämpften nicht für politische Freiheiten, wohl aber für mehr soziale Gerechtigkeit und geistige Freiheit. Dies brachte sie in Konflikt mit den Behörden, insbesondere mit der Zensur, und einzelne wurden sogar für kurze Zeit inhaftiert. Einige Slawophile waren (oder wurden) Konservative oder sogar Reaktionäre reinsten Wassers, aber beileibe nicht alle. Trotz unüberhörbarer politischer Untertöne war das Slawophilentum keine politische, sondern eine kulturelle Bewegung, die in Rußland eher ein religiöses und metaphysisches als ein politisches Problem sah. In den Schriften der bedeutendsten Slawophilen finden sich zu jeder wichtigen Frage der damaligen Zeit Argumente für und wider. Dies mag mit ein Grund dafür sein, warum die Debatte über die historische Rolle des Slawophilentums bis zum heutigen Tage andauert und, nach dem augenblicklichen Stand der Dinge, wohl auch noch einige Zeit andauern wird.

Die Slawophilen waren hochgebildete Leute. Die meisten kannten Europa gut, besser jedenfalls als einige zeitgenössische russische Demokraten wie etwa Tschernyschewskij. Sie waren mit der deutschen und der französischen Kultur vertraut. Tjuttschew schrieb in einem berühmten Gedicht, Rußlands Grenzen reichten vom Nil bis an die Newa, von der Elbe bis nach China, von der Wolga bis an den Euphrat, vom Ganges bis zur Donau. Zu Hause freilich sprach er häufiger französisch als russisch, und auch den überwiegenden Teil seiner Korrespondenz führte er nicht auf russisch. Konstantin Aksakow war der eigenwilligste unter den Slawophilen. Keiner verherrlichte Rußlands Vergangenheit so wie er. Sein Kollege Pogodin pflichtete ihm bei, daß das russische Volk zwar großartige Anlagen habe, doch in der Praxis sei es noch sehr ungehobelt und barbarisch.

Das Slawophilentum war, wie Berdjajew schrieb, die erste wirklich eigenständige russische Ideologie. Gleichzeitig wurde jedoch, zumindest unter den Slawophilen der ersten Generation, der religiöse Aspekt sogar noch stärker betont als der nationale. Chomjakow etwa war in erster Linie ein religiöser und kein politischer Denker. »Autokratie« war für ihn kaum mehr als ein notwendiges Übel, und das Slawophilentum von seinen religiös-messianischen Inhalten zu »säubern« (wie es später russische Nationalisten taten), hätte bedeutet, es seiner Essenz zu berauben.

Selbst die negative Einstellung der Slawophilen zum Westen (besser gesagt, zur damaligen westlichen Kultur) hatte hauptsächlich religiöse Gründe. Sie lehnten den Westen ab, weil der Protestantismus und mehr noch der Katholizismus der Orthodoxie unterlegen waren und weil der Westen dem Materialismus und Atheismus verfallen war. Allein die russisch-orthodoxe Kirche hatte ihre spirituelle Reinheit und ihre ursprünglichen Werte bewahrt. Das russische Volk gehe nicht nur in die Kirche, sondern führe auch im Alltag ein christliches Leben. Auf diese Weise habe es sich seine Jugend erhalten; Europa hingegen sei alt, krank und in einem fortgeschrittenen Zustand des Zerfalls.[3]

Das Slawophilentum enthielt auch ein populistisches Element, und deshalb betrachteten seine Anhänger die Innenpolitik der konservativen Nationalisten mit großer Sorge. Dennoch wäre es übertrieben, in ihnen die Vorläufer der *Narodniki,* der Populisten, zu sehen, wie es später einige Historiker taten. Für Iwan Aksakow war die Idee eines *Semskij Sobor,* also der politischen Reform mittels Volksvertretung und Verfassung, absolut unverzichtbar. Gegen Ende seines Lebens sah er darin die letzte Chance, Rußland auf friedlichem Wege zu verändern, und schrieb, daß die Konservativen Pobjedonoszew und Katkow, die dagegen opponierten, das Land in den Ruin führen würden.

Später konzentrierten sich die überlebenden Slawophilen der ersten und die der nachrückenden zweiten Generation vor allem auf Fragen der Außenpolitik. Insbesondere unterstützten sie die Südslawen in ihrem Kampf gegen das Osmanische Reich. Den Nordslawen hatten sie nie viel Sympathie entgegengebracht, am wenigsten den Polen, die der falschen Religion angehörten und zudem als undankbar galten, weil sie die Segnungen der russischen Herrschaft nicht zu schätzen wußten und beharrlich um ihre Unabhängigkeit kämpften. Aber nicht nur die Slawophilen, auch Westler wie Turgenjew bekundeten während des Krimkrieges lautstark ihren Patriotismus. Mehr als ein halbes Jahrhundert später, im Ersten Weltkrieg, forderte Miljukow, ein bedeutender liberaler Kritiker der Slawophilen, mindestens ebenso vehement wie sie die Besetzung Konstantinopels. Die Slawophilen unterstützten die russische Expansionspolitik in Zentralasien, und einige ihrer Wortführer hielten nun Deutschland (und Österreich) für die gefährlichsten Feinde

Rußlands in Europa. Dies widersprach ihrer früheren Auffassung, wonach das katholische Frankreich der größte revolutionäre Unruheherd im Westen sei. Fast alle Slawophilen waren davon überzeugt, daß es in Europa, wie Tjuttschew in einem Brief an seine Schwester schrieb, »keine einzige Gruppe gibt, die nicht gegen Rußland, insbesondere gegen seine Zukunft, konspiriert und versucht, uns zu schaden«. Dostojewskij dachte ähnlich: »Europa empfindet für uns eine große Abneigung und hat uns nie gemocht. Es hat uns nie als Teil von sich begriffen ... nur als lästige Emporkömmlinge.«

Die Vorstellung von einer Russophobie im Westen reicht in der russischen Geschichte weit zurück. Einer der wichtigsten Beweggründe der Slawophilen war die Überzeugung, daß der Westen gegen Rußland konspirierte und das Land offen oder insgeheim verachtete. Damit taten sie zumindest der deutschen Rechten unrecht, die das ganze 19. Jahrhundert hindurch eine Allianz mit Rußland für die Basis der deutschen Außenpolitik hielt und auf ideologischer Ebene stets eine Koalition mit der zaristischen Autokratie gegen alle revolutionären Kräfte propagierte. Diese Fragen sind nicht nur von historischem Interesse, denn sie sollten im Denken der russischen Rechten gegen Ende des 20. Jahrhunderts wieder auftauchen.

Die späten Slawophilen Leontjew und Danilewskij werden, obwohl sie wenig miteinander gemein hatten, gewöhnlich in einem Atemzug genannt. Beide waren Naturwissenschaftler. Leontjew trat später in den diplomatischen Dienst ein und beschäftigte sich intensiv mit Religion. Er verbrachte ein Jahr in dem berühmten Kloster auf dem griechischen Berg Athos, legte dann ein Gelübde ab und lebte bis zu seinem Tod in einem Kloster nahe Moskau. Er unterschied sich in vielerlei Hinsicht von den frühen Slawophilen; zwar teilte er ihre Angst, daß Rußland von einem siechen Europa infiziert werden könnte, doch sah er die Lösung in einem strengen, autokratischen Regime, das sich auf die byzantinische Tradition und einen glühenden religiösen Eifer gründete. Er ging nie so weit, die russische Bauernschaft oder andere slawische Völker zu idealisieren.

Leontjew war kein Nationalist im üblichen Sinne. Nationalismus war seiner Auffassung nach eine typisch westliche Idee, modernistisch, ja sogar liberalistisch, und stand mithin im Widerspruch zu der religiösen und autokratischen Tradition Rußlands. Aus dem gleichen Grund lehnte er eine aggressive Außenpolitik auf dem Balkan und eine Russifizierung der baltischen Länder ab, wie von den Slawophilen gefordert. Solange die baltischen Provinzen dem Zaren treu ergeben waren, warum ihnen dann eine andere Sprache und Kultur aufzwingen?

Leontjews Ansichten wurden von den anderen Slawophilen häufig als kulturfeindlich verworfen, dabei waren sie so kulturfeindlich, daß sie schon fast wieder modern waren. Gegen Ende seines Lebens scheint Leontjew zu folgendem Schluß gekommen zu sein: Da der westliche Kapitalismus und Liberalismus in Rußland keine Zukunft hatten und die östlich-orthodoxe (byzantinische) Zivilisation nicht wiederbelebt werden konnte, lag die einzige Zukunft des Landes in einer Art Staatssozialismus; nur er konnte das notwendige Maß an Disziplin (und Unterdrückung) garantieren, ohne die das ganze gesellschaftliche Gefüge auseinanderbrechen würde. Leontjew war ein zutiefst pessimistischer Denker; er hielt die Glorifizierung der russischen Vergangenheit für Selbsttäuschung und die Träume von einer großen Zukunft Rußlands für ein Trugbild. Das Beste, worauf man hoffen konnte, war die Aufrechterhaltung des Status quo mit all seinen Unzulänglichkeiten.

Leontjews literarische und politische Auffassungen sind interessant und stehen oft im Widerspruch zur Hauptströmung des Slawophilentums. So gab er Tolstoj den Vorzug vor Dostojewskij, sowohl als Schriftsteller wie auch als Patriot. Als Konservativer verachtete er das Slawophilentum als modernistisch, demokratisch, vulgär und potentiell gefährlich. Aber sein Einfluß war zu seinen Lebzeiten recht beschränkt, und auch nach seinem Tod interessierten sich eigentlich nur Theologen und Historiker für seine Ideen.[4]

Im Gegensatz zu Leontjew wurde Danilewskij viel gelesen und zu seiner Zeit begeistert aufgenommen; sein Hauptwerk *Rußland und Europa* wurde in mehrere europäische Sprachen übersetzt und in der Glasnost-Ära wieder aufgelegt, wenn auch in einer gekürzten Ausgabe. Wie Dostojewskij war auch Danilewskij in jungen Jahren ein politischer Radikaler und blieb es in gewisser Weise sein Leben lang. Er wurde der eloquenteste Sprecher jener, die an eine imperiale Mission Rußlands glaubten. Man hat ihn mit Spengler und Stalin verglichen, aber solche Vergleiche sollten nicht zu weit getrieben werden. Wie Spengler glaubte er an den Aufstieg und Fall von Zivilisationen, und wie Stalin glaubte er an die Notwendigkeit eines totalitären Systems, wobei seine Vorstellungen aber sehr wenig mit der Wirklichkeit des Totalitarismus im 20. Jahrhundert gemein hatten. Mit den Slawophilen verband Danilewskij der Glaube an den unaufhaltsamen Zerfall des Westens, an einen langen und blutigen Krieg mit Europa – aus dem Rußland siegreich hervorgehen würde – und an einen populistischen, bäuerlichen Sozialismus. Doch in seinem Ansatz war er moderner als die meisten anderen Slawophilen. So schreckte er nicht vor dem Gedanken zurück, technische und wissenschaftliche Neuerungen aus dem Westen nach Rußland zu holen. Er war lediglich dagegen, kulturelle und politische Modelle – wie die parlamentarische Demokratie, den Klassenkampf oder den plutokratischen Imperialismus – zu kopieren, weil sie im Gegensatz zu der russischen Tradition einer politischen und spirituellen Einheit standen. Danilewskij trat für eine russische Expansionspolitik ein, weil er an eine historische Mission Rußlands glaubte.[5]

Die Idee einer historischen Mission führt unweigerlich zu Dostojewskij, dem einflußreichsten und am schwierigsten zu fassenden Slawophilen. Bei der Renaissance des Russophilentums nach 1980 spielte Dostojewskij eine wichtige Rolle, und sein Einfluß blieb keineswegs nur auf die Rechte beschränkt. Sein großartiger, antiutopischer Roman *Dämonen* aus dem Jahr 1871, in dem er die wahrscheinlichen Folgen des Sozialismus aufzeigt, wurde von den Liberalen mindestens ebensooft zitiert.

Dostojewskijs Romane wurden im Westen begeistert aufgenommen und endlos kommentiert. Aber mit seinem politischen Journalismus, insbesondere mit seinem *Tagebuch eines Schriftstellers,* wußte niemand so recht etwas anzufangen. Allzu oft erscheint Dostojewskij in seinen politischen Schriften als Kriegstreiber, rabiater Chauvinist, blinder Verfechter der Autokratie und fanatischer Polen- und Judenhasser. Gewiß, die schlimmsten Tiraden wurden mit allen erdenklichen Argumenten abgeschwächt – zum Beispiel verwies er auf Rußlands humane Mission oder die brüderliche Liebe zwischen den Menschen im allgemeinen. Aber das klang nicht immer überzeugend, selbst wenn Dostojewskij sich sehr tolerant gab, wie etwa in seiner berühmten Rede anläßlich der Einweihung des Puschkin-Denkmals, als er versuchte, Westler und Slawophile miteinander zu versöhnen. Einige westliche Kritiker sahen in Dostojewskijs Ideen kaum mehr als überspannten Unsinn, schwammige Phrasen, die zwar beispiellose Verbrüderungsszenen auslösten, aber keine dauerhafte Wirkung hatten.

Man ist versucht, Dostojewskijs politischen Journalismus als vorübergehende Verirrung abzutun, so wie auch die journalistischen Versuche anderer großer Schriftsteller nicht allzu ernst genommen werden sollten. Doch man sollte sich vor Augen halten, daß diese Art von Journalismus zur damaligen Zeit einen großen Einfluß ausübte. Ein Freund Dostojewskijs sagte dazu:

> Dostojewskijs Ruhm beruht nicht auf der Gefängnisstrafe, die er verbüßte, nicht auf den *Aufzeichnungen aus einem Totenhaus,* nicht einmal auf seinen Romanen – zumindest nicht in erster Linie –, sondern auf dem *Tagebuch eines Schriftstellers.* Es war das *Tagebuch,* das ihn in Rußland bekannt machte, ihn zum Lehrer und Idol der Jugend erhob, und nicht nur der Jugend, sondern all jener, die von den Fragen gepeinigt wurden, die Heine »verwünscht« genannt hatte.[6]

Großen Einfluß auf Dostojewskijs nationalistisches Denken hatten seine Kontakte zu den *Potschwenniki,* den Anhängern der bodenständigen Schule, die zeitweise mit der slawophilen Hauptströmung konform gingen, zeitweise aber auch im Widerspruch zu ihr standen. Allerdings sollte man solchen internen Querelen nicht allzuviel Bedeutung beimessen, denn beide Seiten änderten im Laufe der Jahre ihre Ansichten. So spielte die Religion in Dostojewskijs Denken um 1860 eine sehr viel kleinere Rolle als in späteren Jahren.

Die *Potschwenniki* (der Ausdruck sollte in den siebziger Jahren dieses Jahrhunderts wieder auftauchen) waren eine antirationalistische Gruppe, die nicht an den revolutionären Umsturz, sondern an ein organisches Wachstum glaubte. Sie lehnten den Kapitalismus ab und waren überzeugt, daß der den Russen angeborene Sinn für Brüderlichkeit ein Garant sei für innere Einheit und soziale Harmonie.[7] In dieser Hinsicht stellte die russische Nation ein, wie Dostojewskij sagte, »außergewöhnliches Phänomen« dar, das sich in seinem Charakter von allen anderen Völkern Europas unterschied.

Ein Thema kehrte bei Dostojewskij ständig wieder: Jedes Volk glaube daran, daß die Rettung der Menschheit allein von ihm abhänge und daß es als Volk nur existiere, um an der Spitze der Völker zu stehen. Sobald es den Glauben daran verliere, allein im Besitz der Wahrheit zu sein, höre es auf, als großes Volk zu existieren.

Nach Dostojewskijs Auffassung waren die Russen das einzige Volk, das Gott in sich trug und deshalb die Welt retten konnte – sie waren das Werkzeug Gottes. Nur die orthodoxe Kirche hatte das göttliche Bild Christi in seiner ganzen Reinheit bewahrt, und folglich war nur sie in der Lage, in einer Welt, die vom rechten Weg abgekommen war, den anderen Völkern als Führerin zu dienen.

Anders als die Slawophilen vertraten die *Potschwenniki* nicht die Auffassung, daß die petrinischen Reformen nur Unglück über das Land gebracht hätten. Noch behaupteten sie, daß die gebildeten Schichten das gemeine Volk, den letzten verbliebenen Hüter des nationalen Erbes, verraten hätten.

Mit den *Potschwenniki* und den Slawophilen verband Dostojewskij die Überzeugung, daß ein Bündnis zwischen Zar und Volk das beste Bollwerk gegen den bürgerlichen Westen sei und Rußland gegen alle revolutionären Versuchungen immunisiere. Er prophezeite, daß alle europäischen Mächte an den unerfüllten demokratischen Hoffnungen ihrer niederen Schichten zugrunde gehen würden. Rußland sei dagegen gefeiht, denn hier sei das Volk glücklich und werde mit der Zeit immer glücklicher. Am Ende werde in Europa nur noch eine Großmacht existieren – Rußland, und dazu könne es viel früher kommen, als die Menschen vermuteten. Gleichzeitig aber hatte Dostojewskij große Angst vor der Revolution. Sie ist das beherrschende Thema in den *Dämonen*.

Dostojewskijs Denken weist erstaunlich viele Widersprüche auf. Immer wieder beschwor er die universale, alles umfassende Humanität des russischen Volkes und behauptete, wahres Russentum sei die Fähigkeit, die vornehmsten Werte Europas in sich aufzunehmen. Im krassen Gegensatz zu diesem humanitären Ideal stand, daß er kräftig die chauvinistische Trommel rührte, zum Krieg gegen die Türken aufrief, die Eroberung von Konstantinopel forderte und die katholische Kirche attackierte. Im Jahr 1863 schrieb er in sein Notizbuch, daß Nationalität nicht das Endziel der Menschheit und ein erfülltes und harmonisches Leben nur in universaler Humanität möglich sei. Aber der Weg dorthin führe nur über die Betonung des Nationalcharakters jedes einzelnen Volkes. Die universalen

menschlichen Werte waren ein Fernziel, also schien es in der Zwischenzeit angebracht, das Hauptaugenmerk auf nationale Eigenständigkeit *(Samobitnost)* zu richten – und auf die Niederringung der Feinde, ob real oder nur eingebildet.
In diesem Zusammenhang ist auch Dostojewskijs Antisemitismus von Interesse. Bei verschiedenen Anlässen bestritt er, Antisemit zu sein, und man könnte sich in der Tat Joseph Franks Argumentation anschließen, der behauptet hatte, daß Dostojewskij die Polen noch mehr als die Juden gehaßt habe und daß sein Antisemitismus eine logische Folge seines allgemeinen Fremdenhasses sei. (Dostojewskij haßte und fürchtete die Kulaken ebensosehr wie die Juden.) Dennoch bleibt ein Fragezeichen: Polen, Jesuiten und Türken waren reale Widersacher und konnten von besorgten russischen Patrioten durchaus als potentielle Bedrohung angesehen werden. Aber die Juden gehörten in den siebziger Jahren des letzten Jahrhunderts weder zu den Führern der revolutionären Bewegung, noch hatten sie einen nennenswerten Einfluß auf das soziale und kulturelle Leben oder spielten in Politik und Wirtschaft eine nennenswerte Rolle. Nur wenige Juden lebten außerhalb der Ghettos. Es ist keineswegs sicher, ob Dostojewskij (oder Iwan Aksakow, der radikalste Antisemit unter den Slawophilen) jemals einem Juden begegnet ist oder gar mit einem gesprochen hat. Fest steht, daß er keinen besonders gut kannte. Keine der Hauptfiguren in seinen Romanen ist Jude. Wie konnten die Angehörigen einer schwachen, unterdrückten und relativ kleinen Minderheit solche Ängste und Aggressionen auslösen, daß sie Blutsauger und Vampire geziehen wurden? Es ist schwer, darauf eine plausible Antwort zu geben. Vielleicht sahen die Russen in den Juden mögliche Konkurrenten im Kampf um die Rolle des auserwählten Volkes. Doch in Anbetracht der Verhältnisse, in denen das »auserwählte Volk« damals lebte, fällt es nicht leicht, sich mit einer solchen Erklärung zufriedenzugeben.
Dasselbe Phänomen sollte rund hundert Jahre später in der russischen Rechten wieder auftauchen. In einer Zeit, da in weiten Teilen der ehemaligen Sowjetunion, von Litauen bis Zentralasien, von Moldawien bis zum Kaukasus, Russischstämmige verfolgt und vertrieben werden, widmen sich die Sprecher und Vordenker der Rechten nicht den wirklichen Gefahren, denen ihre Landsleute ausgesetzt sind, sondern starren wie gebannt auf die »Zionisten«, die

häufig nur den einen Wunsch haben, Rußland möglichst bald zu verlassen.

Dostojewskijs religiöse Ansichten haben mehrere Generationen von Denkern, Russen wie Nichtrussen, beschäftigt. Sie haben das Interesse der Existentialisten und, generell gesprochen, all jener erregt, die über den Glauben und das Böse nachgedacht haben. Die zeitgenössische Rechte hat besonders Dostojewskijs Abgesang auf Ausländer, die Bourgeoisie, Sozialisten, Katholiken und Juden fasziniert. Doch dieser Kult beruht zumindest teilweise auf einer Fehlinterpretation und ist nur von begrenzter politischer Wirkung. Die Zweifel, die Dostojewskij umtrieben, und seine Selbstquälereien weisen ihn primär als einen religiösen Schriftsteller aus, der mehr über Sünde und Rechtschaffenheit, über Glaubenswahrheit und Wahnsinn nachdachte als über die Zukunft des russischen Imperiums.

Auch der »russische Gedanke«, wie er Dostojewskij vorschwebte, ist für die russische Rechte ohne großen praktischen Nutzen. Zwar lehnt Dostojewskij jeden Versuch ab, Europa zu kopieren und nach nationalen Grundsätzen zu leben, die andere Völker entwickelt haben und die der russischen Tradition fremd sind. Doch andererseits sah er Rußlands welthistorische Rolle in einem »Panhumanismus«, in einer Synthese aller im Westen hervorgebrachten Ideen mit dem russischen Geist, einer Synthese, bei der ursprünglich gegensätzliche Elemente miteinander versöhnt wurden. Mit anderen Worten, Dostojewskij träumte von einem geläuterten Westlertum auf höherer Ebene. Doch derartige Ideen waren für die russische Rechte viel zu kompliziert, so wie auch Dostojewskijs Insistenz auf Rußlands grenzenloser Fähigkeit zu schonungsloser Selbstkritik ohne politischen Nutzen für sie war.

Die Slawophilen übten keinen nachhaltigen Einfluß auf die Intelligenzija aus. Im Gegenteil, die Intellektuellen befanden es nicht einmal für notwendig, sich mit ihren Ideen auseinanderzusetzen, und taten sie als »Polizeireligion« ab. Die Tatsache, daß die späteren Slawophilen viele radikale Positionen ihrer Vorläufer aufgaben und sich dem Lager der konservativen Nationalisten annäherten, schien die ablehnende Haltung der Linken im nachhinein zu rechtfertigen.

Die Ideen der Slawophilen stießen selbst bei denjenigen, die aus ähnlichen Verhältnissen kamen, auf wenig Gegenliebe. Der bekannteste frühe Kritiker der Slawophilen war Tschaadajew, Puschkins Freund und Mentor. Tschaadajew warnte eindringlich vor ihrer arroganten Verherrlichung des russischen Volkes. Er bezichtigte sie einer rückwärtsgewandten Haltung, die in die Selbstisolation führe und weder eine Vergangenheit noch eine Zukunft habe. Das Ende der slawophilen Bewegung markierte der Religionsphilosoph und Dichter Wladimir Solowjow. Er übte heftige Kritik an der Idealisierung des russischen Volkes, attackierte den »zoologischen Patriotismus« der Slawophilen und warf ihnen vor, religiöse und humanistische Inhalte schrittweise zugunsten nationalistischer Egoismen aufzugeben. In einem Kommentar zu Danilewskijs *Rußland und Europa* schrieb Solowjow:

> Unser Nationalismus will die Türkei und Österreich vernichten, Deutschland zerschmettern, Konstantinopel, und, bei der Gelegenheit, wohl auch Indien einheimsen. Und wenn man uns fragt, womit wir – als Ersatz für das Eingeheimste und Zerstörte – die Menschheit beschenken, welche geistigen und kulturellen Prinzipien wir in die Weltgeschichte einbringen wollen – dann müssen wir entweder schweigen oder sinnlose Phrasen dreschen.

Gegen Ende des 19. Jahrhunderts war das Slawophilentum als philosophische Strömung so gut wie verschwunden. In Bürokratie und Armee hielten sich zwar noch starke panslawistische Gefühle, und es gab auch noch rechte Monarchisten wie die Publizisten Menschikow und Tichomirow, die ihr politisches Dasein als aktive Revolutionäre bei den Narodniki begonnen hatten. Aber es fällt einem schwer, sich einen russischen Barrès oder Maurras vorzustellen. Berdjajew schrieb 1907: »Ein gebildeter Konservativer ist heutzutage schon beinahe ein Widerspruch in sich ...«

Einer nationalistischen Erneuerung in einem philosophischen Sinne am nächsten kam eine Essaysammlung, die 1909 unter dem Titel *Vechi (Marksteine)* erschien. Allerdings beschäftigten sich die Autoren fast ausschließlich mit dem Problem der Entfremdung (oder »Abtrennung«, wie es in einem Wörterbuch von 1909 heißt) des Volkes vom Staat. Auf den mangelnden Patriotismus der Intellektuellen gingen sie nur am Rande ein. Vor allem Sergej Bulgakow wetterte gegen die kosmopolitische Gesinnung der russischen Intelligenzija und das Fehlen eines gesunden Nationalgefühls. Aber darin sah man nur einen Grund für die Isolation der Intelligenzija vom Volk; wichtiger war etwa die Tatsache, daß die Intellektuellen Christus verstoßen hatten und dem Atheismus huldigten.

Die Ideen der russischen Nationalisten im 19. Jahrhundert waren größtenteils Ausfluß einer weltweiten Entwicklung, die mit dem politischen Romantizismus begann und beispielsweise in Deutschland ausgeprägter war als in Frankreich oder England. Deutschland war eine »Nachzüglernation«, und die Deutschen verspürten einen größeren Drang, sich selbst und den anderen zu beweisen, daß sie einen wichtigen Beitrag zur Zivilisierung der Welt leisten konnten. Für Frankreich und Großbritannien war das selbstverständlich. Italien verfolgte nach der Jahrhundertwende eine nationalistische Politik, steckte sich im Vorfeld des Faschismus jedoch bescheidenere Ziele. In Amerika kam das Schlagwort vom *manifest destiny* auf, von der »offenbaren Bestimmung« der Amerikaner, sich über den ganzen Kontinent auszubreiten. Daß auch in Frankreich gegen Ende des Jahrhunderts eine extremistische nationalistische Doktrin populär wurde, war vermutlich eine Reaktion auf den verlorenen Krieg und den nachfolgenden Defätismus. Die pangermanischen Ligen und ähnliche Gruppen waren ein typischer Ausdruck des Zeitgeistes und wurzelten in der Überzeugung, daß Deutschland als einzige Großmacht weder über ein Kolonialreich verfügte, das dem von Frankreich und Großbritannien (oder auch nur von Holland und Belgien) entsprach, noch über ausreichenden Lebensraum in Europa.

Das Spezifische am »russischen Gedanken« war seine religiöse Ausrichtung. Die extremen Nationalisten in Deutschland und Frankreich beriefen sich zwar ebenfalls auf Gott, doch in ihrer Mehrheit opponierten sie gegen die Kirche. In Rußland hingegen entwickelte sich der extreme Nationalismus, wie noch zu zeigen sein wird, weitgehend im Schutz der Kirche und mit dem Segen der Monarchie.

Warum fand der »russische Gedanke« bei der Intelligenzija relativ wenig Anklang? Wer die Frage stellt, hat sie schon beantwortet: Die russische Intelligenzija lehnte die herrschende Ordnung nicht deshalb ab, weil die gebildeten Klassen in Rußland von Natur aus we-

niger patriotisch und destruktiver gewesen wären als in anderen Ländern – in der Stunde der Not scharten sie sich immer um das Banner des Zaren. Ihre Opposition richtete sich vor allem gegen die Unfähigkeit der politischen Führungschicht, einen politischen und sozialen Wandel einzuleiten, und gegen ihren Widerwillen, Privilegien aufzugeben, sich zu öffnen und die Intellektuellen zu integrieren. Die Folge war, daß sich der Graben zwischen Regierung und Opposition noch vertiefte.
Die russische Armee kämpfte trotz schwerster Verluste drei Jahre lang im Ersten Weltkrieg. Schließlich führte die Auszehrung des Landes zum Zusammenbruch des alten Systems. Eine solche Katastrophe konnte nach Meinung der russischen Rechten kein Zufall gewesen sein. Soweit war ihre Analyse korrekt. Doch sie weigerte sich, das Offensichtliche einzugestehen: daß nämlich der Zar, seine Minister und der gesamte Staatsapparat schuld daran gewesen waren, daß Rußland in einen Krieg verwickelt wurde, auf den es nicht vorbereitet war und den es nicht gewinnen konnte. Also begann – wie ein Jahr später im besiegten Deutschland – die Suche nach den »finsteren Mächten«, nach der »unsichtbaren Hand«, die Rußland den »Dolchstoß« versetzt und damit in die Katastrophe gestürzt hatte.

2 Die Schwarze Hundert und die Entstehung der russischen Rechten

Eine konservativ-nationalistische Partei entstand in Rußland erst gegen Ende des letzten Jahrhunderts. Die Gründe dafür liegen auf der Hand: In einem autokratisch regierten Staat gibt es keine politischen Parteien. Die russische Regierung reklamierte für sich das alleinige Recht auf politisches Handeln. Unabhängige politische Aktivitäten wurden mit Argwohn verfolgt, da sie Unruhe stifteten, und von den Behörden behindert oder sogar verboten.[1] Gleichwohl gab es in bescheidenem Umfang immer wieder politische Zusammenschlüsse wie etwa die »Heilige Bruderschaft«, die Anfang der achtziger Jahre entstand. Aber keine dieser Gruppen konnte richtig Fuß fassen, und die meisten wurden, ob zu Recht oder zu Unrecht, als bloße Manifestationen eines »Polizeipatriotismus« abgetan. Dies änderte sich erst, als in den Jahren 1904 und 1905, während der schweren Krise des Zarentums, die »Schwarze Hundert« auftauchte.

Die Schwarze Hundert ist in der Geschichte des 20. Jahrhunderts ein einmaliges Phänomen. Wie die »Action Française« stand sie zwischen den altmodischen reaktionären Bewegungen des 19. Jahrhunderts und den rechten populistischen (oder faschistischen) Parteien des 20. Jahrhunderts. Mit ihren engen Bindungen an Monarchie und Kirche war sie zwar stark der Vergangenheit verhaftet, doch im Gegensatz zu den früheren konservativen Gruppen war sie nicht elitär. Sie erkannte die Notwendigkeit, die Massen zu mobilisieren, und wurde so zum Vorläufer der modernen politischen Parteien. Einer ihrer einflußreichsten Führer schrieb Jahre später, daß die Schwarze Hundert in ihrem Charakter dem Nationalsozialismus sehr ähnlich gewesen sei.[2]

Doch die Schwarze Hundert ist keineswegs nur von historischem Interesse. Ihre Botschaft blieb unter den rechten russischen Emigranten auch nach 1917 lebendig. Und als unter Gorbatschow die

Freiheit der politischen Meinungsäußerung nach Rußland zurückkehrte, gehörte die Schwarze Hundert zu den ersten, die von Glasnost profitierten.[3] Die Parole, daß Rußland nur durch die Gründung einer Organisation in der Tradition des Bundes des russischen Volkes zu retten sei, wurde nach 1987 häufig und auf verschiedenen Ebenen des politischen Spektrums laut.[4]

Der Ausdruck »Schwarze Hundert« ist ein etwas unscharfer Sammelbegriff für rechtsextreme Gruppen, die, grob gesprochen, von der Jahrhundertwende bis 1917 existierten. Schon davor hatten einflußreiche Publizisten wie W. A. Gringmut, Pawel Bulazel, Michail Menschikow und Sergej Scharapow nicht nur die aufkommenden revolutionären Strömungen attackiert, sondern auch den Liberalismus und den Kapitalismus, die illoyalen Minderheiten und, vor allem, die Juden.

Die Namen dieser Publizisten gerieten in der Sowjetunion in Vergessenheit und blieben allenfalls noch einigen Historikern geläufig, die sich auf die Geschichte des späten Zarismus spezialisiert hatten. Niemand machte sich die Mühe, ihre Theorien zu diskutieren oder zu widerlegen. Erst nach 1987 wurden sie von einer neuen Generation rechtsextremer Autoren wiederentdeckt.[5]

Die Schwarze Hundert war keineswegs eine homogene Gruppe. Um nur ein Beispiel zu nennen: Scharapow, ein erklärter Gegner Deutschlands, bezichtigte Menschikow in aller Öffentlichkeit, ein österreichischer Agent zu sein.

Menschikow verdient hier besondere Aufmerksamkeit, denn er war der erste, der im Gegensatz zum früheren, vor allem religiös motivierten Antisemitismus einen rassisch begründeten Antisemitismus predigte.[6] Er hielt die Rassenfrage für das dringlichste Problem im damaligen Rußland. Offenbar war er sich der Tragweite seiner Parolen nicht voll bewußt. Denn in einem Vielvölkerstaat wie Rußland gegen rassische Überlegenheit zu predigen, war ein gefährliches Spiel mit dem Feuer.

Die erste organisierte Gruppe, die aus den rechtsextremen Zirkeln hervorging, war *Russkoje Sobranije* (Russische Assoziation). Sie trat erstmals am Ende des Jahres 1900 in Erscheinung und beschäftigte sich zunächst ausschließlich mit russischer Geschichte und Kunst, wurde aber nach und nach immer politischer. Zu ihren Wortführern gehörten bekannte Aristokraten wie die Fürsten Golizyn, Apraksin und Schachowskoj, Geistliche wie Bischof Serafim, dazu Universitätsprofessoren und Publizisten sowie einige Generäle und hohe Regierungsbeamte. In den Folgejahren gründete die Assoziation Ortsgruppen in größeren Städten, hauptsächlich in Südrußland, aber auch in Warschau und Kasan. An den Universitäten war sie relativ schwach vertreten und hatte nur wenige Anhänger unter den Studenten. Auch beim Mittelstand und unter den Landbesitzern fand sie wenig Zuspruch. Als der Zar mit seinem Manifest vom Oktober 1905 dem Land ein gewisses Maß an politischen Freiheiten zugestand, trat die Assoziation mit einer Erklärung an die Öffentlichkeit, in der sie ein glühendes Bekenntnis zu Monarchie und Kirche ablegte und »angesichts der Feindseligkeit der Juden gegenüber der Christenheit und den nichtjüdischen Völkern und wegen ihres Strebens nach der Weltherrschaft« besondere antijüdische Gesetze forderte.

Eine solch elitäre Gruppe gleichgesinnter Persönlichkeiten, die alle im Land bekannt waren und der besseren Gesellschaft angehörten, war gänzlich ungeeignet, der revolutionären Stimmung im Volk Herr zu werden; es sei daran erinnert, daß dies die Jahre des russisch-japanischen Krieges und der ersten russischen Revolution waren. Das Land erlebte eine immer stärkere Polarisierung, und viele Rechte befürchteten den Zusammenbruch des ganzen Systems. Daher auch ihre größere Bereitschaft, rechtsextreme Ideologien und Gruppen jedweder Couleur, die sie bisher abgelehnt hatten, zu unterstützen.

In dieser kritischen Phase wurden zwei neue Parteien gegründet. Zuerst, im März 1906, der Bund der russischen Menschen (*Ljudej*), dann, im Oktober desselben Jahres, der *Sojus Russkogo Naroda* (Bund des russischen Volkes, kurz SRN). Beide Parteien wurden praktisch von denselben Männern geführt, nur daß die Führung des SRN von Anfang an fest in den Händen des Arztes Dubrowin lag, eines Mannes, der politisch bislang noch nicht in Erscheinung getreten war, jedoch erheblich mehr Tatendrang und taktisches Geschick an den Tag legte als alle seine Mitstreiter. Dubrowin nahm Kontakt zu hohen Regierungs- und Verwaltungsbeamten auf und erklärte, daß das alte System nur mit Hilfe einer breiten patriotischen Bewegung zu retten sei, die sowohl Massenaktionen organisierte als auch individuellen Terror anwandte. Zu diesem Zweck brauche er finanzielle

Unterstützung, politische Rückendeckung und die Hilfe der Polizei. Seine Vorschläge stießen bei einigen hohen Beamten und rechtsextremen Ministern auf offene Ohren. Zar Nikolaus II. höchstpersönlich gab dem SRN (mit dem ihn Großfürst Nikolaj Nikolajewitsch bekannt gemacht hatte) seinen Segen; unabhängig von Dubrowin war er zu dem Schluß gekommen, daß das internationale Judentum mit seinen beiden Flügeln, den jüdischen Kapitalisten und den jüdischen Sozialisten – der Marx-Rothschild-Allianz –, die Revolution schüre, um sein Regime zu stürzen. Die Kampagne wurde seiner Ansicht nach von der *Alliance Israelite Universelle* gesteuert und zielte auf die Einführung des allgemeinen, freien, direkten und geheimen Wahlrechts ab, was zwangsläufig zur Revolution führen würde.
Die Hilflosigkeit und Untätigkeit der anderen rechtsgerichteten Organisationen hatten den Zar zutiefst enttäuscht, um so mehr war er vom SRN angetan. George Louis, der damalige französische Botschafter in Rußland, schrieb später: »Die Schwarze Hundert regiert das Land, und die Regierung gehorcht ihr, denn sie weiß, daß der Zar mit ihr sympathisiert.« Die staatlichen Druckereien wurden angewiesen, Aufrufe zu Pogromen zu drucken, und Millionen von Rubel flossen an den SRN. Gegen Ende des Jahres 1905 begann Dubrowin mit der Mobilisierung der Massen. Dabei stützte er sich nicht nur auf Sympathisanten im Klerus und in patriotischen Organisationen, er genoß auch die Unterstützung der Polizei und von lokalen Behörden. Der Erfolg überstieg alle Erwartungen. Seine Botschaft fiel auf fruchtbaren Boden.
Wo hatte der SRN seine politische und soziale Basis?[7] Zeitgenossen verwendeten häufig den Ausdruck *Ochotnij Rjad,* wenn sie die Geisteshaltung beschrieben, die dazu beitrug, daß die Botschaft der Schwarzen Hundert so rasch Verbreitung fand. Ochotnij Rjad ist ein bekanntes Viertel im Moskauer Zentrum, in dem in der Sowjet-Ära die glücklose staatliche Plankomission Gosplan untergebracht war. Das historische Ochotnij Rjad verschwand unter den Kommunisten völlig. Um die Jahrhundertwende hatte es den Moskauer Fleisch- und Geflügelmarkt beherbergt. Die Bewohner waren kleine Ladenbesitzer, zumeist Moskowiter der ersten Generation, die aus ihren Dörfern nach Moskau gezogen waren und dort ein gutes Auskommen gefunden hatten. Diese ungebildeten Leute waren bestürzt über das Tempo der sozialen Umwälzungen und das Auf und Ab

in der Wirtschaft. Sie waren überzeugte Anhänger der Monarchie und treue Kirchgänger, und viele haßten die Intelligenzija und die nichtrussischen Minderheiten, da sie in ihren Augen den Frieden und das soziale Gleichgewicht gefährdeten. Sie der unteren Mittelschicht zuzuschlagen, wäre zwar korrekt, würde aber wenig aussagen, denn Ochotnij Rjad war eher eine Gesinnung als eine soziale Klasse. Gleichzeitig gehörten dem SRN (wie seinen Vorläufern) aber auch führende Mitglieder der Aristokratie an. Außer den bereits Erwähnten stößt man auf Namen wie Urussow, Meschtscherski, Scheremetjew und Gagarin, ausnahmslos bekannte Adlige. Aus dem höheren Klerus sollten die Bischöfe Hermogen von Saratow und Anatolij von Wolynien erwähnt werden. Zu den wenigen Wissenschaftlern und Intellektuellen im SRN gehörten der bekannte Historiker Ilowajskij und Majkow[8], der Sohn des berühmten Dichters.

Vergleicht man die Action Française mit der Schwarzen Hundert, so fallen deutliche Unterschiede auf. Während erstere hauptsächlich in der oberen Mittelschicht und an den Universitäten Unterstützung fand, war letztere eine kuriose Mischung aus Aristokraten, den reaktionären Teilen des Kleinbürgertums und dem Pöbel der Großstädte. Es ist schwierig, allgemeingültige Aussagen über die Schwarze Hundert zu machen, denn die Bedingungen und die Zusammensetzung ihrer Anhängerschaft waren von Region zu Region zu unterschiedlich. Auf dem Höhepunkt ihres Einflusses 1906 und 1907 bestand die Schwarze Hundert aus rund 3000 regionalen Gruppen, wobei sie in Südrußland stärker vertreten war als in anderen Landesteilen. Mitglied konnte praktisch jeder werden, der bereit war, einen jährlichen Mitgliedsbeitrag von 50 Kopeken zu entrichten. Ausgeschlossen waren nur Juden, selbst konvertierte.[9] Einige Mitglieder mögen wohlmeinende Idealisten gewesen sein, die der Bewegung deshalb beigetreten waren, weil sie ihre Werte und Ideale durch die gefährlichen revolutionären Umtriebe bedroht sahen.

Aber in den Augen der Öffentlichkeit war die Organisation keineswegs eine Gruppe selbstloser Idealisten. Graf Witte, der frühere Ministerpräsident, schrieb in seinen Memoiren: »Der Bund war eine Gruppe gewöhnlicher Diebe und Krawallmacher ... Die Mitglieder der Schwarzen Hundert sind gewöhnlich selbstsüchtig und von niedrigstem Charakter. Ihre Ideale werden von ihren Hosentaschen und Mägen diktiert. Sie sind typische Meuchelmörder, die in dunklen Gassen lauern.« Über ihre Anführer meinte Witte: »Anständige Leute geben ihnen nicht die Hand und meiden den Umgang mit ihnen.« Witte war einer der schärfsten Kritiker der Schwarzen Hundert, die deshalb Mordpläne gegen ihn schmiedete. Stolypin hingegen war ein Held der Rechten, dem man unmöglich liberales Abweichlertum unterstellen konnte. Gleichwohl gab er den Lokalbehörden in Odessa den Befehl, die meisten Einheiten der Schwarzen Hundert zu entwaffnen und aufzulösen. In der jüngsten historischen Arbeit über die Schwarze Hundert beklagt der Autor, daß das Ministerium sogar nach Stolypins Tod der Organisation keine Mittel habe zukommen lassen und daß der Befehlshaber im Militärbezirk Odessa diese Patrioten 1916 und 1917 »verfolgt« habe; ähnlich unpatriotisches Verhalten wird auch von den Gouverneuren von Astrachan und Irkutsk berichtet.[10] Die Schwarze Hundert war keineswegs abgeneigt, Geld von der Regierung anzunehmen. Wenn die Revolutionäre vom Weltkapitalismus finanziert wurden, dann war es nur natürlich, daß die patriotischen Kräfte ihre Regierung um Unterstützung baten.

Die meisten Generäle und Gouverneure, die der Schwarzen Hundert ihre Hilfe verweigerten, waren weder Liberale noch Radikale. Was war der Grund für ihre mangelnde Begeisterung? Nun, offenbar hatten in einigen Regionen kriminelle Elemente innerhalb der Schwarzen Hundert die Oberhand gewonnen. Die wenigsten Beamten hätten wirksame Maßnahmen gegen ein kurzes Pogrom ergriffen, das Juden und Linke in ihre Schranken verwies. Doch sie mochten nicht tatenlos zusehen, wenn diese Pogrome außer Kontrolle gerieten, wenn die allgemeine Ordnung gefährdet oder Läden geplündert wurden. Odessa war ein Paradebeispiel. Dort unterhielt die Schwarze Hundert annähernd zwei Jahre lang ein Terrorregime, das die Industrie, den Handel und das Leben insgesamt beeinträchtigte.

In die Geschichte gingen die Gruppen der Schwarzen Hundert vor allem als Drahtzieher der Judenpogrome von 1905 und 1906 ein. Die ersten Pogrome flackerten im späten Oktober 1905 auf. Sie waren Gegendemonstrationen gegen Veranstaltungen linksgerichteter Organisationen, die das Oktobermanifest des Zaren feierten, in dem der Monarch eine demokratische Verfassung versprochen hatte. In Odessa fielen dem Pogrom 300 Menschen zum Opfer, in Jekaterinoslaw 120, in Kiew 46, in Bialystok 80 (im Jahr 1906), dazu kamen Tausende von Verletzten. Insgesamt gab es über 700 solcher Pogrome, davon nur 24 außerhalb der Ghettos. Polen und Litauen blieben verschont – dort hatte die Schwarze Hundert kaum Fuß fassen können. Mehrere parlamentarische Untersuchungskommissionen kamen zu dem Ergebnis, daß die lokalen Behörden in vielen Fällen an den Pogromen beteiligt gewesen waren; in manchen Städten (wie Ciedlec), wo die Schwarze Hundert nicht vertreten war, hatte die Polizei das Pogrom im Alleingang durchgeführt. Dies scheint auch in Orscha, Simferopol und Feodosia der Fall gewesen zu sein. Es war praktisch unmöglich festzustellen, ob die Pogrome spontan ausgebrochen oder sorgsam geplant und organisiert worden waren. Sicher ist, daß es ohne einen weitverbreiteten latenten Antisemitismus keine Pogrome gegeben hätte. Außerdem hätten es die Täter nicht gewagt, mordend und brandschatzend durch die Straßen zu ziehen, wenn es nicht ein Mindestmaß an Organisation gegeben hätte und wenn sie nicht überzeugt gewesen wären, daß der Zar, die Behörden und die Kirche ihren Aktionen zumindest nicht ablehnend gegenüberstanden.

Es sei jedoch daran erinnert, daß bereits vor dem Auftreten der Schwarzen Hundert Pogrome stattgefunden hatten: so etwa 1881 im Süden und Osten der Ukraine und in größerem Umfang 1903 in Kischinjow und Gomel. In diesen wie auch in anderen Fällen hatten Fanatiker mit Hetzreden die Gewalttätigkeiten ausgelöst. Schließlich sollte noch erwähnt werden, daß die schlimmsten Pogrome 1919 während des Bürgerkriegs stattfanden, als es längst keine Schwarze Hundert mehr gab (in Proskurow kamen beispielsweise 1700 Menschen ums Leben).

Ebenfalls erwähnt werden sollten zwei spätere Versuche, die Pogrome zu erklären. Folgt man der sowjetkommunistischen Geschichtsschreibung, so richteten sich die Übergriffe gleichermaßen gegen Linke wie Juden, und Arbeiter nahmen, wenn überhaupt, nur selten an ihnen teil. Tatsache ist jedoch, daß gewalttätige Aktionen gegen die Linke eher die Ausnahmen waren und daß Angehörige der Arbeiterklasse (insbesondere Eisenbahnarbeiter) bei den Pogromen häufig eine maßgebliche Rolle spielten.

Folgt man der Darstellung der Schwarzen Hundert, dann hat der SRN »niemals und unter keinen Umständen zum Mord« aufgerufen. Im Gegenteil, die Zusammenstöße zwischen den Juden und der russischen Bevölkerung seien stets von gutbewaffneten jüdischen Kämpfern provoziert worden, die unbewaffnete Russen angegriffen hätten.[11] Nach dieser Lesart waren die Pogrome nur Akte der Selbstverteidigung gegen ein »brutales, räuberisches und unersättliches Judäa«, wie es ein zeitgenössisches Organ der Schwarzen Hundert formulierte. Ohne den »Gegenangriff« der Schwarzen Hundert wäre das Zarenreich untergegangen.[12] Die Schwarze Hundert übte auch individuellen Terror aus. So ermordete sie die beiden Duma-Abgeordneten Gerzenstein und Jollos. Die Anschläge wurden damit gerechtfertigt, daß eine weit höhere Zahl aufrechter Patrioten dem Terror von links zum Opfer gefallen sei. Die Auswahl der Opfer ist allerdings schwer nachzuvollziehen: Gerzenstein, einer der führenden Agrarexperten des Landes, war beileibe kein Revolutionär, sondern ein Kadett (also ein Liberaler) jüdischer Herkunft, der bereits viele Jahre zuvor konvertiert war. Andererseits war er einer der Moskauer Abgeordneten in der Duma. Möglicherweise mochte sich die Schwarze Hundert nicht mit dem Gedanken abfinden, daß ein Jude, selbst ein konvertierter, die Hauptstadt im Parlament vertrat.

Die revolutionären Unruhen ebbten gegen Ende des Jahres 1906 ab, und mit ihnen auch die konterrevolutionären Aktivitäten. Innerhalb der Schwarzen Hundert kam es zu Unstimmigkeiten, allerdings waren weniger ideologische Differenzen der Grund als vielmehr die persönlichen Ambitionen einzelner Anführer. Die Moskauer Gruppe des SRN spaltete sich ab, und Purischkewitsch gründete seinen *Erzengel-Michael-Bund,* mit Hochburgen in Odessa und anderen südrussischen Städten. Der Rest des SRN schloß sich entweder Dr. Dubrowin oder Markow II. an, die sich, wie bei der Öffnung der Archive nach 1917 ans Licht kam, bei der Regierung gegenseitig als schlechte Patrioten und sogar als Judenfreunde angeschwärzt hatten. Die Regierung kürzte ihre finanziellen Zuwendungen, und die Versuche des SRN, Schulen zu gründen und landwirtschaftliche Genossenschaften sowie Spar- und Kreditinstitute einzurichten, scheiterten. Daraufhin startete der SRN eine Kampagne gegen den Alkoholismus. Sofern sie überhaupt etwas bewirkte, schlug sich das jedenfalls nicht in den Statistiken über den Alkoholkonsum nieder.

Dubrowin und Purischkewitsch, die beiden Führer des SRN, starben kurz nach der Revolution von 1917. Dubrowin war zwar der bessere Organisator, aber selbst bei seinen Gesinnungsgenossen sehr unbeliebt gewesen. Nikolskij, ein Juraprofessor aus St. Petersburg und wichtigster Mann der Bewegung an der dortigen Universität, nannte ihn einen »bösartigen Parasiten« und ein »rohes, abstoßendes Tier«. Dennoch hatte Dubrowin anscheinend seine Qualitäten als Organisator, während die meisten anderen Führer der extremen Rechten immer nur davon redeten, daß etwas getan werden müsse.

Wladimir Mitrofanowitsch Purischkewitsch, ein bessarabischer Grundbesitzer und als Duma-Abgeordneter im ganzen Land bekannt, war die schillerndste Figur im rechten Lager. Er stammte aus einfachen Verhältnissen. Sein Großvater war ein armer Dorfpriester gewesen. Aber irgendwie kam die Familie zu Wohlstand, so daß Purischkewitsch studieren konnte. Er promovierte über oligarchische Aufstände im antiken Griechenland und wurde ein vehementer Verfechter der Monarchie und Aristokratie. Im Jahr 1900 wurde er als 30jähriger Assistent von Innenminister Plehwe. Wo Purischkewitsch auch auftauchte, im Parlament, in einem Restaurant oder im Theater – wo er gegen eine Aufführung von Oscar Wildes *Salome* protestierte –, er war immer für einen Skandal gut.[13] Geschickt verstand er es, Unruhe zu schüren. Hinter seinen Auftritten steckte Methode: Als Gegner des parlamentarischen Systems wollte er die Duma in Mißkredit bringen. Obwohl der SRN bei den Wahlen zur ersten Duma nicht angetreten war, hatten sich einzelne Führer aufstellen lassen. Wie Goebbels versuchte Purischkewitsch, das System von innen heraus zu zerstören, und wie Goebbels schrieb er Gedichte und Romane.

Staatliche Zuwendungen in Millionenhöhe flossen zwischen 1906 und 1917 durch seine Hände. In späteren Jahren trauten ihm die Behörden mehr als Dubrowin. Einer seiner politischen Widersacher sagte einmal: »Viele Rechte nahmen Schmiergelder an, aber Purischkewitsch war der einzige, der auch prompt lieferte.«

Purischkewitsch gefiel sich in der Rolle des einsamen Wolfes. Bei Ausbruch des Krieges hetzte er gegen Deutschland, während die meisten Führer der Schwarzen Hundert für eine Koalition mit den

Deutschen gegen England, Frankreich und China eintraten, da Rußland zu schwach sei, einen langen Krieg zu führen. Im Verlauf des Krieges scheint Purischkewitsch eingesehen zu haben, daß er für eine verlorene Sache kämpfte. Zu groß waren Inkompetenz und Borniertheit des Hofes und der herrschenden Klasse im allgemeinen. Als er Ende 1916 von einem Frontbesuch zurückkehrte, hielt er in der Duma eine aufsehenerregende Rede. Er erhielt von allen Seiten stürmischen Beifall – nur nicht von der äußersten Rechten. Nach Purischkewitschs Auffassung war Rußland nur noch durch radikale Maßnahmen zu retten. So beteiligte er sich an der Ermordung Rasputins und feuerte die Schüsse ab, die den Mönch schließlich töteten. Nach der Oktoberrevolution wurde er verhaftet, später aber wieder auf freien Fuß gesetzt (möglicherweise gelang ihm auch die Flucht). Purischkewitsch ging in den Süden, wo er 1920 starb.

Der dritte Führer von Format, den die Schwarze Hundert hervorbrachte, war Markow II., auch er ein glänzender Duma-Redner. Markow war Grundbesitzer aus der Gegend um Kursk und stolz darauf, Peter dem Großen ähnlich zu sehen. Doch er hatte weder Purischkewitschs Begabung und Charisma noch dessen politischen Instinkt. Markow war ein fanatischer Antisemit. In einer Rede, die er vor 1917 hielt, drohte er mit der Ermordung aller Juden bei den nächsten Pogromen; Purischkewitsch plädierte lediglich für eine Umsiedlung in die Kolyma-Tiefebene. In der Emigration spielte Markow eine etwas undurchsichtige Rolle. Er ging nach Deutschland, trat in den Dienst der Nazis und wurde zuletzt kurz vor Kriegsende gesehen. Nach 1945 verlor sich seine Spur.

Nach der Februarrevolution und der Abdankung von Zar Nikolaus II. wurde die Schwarze Hundert verboten. Eine offizielle Untersuchung ihrer Aktivitäten brachte vieles ans Licht, was bisher im Dunkel gelegen hatte. Aus seiner Doktrin hatte der SRN freilich nie ein Geheimnis gemacht. Sie beruhte auf der traditionellen zaristischen Doktrin: Orthodoxie, Autokratie und *Narodnost*. Nach der Ideologie der Schwarzen Hundert hatte die Bürokratie einen Keil zwischen den Zaren und das Volk getrieben, und jetzt kam es darauf an, die direkte Beziehung zwischen dem Herrscher und seinen Untertanen wiederherzustellen. Den Parlamentarismus lehnte sie ab, denn in einem parlamentarischen System gab es Parteien und damit immerwährenden Zwist. Für den SRN stand die Einheit des Volkes an oberster Stelle.

In Anlehnung an historische Vorbilder forderte die Schwarze Hundert die Einberufung einer Versammlung *(Sobor).* Diese Versammlung sollte jedoch keine Entscheidungsbefugnisse bekommen, sondern lediglich die Aufgabe haben, den Zaren zu beraten. Nur echte Russen, keine *Inorodnyje* (Bürger ausländischer Herkunft), sollten ihr angehören dürfen. Hier muß angemerkt werden, daß nach den SRN-Statuten Bürger jüdischer Herkunft der Organisation nicht beitreten konnten und andere Nichtrussen nur, wenn ihrem Antrag einstimmig entsprochen wurde. Die Statuten ließen zwar Frauen als Mitglieder zu, versperrten ihnen aber den Zugang zu Führungspositionen (Paragraph 17).[14]

Teile des SRN-Programms wirkten geradezu radikal, so etwa die Forderungen, die Wochenarbeitszeit zu beschränken, den Lebensstandard zu erhöhen und den Bauern günstigere Kredite einzuräumen. Ja, sogar von einer Landreform war darin die Rede. Diese Passagen waren vor allem auf Druck der Arbeiter- und Bauerndelegierten ins Programm aufgenommen worden und bereiteten dem SRN in späteren Jahren einiges Kopfzerbrechen. Einige Führer erklärten diese Forderungen für überflüssig. Die russischen Arbeiter, so ihr Argument, seien besser abgesichert als ihre Kollegen in der kapitalistischen Welt, weil im Westen jüdische Ausbeuter die Macht in Händen hielten, während in Rußland (noch) der Zar regiere, der Freund der arbeitenden Klasse.[15]

Nach Auffassung der Führer der Schwarzen Hundert und anderer rechtsextremer Intellektueller rührten die Unruhen und die Unzufriedenheit von der Verstädterung und Industrialisierung Rußlands her, die gegen Ende des 19. Jahrhunderts in eine neue, beschleunigte Phase getreten sei. Wie in anderen faschistischen Bewegungen waren die Städte ein Symbol für Entwurzelung, Dekadenz und revolutionären Wandel. Eine wirkliche Verjüngung des Landes konnte nur von den Dörfern ausgehen. Aber selbst die extremsten Rechten begriffen, daß ein starkes Rußland eine moderne Industrie brauchte. Die Rechte stand also vor einem Dilemma, und sie wußte keine Antwort. Sie war nicht nur gegen das Bankensystem und den Goldstandard, sie lehnte auch Stolypins Agrarreform ab, weil sie für die traditionellen Dorfkommunen das Ende bedeutete und die Herausbildung einer neuen Klasse reicher Großbauern, der Kulaken, förderte. Lenin betrachtete Stolypins Reform als eine ernstzunehmende sozialökonomische Alternative, die, hätte sie gegriffen, den Erfolg der bolschewistischen Revolution 1917 hätte verhindern können. Und in der Glasnost-Ära feierte die Rechte Stolypin als den größten Helden der jüngeren russischen Geschichte. Doch für die Schwarze Hundert war er bestenfalls ein zweifelhafter Bundesgenosse, schlimmstenfalls ein Freimaurer und gefährlicher Feind.

Ein wichtiger Unterschied zwischen dem SRN und der traditionellen Rechten bestand darin, daß der SRN sich einseitig auf die Judenfrage konzentrierte. Kein Rechter mochte die Juden und hätte ihnen gleiche Rechte zugesprochen. Doch für die traditionellen Gruppen, die bis zu einem gewissen Grad alle antisemitisch gewesen waren, hatte das Judenproblem nur eine von vielen Fragen in der Innen- und Außenpolitik dargestellt, wie etwa die Unterstützung des Slawophilentums, die politische Expansion nach Süden, die Stärkung der russischen Armee usw. Die Schwarze Hundert hegte demgegenüber keinerlei Sympathien für die slawischen Brüder und mißtraute allen Ausländern. Frankreich und England waren in ihren Augen »judaisiert«. Die Anhänger der Schwarzen Hundert waren Isolationisten und forderten eine Kürzung des Militäretats, insbesondere Einsparungen bei der Marine. Ihr ganzer Eifer galt den Juden, die sie für alle Mißstände im Heiligen Rußland verantwortlich machten. Alle Juden waren Revolutionäre, und alle Revolutionäre waren Juden. Gleichzeitig waren alle Juden auch Kapitalisten und alle Kapitalisten Juden, oder doch zumindest Werkzeuge in den Händen der Juden. Die jüdischen Revolutionäre wollten die bestehende Ordnung untergraben und beseitigen und damit der Errichtung einer Herrschaft der jüdischen Kapitalisten Vorschub leisten.

Die These, daß jüdische Revolutionäre und jüdische Kapitalisten die gleichen Interessen verfolgten, wurde zu einer Kernaussage des deutschen Nationalsozialismus. Mit einem wichtigen Unterschied freilich: Es ist zweifelhaft, ob Hitler und Goebbels bei allem Antisemitismus wirklich an diese abstruse Theorie glaubten oder ob sie sie nur benutzten, weil sie ihnen für ihre Propagandazwecke nützlich erschien. Dagegen besteht kein Grund, daran zu zweifeln, daß die Markows, die Dubrowins und all die anderen wirklich an sie glaubten. Auch wenn die Schwarze Hundert in Worten und Taten immer wieder auch linke Gruppen attackierte, so richtete sie ihre Hauptangriffe doch meist gegen liberale Gruppen (wie die Kadetten) und Kapitalisten. Die militanten Arbeiter waren in ihren Augen fehlgeleitete, aber aufrechte Leute, die vielleicht noch auf den rechten patriotischen Weg zurückgeführt werden konnten. Die wirklich gefährlichen Feinde waren nicht etwa die Großgrundbesitzer, sondern die Kapitalisten. Für sie gab es keine Rettung mehr.

Zwischen dem Bild vom allmächtigen Judentum und der Realität in den Ghettos, in denen Millionen armer Juden zusammengepfercht lebten, lagen Welten. Im damaligen Rußland gab es nur wenige jüdische Kapitalisten und nur eine kleine jüdische Mittelschicht; die Zahl der Juden in Moskau und St. Petersburg war verschwindend gering (in Moskau gab es allein schon deswegen keine Pogrome, weil die potentiellen Opfer fehlten). Aber die physische Abwesenheit der Juden bereitete der Schwarzen Hundert kein Kopfzerbrechen: Der Jude war der Antichrist, abwesend und doch allgegenwärtig. Ein zugkräftiger Mythos, mit dem sich die ungebildeten Massen mobilisieren ließen.

Trotz aller Bemühungen gelang es dem SRN nie, sich als eine führende Kraft im Land zu etablieren. Er konnte auf die Unterstützung von zehn, in manchen Gegenden von fünfzehn bis zwanzig Prozent der Bevölkerung zählen. Er war militant und erregte viel Aufsehen, aber zum politischen Durchbruch reichte es nicht. Nach 1907 spaltete sich die Schwarze Hundert, was die Bewegung organisatorisch sehr schwächte. Doch sie wurde nach wie vor unterstützt. Dutzende von Zeitungen und Zeitschriften erschienen auch weiterhin, die meisten auf lokaler Ebene. Außerdem erhielt sie Schützenhilfe von der NOWOJE WREMJA und anderen gemäßigten konservativen Blättern, von Zeitschriften, die während des Krieges von der Armee finanziert wurden, von Kirchenblättern und sogar vom PRAWITELSTWENNYJ WESTNIK, dem offiziellen Organ der russischen Regierung. Die führenden Schichten und die bessere Gesellschaft waren in der Frage der Schwarzen Hundert von Anfang an gespalten. Zar Nikolaus II. war fast ein fanatischer Anhänger dieser Organisation, die er »ein leuchtendes Vorbild an Gerechtigkeit und Ordnung für alle Menschen« nannte und der seine Frau bis zuletzt die Treue hielt. Wenn es zwischen dem Zar und der Zariza zu politischen Differenzen kam, dann nur in der Frage der Echtheit der *Protokolle der Weisen von Zion.* Stolypin hatte Martinow und Wassiljew, zwei hohe Polizeibeamte, beauftragt, die Echtheit der Protokolle zu prüfen. Sie kamen zu dem Schluß, daß es sich um eine Fälschung handelte. Daraufhin ordnete Nikolaus an, die Protokolle nicht länger zu verwenden, »denn es ist unmöglich, ein lauteres Ziel mit unlauteren Mitteln zu erreichen!«. Doch Alexandra Fedorowna, die Zariza, glaubte weiter an ihre Echtheit.[16] Graf Witte haßte und verabscheute die Schwarze Hundert, die ihn deswegen zu ihren schlimmsten Feinden zählte.

Stolypins Haltung war komplexer. Er betrachtete die Schwarze Hundert als einen destabilisierenden Faktor und griff entschieden ein, wenn er die öffentliche Ordnung gefährdet sah. Kokowzew, Ministerpräsident ab 1911, steuerte einen ähnlichen Kurs, während Makarow, Innenminister zur Zeit des Ritualmordprozesses gegen Mendel Beilis, die Aktivitäten des SRN ebenso unterstützte wie Durnowo, einer seiner Vorgänger, und Trepow, der viele hohe Regierungsämter bekleidete. Die Finanzminister waren gegen die Schwarze Hundert, wie generell alle, die mit dem Ausbau von Industrie und Handel in Rußland befaßt waren. Sie wußten, daß die von der Schwarzen Hundert propagierte Rückkehr zu mittelalterlichen Verhältnissen weder machbar noch wünschenswert war und daß in ihrem Programm die wirklichen Probleme des Landes ignoriert wurden. Hinzu kam, daß die Pogrome die Kreditbeschaffung im Ausland erschwerten und ganz allgemein ein Klima der Verunsicherung erzeugten, das der Mehrung des Wohlstands nicht zuträglich war. Dieselbe Meinung herrschte im Außenministerium vor, das, im Gegensatz zum SRN, keine Politik des Isolationismus verfolgte und nicht darüber hinwegsehen konnte, wie man im Ausland über Rußland dachte.

Mit einigen allgemeinen Bemerkungen zum SRN soll diese kurze Übersicht abgeschlossen werden. Die Bewegung war im Süden und Westen des Landes weitaus stärker als in Mittel- und Ostrußland; auf dem Land war sie generell sehr schwach. Die ersten staatlichen Zuwendungen erhielt sie von Stolypin – rund 150000 Rubel, hauptsächlich für publizistische Zwecke. Aber wie aus Briefen Purischkewitschs hervorgeht, geizte Stolypin im allgemeinen mit Unterstützung für den SRN.[17] Der wichtigste private Geldgeber war eine

gewisse Polubojarinowa, die Witwe eines reichen Verlegers. Sie spendete der Organisation im Lauf der Jahre über 500 000 Rubel. In späteren Jahren flossen weit größere Summen, bis zu 1,5 Millionen Rubel, aus der Staatskasse an Purischkewitsch und Markow, die das Geld unter ihren Gruppen verteilten.
Schließlich sollten noch die permanenten Streitigkeiten und Intrigen innerhalb der SRN-Führung erwähnt werden, die schließlich zum Zusammenbruch der Organisation führten. In Moskau bekämpften sich der Erzpriester Wostorgow, der die dortige Gruppe gegründet hatte, und sein Rivale Orlow; in Odessa zerbrach die Bewegung an der Rivalität zwischen Pelikan und Konownizin.
Gelegentlich bewies der SRN auch ein gewisses Maß an Unabhängigkeit. So etwa mit seiner Forderung, daß der Zar dem Volk näher stehen solle (ein altes slawophiles Ideal), oder mit seinen Angriffen gegen die Bürokratie, die angeblich einem engeren Kontakt zwischen dem Zaren und dem Volk im Weg stand (nicht einmal der Vorsitzende des Heiligen Synods der orthodoxen Kirche wurde verschont). Die Schwarze Hundert bediente sich zwar populistischer Parolen und Taktiken, aber letztlich blieb sie doch immer ein fester Bestandteil des Systems, das sie finanziell und politisch unterstützte. Sie brachte keinen Führer vom Schlage eines Hitler hervor, sondern erkannte den Zaren als höchste Autorität an. Kurz gesagt, im Gegensatz zu den Nazis oder den italienischen Faschisten war sie niemals völlig unabhängig. Weder brach sie mit der herrschenden Klasse, noch wollte sie eine Partei neuen Typs verkörpern. Ihr Denken ging über das Religiöse hinaus ins Rassistische, aber sie hatte nie die Absicht, die Verbindungen zur Amtskirche zu kappen. Im Gegenteil, Religion blieb das zentrale Element ihres Programms. Ungeschminkter, kruder Rassismus hätte in diesem Land, in dem die Hälfte der Bevölkerung nichtrussischer Abstammung war, zu nichts geführt. Die Bewegung hätte für eine »kleinrussische« Lösung eintreten können, aber das hätte im Widerspruch zu ihren imperialistischen Bestrebungen gestanden. Eine andere Möglichkeit wäre die Ausweisung oder Vertreibung aller Nichtrussen aus Rußland gewesen. Aber eine solche Lösung wäre zu radikal gewesen für eine Partei, die zwar zum Faschismus tendierte, aber noch weit von ihm entfernt war.

3 Die Protokolle der Weisen von Zion und die Verschwörung der Freimaurer

Die russischen Patrioten waren sich über die Ursachen der bolschewistischen Revolution von 1917 häufig uneins, aber in einem Punkt stimmten sie überein: Sie war ein großes Unglück, der Untergang Rußlands. Einige sollten ihre Meinung später ändern, aber das lag noch Jahre in der Zukunft. Generell waren die Rechten der Auffassung, daß vor allem die utopische und destruktive Haltung der Intellektuellen für die Revolution verantwortlich gewesen sei. Hart ins Gericht gingen sie aber auch mit dem russischen Volk insgesamt, das (wie Struve es einmal ausdrückte) die Revolution unterstützt habe, weil es glaubte, hinterher ohne Angst vor Strafe weniger arbeiten zu müssen (und stehlen zu können). Andere warfen dem Volk vor, daß es sich gegen Kirche und Staat aufgelehnt und kein wahrhaftes Nationalbewußtsein entwickelt habe. Aber auch die Monarchie kam nicht ungeschoren davon; sie wurde für die Katastrophe mitverantwortlich gemacht. Einige, wie Berdjajew, beschuldigten den Westen, weil er fremde Ideen importiert habe, die so viel Schaden angerichtet hätten. Rufe nach einer geistigen Erneuerung wurden laut, in deren Mittelpunkt ein religiöser Nationalismus stehen sollte.

Doch nur eine relativ kleine Gruppe rechter Intellektueller schlug solche selbstkritischen Töne an. In der Mehrheit suchten die Gegner der Revolution, vor allem diejenigen, die sie mit Waffengewalt bekämpften, nach einem greifbaren Feind, einer »unsichtbaren Hand«, einer verbrecherischen, übermächtigen Bande von Verschwörern. In Anbetracht der Radikalität der Revolution, die gewissermaßen über Nacht jahrhundertealte Institutionen hinweggefegt hatte, schien keine Hypothese zu absurd, um nicht als mögliche Erklärung für die unerklärlichen Ereignisse in Betracht gezogen zu werden. Jedermann hatte den Zaren gekannt, aber wer war Lenin? Wer war Trotzkij? Und ihre Gehilfen? Woher kamen diese Männer?

Wessen Interessen vertraten sie wirklich? Solche Reaktionen auf eine Katastrophe sind in der Geschichte keineswegs ungewöhnlich. In Deutschland war die Revolution weit weniger radikal ausgefallen, und doch bestand auch dort die Neigung, an die Existenz einer »unsichtbaren Hand«, einer gigantischen Verschwörung, zu glauben.

Manche Länder sind offenbar besonders anfällig für Verschwörungstheorien. Rußland gehört traditionell dazu, aber auch die Vereinigten Staaten und die Mittelmeerländer. Tatsächlich finden Verschwörungstheorien praktisch überall ihre Anhänger. In einigen Ländern fristen sie stets nur ein Schattendasein in Randgruppen, in anderen können sie zeitweise zur vorherrschenden intellektuellen Mode werden.

Natürlich liefern solche Theorien keine Erklärung, die intellektuell befriedigen kann. In Rußland war das nicht anders. Selbst wenn die Revolution nur das Ergebnis einer Verschwörung gewesen war, wie erklärte es sich dann, daß die Bolschewiki ihre Feinde im Bürgerkrieg besiegt hatten? Vor einem weiteren ideologischen Problem standen diejenigen, die den Bolschewismus aus rein nationalen Gründen ablehnten. Wie hatte der Schlachtruf der Weißen im Bürgerkrieg gelautet? »Für ein vereintes und unteilbares Rußland!« Doch unter den Kommunisten, insbesondere unter Stalin, blieb Rußland ungeteilt und wurde obendrein militärisch immer stärker. Es mußte also andere, tiefer liegende Ursachen geben.

Aber nicht viele Menschen gründen ihre politischen Überzeugungen auf rein rationale und logische Überlegungen. Außerdem ist es sehr viel bequemer und weniger schmerzlich, die Schuld an gewissen Mißständen Ausländern zuzuschieben als Selbstkritik zu üben, und, wie in unserem konkreten Fall, zuzugeben, daß das zaristische Regime kurzsichtig gehandelt hatte, daß es unfähig, korrupt und moralisch am Ende gewesen war. So kam es, daß nach der Katastrophe von 1917 die alte Theorie der Schwarzen Hundert über eine Weltverschwörung von Juden, Freimaurern und feindlichen Agenten eine neue Glaubwürdigkeit erlangte, die sie vorher nicht besessen hatte. War es nicht auffällig, daß sich hinter den angenommenen Namen der führenden Bolschewiki und der Führer anderer revolutionärer Parteien so viele ausländische Namen verbargen?

Die Behauptung, daß Juden und Ausländer eine herausragende Rol-

le in der neuen Regierung spielten, ist bis zu einem gewissen Grad durchaus richtig. Die Juden waren im zaristischen Rußland massiv unterdrückt worden, und so war es nur natürlich, daß viele in revolutionären Parteien aktiv wurden, die versprachen, ein Regime zu stürzen, das für ihre Leiden und für die Ermordung vieler anderer verantwortlich gewesen war. Daß der Anteil der Juden unter den Bolschewiki geringer war als in den anderen revolutionären Parteien, machte für die Gegner der Revolution keinen Unterschied. Und daß die bolschewistischen Führer den Judaismus einhellig verurteilten und sich als Russen fühlten, beeindruckte sie ebensowenig wie die Tatsache, daß schon kurz nach der Revolution alle Juden aus Führungspositionen entfernt wurden und daß der Anteil der Juden unter den Emigranten sehr viel höher war als ihr Anteil an der Gesamtbevölkerung. Der »jüdische Bolschewismus« wurde für die Rechte zum Feind *par excellence,* und abstruse Geschichten machten die Runde, wie etwa die Behauptung, daß die Russische Revolution von dem New Yorker Bankhaus Kuhn, Loeb and Co. finanziert worden sei. Wenn man nachweisen konnte, daß Jacob Schiff im Auftrag der New Yorker Plutokraten die Kommunisten bezahlt hatte, dann war klar, daß die Revolution das Werk von Ausländern und nicht von einheimischen Revolutionären war. Ähnliche Geschichten brachte nach 1933 die Propagandamaschinerie der Nazis in Umlauf. Ob die Nazis sie jemals glaubten, darf mit Fug und Recht bezweifelt werden. Ihre Haltung war zynischer.
Solche Propagandalügen waren nützlich, denn sie erweckten den Eindruck, daß es eine gemeinsame Front von jüdischen Kommunisten und jüdischen Kapitalisten gab, die ein und dasselbe Ziel verfolgten – die Errichtung einer jüdischen Weltherrschaft. Natürlich war kein wahres Wort an diesen und anderen Geschichten, doch weder Gerichtsurteile noch die einhellige Meinung renommierter Historiker, die bis ins Detail nachwiesen, wie, wann und von wem diese Märchen zusammengesponnen wurden, vermochten es bisher, dieser Propaganda ein Ende zu bereiten.
So wurden Trotzkij und Swerdlow zu den schlimmsten Schurken der Russischen Revolution, nicht Lenin, Stalin oder Dserschinskij. Da fiel es auch nicht ins Gewicht, daß Swerdlow kaum zwei Jahre nach der Revolution starb und Trotzkij, der nach 1923 praktisch keinen Einfluß mehr hatte, 1927 aus der Sowjetunion ausgewiesen

wurde. Beide wurden für Vorfälle verantwortlich gemacht, die sich zehn, zwanzig, ja fünfzig Jahre nach ihrem Ableben ereigneten.

In Rußland selbst blieb diese Propaganda ohne große politische Wirkung, denn diejenigen, die sie verbreiteten, waren im Kampf um die Macht unterlegen.

Die Geschichte ist voll von Hirngespinsten, Täuschungen und Lügen, und man könnte die damals kursierenden Märchen als bloße Kuriositäten abtun. Doch dagegen sprechen zwei Argumente. Die Verschwörungstheorien der russischen Rechten blieben im damaligen Rußland zwar ohne Wirkung, doch den Nazis lieferten sie Stoff für ihre Doktrin, besonders in der Frühphase. Ich habe in einem früheren Buch bereits beschrieben, wie deutsche und russische Rechtsextremisten zu Hitlers Lehrmeistern wurden, indem sie die *Protokolle der Weisen von Zion* 1918 mit nach Deutschland brachten, und daß diese Propaganda im damaligen Deutschland auf fruchtbareren Boden fiel als in Rußland.[1] Es gehört zu den merkwürdigen Fügungen in der Geschichte, daß der deutsche Antisemitismus, der in den achtziger Jahren des 19. Jahrhunderts nach Rußland exportiert worden war, nach dem Ersten Weltkrieg wieder nach Deutschland zurückkehrte. Doch dies gehört eher zur deutschen als zur russischen Geschichte und hat folglich keinen direkten Bezug zu unserem Thema. Uns interessiert an dieser Stelle mehr, daß die rechtsextremistischen Parolen von 1918 nach über siebzig Jahren im krisengeschüttelten Rußland von 1990 wieder zu hören waren.

Die Grundlage der damaligen Verschwörungstheorien bildeten die *Protokolle der Weisen von Zion*. Die Geschichte dieses Bestsellers und der Schriften, die auf ihn aufbauen, haben Historiker bereits bis ins kleinste Detail untersucht. Da die Ideen, die ihm zugrunde liegen, für die Ideologie der heutigen extremen Rechten jedoch von zentraler Bedeutung sind, will ich sie hier nochmals in aller Kürze wiedergeben.[2]

Die *Protokolle* haben mehrere Vorläufer: Wilhelm Marr, einst ein führender Sozialist, verfaßte 1879 in der Schweiz ein Pamphlet, in dem er nicht nur den Sieg des Judentums über das Germanentum vorhersagte, sondern auch eine jüdische Revolution gegen das Zarenregime. Seine Warnungen stießen jedoch auf taube Ohren. Mehr Erfolg hatte die »Rede des Oberrabbiners« von Hermann Goedzsche, einem ehemaligen Diplomaten, der wegen unehrenhaften Verhaltens den Dienst hatte quittieren müssen und unter dem Pseudonym »Sir John Ratcliff« meterweise Schundliteratur verfaßte. Die »Rede« war in seinem Roman *Biarritz* enthalten. Goedzsche beschrieb darin eine Szene auf dem jüdischen Friedhof in Prag, auf dem alle hundert Jahre der höchste Rat des Weltjudentums, *Sanhedrin* (von dem man zuletzt vor 1800 Jahren gehört hatte), zusammenkam, um an dem Plan zur Errichtung der jüdischen Weltherrschaft weiterzuspinnen. Die russische Regierung brachte die »Rede« in einer Auflage von mehreren Hunderttausend, vielleicht sogar Millionen Exemplaren unters Volk. In gleicher Weise verfuhr sie mit der Schrift eines gewissen »Major Osman Bey Kibrizli Sade«, der behauptete, an der Spitze der revolutionären Bewegung in Rußland stehe die *Alliance Israelite Universelle,* eine 1860 in Paris gegründete Wohltätigkeitsorganisation, die jüdische Gemeinden in verschiedenen Teilen der Welt gegen Anklagen wegen Ritualmords verteidigte und angeblich von den Rothschilds finanziert wurde. Osman Bey wartete mit einer weiteren Information auf, die noch alarmierender war: Die Juden, so behauptete er, hätten bereits eine Armee aufgestellt, mit der sie Rußland von der Außenwelt abschneiden könnten. Die ostdeutschen Rabbis fungierten als Offiziere, und Bamberger, der Oberrabbiner von Königsberg, sei ihr Oberbefehlshaber.

Als Zar Nikolaus II. das Büchlein las, fügte er handschriftlich hinzu: »Ich stimme mit den hier dargelegten Ansichten vollkommen überein.« Der Glaube an die Führungsrolle der *Alliance* hielt sich viele Jahre und tauchte nach dem Ersten Weltkrieg in den Schriften des Nazi-Chefideologen Alfred Rosenberg wieder auf. Hinter dem Pseudonym »Osman Bey« verbarg sich ein Rumäne namens Millinier, der vom jüdischen Glauben abgefallen war und ohne großen Erfolg versuchte, international bekannte Persönlichkeiten zu erpressen: Wenn sie bezahlten, würde er sie in seinen Enthüllungen nicht erwähnen.

Weitere Vorläufer der *Protokolle* waren angeblich wortgetreue Aufzeichnungen von vierundzwanzig geheimen Sitzungen der Anführer der jüdischen Weltverschwörung. Nach diesen Aufzeichnungen war es das erklärte Ziel der Juden, alle Staaten zu zerstören und auf ihren Ruinen ein jüdisches Weltreich zu errichten, das von einem Herrscher aus dem Geschlecht Davids regiert werden sollte. Die wichtigsten Instrumente dieser Umwälzung waren Demokratie, Liberalismus und Sozialismus. Die Juden steckten hinter allen Aufständen in der Geschichte, die Französische Revolution eingeschlossen. Sie unterstützten die Forderung nach individueller Freiheit und schürten den Klassenkampf. Alle politischen Morde gingen auf ihr Konto, und alle größeren Streiks wurden von ihnen organisiert. Sie verführten die Arbeiter zum Trinken und verursachten ein allgemeines Chaos, indem sie die Lebensmittelpreise in die Höhe trieben und ansteckende Krankheiten verbreiteten. Sie hatten bereits eine geheime Weltregierung gebildet, da ihre Macht aber noch nicht groß genug war, hetzten sie die Völker gegeneinander auf, um einen Weltkrieg auszulösen.

Allerdings bestand ein großer Unterschied zwischen den Methoden, mit denen die Juden die Weltherrschaft erringen wollten, und ihren eigentlichen, langfristigen Zielen. Die Weisen von Zion waren alles andere als Demokraten oder Liberale. In ihrer zukünftigen Welt sollte das wahre Glück nicht in der Verwirklichung demokratischer Prinzipien liegen, sondern im blinden Gehorsam gegenüber der Obrigkeit. Bildung sollte nur einer kleinen Elite vorbehalten bleiben, und alle Bürger hätten die ehrenvolle Pflicht, sich gegenseitig zu bespitzeln. Mit Kritikern sollte kurzer Prozeß gemacht werden. Die neue Regierung würde die Organisationen ehemaliger Mitverschwörer, wie etwa der Freimaurer, auflösen, einige von ihnen hinrichten, andere in die Verbannung nach Übersee schicken.

Aber was, wenn die Nichtjuden die teuflische Verschwörung rechtzeitig entdeckten? Was, wenn sie sich gegen die Juden zur Wehr setzten, wenn sie erkannten, daß alle Katastrophen und Intrigen Teil eines umfassenden Plans waren? Gegen diese Möglichkeit hatten die Weisen eine schreckliche Waffe ersonnen: Bald (das Machwerk datiert aus der Zeit kurz vor der Jahrhundertwende) sollten alle Hauptstädte der Welt über ein unterirdisches Eisenbahnnetz verfügen. Wenn Gefahr im Verzug war, konnten die Weisen die Städte von diesen Tunnels aus in die Luft sprengen, alle öffentlichen Gebäude zerstören und alle Nichtjuden mitsamt ihrer Habe vernichten.

Diese Geheimwaffe strapazierte selbst die Leichtgläubigkeit der russischen und deutschen Verleger der *Protokolle* über die Maßen. Der russischen Ausgabe wurde eine Fußnote beigefügt, in der darauf hingewiesen wurde, daß es in Rußland noch keine solchen Tunnels gebe, internationale Komitees jedoch ihren Bau bereits vorbereiteten. Der deutsche Herausgeber Theodor Fritsch merkte an, daß der gesunde Menschenverstand gegen eine solche Vorstellung rebelliere. Wahrscheinlich, so Fritsch, wolle der Autor damit nur bildlich zum Ausdruck bringen, daß die Juden, um ihre Ziele zu erreichen, selbst vor dem Einsatz der schrecklichsten Waffen nicht zurückschreckten.

Nach 1985 haben Vertreter der extremen Rechten gelegentlich ähnliche Vorbehalte gegenüber den *Protokollen* geäußert. Die Fundamentalisten, die sie in Moskau vor Metrostationen und Kirchen verkaufen, nehmen jedes Wort darin für bare Münze. Diejenigen, die sich an gebildetere Adressaten wenden, haben eingeräumt, daß man die *Protokolle* nicht als ein historisches Dokument im strengen Sinn verstehen dürfe, sondern als Wiedergabe damals weitverbreiteter Ansichten mit »künstlerischen Mitteln«. Die Herausgeber des russischen Literaturmagazins, das die *Protokolle* 1991 abdruckte, schrieben in der Einführung: »Wir teilen die Ideologie der *Protokolle* nicht und geben freimütig zu, daß sie möglicherweise gar nicht von Zionisten verfaßt wurden.« Gleichwohl sei es ihre Pflicht, sie zu veröffentlichen, damit »die Leser sich selbst eine Meinung bilden können«.[3] Sicherheitshalber stellten sie den *Protokollen* in jeder Ausgabe einen Artikel von Seymon Frank voran, einem renommierten russischen Philosophen jüdischer Abstammung.

Nach der frühen Version der *Protokolle* lag die Verantwortung für die Verschwörung bei einer anonymen mysteriösen Organisation namens »Sanhedrin«, einem Bündnis aus Juden und Freimaurern. Später avancierte die *Alliance Israelite Universelle* zur Hauptschuldigen. Nach 1920 verlor die *Alliance* an Bedeutung, und der Schwarze Peter wurde der weltweiten Zionistenbewegung zugeschoben. Diese Theorie tauchte in verschiedenen Abwandlungen auf. Einer Version zufolge war Ahad Haam (Asher Ginzburg) der Kopf der Bewegung. Ahad Haam war ein Kulturphilosoph aus Odessa und, was den Antisemiten offenbar entgangen war, ein scharfer Kritiker des politischen Zionismus.

Verschwörungstheorien, also die Überzeugung, daß hinter allem Übel und Unglück dieser Welt eine geheime Macht steckt, hat es vermutlich immer gegeben, seitdem es eine Geschichtsschreibung gibt. Zu gewissen Zeiten arteten sie in einen regelrechten Verfolgungswahn aus, der einzelne Menschen oder auch ganze Völker befiel. In der jüngeren Zeit wurden die puritanische Revolution in England und die Französische Revolution einer Konspiration von Philosophen, Illuminaten und Freimaurern zugeschrieben. Die Juden tauchten als Mitglieder dieser Koalition erst mit der Publikation eines Buches des französischen Adligen Gougenot des Mousseaux, *Le Juif, le Judaisme et la Judaisation des peuples chrétiens*, im Jahr 1869 auf; Alfred Rosenberg übersetzte die Schrift ins Deutsche. Unter den Rechtsextremisten in Frankreich, Deutschland und Rußland faßte der Glaube an eine Weltverschwörung um 1880 Fuß. Die *Protokolle* waren nur ein Teil dieser Tradition. Verfaßt hatte sie der Chef des zaristischen Geheimdienstes in Frankreich, Raschkowskij, in Zusammenarbeit mit einigen Agenten und Sympathisanten.

Die erste russische Ausgabe wurde von zwei Bessarabiern namens Butmi de Katzman und Kruschewan in Kischinjow herausgebracht. Die zweite und wichtigere Ausgabe besorgte der Russe Sergej Nilus, ein ehemaliger Playboy, der nach einem mehrjährigen Frankreichaufenthalt eine plötzliche religiöse Wandlung durchmachte und sich in ein russisches Kloster zurückzog. Für Nilus waren die *Protokolle* nur Teil einer sehr viel umfassenderen Arbeit mit dem Titel »Das Große im Kleinen«, einer unglaublichen Anhäufung religiöser Zitate, genauer Prophezeiungen über das Kommen des Antichrist und symbolischer Abbildungen von Sternen und Schlangen. Die erste Ausgabe ließ er in der Hofdruckerei in Zarskoje Selo drucken, eine spätere in der Troize-Sergijewa-Lawra, Rußlands bedeutendstem Kloster. Es gibt allerdings keinen Beweis dafür, daß der Hof oder der Heilige Synod der russisch-orthodoxen Kirche die Verbreitung der *Protokolle* unterstützte. Auch die Nazis fanden Jahre später keinen Gefallen an Nilus' religiösem Fanatismus. Schwartz-Bostunitsch, ein russischer Emigrant, der politisch zwischen der Schwarzen Hundert und den Nazis stand, schrieb: »Nilus' Arbeit war eine unsterbliche Leistung, aber ideologisch trennen uns Welten von diesem Mann, der wahrhaftig an das Kommen des Antichrist glaubte und für den der Teufel des Mittelalters Realität war.«[4]

Anfangs fanden die *Protokolle* in Rußland nur ein schwaches Echo, und selbst die Rechte reagierte zurückhaltend. Die Juden in Rußland waren eine unterdrückte Minderheit und lebten größtenteils in bit-

terer Armut. Mit den reichen und mächtigen Juden, wie sie in den *Protokollen* beschrieben wurden, hatten sie keinerlei Ähnlichkeit. Erst nach der Revolution von 1917 gab die Rechte ihre Zurückhaltung auf. Die katastrophalen Ereignisse verlangten nach einer einleuchtenden Erklärung. War es nicht eine unbestreitbare Tatsache, daß die Juden in Deutschland und in Rußland plötzlich herausragende Positionen im politischen, wirtschaftlichen und kulturellen Leben einnahmen? Daß die *Protokolle* eine primitive Fälschung waren, kümmerte niemanden. Wie sagte ein zeitgenössischer Autor: Die Einfältigen glaubten daran, weil sie einfältig waren, und die halbwegs Intelligenten, weil es der Sache der Reaktion diente.
In den zwanziger und dreißiger Jahren erschienen in Europa zahlreiche Arbeiten zu den *Protokollen*. Einige besonders radikale Schriften stammten aus der Feder russischer Emigranten. Einer von ihnen war Fjodor Wiktorowitsch Winberg, ein ehemaliger Oberst der zaristischen Armee, der in seinem Berliner Exil eine zweite Laufbahn als Schriftsteller und Philosoph begonnen hatte. Nach Winbergs Ansicht hatte der verstorbene und bedauernswerte Zar den Fehler begangen, das russische Volk zu idealisieren, ein Volk, das in Wahrheit ein nichtsnutziges Pack sei und nun zurecht für seinen Verrat am Zaren bestraft werde. Das russische Volk sei eine »menschenähnliche Herde«, eine blinde, gefühllose Masse, eine Bestie mit vielen Gesichtern, die nur ihre primitivsten materiellen Bedürfnisse im Sinn habe. Dreiviertel aller Christen, so Winberg weiter, zappelten bereits im Netz der jüdisch-freimaurerischen Verschwörer, die alle Goldreserven der Welt in ihren Besitz gebracht hätten und Dreiviertel der Weltpresse kontrollierten.
Bestand angesichts dieser niederschmetternden Fakten noch Hoffnung auf Rettung? Winberg war davon überzeugt, denn neben dem höheren Antisemitismus existiere noch ein niederer Antisemitismus, der von »Gott gegeben« sei und aus den Tiefen der Volksseele komme. Dieser Antisemitismus werde den gordischen Knoten durchschlagen, indem er alle Juden, alle Anhänger des Judaismus und alles, was an den Judaismus erinnerte, vernichte. Die Schlangengrube müsse ausgehoben werden, nichts dürfe von ihr übrig bleiben.[5] Winberg war der wahre Vordenker der Endlösung, auch wenn er mit seinen Tiraden damals (er starb 1927) nur wenig Gehör fand. Er hatte ein paar Jünger um sich geschart, ehemalige Leut-

nants und Rittmeister der zaristischen Armee. Der bekannteste war Schabelskij-Bork. Er erschoß bei einem politischen Treffen 1922 in Berlin Wladimir Nabokow, Sergej Nabokows Vater. Schabelskij-Bork kam in Haft, wurde aber später von den Nazis wieder freigelassen. Nach dem Krieg floh er wie viele seiner Gesinnungsgenossen nach Lateinamerika.[6]

Anfangs spielten die Zionisten in der Verschwörung der Weisen keine Rolle. Der 1. Zionistische Weltkongreß fand 1897 statt, und noch ein Jahrzehnt später wußte kaum jemand von seiner Existenz. Nach der bolschewistischen Revolution behauptete die russische Rechte, die Revolution sei das Ergebnis einer Verschwörung von Deutschen und Juden gewesen – sehr zum Ärger der deutschen Rechtsextremisten, die ihrerseits die *Protokolle* ausschlachten wollten und deshalb erklärten, daß solche Behauptungen kompletter Unsinn seien. Im Jahr 1920 veröffentlichte Winston Churchill, der vorübergehend an eine weltweite bolschewistische Verschwörung (unter maßgeblicher Beteiligung der Juden) geglaubt hatte, einen Artikel, in dem er darauf hinwies, daß Zionismus und Kommunismus kaum miteinander vereinbar seien.[7] Die russischen Antisemiten ignorierten diese offenkundige Tatsache, sei es aus Beschränktheit, sei es, weil sie ihnen nicht in den Kram paßte. Doch selbst in der Literatur, die in den zwanziger und dreißiger Jahren zu den *Protokollen* erschien, spielte der Zionismus keine nennenswerte Rolle. Erst nach der Gründung des Staates Israel wurde eine Verbindung zwischen Zionismus und Kommunismus gezogen. Man warf dem Zionismus vor, die Revolution geschürt und durchgeführt zu haben, und bezichtigte ihn gleichzeitig einer sowjetfeindlichen Haltung.

Unter den russischen Emigranten gab es aber auch Verschwörungstheoretiker, die ihre Netze in eine andere Richtung auswarfen und in den unglaublichsten Organisationen fündig wurden. Konspirativer Machenschaften bezichtigt wurden unter anderem der Weltkirchenrat, der Völkerbund, die Trilaterale Kommission, die Bilderberg-Konferenzen, der Vatikan, die Baptisten, ja sogar der CVJM und die Pfadfinder. Als die Verschwörungstheorien im Rußland der neunziger Jahre wieder auflebten, wurden auch die Fabianer, H. G. Wells und Kibbo Kift sowie das Britische Woodcraft-Movement der zwanziger Jahre auf die Liste gesetzt.[8] Das Hauptinteresse galt jedoch den Freimaurern und ihrem Einfluß auf Rußland und die Weltpolitik.

Die globale Verschwörung

Die Vorstellung von einer weltweiten Verschwörung der Freimaurer mit dem Ziel, die gesamte Menschheit zu unterwerfen, gehört seit langem zum ideologischen Repertoire der russischen Rechten. Dieses Bild von der Freimaurerei steht natürlich im krassen Widerspruch zu Idealen wie Toleranz, Achtung vor der menschlichen Würde und Hilfsbereitschaft, die vor Jahrhunderten vermutlich zunächst in Großbritannien und dann auch in anderen Ländern zur Gründung der ersten Logen führten. In ihrer modernen Form trat die Freimaurerei erstmals Anfang des 18. Jahrhunderts auf. Zu allen Zeiten gehörten den Logen bedeutende Persönlichkeiten an – George Washington und Benjamin Franklin, Roosevelt und Harry Truman, englische und preußische Könige, französische Präsidenten und Premierminister, aber auch viele berühmte Dichter und Komponisten wie Goethe, Haydn oder Mozart und, nicht zu vergessen, linke Politiker wie Salvador Allende. Von Anfang an erregte die Freimaurerei das Mißtrauen der Menschen. Das lag sicher auch an ihrem geheimbündlerischen Charakter und ihren befremdlichen Ritualen. Der Hauptgrund war aber die Neigung vieler Menschen, an die Existenz einer »unsichtbaren Hand« zu glauben. Zu den größten Widersachern der Freimaurerei zählte die katholische Kirche, die in ihr einen gefährlichen Konkurrenten sah. Im Jahr 1738 verurteilte Papst Klemens XII. die Freimaurer erstmals in einer Bulle, und in der Folgezeit wurden zahlreiche Mitglieder der Bewegung mit Kirchenstrafen belegt.[9] Rom warf den Logen vor, daß sie Angehörige verschiedener Glaubensbekenntnisse aufnahmen, den Seelenfrieden der Menschen störten und die politische Stabilität gefährdeten.

Die Freimaurerei wurde praktisch in allen Diktaturen verboten, darunter alle faschistischen und kommunistischen Länder sowie Francos Spanien. Im zaristischen Rußland wurde sie 1822 verboten; neue Logen wurden dort erst wieder gegen Ende des 19. Jahrhunderts gegründet. In England war die Vorstellung weitverbreitet, daß die puritanische Revolution das Werk einer Geheimgesellschaft gewesen sei. Später, zur Zeit der Französischen Revolution, fand die Theorie von Abbé Baruel und dem Chevalier de Malet über eine Verschwörung von Philosophen, Freimaurern und Illuminaten unter den Gegnern der Revolution viele Anhänger. Die Juden tauchten in der Liste der Verschwörer noch nicht auf, und zwar aus dem einfachen Grund, weil sie in der europäischen (und amerikanischen) Politik damals noch keine Rolle spielten. Dies änderte sich erst 1869 mit dem Erscheinen des bereits erwähnten Buches von Gougenot des Mousseaux. Mousseaux bewies jedem, der es glauben wollte, daß eine gigantische Verschwörung im Gang war, die sich gegen alle grundlegenden Werte richtete – das Christentum, die Monarchie, die Vaterlandsliebe, den inneren Frieden. In der Folgezeit gab es eine wahre Flut von Schriften zu diesem Thema. Als um die Jahrhundertwende die zionistische Bewegung gegründet wurde, wurde sie von einigen zum wichtigsten Mitverschwörer der Freimaurer erhoben. Andere behaupteten allerdings, daß die jüdisch-freimaurerische Bewegung (russisch: *Schidomasonstwo)* nichts spezifisch Jüdisches sei, da die Juden, die ihr angehörten, entwurzelte Kosmopoliten seien.

In der russischen Rechten fielen diese Ideen auf fruchtbaren Boden. Das Problem war nur, daß viele Helden der russischen Geschichte wie Suworow, Kutusow und die Dekabristen ebenso Freimaurer gewesen waren wie Puschkin und zahllose andere russische Schriftsteller. Auch konnte niemand allen Ernstes behaupten, daß die Juden im Zarismus in der Politik eine maßgebliche Rolle gespielt hätten. Doch andererseits standen sie in der revolutionären Bewegung im ersten Glied und hatten Einfluß auf die wirtschaftliche Entwicklung des Landes. Insofern war es keine Überraschung, daß einige Autoren die Juden und Freimaurer für die Revolution von 1905 verantwortlich machten.[10] In den *Protokollen der Weisen von Zion* fanden die Verschwörungstheorien jener Zeit ihren berühmtesten Ausdruck. Doch die *Protokolle* allein genügten offensichtlich nicht, eine durchdachtere Version wurde gebraucht. Aus diesem Grund produzierten russische Emigranten in den zwanziger und dreißiger Jahren einer wahre Flut an antifreimaurerischer Literatur. Nach 1987 grub die extreme Rechte die Theorien, die in dieser Zeit entstanden waren, wieder aus und fügte sie in ihren ideologischen Überbau ein.

Gerechterweise sollte hinzugefügt werden, daß eine ähnliche Propaganda auch woanders auftauchte. Auch unter den Nazis blühte die antifreimaurerische Literatur. General Ludendorff war einer ihrer bekanntesten Fürsprecher, und die Gestapo verfügte sogar über eine ganze Abteilung, die sich mit nichts anderem beschäftigte. Die Neonazis haben diese Tradition fortgesetzt, und auch in England, den Vereinigten Staaten, Italien und anderen Ländern sind die Freimaurer immer wieder zur Zielscheibe für Anschuldigungen geworden. Aber in kaum einem anderen Land erlangte diese Doktrin eine so große Popularität wie in Rußland.

Nach dem Zweiten Weltkrieg ging die Zahl der freimaurerfeindlichen Schriften im Westen deutlich zurück, und auch das Interesse am Antisemitismus ließ nach. Aber in russischen Emigrantenkreisen und später auch in der Sowjetunion erschienen weiterhin spezielle Studien zu diesem Thema. Damit meine ich vor allem die Schriften von Grigorij Aronson, George Katkow und Nina Berberowa, die sich größtenteils auf die Erinnerungen russischer Emigranten stützten.[11] Keiner dieser Autoren glaubte an die Theorien von einer jüdisch-freimaurerischen Verschwörung. Da aber viele Mitglieder der Provisorischen Regierung (von März bis November 1917) Freimaurerlogen angehört hatten, waren sie davon überzeugt, daß der Einfluß der Freimaurer auf den Gang der Ereignisse größer gewesen sein mußte als die Historiker bislang angenommen hatten. Katkows Mutmaßungen in dieser Richtung waren mit ziemlicher Sicherheit übertrieben. Berberowa hingegen ging vorsichtiger zu Werke und betonte, daß die Freimaurer in der Provisorischen Regierung keineswegs Radikale gewesen seien und die Revolution abgelehnt hätten. Auch der Zar selbst, sein Polizeichef Loputschin und viele »weiße« Generäle seien, zum einen oder anderen Zeitpunkt in ihrem Leben, Freimaurer gewesen. Solange nicht nachgewiesen werden könne, daß die Freimaurer nicht nur solidarisch waren, sondern auch entscheidenden Einfluß auf den Gang der Ereignisse nahmen, sei es historisch völlig belanglos, daß Kerenskij oder einige seiner Minister einer Loge angehört hätten.

Gegen Ende der Breschnew-Ära beschäftigten sich mehrere sowjetische Schriftsteller und Historiker mit den Freimaurern, darunter auch der Romanautor Walentin Pikul. Ihre Werke galten als Unterhaltungsliteratur (das sowjetische Gegenstück zu den westlichen Polit-Thrillern) und wurden selten besprochen, doch sie erreichten immense Auflagen. Eine Zeitlang war Pikul nach Alexandre Dumas wohl der meistgelesene Schriftsteller in der Sowjetunion. Überra-

schender war, daß auch zwei Historiker, N. N. Jakowlew und W. I. Starzew, an dem Thema Interesse zeigten. Obwohl ihre Forschungsergebnisse umstritten waren, um es vorsichtig auszudrücken, wurden sie von den Parteiideologen toleriert und womöglich sogar ermutigt.[12] Keiner der beiden machte nennenswerte neue Entdekkungen, vielmehr benutzten sie das Material, das emigrierte zeitgenössische Autoren (und Schriftsteller wie S. Megunow in den zwanziger Jahren) zusammengetragen hatten, und schrieben die sowjetische Geschichte entsprechend um. War man sich bis dahin einig gewesen, daß eine Verschwörung der Bourgeoisie zur Februarrevolution von 1917 und zum Sturz des Zaren geführt hatte, so wurden jetzt neue Akzente gesetzt: Die Freimaurer, nicht die Bourgeoisie, hatten hinter der Verschwörung gesteckt.
Historiker unterzogen diese These einer eingehenden Analyse und fanden heraus, daß es 1916 und 1917 zwar Freimaurerlogen in Rußland gegeben habe, aber nur in geringem Umfang. Es bestehe also kein Grund, die These zu widerrufen, daß die Freimaurer eine vernachlässigbare Größe dargestellt hätten.[13] Selbst wenn man davon ausgeht, daß die Freimaurer im Februar 1917 tatsächlich eine maßgebliche Rolle spielten, welchen Nutzen sollten russische Rechtsextremisten vierundsiebzig Jahre später daraus ziehen? Als politische Munition taugte die These nicht. Schließlich hatten sich die vermeintlichen Verschwörer vom Februar nur wenige Monate später im Exil wiedergefunden, entmachtet und mittellos.
Wenn die Rechte nachweisen wollte, daß es eine Verschwörung gab, die nicht nur ein Land und ein Jahr betraf, sondern allgegenwärtig war und die ganze Welt bedrohte, dann mußte sie schwerere Geschütze auffahren. Und genau aus diesem Grund wärmte sie die Theorien rechtsextremer Emigranten aus den zwanziger Jahren wieder auf, die sich ihrerseits bei gleichgesinnten Franzosen und Deutschen des 19. Jahrhunderts Anregungen geholt hatten. Wen kümmerte es schon, daß die Geschichten, die jetzt wiederbelebt wurden, der blühenden Phantasie von Romanautoren oder Schwindlern wie Leo Taxil entsprungen waren, der am Ende seines Lebens offen zugegeben hatte, daß alle »Tatsachen« in seinen Büchern frei erfunden waren.
Nach einer dieser alten Theorien, die in den Jahren 1987 und 1988 wieder auftauchten, ist die gesamte neuere Geschichte ein einziges

Komplott gegen Religion, Autorität und nationale Werte. Alles begann mit der Französischen Revolution und setzte sich in den Revolutionen von 1830 und 1848 fort. Der mysteriöse Tod von Zar Alexander I. im Jahre 1825 wird mit der Tatsache in Verbindung gebracht, daß der Zar in jungen Jahren einer Freimaurerloge angehörte, später aber wieder austrat und die Logen in Rußland verbieten ließ.[14] Der Krimkrieg war nichts anderes als eine Intrige der Freimaurer gegen Rußland, wie überhaupt alle Kriege des 19. Jahrhunderts bis hin zum Ersten Weltkrieg. Palmerston und Disraeli waren Freimaurer und höchstwahrscheinlich auch Bismarck; in jedem Fall war Bismarck eine Marionette in den Händen seines Geldgebers, des Juden Bleichröder. Sein Monarch, der deutsche Kaiser, war ebenfalls ein ehemaliger Freimaurer.
Die russischen Revolutionen von 1917 wurden von Freimaurern aus mehreren Ländern durchgeführt, darunter Lord Milner, der die Interessen der Rothschilds vertrat, das deutsche Bankhaus Warburg, die amerikanischen Bankiers Schiff und Kuhn (die auch Trotzkij finanzierten) und der hohe deutsche Beamte und spätere Außenminister Brockdorff-Rantzau, der Parvus Geld gab, das dieser an Lenin weiterleitete. Nach dieser Version handelte die deutsche Regierung nicht aus eigenem Entschluß, sondern auf Geheiß des internationalen Freimaurertums, als sie die Kosten für den versiegelten Eisenbahnwaggon übernahm, in dem Lenin aus der Schweiz nach Finnland gebracht wurde.
Unterstützt wurden sie dabei von abtrünnigen russischen Freimaurern wie Außenminister Sasonow und Generälen wie Brussilow, Krimow, Russkij und Gurko.[15]
In diesem Stil geht die Beweisführung weiter bis zum heutigen Tag. Danach war die Geschichte Rußlands, ja die gesamte Weltgeschichte, eine Geschichte des Terrors und der Intrigen, die im Auftreten jüdischer Freimaurer in Moskau in Gestalt der allmächtigen amerikanischen Vereinigung B'nai Brith im Jahre 1990 einen vorläufigen Höhepunkt fand.[16] Diese amerikanisch-jüdischen Freimaurer wollten nicht nur einen neuen Tempel König Salomons in der heiligen russischen Hauptstadt errichten, sondern das russische Volk unter ihre endgültige Herrschaft zwingen.
Das waren gewiß erschreckende Aussichten, und man kann sich leicht vorstellen, daß politisch unbedarfte Zeitgenossen zu der Über-

zeugung gelangten, sie hätten nun zum ersten Mal verstanden, was die Weltgeschichte vorantrieb. Sicherlich gab es auch andere, die unbequeme Fragen stellten: Wenn die Hauptakteure auf beiden Seiten Freimaurer waren, warum kam es dann überhaupt zu Konflikten? Eine häufige Antwort darauf ist, daß Revolutionen und Kriege nur dazu gedient hätten, das einfache Volk in die Irre zu führen. Aber das ist schwer zu glauben – schließlich gab es immer Sieger und Verlierer, und warum sollten ausgerechnet die russischen Freimaurer so oft auf der Verliererseite stehen? Um ihren Argumenten mehr Überzeugungskraft zu verleihen, greifen die Anhänger solcher Theorien, wie schon ihre Vorgänger in den zwanziger Jahren, zu einer Reihe von Tricks, die sich wie folgt zusammenfassen lassen:

1. Sie unterstellen, daß es eine Koalition zwischen Freimaurern aus verschiedenen Logen und Ländern gab, die in Wahrheit nichts miteinander gemein hatten oder sogar miteinander konkurrierten.
2. Sie bauen in ihre Lügengebäude nicht nur echte Freimaurerlogen ein, sondern alle möglichen geheimen und halbgeheimen Vereinigungen. Bestes Beispiel dafür ist die *Thule*-Gesellschaft, eine 1920 in München gegründete kleine Gruppe rechter Sektierer, die nationalsozialistisches Gedankengut vertrat. Rudolf Hess war wahrscheinlich einige Monate lang Mitglied der Vereinigung. Daraus wurde geschlossen, daß auch Hitler Freimaurer gewesen sein mußte. Dabei war Hitler, wie übrigens auch alle anderen Nazigrößen, ein ebenso fanatischer Gegner der Freimaurer wie die sowjetischen Feinde des *Schidomasonstwo.*
3. Politiker und Persönlichkeiten des öffentlichen Lebens, die niemals einer Loge angehörten, werden beim leisesten Verdacht als Freimaurer gebrandmarkt. So wurde Bismarck zum Freimaurer, weil er auf einem zeitgenössischen Gemälde den russischen Botschafter in Berlin, Schuwalow, in einer Art und Weise umarmt, die an eine »freimaurerische Umarmung« erinnert. Auch Kiwanis, Rotarier, Lions und Mitglieder des Ancient Order of Hibernians gelten als Mitverschwörer.
4. In ähnlicher Weise wird »reinrassigen Ariern« ein Anteil jüdischen Bluts zugeschrieben, so etwa Kerenskij, dem Chef der Provisorischen Regierung, dessen »richtiger Name« Kirbis gewesen

sein soll, oder Wiktor Tschernow, dem Führer der Sozialrevolutionären Partei, der angeblich Zuckermann hieß. Diese Märchen gehen auf die Zeit nach dem Ersten Weltkrieg zurück. Doch es gibt auch neuere. So wurden Michail Gorbatschow, seine Frau Raissa, Jelzin, Jakowlew, Arbatow und mit ihnen praktisch alle herausragenden Gestalten der Glasnost-Ära zu Juden erklärt. Dasselbe widerfuhr Jewtuschenko und Solschenizyn (der Solschenizer geheißen haben soll), ja selbst Alla Pugatschowa, der bekanntesten sowjetischen Rock-Sängerin zu der Zeit.

5. Die Anhänger solcher Theorien stehen bei ihren Versuchen, mehr Glaubwürdigkeit zu erringen, vor einem großen Problem. Die Menschen mögen von der Tatsache, daß Garibaldi und Mazzini Freimaurer waren, fasziniert sein, aber wie relevant ist das für die heutige Situation in Rußland? Solange nicht der Nachweis erbracht wird, daß auch die Bolschewiki an dieser gigantischen Weltverschwörung mitwirkten, bleibt die Theorie nutzlos. Doch bisher konnte noch niemand beweisen, daß Lenin, Stalin und Trotzkij (oder Chruschtschow, Breschnew und Kaganowitsch) dem Grand Orient oder irgendeiner anderen Loge angehört hatten. Dies bleibt die Achillesferse der Theorie. Zwar glauben einige Ideologen der extremen Rechten, mit Skworzow-Stepanow zumindest einen alten Bolschewiken ausfindig gemacht zu haben, der vor 1917 einer Loge angehörte, aber der Name Skworzow-Stepanow ist nur einigen wenigen Experten für die Geschichte der KPdSU geläufig. Außerdem behaupten sie, daß auch Bucharin und Radek »indirekt« mit den Logen zu tun gehabt hätten, aber das heißt vermutlich nur, daß sie Bekannte hatten, die Freimaurer waren, und das wiederum besagt wenig oder gar nichts.

Kurzum, die Theorie krankt an vielen Widersprüchen. Freilich hält das ihre Verfechter nicht davon ab, das Thema immer wieder aufzuwärmen, denn sie hoffen, das Publikum mit Geschichten von einer »unsichtbaren Hand«, seien es nun Mafiosi oder freimaurerische Verschwörer, in den Bann zu schlagen, und das, obwohl die letzte russische Freimaurerloge 1970 (in Paris) an Mitgliederschwund einging und erst 1991 neue kleine Logen in Rußland gegründet wurden. Dennoch behaupten die Rechten, daß eine »judäisch-freimaurerische« Lobby eine Schattenregierung aufgestellt habe mit dem Ziel, die kommunistische Ideologie und das Wirtschaftssystem zu diskreditieren und die Spitzenpositionen im Staatsapparat zu besetzen.[17]

Verschwörungstheorien gehören seit langem zur politischen Psychologie in Rußland; in dieser Hinsicht konnten die Bolschewiki von den Rechtsextremisten wenig lernen. Die Vorwürfe gegen zahllose »Volksfeinde«, beginnend in den dreißiger Jahren bis zur sogenannten Ärzteverschwörung Anfang der fünfziger Jahre, waren ähnlich geartet und richteten sich gelegentlich sogar gegen dieselben Feinde (Kuhn, Loeb, Schiff – und die »Wallstreet« im allgemeinen). Bis in die jüngste Vergangenheit wurde die Verbreitung antifreimaurerischer Schriften vom Parteiapparat sogar gefördert.[18] Der wichtigste Unterschied zwischen Kommunisten und Rechtsextremen bestand darin, daß die Kommunisten auch rechte Emigranten zu den Verschwörern zählten, darunter Generäle wie Krasnow, Biskupskij, Skoropadskij oder der ukrainische Bürgerkriegskommandant Petljura, von denen einige später mit den Nazis kollaborierten.

Welche Rolle die russischen Freimaurer tatsächlich spielen und wo die Grenzen ihrer Macht liegen, verdeutlicht Roman Gul in seiner Autobiographie *Ja unjos Rossiju*[19], ein Buch, das in der Glasnost-Ära in Rußland häufig zitiert wurde. Gul, ein Emigrant und weithin bekannter Schriftsteller, kam 1933 nach Paris, nachdem ihn die Nazis nach ihrer Machtergreifung verhaftet hatten. Gul hatte große Schwierigkeiten, in Frankreich eine Aufenthaltsgenehmigung zu erhalten, deshalb rieten ihm Freunde, mit einem Mann namens Margulis Kontakt aufzunehmen. Margulis, der in einer der weißen Regierungen kurzzeitig Minister gewesen war, stand einer Freimaurerloge vor. Er empfahl Gul, einer Freimaurerloge beizutreten. Zwischen französischen und russischen Freimaurern bestanden enge Beziehungen, und so nahm er an, daß die Loge dem staaten- und heimatlosen Gul problemlos würde helfen können. Doch sie konnte ihm nicht helfen, wie Gul in seinem Buch trocken bemerkt. Die mächtigen Logen, die angeblich Revolutionen entfachen konnten, waren nicht in der Lage, ihrem neuen Mitglied ein einfaches Dokument zu besorgen.[20]

In neuerer Zeit hat der Ausdruck *Masonophobia* (Freimaurerphobie) Einzug in die russische Sprache gehalten. Dazu folgende Geschichte: Der bekannte russische Schauspieler Nikolaj Burljajew gelangte irgendwann in seinem Leben zu dem Schluß, daß der große russische Dichter Michail Lermontow nicht, wie allgemein angenommen, bei einem Duell mit einem Offizier, den er beleidigt hatte, getötet worden war, sondern einem jüdisch-freimaurerischen Komplott zum Opfer gefallen sei. Burljajew drehte einen Film, in dem er diese These vertrat, und erntete damit weitgehend nur Hohn und Spott. Bei einem öffentlichen Auftritt in einer Moskauer Kirche versuchte er, seine These zu verteidigen.

Der Psychiater Bujanow beschrieb Burljajews Auftritt in der Kirche und kam zu folgendem, für ihn enttäuschenden Schluß: *Masonophobia* sei eine spezifische Form von ideologischem Wahnsinn und gehe mit verschiedenen Ängsten und einem tiefen Mißtrauen einher, das an Glaubensfanatismus oder gar an Paranoia grenze, doch die Medizin sei außerstande, in solchen Fällen zu helfen. Es habe schon immer Menschen gegeben, die zu solchen geistigen Defekten neigten, und es werde sie wohl auch immer geben.[21] Es ist nicht schwer, Theorien über eine jüdisch-freimaurerische Verschwörung als Unsinn zu entlarven. Da solche Theorien aber Glaubensbekenntnisse sind, ist ihnen mit kritischer Prüfung und rationaler Widerlegung nicht beizukommen. Ein gebildeter Mensch wird nur selten auf sie hereinfallen, aber für ihn sind sie ja auch nicht gedacht.

4 Sei verdammt, Schwarzer Teufel – Die russisch-orthodoxe Kirche und die radikale Rechte

Welche Rolle spielte die orthodoxe Kirche beim Aufstieg der Schwarzen Hundert und bei der Entstehung einer rechtsextremen Ideologie? Die meisten Kirchen, nicht nur in Rußland, bewegten sich in der Zeit um die Jahrhundertwende auf die konservativen rechten Parteien zu. Das hatte historische Gründe: Die Kirchen identifizierten sich nicht nur stark mit der jeweiligen politischen Führungschicht, sie waren ein Teil von ihr und hatten dieselben Interessen und Vorstellungen. Die Kritiker der bestehenden Ordnung waren Rationalisten und Ungläubige, Feinde von Staat und Kirche. Natürlich gab es in allen Ländern auch Kirchenmänner mit Weitblick, die begriffen, daß die Kirche, wollte sie ihren Einfluß behaupten, mit der Zeit gehen und sich mit Reformen dem rapiden sozialen und kulturellen Wandel anpassen mußte. Doch im großen und ganzen überwogen die reformfeindlichen Kräfte, und so kam es bis zum Ende des Zweiten Weltkriegs in den christlichen Kirchen, abgesehen von einigen intellektuellen Zirkeln, nur langsam zu Veränderungen.

Die Identifikation der Kirche mit dem Staat war nirgends so ausgeprägt wie in Rußland. Die russisch-orthodoxe Kirche war die Dienerin des zaristischen Regimes. Das schützte sie zwar vor der Konkurrenz anderer Glaubensrichtungen, aber der Preis, den sie dafür zahlen mußte, war hoch. Die große Mehrheit der Intelligenzija hatte das Interesse an der Religion verloren; in allen Schichten, selbst unter den Bauern, wuchs die Verachtung für den verbohrten, korrupten und unmoralischen Klerus. Das verheerende Bild, das Tolstoj in seinem Roman *Auferstehung* zeichnet, gibt die damalige Stimmung unter den Menschen treffender wieder als Dostojewskijs Vater Sossima. Nur wenige Zeitgenossen verteidigten die politische Ordnung so vehement wie der Schriftsteller Nikolaj Leskow. Doch selbst er zeichnete von einem der wichtigsten Kirchenmänner der damaligen Zeit, Johannes von Kronstadt, ein sehr negatives Bild.[1]

Die Entfremdung der Gesellschaft von der Kirche begann lange vor der Radikalisierung der russischen Intelligenzija. Puschkin und sein Zeitgenosse Serafim von Saransk, damals der einflußreichste Bischof der russisch-orthodoxen Kirche, wußten offenbar nichts voneinander, und selbst wenn, so hätte sich keiner besonders für den anderen interessiert. Hinzu kam, daß seit Peter dem Großen kein Zar großes Interesse an der Religion gezeigt hatte; Nikolaus II. und andere glaubten zwar an Wunderheiler und dergleichen, doch mit dem wahren Glauben hatte das wenig zu tun. Die orthodoxe Kirche Rußlands war extrem formalistisch und achtete peinlich genau auf die strikte Einhaltung der Liturgie und die Beachtung der verschiedenen Gebote. Die Rituale waren wundervoll, doch sie bewegten wenig in den Herzen der Menschen. Die Kirchenlieder waren erhebend, aber kaum jemand verstand die Texte, die in Kirchenslawisch verfaßt waren. Die Kirche predigte zwar christliche Nächstenliebe, Demut und Barmherzigkeit, aber die Beschäftigung mit abergläubischen Bräuchen, bösen Geistern und dem Satan persönlich nahm ebenso breiten Raum ein. Natürlich hat es in den letzten beiden Jahrhunderten stets auch fromme und gläubige Kirchenfürsten und Kirchgänger in Rußland gegeben. Viele Russen, die eine geistige Heimat suchten, gingen in Klöster wie das Optima Pustyn nahe Moskau, um sich ihrer Seelenlast zu entledigen und geistlichen Beistand zu finden. Nach 1905 kehrten einige prominente Intellektuelle in den Schoß der orthodoxen Kirche zurück, und man nahm zögerlich sogar einige Reformen in Angriff. Verschiedene Kirchenausschüsse wurden einberufen, doch als 1917 die Revolution ausbrach, waren kaum Fortschritte erzielt worden.

Die Ideologie der russischen Rechtsextremisten ist stark von bestimmten religiösen Elementen geprägt. Eine besonders wichtige Rolle spielt die Identität von Staat (und Nationalismus) und Kirche. Dies hat eine lange Tradition; schon Sergej von Radonesch, der bekannteste und populärste russische Heilige, wurde weniger wegen seiner Qualitäten als Geistlicher verehrt – er ist eine legendäre Gestalt, die keine schriftlichen Aufzeichnungen hinterlassen hat –, sondern weil er am Vorabend der Schlacht auf dem Schnepfenfeld, bei der die Russen einen großen Sieg über die Tataren errangen, den

Großfürsten Dmitrij und seine Krieger gesegnet hatte. Sergej war ein Nationalheld, einer der Begründer der Einheit von Kirche und Staat, die so charakteristisch ist für die russische Geschichte und so verhängnisvolle Folgen hatte.[2]

Ein weiteres zentrales Problem war das apokalyptisch-eschatologische Element im Denken des russischen Klerus. Um die Mitte des letzten Jahrhunderts machte sich Fjodor Bucharew, ein Kleriker und religiöser Denker, der die Offenbarung des Johannes auszulegen versuchte, Gedanken über Rußlands besondere Mission in der Welt; Teil dieser Mission war die Befreiung der Völker in Vorderasien vom muslimischen Joch. Seine Ideen wurden von der Amtskirche damals zwar verworfen, doch die Symbole und die Begriffe aus der Offenbarung, das fahle Pferd, die vier himmlischen Gestalten, der große rote Drache, die alte Schlange, der Streit im Himmel, das Zeichen des Tieres, die große Macht des Teufels, dessen Zeit kurz und dessen Zorn groß ist – all das hatte bis zur Revolution große Auswirkungen auf das religiöse Denken, vom einfachen Bauern bis zum gebildeten Kleriker. Ohne dieses apokalyptische Element ist die Art und Weise, wie die *Protokolle der Weisen von Zion* und ähnliche Propagandaschriften aufgenommen wurden, nur sehr schwer zu verstehen. Während das apokalyptische Denken zu Bucharews Zeiten noch mit optimistischen Vorstellungen verknüpft war (Rußlands heiliger Mission), verdüsterte sich das Bild gegen Ende des 19. Jahrhunderts immer mehr. Untergangsliteratur kam regelrecht in Mode: Brjussows *Das fahle Pferd,* Rosanows *Die Apokalypse unserer Zeit,* Solowjows *Kurze Erzählung vom Antichrist* und Belyjs *Vision über das kommende Reich des Tieres.* Es ist schwer zu sagen, ob diese Mode nur ein verspäteter Ausdruck des Lebensgefühls des Fin de Siècle war oder ob hier etwas genuin Russisches zum Vorschein kam: Gedichte und Romane über das bevorstehende Weltenende erschienen nämlich auch in anderen Ländern. Allerdings hatte man in Rußland mehr Grund als anderswo, angstvoll in die Zukunft zu blicken.

Auch Teile des Klerus machten aus ihrer Untergangsstimmung keinen Hehl. So schrieb Johannes von Kronstadt, damals der bekannteste und beliebteste Kirchenmann, im Jahr 1907, nicht lange vor seinem Tod, daß das russische Zarenreich kurz vor dem Zusammenbruch stehe. Wenn die Dinge so blieben, wie sie waren, wenn gottlose Menschen und rücksichtslose Anarchisten weiterhin ungestraft

davonkämen und wenn Rußland sich nicht einem Selbstreinigungsprozeß unterziehe, dann werde das Land wie viele Königreiche der Antike an seiner Gott- und Gesetzlosigkeit zugrunde gehen.
Der Starez Warsonofij vom Kloster Optina Pustyn (der geistliche Ratgeber des durch die *Protokolle* berühmt gewordenen Sergej Nilus) hatte einige Jahre zuvor schreckliche Zeiten prophezeit. Der Antichrist sei bereits erschienen, doch die Welt habe ihn noch nicht erkannt. Die Netze des Teufels seien vom Kloster aus zu sehen, und die meisten Altäre würden bald in Schutt und Asche liegen.
An dieser Stelle sei auf ein Problem hingewiesen, vor dem der Historiker hier steht. Da von Warsonofij und anderen keine schriftlichen Aufzeichnungen vorliegen, ist man auf die Berichte von so unzuverlässigen Zeitzeugen wie Nilus und dessen Biographen Streschew angewiesen. Es kann durchaus sein, daß Warsonofij sich in diesem Sinn geäußert hat, aber sicher ist es nicht. Manchmal erinnert sein Ton verdächtig an Nilus' Tiraden.[3]
Um ein anderes Beispiel zu nennen: In den Schriften der Schwarzen Hundert wurde dem heiligen Serafim die Äußerung zugeschrieben, daß Juden und andere Sünder nicht auf Gnade hoffen dürften. Es ist sehr zweifelhaft, ob Serafim jemals so etwas gesagt hat. Eindeutig belegt ist, daß er die Juden als auserwähltes, gottgefälliges Volk bezeichnete.[4]
In fast allen Ländern und zu allen Zeiten gab es Erweckungsprediger, die ähnlich düstere Voraussagen machten. Aber diese Propheten waren Außenseiter und hatten in der jüngeren Geschichte niemals einen nennenswerten Einfluß in Kirche und Gesellschaft. Nicht so in Rußland. Johannes war kein Exzentriker, sondern eine führende Autorität des Gebets, ein Vorzeige-Kleriker und Wunderheiler. Obwohl er in der Kirchenhierarchie nur einen niederen Rang bekleidete, war er bekannter als der Patriarch. Johannes war verheiratet, ein »schwarzer«, säkularer Priester, und nur aus diesem Grund blieben ihm die höheren Weihen der Kirche versagt. Als Tschechow einem Freund von seiner Reise nach Sachalin schrieb, berichtete er, er habe in jedem Haus ein Bild von Johannes gesehen. Johannes war Ehrenmitglied des SRN und der erste, der die Fahne dieses rechtsextremistischen Bundes weihte.[5]
Johannes von Kronstadt kam 1829 in einem ärmlichen Dorf in Nordrußland zur Welt. Seine Familie war seit vielen Generationen

eng mit der orthodoxen Kirche verbunden. Als Kind fiel ihm das Lernen sehr schwer, doch fand er schon früh Trost im Gebet. Seine höhere Schulbildung erhielt er an der Priesterakademie in St. Petersburg, die er ohne Auszeichnung und als einer der Schlechtesten seiner Klasse abschloß. Er entschied sich gegen eine Laufbahn als Mönch. Er erhielt eine Priesterstelle in der Kronstädter Kathedrale und heiratete die Tochter seines Vorgängers, gelobte aber Keuschheit – sehr zum Verdruß seiner Frau, die sich deswegen sogar bei seinem Vorgesetzten beschwerte.

Kronstadt, der Hafen von St. Petersburg, war damals ein schwieriges Pflaster für einen Priester. In der Stadt lebten viele Arme, Bettler und Obdachlose, die aus St. Petersburg vertrieben worden waren. Aber Johannes erwies sich schon bald als glänzender Priester, Ratgeber und Lehrer. Die Armen strömten in die Kirche, um ihn zu sehen, die Kinder vergötterten ihn. Wann immer er sich in den Straßen zeigte, folgten ihm die Massen. Er warb bei den Reichen um Spenden für wohltätige Zwecke und richtete mit dem Erlös Armenasyle, Schulen, Spitäler und Wohnheime ein. Kronstadt wurde ein Erfolgsmodell der Kirche, und da Johannes sich auch einen Ruf als Wunderheiler erworben hatte, wandten sich Kranke aus ganz Rußland an ihn und baten um seinen Segen. An manchen Tagen erhielt er bis zu 6000 Briefe und Telegramme. Wenn er reiste, stellte man ihm spezielle Eisenbahnwaggons und Flußdampfer zur Verfügung, und starke Polizeikräfte geleiteten ihn durch die Menschenmengen. Kein Politiker, nicht einmal der Zar, erfreute sich damals einer solchen Beliebtheit. Als Alexander III. 1894 auf der Krim mit dem Tode rang, rief er Johannes an sein Sterbebett.

Einige Schriften des Johannes von Kronstadt wurden veröffentlicht. Georgij Fedotow nannte ihn ein Genie und einen Lehrer im Beten.[6] Beten war, wie Johannes es verstand, »das beständige Gefühl unserer Schwäche oder geistigen Armut, die Heiligsprechung der Seele, der Vorgeschmack auf die künftige Seligkeit, ein Engelsgeschenk, ein himmlischer Regen, der die Wasser erneuert und den Grund der Seele erfrischt, die Kraft und die Stärke von Seele und Körper, die Reinigung und Erneuerung des geistigen Äthers, die Erleuchtung des Gemüts, die Stunde des Geistes, die goldene Kette, die das Geschöpf mit dem Schöpfer vereint …«.

Wie andere orthodoxe Prediger beschäftigte sich auch Johannes intensiv mit den Mächten der Finsternis. So schrieb er, daß die jungen Menschen und all die anderen, die ein sündiges Leben führten, wohl zu dem Glauben neigten, daß es zwar irgendwo einen Teufel gebe, nicht aber in ihrer Nähe, und daß sie ihn deshalb nicht zu fürchten brauchten. Nur die Älteren und Weiseren wüßten, daß der Satan eine schwere Bürde sei, unbarmherzig und alles verzehrend. Johannes hat nichts geschrieben, was nicht vorher schon gesagt worden wäre; seine Stärke war nicht das geschriebene Wort, sondern seine Persönlichkeit. Ihn umgab mehr als nur ein Hauch Mystizismus, und einige Vorgesetzte, darunter auch Pobjedonoszew, mißtrauten ihm. Offenbar nicht zu Unrecht, denn noch zu Lebzeiten wurde er von seinen fanatischsten Jüngern zu einem göttlichen Wesen erhoben. Sie sahen in ihm den neuen Christus. Sie gründeten eine Sekte, und sein Geburtshaus wurde zu einer heiligen Stätte, die viele Pilger anzog.

Johannes bestritt jedes Interesse an der Politik. Und doch nahm er aktiv am politischen Zeitgeschehen teil und vertrat rechtsextreme Positionen. Er übte an allen, die die herrschende Ordnung in Frage stellten, heftige Kritik, nicht nur an den Revolutionären (für die er strengste Strafen forderte), sondern auch an Liberalen, die für gemäßigte Reformen eintraten. Damit brachte er Teile der Bevölkerung gegen sich auf, und beim Kronstädter Matrosenaufstand von 1905/1906 mußte er sogar vorübergehend die Stadt verlassen. Das tat seiner Popularität im einfachen Volk jedoch keinen Abbruch. Als naiver Mann und religiöser Fundamentalist glaubte er tatsächlich, daß seine Überzeugungen nichts mit Politik zu tun hätten. Die Allianz von Staat und Kirche war für ihn keine politische Frage, sondern Glaubenssache. Einige Zeit vor der Revolution von 1905 kam es zu dem Pogrom von Kischinjow. Johannes verurteilte zunächst das Blutbad. Nachdem ihm jedoch ein Emissär gewisse Zusammenhänge erläutert hatte, entschuldigte er sich für seine Mißdeutung des Vorfalls und hieß das Pogrom gut.

Wie läßt sich das Hinschlachten von Kindern und Alten mit christlicher Nächstenliebe vereinbaren? Offensichtlich glaubte Johannes, die Juden seien Werkzeuge des Teufels und als solche der Nächstenliebe nicht würdig. Darüber hinaus gehörte er zu den erbittertsten Gegnern Tolstojs und dessen Anhängern, für die ihm keine Strafe hart genug erschien.

Johannes starb 1908, aber sein Ruhm überdauerte ihn. Der Synod der russisch-orthodoxen Kirche hat ihn trotz beträchtlichen Drucks noch nicht heiliggesprochen, doch in der religiösen Praxis der orthodoxen Kirche in Amerika, die ihren Verlag nach ihm benannt hat, nimmt er eine zentrale Stellung ein.

Im Zuge der religiösen Erneuerung im heutigen Rußland ist Johannes wieder zu einer zentralen Gestalt geworden. Besonders Rechtsextremisten berufen sich immer wieder auf ihn. Zweifellos fühlen sich viele von dem großen Mann des Gebets angezogen, doch für andere ist er gerade wegen seiner extremen und kompromißlosen Haltung ein verehrungswürdiger Heiliger, ein Nationalheld und ein Held der Kirche. In jedem Fall ist eine Beschäftigung mit Johannes von Kronstadt unerläßlich, wenn man die Haltung weiter Kreise innerhalb der Kirche zur extremen Rechten verstehen will.

Die Kirche als solche wollte den Abstand zur Politik wahren. Während (wie G. Freeze es ausdrückte) die Regierung von Nikolaus II. auf populäre religiöse Gefühle setzte, um »die heilige Aura der Autokratie zu erneuern und ihre Legitimität zu untermauern«, tendierte die Kirche seit Mitte des 19. Jahrhunderts zu mehr Autonomie. Damit blieb es den lokalen Bischöfen überlassen, welche Position sie zur Schwarzen Hundert bezogen.

Niemand weiß mit Sicherheit, wie die politischen Präferenzen der 40 000 russischen Priester damals aussahen. Ganz gewiß waren nicht alle konservativ; einige führende Kirchenblätter kritisierten den Staat und verurteilten die Schwarze Hundert. Die Mehrheit der Priester, die in der ersten oder zweiten Duma saßen, war liberal oder verhältnismäßig liberal. Doch von den neunundvierzig Priestern, die in die dritte Duma gewählt wurden, zählte bereits über die Hälfte zur extremen Rechten. Fast überall an den theologischen Seminaren gärte es und wurde gestreikt. Dr. Dubrowin attackierte den Metropoliten von St. Petersburg, Antonij, weil er angeblich gefährlichen Radikalen Unterschlupf bot und sich weigerte, bei Versammlungen der Schwarzen Hundert den Vorsitz zu führen. Antonij hatte der Schwarzen Hundert gegenüber erklärt: »Für mich seid ihr Terroristen ...«[7]

Dabei war Antonij alles andere als ein Liberaler; er war es, der Tolstoj exkommuniziert hatte. Im großen und ganzen vertrat der Heilige Synod zunächst vorsichtig und später, nach 1906, immer offener

konservative Positionen. Er befahl den Bischöfen, Priester, die zu radikale Ideen vertraten, zu bestrafen. Erzbischof Jakow aus Jaroslawl, der dem SRN die kalte Schulter gezeigt hatte, wurde in eine abgelegene Diözese versetzt. Ganz allgemein kann man festhalten, daß der niedere Klerus eher eine kritische Haltung zur Politik der Regierung einnahm, während die Mehrheit der Kirchenführer konservativ dachte und einige sogar offen die Rechtsradikalen unterstützten, darunter Wladimir von Moskau, Flavian von Kiew, Hermogen von Saratow und vor allem Anatolij von Wolynien.
Der Unterstützung dieses Flügels der Kirche hatte die Schwarze Hundert ihren anfänglichen Siegeszug zu verdanken. Publikationen wie die Zeitschrift POTSCHAJEWSKJ LISTOK, die im Kloster Potschajew in Wolynien erschien, schärfte ihren Lesern in jeder Ausgabe ein, daß Reformen Sünde seien und daß die Juden sich gegen den russischen Staat verschworen hätten, um ihn zu schwächen und das russische Volk in die Versklavung durch internationale jüdische Bankiers zu treiben.[8] Nach dem Pogrom in Bialystok berichtete die Zeitschrift, die Juden selbst hätten das Blutbad angerichtet, eine Behauptung, die 1990 von den modernen Autoren der Schwarzen Hundert wieder aufgegriffen wurde. Sie und die Tageszeitung POTSCHAJEWSKJE ISWESTIJA brachten häufig Schlagzeilen wie: »Die Juden, unsere Sklaventreiber und unser Untergang.« Flugblätter mit Überschriften wie »Die Feinde der menschlichen Rasse« zirkulierten, in denen behauptet wurde, daß die Juden im Verein mit den Freimaurern, der Intelligenzija und den revolutionären Parteien durch geheime Machenschaften, Lügen, Betrug, Heuchelei und Verrat die Weltherrschaft an sich reißen wollten.[9] So wurden sie unter anderem auch für die Niederlage der russischen Armee im Krieg gegen Japan verantwortlich gemacht. Damit wären aber auch schon die wesentlichsten Punkte genannt, auf die sich die Propaganda der Schwarzen Hundert stützte.
Es wäre müßig, die Reden, die gewisse Kirchenführer von der Kanzel herab hielten, und die Schriften, die sie durch ihre Presseorgane verbreiten ließen, einer genaueren Analyse zu unterziehen. Viele Beiträge in diesen Blättern waren nicht nur tendenziös, sondern regelrechte Hetzartikel und Aufrufe zu Pogromen. Johannes von Kronstadt sagte 1906 in einer Predigt, daß die Juden die Pogrome selbst zu verantworten hätten, denn es sei die Hand Gottes, der sie

für ihre schweren Sünden gegen den Staat bestrafe. Die Schwarze Hundert konnte also guten Gewissens zuschlagen: Sie hatte nicht nur die Rückendeckung des Zaren, sie erfüllte eine Mission im Auftrag Gottes. Iliodor beschrieb in einer seiner Schriften eine Vision – die Schlacht zwischen zwei Lagern. Auf der einen Seite stand das Heer der Schwarzen Hundert und ihm gegenüber ein Heer, dem Menschen vieler Klassen und Rassen angehörten, wobei die Juden aber herausragten und in vorderster Front standen. Dann erschien Gott mit seinen Engeln und Heiligen und führte die Schwarze Hundert zum Sieg. Die Kämpfer des Satans wurden getötet oder in die Flucht geschlagen.

Schließlich wurden solche Phantasien auch dem Heiligen Synod zu bunt. Im Februar 1907 verdammte er in einer besonderen Erklärung die Reden und Schriften Iliodors und seiner Anhänger als der Heiligen Kirche für unwürdig. Es dauerte weitere fünf Jahre, bis er Iliodor an die Kandare nahm. Fast zur gleichen Zeit (im März 1908) verabschiedete der Synod jedoch eine Resolution, in der er die Bischöfe dazu ermunterte, die Mitwirkung von Klerikern an den Aktivitäten des SRN nicht nur zu erlauben, sondern gutzuheißen.[10]

Die Haltung der Kirche in diesen entscheidenden Jahren läßt sich wie folgt zusammenfassen: Die meisten Kirchenführer tendierten nach rechts; die Schwarze Hundert als solche wurde nie verurteilt. Der niedere Klerus war gespalten; viele blieben neutral, einige halfen denen, die von den zaristischen Behörden und der Schwarzen Hundert verfolgt wurden. Der SRN genoß die Unterstützung einer einflußreichen Gruppe innerhalb des Klerus, ohne deren Hilfe er wohl eine unbedeutende Kraft geblieben wäre.

Zur selben Zeit entstand eine religiöse Erneuerungsbewegung, allerdings vor allem außerhalb der Kirche. Weder Dostojewskij noch Solowjow, ihre beiden wichtigsten Köpfe, gehörten dem Klerus an. In seinem Roman *Die Brüder Karamasow* veranschaulichte Dostojewskij die Polarität im religiösen Leben Rußlands durch die Gegenüberstellung von Vater Sossima und Vater Ferapont. Ersterer repräsentierte als schwarzer Kleriker die *Sophia*, die heilige Weisheit der allumfassenden Liebe, letzterer die formalistische, asketische, furchtgebärende und furchterfüllte Religion.[11] Während das Herz des religiösen Denkers Dostojewskij für Sossima schlug, ergriff der Nationalist und politische Journalist eindeutig für Ferapont Partei. Solowjows Haltung war zwar nicht übertrieben judenfreundlich, aber von der Dostojewskijs doch grundverschieden. Er schrieb, daß er sich als Slawe in der Gegenwart von Juden schuldig fühle und einen Teil seiner Schuld abtragen wolle:

> Die jüdische Frage ist im Grunde eine Frage von Wahrheit und Gerechtigkeit. Die Gerechtigkeit wird im Fall der Juden mit Füßen getreten, denn es gibt nicht die geringste Entschuldigung für die Verfolgungen, denen sie ausgesetzt sind. Die Anklagen, die von Antisemiten gegen sie erhoben werden, halten nicht einmal der nachsichtigsten Kritik stand – sie sind größtenteils bösartige Lügen.[12]

Es überrascht nicht, daß die rechten Ideologen von heute Solowjow wenig abgewinnen können, sich aber immer wieder auf Dostojewskij berufen, nicht auf den religiösen Denker, sondern auf den politischen Journalisten.

Das neue religiöse Denken fand seine Fortsetzung mit dem Erscheinen der Essaysammlung *Vechi,* an der Berdjajew, Bulgakow und andere inzwischen weltbekannte religiöse Denker mitwirkten. Der Einfluß dieser Männer war im Westen jedoch größer als in der orthodoxen Kirche. Den orthodoxen Gläubigen waren diese neuen Konvertiten aus mehreren Gründen verdächtig: Sie legten zu großen Wert auf persönliche geistige Freiheit, was nach Meinung ihrer Kritiker nicht der Tradition der russischen Kirche entsprach. Sie waren zu sehr von westlichen Ideen beeinflußt und ließen es, obwohl sie durchaus russische Patrioten waren, am patriotischen Eifer fehlen. Sie dachten zu viel über Religion nach und zu wenig über Kirchendisziplin. Ihre schlimmste Sünde aber war ihr Ökumenismus. Sie standen anderen christlichen Kirchen zu wohlwollend gegenüber und beharrten nicht genügend auf der besonderen Mission der östlichen Orthodoxie. Von Anfang an bis zum heutigen Tage wurden diese religiösen Denker von den Parteigängern der Schwarzen Hundert in der orthodoxen Kirche erbittert attackiert und von der Mehrheit der Kirchenführer mit Mißtrauen behandelt. Ein Schriftsteller namens Bulatowitsch behauptete 1909, daß die Sammlung *Vechi* das Werk sieben russisch-jüdischer Intellektueller sei. Bulgakow liege richtig mit seiner Diagnose (die Dostojewskij teile), daß eine Legion von Teufeln in den riesigen Körper Rußlands gefahren sei und ihm Krämpfe verursache, ihn quäle und verstümmele. Aber er habe die falschen Teufel ausgemacht, »denn der Name der Legion ist Jude ...«[13] Von dieser Denkweise führt eine direkte Linie zu dem Kommentar, der 1991 in einer rechtsextremistischen Moskauer Zeitschrift erschien:

> Ich hoffe, daß Erzpriester Alexander Men mit seinem Tod für die Sünde des Ökumenismus gesühnt hat. Denn wie schon der heilige Serafim von Sarow gelehrt hat, gibt es für die Juden keinen anderen Weg zur Erlösung, als das Martyrium unseres Herrn zu teilen.[14]

Alexander Men war ein Erzpriester halbjüdischer Abstammung und Autor vieler wichtiger theologischer Werke. Er kam 1990 in einem Dorf nahe Moskau ums Leben. Die Umstände seine Todes wurden nie ganz geklärt. Möglicherweise hat ihn ein Rechtsextremist ermordet.
Natürlich sind das Ansichten von Extremisten, und es wäre irreführend, aus den Schriften einer Handvoll von Fanatikern allgemeine Schlüsse zu ziehen. Auf die momentane politische Haltung der orthodoxen Kirche werden wir später noch näher eingehen, hier nur soviel: Vieles deutet darauf hin, daß die Probleme, vor denen sie um die Jahrhundertwende stand, nach wie vor aktuell sind. Das Verhältnis zwischen Kirche und Rechtsextremismus ist noch immer ein legitimer Diskussions- und Untersuchungsgegenstand. Bevor wir uns jedoch anderen Themen zuwenden, sollte ein spezifisch russisches Element im Denken der heutigen Rechten erwähnt werden: der Satanskult. Er geht eindeutig auf die Zeit vor dem Faschismus zurück, und seine Ursprünge und seine Funktion sollten wenigstens kurz dargestellt werden.

Satan und der Antichrist

Der wichtigste Berührungspunkt zwischen der Schwarzen Hundert und der orthodoxen Kirche – und gleichzeitig Angelpunkt für das Verständnis der Ideologie der russischen Rechten – ist der Glaube an den Satan und das Kommen des Antichrist. Die Vorstellung von einem Kampf zwischen den Kräften des Guten und des Bösen existiert in vielen Religionen und ist natürlich in den manichäischen Religionen stärker ausgeprägt als in anderen. Im jüdischen und christlichen Glauben verkörpert Satan eine böse Macht, die Gott haßt und alles, was er erschaffen hat, zu vernichten sucht. Im Neuen Testament ist er noch bedrohlicher und mächtiger; er wird zu einer zentralen Gestalt, zum Propheten des Teufels. Nach Meinung frühchristlicher Autoren wird Satan unmittelbar vor der Wiederkunft Christi erscheinen und eine dreieinhalbjährige Schreckensherrschaft (entweder 1260 oder 1290 Tage) errichten, bevor er dann von Christus besiegt wird. Frühe Bibelinterpreten glauben, daß der Antichrist ein Jude sein wird, der Sohn einer Hure vom Stamme der Dan. Anderen Quellen zufolge wird er als eine Reinkarnation Kaiser Neros erscheinen. Folgt man hingegen Wyclif, Hus und Luther, so war der Papst in Rom der Antichrist.

Vorstellungen dieser Art spielten in den mittelalterlichen Schriften der russisch-orthodoxen Kirche und der Ikonographie eine große Rolle. Häufig erschien der Teufel als Schlange, dann wieder als Drache, Löwe, Affe, Wolf oder Ziege;[15] oft wurde er als Jude dargestellt, nicht selten auch als schwarzer Mann (eine Anspielung auf das Reich der Finsternis). Manchmal erschien er als Mönch und sogar in der Gestalt Christi. Anderen Quellen zufolge wird er als siebenköpfiges Tier einen Feldzug gegen den Glauben führen und viele Königreiche besiegen. Alle, bis auf ein paar standhafte Gläubige, lassen sich von ihm täuschen, obwohl er an der Zahl des Tieres zu erkennen ist – 666. Kurz vor seiner endgültigen Niederlage wird er den Tempel Salomons, den die Römer zerstört haben, wiedererrichten.

In den Propagandaschriften der Schwarzen Hundert wurde von Anfang an häufig Bezug genommen auf die Offenbarung des Johannes und verschiedene apokryphe Schriften, die vom Kommen des Antichrist handeln. Ohne die Kenntnis dieser Quellen sind die Bilder

(das »Tier« in den unterschiedlichsten Phantasiegestalten) und die Texte der Schwarzen Hundert kaum zu verstehen.[16]
Das Kommen des Antichrist wurde in Westeuropa für das Jahr 1000, später für 1184, 1186, 1229, 1345, 1385, 1516 und verschiedene andere Jahre vorausgesagt.[17] Wie es hieß, wollte der Satan Schrecken unter der Christenheit verbreiten, sie mit Betrug, falschen Lehren und Wundern täuschen und Krieg gegen die Heiligen führen. Es gab endlose Diskussionen über die Herkunft des Antichrist, seine Natur und darüber, wie er besiegt werden konnte (durch Christus selbst oder durch Abgesandte Christi wie dem Erzengel Michael). Seine wichtigsten Helfershelfer waren Juden; sie waren leichter zu verführen, da sie nicht an Jesus glaubten.
Spätestens im 16. Jahrhundert verschwand der Antichrist allmählich aus dem Denken in Westeuropa; manche Theologen begriffen ihn nun eher als Institution denn als Person, andere waren überzeugt, daß er niemals endgültig zu vernichten sei. Die katholische Kirche hat das Dogma von Luzifer niemals widerrufen, und sie kann es auch nicht. Aber in der Praxis hat es kaum eine Rolle gespielt. In den letzten Jahrhunderten hat die Kirche teuflische Umtriebe nur in seltenen Ausnahmefällen bezeugt.
Für die Humanisten und einige spätere Theologen wurde der Teufel zu einer grotesken und komischen Gestalt (etwa in Ben Johnsons *The Devil is an Ass).* Aber für viele Russen bestand kein Grund zu solcher Leichtfertigkeit. Wie Dostojewskijs Stawrogin glaubten sie an einen leibhaftigen Teufel, der mehr war als nur eine Allegorie. Sie übernahmen auch nicht die von dem Kirchenvater Origines vertretene Idee der Apokatastasis, nach der selbst der Teufel und die Geister des Bösen auf Erlösung hoffen durften.[18]
Zudem beschäftigte sich die russisch-orthodoxe Kirche mit der Existenz zahlloser Dämonen. Diese Dämonen fuhren in Männer und Frauen, verursachten Krankheiten und trieben ihre Opfer zum Wahnsinn, führten sie aber auch zur Erleuchtung. Die meisten russischen Heiligen, darunter auch Serafim von Sarow, berichteten von den schrecklichen Qualen, die Dämonen den Menschen zufügten, ohne dabei jedoch ins Detail zu gehen. Frauen und Mönche waren offenbar die bevorzugten Opfer dämonischer und satanischer Mächte.[19] Gelegentlich führten die Dämonen Männer und Frauen in sexuelle Versuchung oder verleiteten sie zum Trinken und ande-

ren Lastern. Aus unerfindlichen Gründen galten auch umherziehende Gaukler und Musikanten (*Skomorochi*) als Gehilfen des Satans.

Vor 1492 war der Glaube an das Kommen des Antichrist in der russischen Bevölkerung besonders stark verbreitet; angeblich waren damals seit der Erschaffung der Welt 7000 Jahre vergangen.

Einige Elemente der russischen Dämonenlehre stammen noch aus vorchristlicher Zeit, andere kamen über Byzanz ins Land, und wieder andere gehen auf die Bogumilen zurück.[20] Der Glaube an Satan und Dämonen war zu bestimmten Zeiten im gesamten christlichen Europa verbreitet, doch in Rußland behauptete er sich länger und blieb stärker verwurzelt als anderswo. In den letzten 150 Jahren hat er sogar deutliche politische Züge angenommen.

Kleine Sekten, die an den Satanismus oder die Existenz einer allmächtigen unsichtbaren Hand glauben, gibt es in allen Ländern, aber nirgendwo stellen sie eine ernstzunehmende politische Kraft dar. Das entscheidende Element des Nazismus war nicht etwa religiöser Aberglaube, sondern seine pseudowissenschaftliche Rassentheorie; Hitler und seine Gefolgsleute hatten keine Angst vor finsteren Mächten, und an das Kommen des Antichrist glaubten sie schon gar nicht. Es ist zwar richtig, daß bestimmte nazistische und faschistische Ideen in der Religion wurzelten, doch der Faschismus ging weit über diese Ursprünge hinaus und entledigte sich der meisten Gebote und Tabus des Christentums.

Aus Gründen, die vorderhand nur schwer zu erklären sind, hielt sich die mittelalterliche Tradition in Rußland länger. In einem nicht unerheblichen Teil der Bevölkerung war die Angst vor Satan und seinen Dämonen nicht weniger groß als der Glaube an Gott und die himmlischen Heerscharen. Auch unter Stalin war der Glaube an allgegenwärtige Dämonen, die sich in Gestalt von Saboteuren, Spionen und anderen Feinden dem endgültigen Sieg des Sozialismus entgegenstemmten, weit verbreitet. Möglicherweise geht sogar Stalins Doktrin, daß der schrittweise Sieg des Sozialismus zu einer Verschärfung des Klassenkampfs führe, auf die Vorstellung einer letzten verzweifelten Schlacht Satans zurück.

In den letzten Jahren lebte der Glaube an Dämonen und an den Antichrist in der Doktrin der russischen Rechten wieder auf, und zwar nicht nur auf einer abstrakten Ebene, sondern mit Bezug auf konkrete politische Gegner, die die finsteren Mächte Satans verkörperten. Paradoxerweise hat der Sturz des Kommunismus in diesen Kreisen ganz ähnliche Reaktionen hervorgerufen wie der Sieg des Kommunismus 1917. Beide Male wurde der radikale Wechsel als ein Werk des Teufels interpretiert. Derselbe Satan, der dem Kommunismus 1917 zur Macht verhalf, vernichtete ihn 1991. Offen bleibt jedoch die Frage, ob diese Überzeugung nur Ausdruck eines religiösen Fundamentalismus ist – *nullus diabolus, nullus redemptor* (Kein Teufel, kein Erlöser) – oder ob der Glaube an den Teufel, wie Freud und andere dachten, nur ein Fall von negativer Projektion ist, bei der wir die gleichen negativen Eigenschaften, die wir an uns selbst nicht wahrhaben möchten, bei anderen sehen.[21]

Teil 2
Kommunismus und Nationalismus 1917–1987

5 Der sowjetische Patriotismus

Die Revolution der Bolschewiki im Jahr 1917 wurde von Männern angeführt, die an den proletarischen Internationalismus glaubten. Sie war ihrer Meinung nach der erste einer ganzen Reihe von Aufständen, die schließlich zur Weltrevolution führen würden. Die Hymne der neuen Ordnung war die von einem Franzosen geschriebene *Internationale.* Rußland oder das russische Volk wurden in ihr zwar nicht erwähnt, doch hieß es darin, daß es zu einem totalen Bruch mit der Vergangenheit kommen und daß die Zukunft der ganzen Menschheit und nicht einem einzelnen Volk gehören werde. Der russische Nationalismus war aus der Mode gekommen. Die traditionellen Helden und Symbole des alten Regimes wurden verhöhnt und ausgemustert, der Adel dezimiert, die Kirche verfolgt.

Doch schon bald zeigte sich, daß die neuen Herrscher keineswegs gewillt waren, Rußland auf dem Altar einer zukünftigen Weltrevolution zu opfern, die keine konkreten Formen annahm. Und sie hatten auch nicht die Absicht, das russische Reich abzuschaffen. Finnland, die baltischen Länder und Polen erlangten zwar die Unabhängigkeit, aber das war angesichts der militärischen Schwäche Rußlands unvermeidlich. Dafür marschierte die Rote Armee in die Ukraine und in Georgien ein, drang nach Zentralasien und in den Fernen Osten vor und zerschlug separatistische Bewegungen. Hunderte von Offizieren der alten zaristischen Armee kämpften Seite an Seite mit den Roten, nicht weil sie plötzlich ihre Liebe für Lenin und Trotzkij entdeckt hätten, sondern weil sie das Gefühl hatten, daß dies langfristig der aussichtsreichste Weg zur Wiederherstellung eines starken Rußlands sei. In den zwanziger Jahren kamen immer mehr Emigranten zu dem Schluß, daß der Internationalismus nur eine vorübergehende Phase sei und daß aus den Bolschewiki, ob sie nun wollten oder nicht, mit der Zeit gute russische Patrioten werden würden – Hegels berühmte »List des Vernunft«. Natürlich waren ihre Erwartungen zum Teil übertrieben und voreilig. Der Prozeß sollte erheblich länger dauern, als so mancher erwartet hatte: Nach wie vor wurden die Anhänger der Kirche verfolgt, die Helden der russischen Geschichte verhöhnt, und in der sowjetischen Führung saßen immer noch zu viele Männer nichtrussischer Herkunft.

Dennoch war unverkennbar, in welche Richtung die Dinge sich langfristig entwickeln würden. Als Stalin erst einmal den Aufbau des »Sozialismus in einem Lande« verkündet hatte, lebte der Patriotismus zwangsläufig wieder auf. Er hieß jetzt zwar »sowjetischer Patriotismus«, doch in Wirklichkeit führte er zur Restauration russischer Traditionen und Werte. Das Regime mißbilligte nun die »nihilistische« (marxistische) Haltung gegenüber der russischen Geschichte, füllte viele kulturelle Traditionen mit neuem Leben und beschwor das Vaterland *(Rodina)* ebenso häufig wie den Sozialismus. Gewiß, zwischen dieser Rückwendung vom internationalen zum nationalen Sozialismus und der Entstehung ähnlicher Bewegungen in anderen Teilen Europas, insbesondere in Deutschland, bestand ein gewisser Zusammenhang. Doch was auch immer der Grund gewesen sein mag: Die Nichtrussen, die bei der Revolution und im Bürgerkrieg eine so herausragende Rolle gespielt hatten, verschwanden allmählich von der Bildfläche und wurden zunächst durch Molotow und Woroschilow und später durch Schdanow und Malenkow ersetzt. Der Mann an der Spitze war zwar immer noch ein Georgier, aber sein russischer Patriotismus kaum noch zu überbieten. Immer häufiger sollte er die zuvor so negative Haltung gegenüber den Traditionen des großen russischen Volkes öffentlich brandmarken.

Bereits vor dem Ausbruch des Zweiten Weltkrieges ging Stalin mit seiner Rehabilitation des russischen Nationalismus weit über Lenin hinaus. Lenin hatte stets erklärt, daß es in Rußland zwei kulturelle Traditionen gebe: die radikaldemokratische, deren Erben die Bolschewiki seien, und die reaktionäre Tradition der Konservativen und Monarchisten, von der sich die Kommunisten zu distanzieren hätten. Unter Stalin hingegen wurden außer dem großen Reformer Peter dem Großen auch Dmitrij Donskoj, Iwan Kalita, Iwan der Schreckliche und all die anderen rehabilitiert, deren historisches Verdienst darin bestanden hatte, die Grenzen Rußlands auszudehnen und das Land zu einer Großmacht zu machen. Ein Experte für den sowjetischen Patriotismus bemerkte, daß patriotisch gesinnte zaristische Historiker Iwan den Schrecklichen von einem Standpunkt aus beurteilten, der im Vergleich zu dem weitgehend unkritischen, enthusiastischen Bild, das die Sowjets nach 1940 von diesem Herrscher zeichneten, äußerst objektiv und sogar kosmopolitisch, also durchaus kritisch war.[1]

Die Zaren des 19. Jahrhunderts waren beim neuen Regime zwar immer noch schlecht angeschrieben, doch einige ihrer Generäle, wie etwa Suworow und Kutusow, wurden zu Helden und Vorbildern erklärt. Im Jahr 1938 war das Erlernen der russischen Sprache bereits in der ganzen Sowjetunion Pflicht, und die nichtrussischen Sprachen mußten bis auf wenige Ausnahmen in kyrillischer Schrift wiedergegeben werden. Als Hitler im Juni 1941 den Angriff auf die Sowjetunion befahl und Rußland um seine Existenz kämpfen mußte, wurde daraus der »Große Vaterländische Krieg«, obwohl Marx einst erklärt hatte, daß der Arbeiter kein Vaterland habe. Wenn Stalin zum russischen Volk sprach, redete er es mit »Brüder und Schwestern« und nicht mit »Genossen« an und rief es dazu auf, dem Eindringling ebenso entschlossen entgegenzutreten wie einst Dmitrij Donskoj, Minin, Poscharskij und die Verteidiger des Heiligen Rußlands, die Napoleon zurückgeschlagen hatten. Er beschwor die Solidarität der Slawen und begrüßte die orthodoxe Kirche als einen willkommenen Verbündeten gegen die Deutschen.

Nach dem Ende des Krieges gegen die Deutschen erklärte Stalin, daß der Sieg in erster Linie dem Mut und den anderen bewährten Tugenden des großen russischen Volkes zu verdanken sei, und nach Japans Niederlage sagte er, daß dies die Rache für die Niederlage des zaristischen Rußlands im Jahre 1905 sei. Kein Wunder also, daß viele ausländische Beobachter und russische Emigranten den Eindruck gewannen, daß die Sowjetunion eine Kehrtwendung gemacht habe und zu den Traditionen des russischen Nationalismus zurückgekehrt sei.

Die Ereignisse zwischen 1945 und Stalins Tod schienen diesen Eindruck noch zu bestätigen. Zwar blieb die von vielen erwartete Liberalisierung aus, dafür aber trat der russische Nationalismus noch deutlicher in den Vordergrund: Es war die Zeit des Kampfes gegen den »Kosmopolitismus«, in der es zur Todsünde wurde, vor dem Westen einen Kotau zu machen. Historiker und Schriftsteller, Komponisten und Maler, Philosophen und Wissenschaftler wurden an den Pranger gestellt, weil sie der Führungsrolle der russischen Kultur angeblich nicht voll gerecht geworden waren. Rußland, so hieß es, sei in den meisten Bereichen von Wissenschaft und Technik führend, ja man behauptete sogar, Russen hätten das Telefon und das Radio erfunden. Den russischen Wissenschaftlern warf man vor, sie hätten seit jeher zuviel Respekt vor Ausländern gezeigt, während die meisten Menschen im Westen, von ein paar fortschrittlichen abgesehen, stets nur mit Geringschätzung auf die russische Kultur und das russische Volk herabgeblickt hätten. Im Westen habe man immer behauptet (und behaupte noch immer), daß Rußland ein rückständiges Land sei. Auf diese Weise habe man versucht, den patriotischen Stolz des russischen Volkes zu untergraben.

So sah also in der späten Stalin-Ära die Parteilinie aus, die in unzähligen Artikeln propagiert wurde und in Büchern, Theaterstükken und Filmen ihren Niederschlag fand. Natürlich glaubte das Volk nicht alles, was die Partei ihm weismachen wollte, und die Intellektuellen noch weniger, aber man begriff doch, daß dies die offizielle Doktrin war und offener Widerspruch nicht geduldet wurde. Unter den Opfern dieser fremdenfeindlichen Kampagne waren viele, die nie ein kritisches Wort über die russische Geschichte oder Kultur geäußert hatten. Sie waren einzig und allein wegen ihrer nichtrussischen Abstammung verfolgt worden.

Selbst ein extremer russischer Nationalist hätte am glühenden Patriotismus des Sowjetkommunismus von 1950 wenig auszusetzen gehabt, welche Vergehen oder Unterlassungen er dem Regime sonst auch vorwerfen mochte. Der sowjetische Patriotismus war im Grunde ein russischer Patriotismus. Während die Traditionen des russischen Volkes in jeder Hinsicht gefördert wurden, erhielten die anderen Volksgruppen in der Sowjetunion keine derartige Unterstützung (und wenn, dann nur halbherzig und nur für kurze Zeit). Nach der offiziellen Doktrin standen sie in der Schuld der Russen. Selbst wenn ihre Gebiete gewaltsam annektiert worden waren, so hatte sich dies, zumindest im nachhinein, als durchaus positiv erwiesen. Immerhin gehörten sie jetzt der fortschrittlichsten Völkervereinigung der Welt an, an deren Spitze der gütige ältere Bruder stand, der, wie die neue Hymne verkündete, »die freien Republiken für immer zu einer unzerstörbaren Union geeint hat«.

Ob Rußland von der erzwungenen Union profitierte oder nicht, war unerheblich. Oft mußte es den schwächeren jüngeren Brüdern unter die Arme greifen; das war der Preis, den es für seine Mission zu bezahlen hatte. Doch der Glaube an diese Mission war so groß, daß die russische Führung die Bürde bereitwillig auf sich nahm. Natürlich regte sich unter den unterworfenen Völkern auch Widerstand gegen die Bevormundung durch die Russen. Wie stark er zu jener Zeit war, läßt sich jedoch unmöglich sagen, da die Geheimpolizei verhinderte, daß es zu offenen Protesten und Unmutsäußerungen kam.

Die nichtrussischen Republiken waren in doppelter Hinsicht unfrei: Das System, in dem sie lebten, war nicht nur tyrannisch, es war ihnen im Grunde genommen auch fremd. Dennoch waren separatistische Bestrebungen damals wahrscheinlich nicht so verbreitet und ausgeprägt wie in späteren Jahren, sieht man einmal von ehemals unabhängigen Ländern im Baltikum und anderswo ab. Offenbar war man der Ansicht, daß die Zugehörigkeit zu einem renommierten Klub gewisse Vorteile mit sich brachte. Hinzu kam, daß man den Regierungen in den nichtrussischen Republiken nach Stalins Tod viel freiere Hand ließ, was die betreffenden Funktionäre häufig zu ihrem persönlichen Vorteil nutzten. Die Sympathien für diesen »Klub« schwanden in gleichem Maße, wie er an Ansehen verlor. Eine ähnliche Entwicklung trat auch in anderen Teilen der Welt ein; niemand wollte einem Klub angehören, der zunehmend an Macht, Einfluß und Prestige verlor und keine Vergünstigungen anzubieten hatte.

Rückblickend konnten die russischen Nationalisten mit den positiven Errungenschaften, die unter der Herrschaft Stalins erzielt worden waren, im großen und ganzen eigentlich zufrieden sein. Und viele waren es auch. Andere hingegen waren immer noch unglücklich darüber, daß der Marxismus-Leninismus die offizielle Staatsideologie blieb, der man bei jeder Gelegenheit Respekt zollen mußte, und sei es auch nur in Form von Lippenbekenntnissen. Marx war ein deutscher Jude und Lenin ein entwurzelter Russe gewesen, von daher war diese Situation höchst unbefriedigend. Das Regime hatte sich immer noch nicht die geistigen Werte und Ideale des ewigen Rußlands zueigen gemacht.

Noch waren längst nicht alle Säulen wieder errichtet worden, auf denen das alte Regime geruht hatte – die Monarchie wurde nach wie vor verhöhnt und die Kirche noch nicht einmal toleriert. Alte Denkmäler und Kirchen, die vom Glanz und Ruhm des alten Rußlands zeugten, wurden vernachlässigt. Das alte Dorf, die ewige Quelle des Russentums, war unter dem kommunistischen Regime verschwunden. Statt der jungen Generation die Werte des alten Rußlands zu vermitteln, erzog man sie im Geist des Materialismus. Die Juden waren inzwischen zwar aus führenden Positionen in Staat und Partei, in Armee und KGB verschwunden, aber im kulturellen und wissenschaftlichen Leben waren sie – trotz ihres vermeintlich schädlichen Einflusses – immer noch zu stark vertreten.

Kurzum, auch wenn sich der Bolschewismus zu einem Nationalsozialismus geläutert hatte, so war dies doch in vielerlei Hinsicht ein fauler und unbefriedigender Kompromiß. Das sowjetische Regime war nicht bereit zuzugeben, daß der Sturz des zaristischen Regimes und die bolschewistische Revolution nationale Katastrophen gewesen waren und daß im Bürgerkrieg die falsche Seite gesiegt hatte. Von daher war es nicht überraschend, daß nach Stalins Tod, insbesondere in den sechziger Jahren, als die politischen Zügel etwas gelockert wurden, der russische Nationalismus auf verschiedenen Ebenen wieder auflebte. Ganz allmählich entstand eine russische Partei, und mit ihr so etwas wie eine neue russische Ideologie. Diese Renaissance war keineswegs monolithisch; sie erfolgte teils innerhalb der etablierten Organisationen und Zeitungen, teils in den Dissidentengruppen und ihren Samisdats. Einige Verfechter des neuen Nationalismus vertraten konservative, ja sogar monarchistische Positionen, andere tendierten mehr zu einem Nationalbolschewismus, das heißt, zu einer neuen Synthese zwischen dem traditionellen russischen Nationalismus und dem Leninismus-Stalinismus. Wieder andere hingen christlich-religiösen Vorstellungen an oder griffen auf das Gedankengut des Neopaganismus zurück. Einigen Nationalisten schwebte ein neues, freies und demokratisches Rußland vor, das sich jedoch nicht unbedingt die parlamentarische Demokratie im Westen zum Vorbild nehmen sollte. Wieder andere predigten einen ungezügelten Chauvinismus und Rassismus, ja sogar Faschismus, und hatten für demokratische Ideen und Institutionen nichts als Verachtung übrig. Einige Dissidenten des rechten Spektrums, die mit dem Regime in Konflikt gerieten, wurden verhaftet und verbrachten mehrere Jahre in Arbeitslagern, doch im Gegensatz zu den Systemkritikern von links kamen die meisten ungeschoren davon. Schriftstellern und Malern, die den nationalistischen Dissidenten zuzurechnen waren, wurde gelegentlich vorgeworfen, sie entfernten sich zu weit von der Parteilinie, doch nur wenige wurden aus ihren Berufsverbänden ausgeschlossen. Hielt man rechte, nationalistische Abweichler möglicherweise für weniger gefährlich als liberale Demokraten? Die Geschichte der Sowjetunion zwischen 1935 und 1985 hat gezeigt, daß das System durchaus in der Lage war, russische Nationalisten zu integrieren, ohne Schaden zu nehmen. Mit den Ideen, die demokratische Kritiker verbreiteten, konnte es jedoch nicht leben, denn sie erschütterten die Grundfesten des Regimes.

In diesem Zusammenhang ist es interessant, wie unterschiedlich die beiden Wissenschaftler Sacharow und Schafarewitsch behandelt wurden. Schafarewitsch hatte eine radikale Kritik am Sozialismus geschrieben, die in den siebziger Jahren in Paris erschien, und viele Essays ähnlichen Inhalts verfaßt. Darüber hinaus unterzeichnete er mehrere Aufrufe von Dissidenten. Dennoch blieb er unbehelligt, während Sacharow, der damals etwa die Position eines westlichen Sozialdemokraten vertrat und den Sozialismus nicht grundsätzlich ablehnte, viele Jahre lang unbarmherzig verfolgt wurde. Sacharow wollte ein freies Rußland, Schafarewitsch ein großes und starkes Rußland. Schafarewitschs Ideen waren integrierbar, Sacharows Ideen nicht.

Im Gegensatz zu den Liberalen hatten die Nationalisten sogar Gönner und Beschützer in der Parteispitze und in der Armeeführung, insbesondere in der Politischen Hauptverwaltung der Sowjetarmee. Die Ideen der Rechten fanden bei den Generälen und Marschällen ohne Zweifel Anklang; sie waren weit eher dazu geeignet, den jungen Rekruten einen patriotischen Geist einzuimpfen als die künstliche leninistische Doktrin der Partei, die zwar bei Staatsfeiern als Liturgie ihre Zwecke erfüllte, ihre emotionale Anziehungskraft aber längst verloren hatte. Wie bereits erwähnt, erfolgte diese Wiederbelebung des Nationalismus nicht nur unter Dissidentengruppen, sondern auch innerhalb des sowjetischen Staatsapparats. Auf ihre wichtigsten Komponenten soll im folgenden näher eingegangen werden.

Religion

Die Religion spielte in der Ideologie der russischen Nationalisten von jeher eine zentrale Rolle. Dostojewskij sagte einmal: Russe sein, heißt, orthodox sein. So gesehen war es kein Zufall, daß mit der Wiederbelebung des Nationalismus in den sechziger und siebziger Jahren auch die Religion wieder neuen Auftrieb erhielt. Nicht alle, die in der Kirche aktiv wurden, tendierten politisch nach rechts, so wie sich umgekehrt nicht alle Rechten der Kirche zuwandten, dennoch gab es bedeutsame Überschneidungen. Häufig läßt sich nicht mit Bestimmtheit sagen, ob eine Einzelperson oder eine patriotische Gruppe in erster Linie religiös oder nationalistisch inspiriert war.

Das wiedererwachte Interesse an der Religion nahm unterschiedliche Formen an: Unter den Intellektuellen kam es in Mode, Ikonen zu sammeln und zu Hause die Wände mit ihnen zu schmücken; man restaurierte Reliquienschreine und veröffentlichte Bücher, in denen man sein Bedauern darüber zum Ausdruck brachte, daß die religiöse Tradition des Landes von einer materialistischen und religionsfeindlichen Politik zerstört worden sei.

Diese religiöse Erneuerung vollzog sich außerhalb der Amtskirche, die Partei und KGB fest im Griff hatten. Die Kirchenführung bemühte sich nicht ernsthaft um mehr Handlungsfreiheit. Aus diesem Grund und wegen ihrer engen Zusammenarbeit mit den Behörden wurden sie von den Aktivisten der sechziger Jahre angegriffen, so etwa von Solschenizyn und den Priestern Jakunin, Dudko und Eschelman.[2]

Die wirklich wichtigen christlichen Dissidentengruppen wie der WSCHON, der Allrussische Sozialchristliche Bund zur Befreiung des Volkes, der rund dreißig Mitglieder zählte und möglicherweise ebensoviele Sympathisanten hatte, arbeiteten nicht unter dem Schutz der Kirche. Neben einem religionsphilosophischen Seminar in Moskau gab es noch eine ganze Anzahl kleiner rechter Gruppen, die von Männern wie Gennadij Schimanow und Leonid Borodin geleitet wurden; beide sollten in der Glasnost-Ära eine nicht unerhebliche Rolle spielen. Die wichtigste Zeitung war die in den sechziger Jahren von Wladimir Ossipow herausgegebene WETSCHE; sie vertrat eine Politik der Mitte und versuchte, in der Tradition Dostojewskijs und der Slawophilen die Forderung nach politischer Freiheit mit den Positionen der russischen Nationalisten zu verknüpfen. Das Blatt war nicht dogmatisch, sondern bot Autoren mit verschiedener Überzeugung eine Plattform.[3]

Ein Artikel von W. Gorskij mit dem Titel »Der russische Messianismus und das neue Nationalbewußtsein«, eine fundierte und bemerkenswert weitblickende Kritik am Populismus (Kommunismus) und russischen Messianismus, sorgte für beträchtliches Aufsehen und löste heftigen Widerspruch aus. Nach Gorskij hatte das messianische Konzept allmählich seinen religiösen Inhalt verloren und sich in die Idee eines »Großrußlands« verwandelt, nach der die Russen als das einzige Volk, das Gott in sich trug, dazu auserkoren waren, die Welt zu erneuern und zu retten. Er schrieb:

> Es ist die vordringlichste und wichtigste Aufgabe Rußlands, der Versuchung des nationalen Messianismus zu widerstehen. Rußland wird sich erst vom Despotismus befreien können, wenn es die Idee nationaler Größe verwirft. Daher muß der Kampf um Freiheit und geistige Werte, und nicht die »nationale Wiedergeburt«, zur zentralen schöpferischen Idee unserer Zukunft werden.[4]

Der Autor sah das Auftauchen separatistischer Kräfte und den daraus resultierenden Zusammenbruch des Sowjetimperiums voraus: Nicht nur die Satellitenstaaten, sondern auch die baltischen Länder, die Ukraine, der Kaukasus und die Völker Zentralasiens würden ihr Recht auf Unabhängigkeit einfordern und die vielbeschworene »unzerstörbare Union« verlassen.

Solche geradezu prophetischen Einsichten waren vielen christlichen Dissidenten wie Solschenizyn und Borodin ein Greuel. Sie polemisierten gegen Gorskij und wiesen den Vorwurf eines nationalen Messianismus mit dem Argument zurück, daß hauptsächlich fremde Einflüsse zur russischen Revolution geführt hätten; militante fremde Elemente, insbesondere die Juden, hätten dabei eine wichtige Rolle gespielt. Die Revolution stehe keineswegs in der ideologischen Tradition Rußlands, sondern habe nur stattgefunden, weil es zu einem Bruch mit dem nationalen Konservatismus gekommen sei. Wenn Gorskij den nationalen Gedanken kritisiere, dann begehe er die gleiche Sünde, der sich auch die Bolschewiki schuldig gemacht hätten: Ausgerechnet zu einer Zeit, da nur der Nationalismus dem Vaterland zu einer geistigen Wiedergeburt verhelfen könne, fordere er eine Abkehr vom Nationalismus. Aus diesem Blickwinkel gesehen waren Messianismus und Russophilentum nur ein Popanz, mit dem von den wirklichen Feinden abgelenkt werden sollte: Wurzellosigkeit und Kosmopolitismus. Der wahre Patriot hatte die Aufgabe, das nationale Erbe in Ehren zu halten, an der Wiederherstellung der traditionellen Kultur mitzuwirken und die Liebe zum Vaterland und zur orthodoxen Kirche zu fördern.

Einige Kritiker gingen sogar noch weiter und äußerten Zweifel an der russischen Abstammung Gorskijs und anderer liberaler christlicher Autoren. Ihre Begründung: Die Ansichten dieser Leute hätten so wenig Ähnlichkeit mit den Gefühlen eines wahren russischen Patrioten. Einige Rechtsextremisten kamen zu dem Schluß, daß ihnen die sowjetische Führung trotz ihrer Verfehlungen und religionsfeindlichen Haltung ideologisch näher stehe als die liberalen, prowestlichen, religionsfeindlichen Dissidenten – so wie ein katholischer Anhänger der Befreiungstheologie feststellen könnte, daß er mit einem Kommunisten mehr Gemeinsamkeiten hat als mit einem konservativen Glaubensbruder. Sie forderten eine Wiederannäherung von Kirche und Staat, wobei die Regierung freilich mehr Zugeständnisse machen müsse, da die Arbeit der Kirche bislang einer zu strengen Kontrolle unterliege.

Überflüssig zu sagen, daß die Kommunistische Partei nie auf dieses Friedensangebot reagierte. Gleichwohl war damit das Fundament gelegt für die Annäherung, die in der Gorbatschow-Ära zwischen den konservativen Nationalisten und den Neostalinisten stattfand; außer ihren gemeinsamen Feinden verband diese beiden völlig unterschiedlichen Lager nur sehr wenig.

Der Nationalismus war nicht das einzige Thema, mit dem sich die Autoren der WETSCHE und andere Denker, die eine Erneuerung religiöser Werte anstrebten, auseinandersetzten. Ein weiteres Thema war der »Modernismus«, der damals alle Religionen bis zu einem gewissen Grad beschäftigte. Rein politische Probleme wie die »gelbe Gefahr« spielten ebenso eine Rolle wie die Nationalitäten- und die Judenfrage. Ein viel diskutiertes Thema war die Haltung zu den anderen christlichen Kirchen, insbesondere zum Katholizismus.

China war natürlich kein religiöses Problem und braucht uns daher in diesem Kapitel nicht weiter zu beschäftigen. Wichtiger war die Nationalitätenfrage. So teilten die Herausgeber der WETSCHE ihren (jüdischen) Lesern mit: »Der Begriff russisch ist keinesfalls mit antisemitisch gleichzusetzen.« Im Gegenteil, sie brachten der nationalen Bewegung der Juden sogar Sympathien entgegen, machten aber zur Bedingung, »daß sie in Rußland keine privilegierte Position anstrebt, nicht dem Rassismus anheimfällt und nicht auf die Weltherrschaft des auserwählten Volkes hofft«.[5]

Viele Juden der letzten zwei Generationen konvertierten zum russisch-orthodoxen Glauben, und obwohl anders als in der katholischen Kirche kein einziger in eine wichtige Position in der Kirchenhierarchie aufrückte, waren einige in der orthodoxen Glaubensgemeinschaft durchaus willkommen und spielten in den Debatten der sechziger und siebziger Jahre eine nicht unbedeutende Rolle. Die meisten gehörten dem liberalen und modernistischen Flügel der Kirche an und waren den Konservativen daher ein Dorn im Auge. Während die Herausgeber der WETSCHE der nationalen Bewegung der Juden durchaus wohlwollend gegenüberstanden, betrachteten viele andere in den Reihen der Kirche den »Zionismus« als Teufelswerk und als die größte Bedrohung des russischen Volkes – als *civitas diaboli*. Selbst gemäßigte christliche Denker glaubten, daß viele Juden immer noch besser lebten als der Durchschnittsrusse, obwohl die Juden aus allen Schlüsselpositionen im Staat entfernt worden waren. Sie räumten zwar ein, daß die Haltung des russischen Volks gegenüber den Juden in der Geschichte nicht untadelig gewesen war, doch andererseits seien die Juden in erheblichem Maß für Rußlands Unglück nach 1917 mitverantwortlich.

Die anderen slawischen Volksgruppen galten im großen und ganzen als Gesinnungs- und Schicksalsgenossen. Christliche Dissidenten äußerten die Hoffnung, daß diese Gefühle auf Gegenseitigkeit beruhten und daß man in einem künftigen Rußland zusammenbleiben werde. Einige waren pessimistischer und vertraten die Auffassung, daß die Zwangsherrschaft der Vergangenheit große Ressentiments gegen Rußland hinterlassen habe. Die Einheit sei erzwungen worden, daher sei eine Auflösung des Imperiums, so bedauerlich dies auch sei, wohl die einzige realistische Lösung. Eine Auffassung, der sich viele Jahre später auch Solschenizyn anschloß.

Gegenüber Rom nahmen die Orthodoxen seit jeher eine etwas feindselige Haltung ein. Einige Kirchenführer sahen im Katholizismus einen lästigen Konkurrenten, obwohl er abgesehen von der Ukraine praktisch nirgends Fuß gefaßt hatte; andere hielten ihn für noch gefährlicher als den Atheismus. Einige christliche Dissidenten plädierten für eine Verbesserung der Beziehungen zu Rom, doch die Mehrheit sprach sich ebenso dagegen aus wie die orthodoxe Führung und die Fundamentalisten. Einige sahen im Ökumenismus eine Todsünde. Ein gläubiger Katholik konnte kein wahrer Sohn des Vaterlandes sein, da seine Loyalität einer ausländischen Obrigkeit galt. Weniger Mißtrauen brachte man den protestantischen Sekten und den Altgläubigen entgegen. Die Protestanten waren nicht mit einem Glaubenszentrum im Ausland verbunden, und die Altgläubigen waren ein rein russisches Phänomen. Letztere stellten keine Gefahr dar, weil ihr Einfluß in den vergangenen Jahrzehnten zurückgegangen war (und der KGB ihre Organisation stark unterwandert hatte). Gleichwohl warnten einige davor, die Altgläubigen auf Kosten der orthodoxen Kirche zu idealisieren.

Das Hauptproblem der christlichen Dissidenten war jedoch, um es nochmals zu sagen, das Verhältnis zum Staat, der Kampf um mehr religiöse Freiheiten und das Recht, die junge Generation zu einer christlichen und patriotischen Gesinnung zu erziehen. Wie aber sollte das zukünftige Rußland nach den Vorstellungen der christlichen Dissidenten aussehen? Es gab fast so viele Konzepte wie Gläubige. Der WSCHON und die WETSCHE glaubten natürlich an die persönliche Freiheit, an die Gleichheit der Bürger vor dem Gesetz und an die Versammlungs- und Informationsfreiheit. Einige waren für die Wiedereinführung der Monarchie, doch traten sie lediglich für das monarchistische System ein und nicht für einen speziellen Kandidaten. Sie forderten keine Theokratie, sondern akzeptierten die Trennung von Kirche und Staat. Allerdings sollte der oberste Rat, der nach ihrer Auffassung das Land regieren sollte, jederzeit sein Veto einlegen können, wenn ein Gesetz oder eine staatliche Maßnahme den Grundsätzen der sozial-christlichen Ordnung widersprach.[6] Dieser Rat sollte zu einem Drittel mit Vertretern der Amtskirche besetzt werden. Ein parlamentarisches System wurde abgelehnt, weil es für die Verhältnisse in Rußland nicht geeignet schien. In dieser Hinsicht unterschied sich die christliche Partei in

Rußland grundlegend von der deutschen CDU oder den italienischen Christdemokraten. Die christlichen Dissidenten befürworteten statt dessen eine vage Form des Korporativismus, der in einigen Punkten an den Solidarismus des NTS, des Nationalen Bundes der Russischen Jugend, erinnerte, in anderen an die Soziallehre der katholischen Kirche und in mancher Hinsicht auch an Mussolinis Lehre vom korporativ geordneten Staat. In der Tradition Dostojewskijs und der Slawophilen standen die WETSCHE und der WSCHON dem Westen kritisch gegenüber: Der Westen war materialistisch, ihm fehlte der Idealismus und Spiritualismus des russischen Volkes, seine Hingabe, und überdies waren weite Kreise im Westen latent russenfeindlich.

Dennoch hielt sich die Kritik am Westen (und an der westlichen Religion) in diesen Gruppen eher in Grenzen, während am Rande der christlichen Erneuerungsbewegung wesentlich radikalere Töne angeschlagen wurden, insbesondere von Gennadij Schimanow und Jewgenij Wagin. Deren Extremismus äußerte sich weniger in einem religiösen Fanatismus als vielmehr in heftigen Angriffen gegen den Westen sowie in dem Glauben an den »Satanismus«, eine weltweite freimaurerisch-jüdische Verschwörung und die Existenz einer gezielten Kampagne gegen Rußland. Einige dieser Extremisten fühlten sich zum Nationalbolschewismus hingezogen und hofften auf eine Verständigung zwischen Partei, Staat und Amtskirche. Andere, wie Schimanow, waren überzeugt, daß die Amtskirche ebenso am Ende sei wie die Institutionen des Staates und der Partei; für sie war eine nationalistische Erneuerung die Voraussetzung für eine religiöse Wiedergeburt. Wieder andere wollten die Rückkehr zu einer Monarchie, die mehr oder weniger dem zaristischen System glich.

Zumindest am Rande sollte erwähnt werden, daß religiöse russische Denker des 20. Jahrhunderts wie Berdjajew, Bulgakow und Pawel Florenskij (der in einem sowjetischen Lager starb) im Westen ein höheres Ansehen genossen als in der Sowjetunion. Von den Fundamentalisten in der orthodoxen Kirche wurden diese »Modernisten« wegen ihrer »sophiologischen« Häresien bekämpft, und den Konservativen außerhalb der Kirche waren sie zutiefst suspekt. Letztere witterten ein Komplott pseudofreimaurerischer Intellektueller, die in Wirklichkeit unrussische Rosenkreuzer, Theosophen und sogar Satanisten waren.[7]

Im nachhinein läßt sich schwer erklären, warum das christliche Denken in den letzten Jahrzehnten der sowjetischen Herrschaft relativ wenig zum Tragen kam. Die Kirche gebot über viele Millionen Gläubige und hatte angesichts des Zerfalls der kommunistischen Ideologie – und des allgemeinen Bedürfnisses nach einem geistigen Halt – beinahe eine Monopolstellung, zumal der Einfluß politischer Ideen aus dem Westen in Rußland traditionell gering war. Doch das Fundament für eine Wiederbelebung des Christentums war noch nicht gelegt. Die orthodoxe Kirche war stark von staatlichen Sicherheitsorganen unterwandert. Sie hatte bei Prozessen gegen christliche Dissidenten als Informantin fungiert und bei religiösen Verfolgungen durch die Kommunisten Unterstützung geleistet. Aber es gab natürlich auch viele ehrliche und engagierte Priester, und die Tatsache allein, daß die Kirchenoberen häufig mit dem Staat zusammenarbeiteten, erklärt noch nicht, warum die Kirche in dieser Zeit keine größere Anziehungskraft ausübte.

Könnte es sein, daß das religiöse Empfinden in dieser materialistischen Gesellschaft doch nicht so ausgeprägt war, wie allgemein angenommen? Viele hatten ein echtes Bedürfnis zu glauben, und das Ritual der Orthodoxen war so beeindruckend wie eh und je. Aber die Kirche hatte auch Konkurrenz: die russische und die westliche Theosophie, dazu alle möglichen fernöstlichen oder parareligiösen Sekten, wie sie in den sechziger und siebziger Jahren auch im Westen in Mode kamen. Und einige neue Kirchgänger trieb wohl eher die Neugier als tiefer Glaube in die Gotteshäuser. Was jene Patrioten betrifft, die an die Notwendigkeit einer Synthese von Nationalismus und Religion glaubten, so läßt sich in den wenigsten Fällen mit Sicherheit sagen, ob bei ihnen eher religiöse oder nationalistische Motive überwogen. Ossipow, eine der Hauptfiguren der religiösen Erneuerungsbewegung, sagte einmal: »Ich bin ein religiöser Mensch. Ich ziehe Christus und seine religiösen Lehren in letzter Konsequenz dem Nationalismus vor. Aber ich kenne die Seele des heutigen Russen: Das nationale Element ist bei ihm zur Zeit deutlich ausgeprägter.«[8]

6 Der Faschismus und die russischen Emigranten

Der Faschismus hatte auf die russischen Emigranten einen starken Einfluß, wie überhaupt auf alle Lebensbereiche im Europa der zwanziger und dreißiger Jahre. Nach Auffassung der Emigranten hatte bislang noch niemand dem Kommunismus so kompromißlos den Kampf angesagt wie der Faschismus und der deutsche Nationalsozialismus. Beide Bewegungen waren dynamisch und fanden besonders bei der jungen Generation Anklang. Ihre Führer versprachen rasches Handeln und schnelle Lösungen – dies stand im krassen Gegensatz zu den endlosen Debatten in den westeuropäischen Parlamenten und den unfähigen Organisationen, die die ältere Generation der russischen Emigranten aufgebaut hatte. Die russischen Liberalen und Sozialisten verteidigten weiterhin die Demokratie. Die gleiche Position bezogen einige christliche Denker wie G. P. Fedotow. Dagegen stieß die faschistische Kritik am Parlamentarismus nicht nur bei den Wortführern der Konservativen, von denen Struve wohl der einflußreichste war, auf offene Sympathie, sondern auch bei Vertretern der politischen Mitte wie N. Timaschew. Dem Faschismus schien die Zukunft zu gehören, dagegen schienen die Demokraten auf dem besten Weg, im vielzitierten Mülleimer der Geschichte zu landen.

Auch die monarchistisch-konservativen Kreise paßten ihre Propaganda der neuen faschistischen Doktrin an. Allerdings machte es der Faschismus der russischen Rechten nicht gerade leicht. Der Hitler-Stalin-Pakt löste einen Schock aus, und der Überfall auf die Sowjetunion 1941 wurde von einigen zwar begrüßt, warf aber auch beunruhigende Fragen auf: Lösten die Nazis mit dem Einmarsch ihr Versprechen ein, den Kommunismus zu vernichten? Oder richtete sich dieser Krieg auch, oder sogar in erster Linie, gegen das russische Volk? War der Überfall nur der Auftakt zu einer deutschen Expansion im Osten? Einige Emigranten sahen keinen Grund zur Beunruhigung: Der Pariser Metropolit Serafim, Graf Grabbe, der Ataman

der Donkosaken, die Schriftsteller Mereschkowskij und Hippius und verschiedene, in Paris lebende russische Generäle feierten den Einmarsch der Nazis als »Kreuzzug gegen den judäisch-freimaurerischen Bolschewismus« und riefen alle Russen zur Kollaboration auf. Ihre Begründung: Nur Nazideutschland könne Rußland zu neuem Leben erwecken.[1]
Andere, wie General Denikin, hatten jedoch ihre Zweifel und gaben die Parole aus, daß eine Kollaboration mit den Invasoren nicht guten Gewissens empfohlen werden könne. Viele zogen es vor, erst einmal die weitere Entwicklung abzuwarten, und einige riefen zum aktiven Widerstand gegen den Faschismus auf.
In den zwanziger Jahren entstanden mehrere neue Organisationen. Ihre Mitglieder kamen hauptsächlich aus der jüngeren Generation und waren militant, denn sie hatten erkannt, daß die älteren Emigranten im Kampf gegen den Bolschewismus bislang keine nennenswerten Erfolge erzielt hatten. Diese Gruppen waren für die faschistischen Ideen besonders empfänglich, deshalb soll auf drei von ihnen etwas ausführlicher eingegangen werden.[2] Die kleinste und bizarrste Gruppe war die Bewegung der Jungen Russen *(Mladorossizy)*. An ihrer Spitze stand ein junger Mann namens Alexander Kasem Bek, Sproß einer Adelsfamilie, die zu Beginn des 19. Jahrhunderts aus Persien nach Rußland eingewandert und vollständig russifiziert worden war. Bereits mit 21 Jahren wurde Kasem Bek zum Vorsitzenden einer Pariser Studentengruppe gewählt, die für eine totalitäre Monarchie neuen Typs eintrat, zum Kampf gegen die Freimaurer und das internationale Kapital aufrief und ein Leben aus »Blut, Feuer und Opfern« propagierte. Kasem Bek übernahm alle Insignien des Faschismus: Uniformen, militärische Disziplin und Führerkult. Bei öffentlichen Auftritten begrüßten ihn seine Anhänger mit erhobenem rechten Arm und riefen immer wieder »Glawa«, zu deutsch Führer. Nach Kasem Bek war das alte Regime nicht wiederherzustellen, da es in seinem Kern verrottet gewesen war, zerfressen von Philistertum, bourgeoiser Habgier, »Drogen und Syphilis«. So gesehen sei die Behandlung, die das alte Regime durch die Bolschewiki erfahren habe, durchaus gerechtfertigt gewesen. Die Apokalypse von 1917 und der Bürgerkrieg seien schrecklich, aber notwendig gewesen.
Diese Ansichten waren nicht so ketzerisch, wie sie auf den ersten Blick erscheinen mögen, und stießen bei einem Großteil der russi-

schen Emigranten auf Zustimmung: Struve bot den Jungen Russen seine Zeitschrift als Forum an; Kyrill, der Prätendent des Hauses Romanow (der aus Deutschland nach Paris gezogen war), gab ihnen seinen Segen, und sogar zwei Großfürsten traten der Gruppe bei. Kasem Bek verehrte Mussolini (und später auch Hitler), doch gleichzeitig hegte er auch eine gewisse Bewunderung für Stalin. Unter Stalin hatte sich der Sowjetkommunismus vom Internationalismus zu einer nationalen Revolution weiterentwickelt; Stalin und seine Anhänger erkannten zunehmend Werte an, denen sich auch die Jungen Russen verpflichtet fühlten.[3] Wenn dem so war, warum kehrten die Jungen Russen dann nicht in die Sowjetunion zurück oder gingen mit den Kommunisten nicht wenigstens eine Allianz ein?

Das Dilemma, vor dem die russischen Nationalisten der extremen Rechten nach Stalins Aufstieg standen, hat niemand so treffend beschrieben wie der religiöse Denker G. P. Fedotow. Die Liberalen, so schrieb er 1935, seien deshalb gegen die Sowjetmacht, weil sie die Freiheit unterdrückt habe, und die Demokraten, weil die Kommunisten das Volk versklavt hätten. Die Sozialisten wiederum lehnten den Bolschewismus ab, weil er ein Zerrbild der sozialistischen Ideale sei, und die Christen, weil er den Atheismus zur neuen Staatsreligion erklärt habe.

Anständige, nicht parteigebundene Emigranten, so Fedotow weiter, könnten das System deshalb nicht akzeptieren, weil es Menschen ohne Anstand und Gewissen hervorbringe. Aber für die eingefleischten Nationalisten unter den Emigranten bestehe eigentlich kein Grund, die Bolschewiki zu hassen. Ihre Opposition beruhe auf einem Mißverständnis, und sobald dieses Mißverständnis ausgeräumt sei, könnten diese antisowjetischen Aktivisten wieder in die Sowjetunion zurückkehren.[4] An anderer Stelle schrieb er: Habe man gestern über einen aufkommenden sowjetischen Faschismus nur spekulieren können, so stehe man heute vor vollendeten Tatsachen. Die korrekte Definition für das sowjetische System sei »nationalsozialistisch«.

Fedotow hat möglicherweise zu stark verallgemeinert und gewisse Unterschiede zwischen den beiden totalitären Systemen einfach beiseite geschoben. Doch er sprach ein wirkliches Problem an. Wenn man bedenkt, zu welcher Zeit er diese Sätze schrieb, waren seine

Prognosen erstaunlich weitsichtig. Und was Kasem Beks persönliches Schicksal anging (mehr darüber weiter unten), waren sie geradezu prophetisch.

Kasem Bek plädierte für eine Symbiose zwischen der alten und der neuen Ordnung, für eine Monarchie, die von Großfürst Kyrill regiert und sich weitgehend auf sowjetische Institutionen stützen sollte – also für eine bolschewistische (oder zumindest »soziale«) Monarchie. Diese Idee fand in den dreißiger Jahren weitere Anhänger, darunter der Philosoph und Theologe Iwan Iljin und ein Emigrant namens Iwan Solonewitsch. Kasem Bek bewunderte den Stalinismus und hielt eine vom Volk gestützte Diktatur für die ideale Regierungsform in Rußland. Er rechnete es Stalin als Verdienst an, daß er die alte, antinationale Garde der Bolschewiki aus dem Weg geräumt hatte, sprach ihm aber die Fähigkeit ab, eine neue Gesellschaft aufzubauen. Diese Aufgabe mußte seines Erachtens eine neue Generation übernehmen, eine neue Elite mit neuen Ideen und mit den Jungen Russen als Speerspitze. Wie Trotzkij hielt er Stalin für einen neuen Bonaparte und glaubte, daß der neue Brumaire unmittelbar bevorstand.

Die Doktrin der Jungen Russen war voller Widersprüche, was die Mitglieder freilich nicht sonderlich störte, da sie für Ideologien und Intellektuelle ohnehin nur Verachtung übrig hatten. Sie wußten instinktiv, was sie wollten: eine nationale Revolution, ein Großrußland, eine starke Armee. Sie sprachen oft von einem neuen Lebensstil und einer neuen Moral, ließen sich aber nie darüber aus, was sie darunter verstanden. Sie waren von Hitler fasziniert und fuhren im September 1933 zu einer Konferenz nach Berlin, wo sie mit der russischen Nazipartei in Deutschland (ROND) über eine engere Zusammenarbeit verhandelten. Wenn die Beziehungen zu den Nazis in der Folgezeit etwas gespannt waren, dann in erster Linie deshalb, weil die Nazis Kasem Bek wegen seiner Sympathien für den Nationalbolschewismus nicht trauten.

Die Jungen Russen waren fremdenfeindlich und rassistisch (»Jeder Ausländer ist unser Feind«). Sie glaubten an die Überlegenheit der weißen Rasse und natürlich auch an eine imperialistische Mission Rußlands. Offiziell waren sie keine Antisemiten, doch ihr Programm sah vor, daß alle Juden aus dem öffentlichen Leben Rußlands entfernt werden sollten. Von den Eurasiern übernahmen sie die Idee,

daß Rußlands eigentliche Mission in Asien liege. Doch gleichzeitig wollten sie Rußland zum Bollwerk des Westens gegen die »Gelbe Gefahr« ausbauen.
Im Jahr 1939 war die Bewegung der Jungen Russen im Niedergang begriffen. Die anderen Emigranten verfolgten ihre Phrasen mit einer Mischung aus Geringschätzung und Argwohn; der Spitzname »zweite Sowjetpartei« machte die Runde. Die Zeitungen berichteten nur noch sporadisch über ihre Aktionen, und die Zahl ihrer Anhänger sank. Die Jungen Russen verehrten nach wie vor Mussolini, aber von Hitler waren sie enttäuscht; der Hitler-Stalin-Pakt hatte in ihren Reihen große Verwirrung ausgelöst. Kasem Bek hatte 1939 bereits begriffen, daß die Nazis in Osteuropa Eroberungspläne verfolgten, die den russischen Interessen zuwiderliefen. Folgerichtig rief er beim Ausbruch des Zweiten Weltkriegs seine Anhänger dazu auf, die westlichen Demokratien zu unterstützen. Nach dem Krieg ging er in die Vereinigten Staaten, verschwand 1956 plötzlich von der Bildfläche und tauchte ein paar Monate später in Moskau wieder auf (seine Familie hatte er in Amerika zurückgelassen). Wie sich herausstellte, hatte er jahrelang als sowjetischer Agent gearbeitet. Bis heute ist unklar, ob er die Kontakte zu den Sowjets bereits vor dem Zweiten Weltkrieg geknüpft hatte. In Moskau wurde Kasem Bek Sekretär des Patriarchen der orthodoxen Kirche und Mitarbeiter bei der Zeitung des Moskauer Patriarchats. Er starb 1977 in Moskau.[5]
Der Einfluß der Jungen Russen blieb im großen und ganzen auf Paris und ein paar andere französische Städte beschränkt. Politisch war die Bewegung nie von großer Bedeutung. Kasem Bek behauptete zwar, er habe Zehntausende von Anhängern, doch in Wahrheit waren es nie mehr als zweitausend. Die Jungen Russen sind als rechtsextreme Gruppe hauptsächlich deshalb von Interesse, weil sie einerseits stark vom Faschismus beeinflußt waren, andererseits aber auch erstaunliche Affinitäten zum Stalinismus entdeckten.
Rückblickend ist der Werdegang Kasem Beks nicht so ungewöhnlich, wie es zu seiner Zeit vielleicht erscheinen mochte: Er landete schließlich dort, wo er hingehörte. Die Sowjets heuerten unter den russischen Emigranten immer wieder Beeinflussungsagenten an, die dann später in die Sowjetunion zurückkehrten. Auffällig ist jedoch, daß kein Menschewik und nur ein einziger Sozialrevolutionär (Suchomlin) nach jahrelanger Agententätigkeit für Moskau ins sta-

linistische Rußland zurückkehrte. Wesentlich häufiger kam es vor, daß rechte Emigranten in ihre Heimat zurückkehrten. Kein Zeitgenosse hatte dafür eine bessere Erklärung als Fedotow. Er schrieb 1938:

> Der Despotismus und der totalitäre Staat waren für viele Christenseelen offenbar eine große Versuchung. Hitler ist nicht nur ein Verbündeter, sondern das Ideal eines russischen Führers. Nicht nur die »Stabskapitäne«, sondern auch eine ganze Bischofssynode (im jugoslawischen Karlowitz) spendeten diesem Feind des Christentums Beifall und versicherten, daß das ganze orthodoxe Rußland für ihn bete. Wenn man das liest, erscheint einem das Leben nicht länger lebenswert. Wie in den Tagen der Oktoberrevolution leidet man wieder darunter, Russe zu sein; man leidet, weil der Bolschewismus wie Aussatz Rußlands Körper zerfrißt. Wie soll man das, was unter den russischen Emigranten vor sich geht, anders nennen als Bolschewisierung?[6]

Diese schweren Vorwürfe bedürfen einiger erklärender Worte. Fedotows Anklage richtet sich natürlich nicht gegen die russischen Emigranten insgesamt, sondern nur gegen die Meinungsmacher, die am lautesten gegen das Sowjetsystem wetterten und angeblich seine erbittertsten Feinde waren. In erster Linie dachte er dabei an Iwan Solonewitsch, dessen Ansichten beim Klerus und bei den Emigrantenzeitungen zunehmend Unterstützung fanden. Nach Solonewitschs Auffassung war ein Bündnis mit Hitler nicht nur ein rein taktisches Manöver, sondern eine notwendige Voraussetzung für die geistige Erneuerung Rußlands. Dagegen polemisierte Fedotow. Hatten die weißen Emigranten früher für ein unteilbares Rußland gekämpft, so waren sie nun dazu bereit, das Land aufzuteilen und Gebiete an den Feind abzutreten. Hatten die Monarchisten früher die Religion und den Zaren verteidigt, so waren sie inzwischen für viele nur noch ein nutzlos gewordenes Relikt der Vergangenheit. Und wenn es nach Solonewitsch ging, so konnte man sogar auf die Religion verzichten. Die Emigranten hatten nur noch ein Ziel: die Bolschewiken zu besiegen. Aber nach Fedotow begriffen sie allmählich, daß Stalin ihre ideologischen Prämissen ausgehöhlt hatte: »Wofür kämpft ihr? Euch gefällt der Faschismus? Aber Rußland verkörpert doch die konsequenteste Form des Faschismus, und die Parole von einem großen und starken Rußland hat Stalin bereits verkündet.«[7]

Wer war dieser Iwan Lukjanowitsch Solonewitsch, der auf die russischen Emigranten einen so tiefen Eindruck gemacht hatte? Er hatte seine Karriere im zaristischen Rußland als Meisterringer und Mitarbeiter einer rechtsextremen Zeitung begonnen. Im Jahr 1934 waren er und sein Bruder zusammen mit ihren Familien aus Rußland geflohen und hatten auf abenteuerliche Weise die finnische Grenze überquert. Die Geschichte ihrer Flucht und ihr zweites Buch *(Rußland im Zwangsarbeitslager)* wurden internationale Bestseller. Später veröffentlichte Iwan Solonewitsch Artikel in liberalen und gemäßigten Emigrantenzeitungen, machte jedoch innerhalb von zwei Jahren einen Schwenk nach rechts und schloß sich einer konspirativen Gruppe ehemaliger Offiziere der Zarenarmee (größtenteils Leutnants und Hauptleute) an, die vorwiegend von Bulgarien aus operierte und sich zum Ziel gesetzt hatte, die Sowjetunion und politische Emigrantengruppen zu infiltrieren. Ihre Ausrichtung war mehr oder weniger offen faschistisch; gleichzeitig war sie jedoch auch stark von sowjetischen Agenten durchsetzt. Da die Gruppe erheblich zur politischen Spaltung der russischen Emigranten beitrug, geriet Solonewitsch bereits sehr früh in den Verdacht, ein sowjetischer Agent zu sein, was freilich nie bewiesen werden konnte und wohl auch nicht stimmte. Fest steht nur, daß er von den Nazis Geld annahm und sich ihnen andienerte. Aber offensichtlich war er ihnen zu eigenwillig, als daß sie ihn für Führungsaufgaben in Betracht gezogen hätten – vorausgesetzt, sie brauchten einen solchen Führer überhaupt. Aus diesem Grund gingen Solonewitschs Träume nie in Erfüllung. Nach dem Krieg wanderte er nach Argentinien aus, wo er 1953 starb. Noch heute geben dort Freunde von ihm ein Nachrichtenblatt heraus, das seinem Andenken gewidmet ist.

Solonewitsch war in der Geschichte der russischen Emigration kaum mehr als eine Randfigur. Insofern bestünde eigentlich kein Anlaß, sich mit diesem Mann näher zu beschäftigen, wenn er nicht in der Glasnost-Ära von der äußersten Rechten in der Sowjetunion wiederentdeckt und zu einem ihrer geistigen Führer erhoben worden wäre.

Zusammen mit anderen faschistischen, halbfaschistischen und faschistoiden Denkern der dreißiger Jahre ging er in das Pantheon der russischen Rechten ein.[8] Seine Biographie wurde entsprechend umgeschrieben. So heißt es nun, er sei »gezwungen« worden, von Bulgarien nach Deutschland zu gehen (von wem?), und habe nach Kräften versucht, der selbstmörderischen, antirussischen Propaganda der Deutschen entgegenzuwirken. Seine endgültige Heiligsprechung durch die neue russische Rechte erfolgte im Jahr 1991 anläßlich seines hundertsten Geburtstags.[9]

Die faschistische Partei

Russische faschistische Parteien gab es in den dreißiger Jahren in Deutschland und in der Mandschurei, und auch in den Vereinigten Staaten existierte eine kleine Gruppe. Zahlenmäßig am stärksten war die Gruppe im mandschurischen Charbin, die sich anfänglich aus Studenten und Absolventen der dortigen juristischen Fakultät rekrutierte. Die Mitglieder wirkten an der Veröffentlichung der *Protokolle der Weisen von Zion* mit und hielten Vorlesungen über die Missetaten der Freimaurer in Rußland und anderswo. Sie waren von den Leistungen des italienischen und des deutschen Faschismus fasziniert und gewannen die Unterstützung des ehemaligen zaristischen Generals W. D. Kosmin, der sich ihnen als seriöse Galionsfigur zur Verfügung stellte. Das war der Anfang der RFO (Russische Faschistische Organisation), die später als RFP (Russische Faschistische Partei) regelmäßig Publikationen wie NASCH PUT und NAZIA herausgab.
Nach seiner Ankunft aus der Sowjetunion wurde Konstantin Rodsajewskij Chef der RFP. Dieser dynamische, mit seinen vierundzwanzig Jahren noch sehr junge Mann verdrängte den zaristischen General von der Parteispitze und führte die kleine Bewegung von 1931 bis zum Eintreffen der Sowjetarmee im Jahre 1945 an. Die Mitglieder ahmten die Nazis in jeder Hinsicht nach – sie trugen Uniformen, druckten Karikaturen aus dem STÜRMER ab und schmückten sich mit Hakenkreuzen.[10] Ihre Angriffe konzentrierten sich schon recht früh auf Kaganowitsch statt auf Stalin. Wie einige Nazi-Kommentatoren hielten sie Kaganowitsch für den wahren Herrscher der

Sowjetunion, zumindest taten sie so; auf jeden Fall war er das dankbarere Ziel.
Doch die mandschurischen Faschisten litten unter zwei schweren Handikaps. Die Anziehungskraft der Faschisten in Europa beruhte in entscheidendem Maße auf ihrer Fähigkeit, die Massen zu mobilisieren. Aber Charbin und Mandschuli, die andere »Hochburg« der Faschisten in der Mandschurei, lagen weit im Hinterland, und die Zahl der dort lebenden Emigranten war nur klein. An den Versammlungen und Prostestmärschen nahmen gewöhnlich nur ein paar Dutzend, bestenfalls ein paar Hundert Menschen teil, und es waren immer dieselben Gesichter. Rodsajewskij konnte nur darauf hoffen, daß die Deutschen (oder die Japaner) die Sowjetunion schnell besiegten und das Land zwischen den beiden Parteien geteilt wurde, möglicherweise an dem Fluß Jenissej. Doch für einen russischen Patrioten waren das nicht gerade rosige Aussichten. Rodsajewskij nahm in seiner grenzenlosen Naivität sogar an, daß die Besatzungsmächte Rußland eine »nationale Regierung« aufzwingen würden – mit ihm an der Spitze.
Ein weiteres Handikap für die RFP war ihre totale Abhängigkeit von der japanischen Armee, genauer gesagt, vom Geheimdienst der Kwantung-Armee, die zu der Zeit in der Mandschurei herrschte. Dies war keine Propagandalüge, die irgendwelche politische Gegner in die Welt gesetzt hatten, sondern das Resultat eines Berichtes, den der hohe SS-Offizier (und Rußlandexperte) Dr. Otto Bräutigam verfaßt hatte. Ohne die politische und finanzielle Unterstützung der Japaner hätte die RFP nicht überleben können. Der Preis, den sie dafür bezahlen mußte, war hoch. So mußte sie beispielsweise eng mit dem Kosaken-Ataman Semjonow zusammenarbeiten, einer der berüchtigtsten Figuren des Bürgerkrieges. Semjonow, der sich inzwischen in der Mandschurei niedergelassen hatte, vertrat zwar rechtsextremistische Positionen, war aber vom Nazismus und Faschismus weit weniger beeindruckt als die Gruppe um Rodsajewskij, weil sie seiner Meinung nach für Rußland kaum von Bedeutung waren. Er vertraute statt dessen auf die Solidarität der Kosaken; viele seiner früheren Anhänger hatten sich ebenfalls in der Mandschurei niedergelassen.[11] Tatsächlich waren seine Gruppen, sieht man einmal von Charbin ab, stärker als die Rodsajewskijs. Hinzu kam, daß die Japaner ihm offenbar etwas mehr trauten als der RFO. Im Au-

gust 1946 wurden Semjonow und Rodsajewskij in der gleichen Verhandlung zum Tode verurteilt. Ein Jahr zuvor hatte Rodsajewskij betrübt eingeräumt, daß sein Kampf auf einem Mißverständnis beruht habe: »Der Stalinismus ist genau das, was wir irrtümlicherweise ›russischen Faschismus‹ genannt haben. Er ist ein von allen Extremen, Illusionen und Irrtümern gereinigter russischer Faschismus.«[12] Anschließend schrieb er einen Brief an Stalin, in dem er seine Missetaten bedauerte und der Hoffnung Ausdruck verlieh, seinem Vaterland und dessen Führer dienen zu dürfen. Er wollte aus seinen ehemaligen faschistischen Parteigenossen im Ausland eine fünfte Kolonne für die Sowjetunion aufbauen.[13] Sein Angebot wurde abgelehnt.

Andere rechtsextreme oder faschistische Emigrantengruppen wurden in späteren Jahren von der extremen Rechten in der Sowjetunion rehabilitiert, doch die Gruppe um Rodsajewskij kam nicht so gut weg. Sie hatte zu eng mit ihren ausländischen Herren kooperiert und keine eigenen neuen Ideen entwickelt, sondern nur die Vorbilder in Berlin und Rom nachgeahmt.

Das gleiche gilt in verstärktem Maß auch für Anastas Wosnijazkijs VFO (Allrussische Faschistische Organisation), die 1933 in Windham County in Connecticut gegründet wurde. Die bedeutendste Leistung im Leben des 1898 in Warschau geborenen Wosnijazkij war seine Heirat mit der einundzwanzig Jahre älteren amerikanischen Millionenerbin Marion Stephens, einer geborenen Marion Buckingham Ream. Die Reams aus Chicago hatten mit Getreide und Vieh ein riesiges Vermögen gemacht. Wosnijazkij hätte den Rest seines Lebens als Grundbesitzer in Connecticut verbringen können, aber er hatte politische Ambitionen und glaubte wie viele aus seiner Generation, daß dem Faschismus die Zukunft gehöre. Im Gegensatz zu allen anderen Exilpolitikern standen ihm große Geldmengen zur Verfügung.

Dennoch waren seine Ausflüge in die Politik eine Farce. Ohne die Übertreibungen der amerikanischen Zeitungen, die meldeten, daß auf seiner Farm in Connecticut 50000 Faschisten trainierten, hätte niemand von ihm Notiz genommen. Er knüpfte Kontakte zu dem nazideutschen »Bund« und zu Rodsajewskij in Charbin. Letztlich waren seine Aktivitäten jedoch von noch geringerer Bedeutung als die der mandschurischen Faschisten. Er geriet völlig in Vergessenheit und starb 1965 in der Stadt St. Petersburg in Florida. Seine Lebensgeschichte ist bereits erzählt worden, und es erübrigt sich, nochmals auf sie einzugehen.[14]

Der NTS

Weit interessanter und einflußreicher war der NTS, der in den späten zwanziger Jahren von jungen russischen Emigranten in Jugoslawien ins Leben gerufen worden war. Der NTS ist die einzige russische Emigrantengruppe, die nach wie vor besteht und in der Glasnost-Ära sogar mit behördlicher Genehmigung in Moskau ein Büro eröffnete. Wir werden hier nur auf die frühen Aktivitäten dieser Gruppe eingehen; über ihre kontroverse Entwicklung seit 1945 ist viel diskutiert worden, doch ist sie für uns an dieser Stelle irrelevant. Der vollständige Name des NTS lautete *Nazionalnyi Trudowoj Sojus Nowogo Pokolenija* (Nationaler Bund der Arbeit der neuen Generation), doch viele Jahre lang war er besser bekannt als *Nowo-Pokolenzy*, die »neue Generation«. Im Jahr 1930 fand der erste NTS-Kongreß statt, auf dem W. M. Bajdalakow, ein Donkosake, zum Präsidenten gewählt wurde.

Zu den Mitgliedern der ersten Stunde gehörten verschiedene Aristokraten wie Fürst Leuchtenberg und Graf Wolkonskij, doch die zentralen Figuren waren von Anfang an und über viele Jahre hinweg relativ unbekannte Männer wie R. P. Rontschewskij, W. D. Poremskij, A. S. Kasanzew und ein Professor namens M. A. Georgewskij; letzterer war etwas älter als die anderen und in der Frühphase Chefideologe der Gruppe. Das Hauptziel der neuen Bewegung war die Fortführung des Kampfes für die »Weiße Idee« – allerdings in einer anderen Form, als ihn die ältere Generation geführt hatte.[15] Wie die anderen Nationalisten kämpften sie für ein großes und starkes Rußland, für die Freiheit und für die Befreiung der Bauern vom Kolchossystem. Für diese grundlegenden Ziele traten praktisch alle rechten Emigrantengruppen ein, doch im Unterschied zu den anderen bemühte sich der NTS jahrzehntelang um klarere Perspektiven. Anders als die Jungen Russen nahm er ideologische Probleme sehr ernst und verabschiedete alle paar Jahre ein neues Programm (1930, 1931, 1935, 1938, 1940, 1944 – von den diversen Nachkriegsprogrammen ganz zu schweigen). In den ersten Jahren war seine grundlegende politische Philosophie der Solidarismus. Diese Doktrin war keineswegs mit der gleichnamigen Soziallehre der katholischen Kirche identisch. Die Denker des NTS verstanden unter Solidarismus eine Synthese aus Aktivismus, Idealismus und Nationalismus. Sie stellten den Solidarismus bewußt dem Marxismus gegenüber, indem sie die Wichtigkeit von Ideen (und des Idealismus) hervorhoben. Ebenso unterstrichen sie die Bedeutung der Nation: Sie sei der wichtigste organische Rahmen für alle menschlichen Bestrebungen. Was sie mit dem so oft betonten Aktivismus meinten, blieb etwas unklar; vielleicht dachten sie an etwas Ähnliches wie die marxistische Einheit von Theorie und Praxis.

Der Solidarismus wurde von seinen Anhängern als Antithese zum Klassenkampf verstanden. Die Beziehungen der Klassen untereinander sollten harmonisch sein; ein starker Staat sollte die Rolle des obersten Richters übernehmen. Das hieß, daß man einen »exzessiven« liberalen Individualismus ebenso ablehnte wie den westlichen Pluralismus. Freiheit sollte es im künftigen Rußland geben, aber nur in bestimmten Grenzen; ein kapitalistisches Mehrparteiensystem kam nicht in Frage. Die Schlüsselindustrien sollten im Besitz des Staates verbleiben. Der Religion schließlich dachte man in der künftigen Gesellschaftsordnung eine zentrale Rolle zu; natürlich sollte die orthodoxe Kirche eine dominierende Stellung einnehmen.[16]

In späteren Jahren erklärten NTS-Führer, sie seien stark von Chomjakows Prinzip der *Sobornost* beeinflußt worden, das im Denken der Slawophilen eine zentrale Rolle spielte und noch heute von der russischen Rechten oft beschworen wird. Der Begriff *Sobornost* geht auf die politische Kultur Rußlands im 16. Jahrhundert zurück und ist praktisch unübersetzbar; er läßt sich annäherungsweise mit »nationale Einheit und Zusammenarbeit« umschreiben. Ein weiterer Denker, der den frühen NTS beeinflußte und damals wahrscheinlich als erster den Begriff Solidarismus benutzte, war der emigrierte Rechtsphilosoph G. Gins.[17]

Dic politische Philosophie des NTS macht deutlich, daß man bewußt den Beschränkungen des konterrevolutionären Lagers zu entkommen suchte und die alten Streitigkeiten zwischen den Bolschewiki und ihren Feinden hinter sich lassen wollte. Freilich war seine Haltung in diesem Punkt nicht immer konsequent. So verkündete der NTS 1935, er sehe sich in der Nachfolge General Kornilows, jenes Militärführers, der im Juli 1917 gegen die Regierung Kerenskij geputscht hatte, jedoch gescheitert war. In späteren Programmen wurde diese Aussage dann wieder weggelassen.[18] Andererseits enthielt das Programm der Kriegszeit verschiedene Passagen, die offensichtlich nach dem Zustrom neuer (sowjetischer) Flüchtlinge und Kriegsgefangener eingefügt worden waren. So hieß es darin, daß der NTS zum Wohle des Volkes den revolutionären Geist von 1917 wiederaufleben lassen wolle. Das Programm von 1944 enthielt auch antisemitische Forderungen: Alle nichtrussischen Nationalitäten sollten der Nation angehören, mit Ausnahme der Juden, denen es freigestellt werden sollte auszuwandern, solange sie bereit waren, ihren Besitz zurückzulassen; andernfalls wollte man sie in speziell ausgewiesene Gebiete umsiedeln.[19] Jahre später rechtfertigte man die antisemitischen Passagen mit dem Argument, daß sie auf Druck der Nazis eingefügt worden seien. Ein Argument, das nicht recht einleuchten will, wie Andrejew zu Recht bemerkt. Nach eigenen Aussagen war der NTS in Deutschland eine illegale Partei (und einige Mitglieder sollen sogar im Gefängnis gesessen haben). Warum hätte sich eine solche Untergrundorganisation dem Druck der Nazis beugen sollen?

Liest man die NTS-Schriften, die vor dem Krieg erschienen, etwas genauer, so stellt man fest, daß der jüdische Charakter der bolschewistischen Herrschaft in der Sowjetunion bereits damals deutlich betont wurde, und das, obwohl der kommunistischen Führung nur noch sehr wenige Juden angehörten. Der Marxismus, so heißt es dort, sei ein typisches Produkt des deutschen Judentums, und die Februarrevolution von 1917 könne sehr wohl das Ergebnis einer jüdisch-freimaurerischen Verschwörung gewesen sein. Es stimmt allerdings, daß der NTS im Gegensatz zu anderen rechtsextremistischen Gruppen diesem Aspekt eher zweitrangige Bedeutung beimaß.[20]

In den dreißiger Jahren stand der NTS dem Faschismus grundsätzlich positiv gegenüber. So schrieb Georgewskij 1935: »Wir sehen im Nationalsozialismus eine Idee, die sich auf Pflichterfüllung und auf das nationale Interesse gründet, und im Faschismus mit seiner Tendenz zum Solidarismus einen überzeugenden Beweis dafür, daß unser Kampf letztendlich zum Erfolg führen wird.«[21] Ein führendes NTS-Mitglied drückte es viele Jahre später so aus: Zu einer Zeit, in der sich die Demokratie in ganz Europa auf dem Rückzug befunden habe, sei es nur natürlich gewesen, daß der NTS sich auf die Seite der verschiedenen faschistischen Systeme geschlagen habe.[22] Die Zeitschrift der Organisation veröffentlichte Artikel, in denen der Nazismus ebenso gepriesen wurde wie der österreichische Korporativismus; positiv berichtet wurde auch über die spanische Falange und den italienischen Faschismus; besondere Übereinstimmungen stellte man mit Salazars Portugal fest. Es besteht kein Zweifel, daß der Faschismus einen entscheidenden Einfluß auf das ideologische Programm des NTS hatte. Im Gegensatz zu den russischen Faschisten in Charbin verzichtete der NTS jedoch darauf, den Nazismus zu kopieren und seine rüderen Erscheinungsformen zu übernehmen. Er war eher autoritär als im faschistischen Sinne totalitär.

Freilich hielt ihn das nicht davon ab, eng mit den Nazis zusammenzuarbeiten. Die »neue Generation« wußte, daß Deutschland die einzige Macht war, die Stalins Rußland besiegen konnte. (Bis August 1939 arbeitete sie ebenso eng mit dem polnischen Generalstab zusammen.) Einige führende Mitglieder des NTS gingen nach Berlin, wo ihnen der deutsche Geheimdienst eine kleine Druckerei zur Verfügung stellte. Dort druckten sie eine Zeitung, die in die Sowjetunion geschmuggelt wurde. Während des Kriegs wurde die Zusammenarbeit noch wesentlich intensiver, und viele NTS-Mitglieder wie Roman Redlich, Tenserow und Poremskij (den die Nazis einen hundertfünfzigprozentigen Nazi nannten) gingen ins besetzte Rußland und arbeiteten dort in verschiedenen Funktionen für Rosenbergs Reichsministerium für die besetzten Ostgebiete. In seinen Nachkriegspublikationen wollte der NTS den Lesern weismachen, diese Leute hätten ihre russische Herkunft geheimhalten müssen. In Wahrheit wußten die Deutschen natürlich sehr gut, mit wem sie es zu tun hatten. Während der deutsche Zweig der Organisation sich 1938 offiziell aufgelöst hatte, war die Führung im Krieg nach Berlin gezogen. Einige wie Poremskij, Vergun und Kasanzew schlossen sich dort der Redaktion der offiziellen nazifreundlichen Tageszeitung NOWOJE SLOWO an. In den späten Kriegsjahren arbeitete der NTS eng mit der Bewegung von General Wlassow zusammen. Er beein-

flußte das politische Programm der Wlassow-Bewegung, und viele russische Kriegsgefangene schlossen sich ihm an.
In Anbetracht dieser Fakten fällt es schwer, der vom NTS nach 1945 verbreiteten Darstellung seiner Geschichte zuzustimmen. Danach will er das Ziel verfolgt haben, eine »dritte Kraft« zu bilden, und zwar weder mit Stalin noch mit Hitler, sondern mit dem russischen Volk, und auf Kollisonskurs zu den beiden Giganten gegangen sein.
Obwohl der NTS dem Nazismus ideologisch in vieler Hinsicht nahestand, bildeten die Solidaristen nie eine richtige faschistische Partei. Deshalb konnten sie nach 1945 auch behaupten, sie hätten ihre eigenen Ziele stets im Auge behalten und hätten die Nazis nur benutzt, so wie Lenin 1917 die Regierung des deutschen Kaisers benutzt habe, um nach Rußland zurückzukehren. Obwohl der NTS gegen die Errichtung einer liberalen Demokratie und für die Einsetzung eines autoritären Regimes in Rußland war, betrieb er nie einen Führerkult und lehnte die antichristliche Haltung der Nazis stets ab. Vor allem begriffen die Mitglieder im Verlaufe des Krieges, daß das Rußland, das die Nazis gemäß ihren Vorstellungen von einer »neuen Ordnung« errichten wollten, sehr wenig mit dem zu tun hatte, was ihnen selbst vorschwebte. Mit anderen Worten, ihnen wurde schmerzlich bewußt, daß die Nazis nicht nur gegen die Kommunisten, sondern auch gegen die Russen waren. Es war immer fundamentales Ziel der weißen Bewegung gewesen, nach dem Sturz der Bolschewiki die Einheit und Unteilbarkeit Rußlands zu erhalten. Doch die Nazis hatten mit Rußland ganz andere Pläne, und je länger der Krieg dauerte, desto mehr zogen sie die Ukrainer und andere Minderheiten den Russen als Verhandlungspartner vor.
Es gab wohl kaum eine Emigrantengruppe, die vor, während und nach dem Krieg mehr Propagandamaterial in die Sowjetunion schleuste als der NTS. Dennoch blieb die Wirkung gleich Null. Dies lag zum Teil daran, daß der sowjetische Sicherheitsapparat so hervorragend funktionierte, zum Teil aber auch daran, daß die im Westen entwickelte Doktrin des NTS die Russen nicht besonders ansprach. Die sowjetische Realität war kein fruchtbarer Boden für Ideen, die unter anderen Bedingungen entstanden waren. Aus diesem Grund stieß der NTS selbst in der Glasnost-Ära, als er seine Zeitschriften und Bücher ziemlich ungehindert einführen konnte, nur auf geringes Interesse. Jahrzehntelang hatte ihn die staatliche

Propaganda als Werkzeug feindlicher Kräfte – zuerst der Deutschen, dann der Amerikaner – denunziert, und möglicherweise zeigte sich jetzt die Wirkung. Nur gelegentlich war zu hören, daß der Solidarismus möglicherweise die einzige Chance sei, Rußland zu retten.[14] Die Arbeiter sollten weniger streiken, die neue Klasse der Industrieunternehmer sollte ein Mitspracherecht erhalten, und jeder sollte an ein starkes Rußland glauben.

Im großen und ganzen ging von einzelnen Denkern wie Professor Iwan Iljin mehr Wirkung aus als von den Programmen und Manifesten des NTS. Iljin (1881–1954), vor der Revolution Philosophieprofessor an der Moskauer Universität und profunder Hegel-Kenner, war 1922 mit anderen führenden Intellektuellen, unter ihnen auch Berdjajew, ausgewiesen worden. Er engagierte sich stärker im täglichen politischen Kampf als die meisten seiner Kollegen; unter anderem gab er die Zeitschrift RUSSKIJ KOLOKOL heraus. Obwohl er nicht der jüngeren Generation angehörte, unterhielt er enge Kontakte zum NTS, mit dem er nur in einem wichtigen Punkt nicht einer Meinung war: Iljin war oder wurde ein überzeugter Monarchist, während der NTS sich aus dem Streit darüber heraushielt, ob das zukünftige Rußland eine Republik oder eine Monarchie werden sollte.

Die Artikel und Bücher Iljins wurden von der russischen Rechten in der Glasnost-Ära weit häufiger wiederaufgelegt als die Schriften anderer emigrierter Intellektueller. Das ist schwer nachzuvollziehen, da Männer wie P. B. Struve, der ebenfalls Monarchist wurde, zweifellos die scharfsinnigeren und originelleren Denker waren. Vielleicht lag es an dem ungebrochenen Enthusiasmus und Extremismus, der in allen Schriften Iljins zum Ausdruck kommt; mitentscheidend für seine Popularität war wohl auch, daß er ein weniger intellektuelles Publikum ansprach.

Über den Inhalt seiner Schriften gibt es nicht viel zu sagen. Er schrieb, daß die »weiße Idee« nicht auf die Wiederherstellung der alten Ordnung abziele und daß die russische Kultur sich schon immer in eine andere Richtung entwickelt habe als die im Westen. Rußland brauche eine »organische Demokratie« und keine formale und mechanistische Demokratie, wie man sie im Westen finde und wie sie von der russischen Intelligenzija seit Generationen gefordert werde. Iljin hat nie wirklich erklärt, was er unter »organischer Frei-

heit« verstand. Aber er war fest davon überzeugt, daß die Monarchie für Rußland seit jeher die beste Staatsform gewesen sei. Alle, die gegen die Autorität rebelliert hätten, seien im Unrecht gewesen. Lenin nannte er einen »Pugatschow mit Universitätsabschluß«.[24]
Im Jahr 1926 stand Iljin im Mittelpunkt einer hitzigen Debatte, die nach dem Erscheinen seines Buches *Über den Widerstand gegen das Böse mit Hilfe der Gewalt* ausgebrochen war. Angeblich polemisierte er in dem Buch gegen die Lehre Tolstojs, nach der man gegen das Böse keinen Widerstand leisten soll. Unter den Emigranten gab es, wenn überhaupt, nur sehr wenige Tolstoj-Anhänger. Deshalb wurde Iljins Botschaft als Appell verstanden, die Bolschewiki mit ihren eigenen Waffen zu bekämpfen, ein Appell, der von den Rechtsextremisten und einigen Kirchenführern mit Begeisterung aufgenommen wurde. Intellektuelle wie S. Hippius oder S. Frank, die der politischen Mitte zuzurechnen waren, lehnten die Botschaft allerdings ab. Berdjajew schrieb dazu, daß eine Tscheka (die Vorläuferorganisation des KGB), die im Namen Gottes handle, schlimmer sei als eine Tscheka, die für den Teufel arbeite.[25]
Im Jahr 1935 verließ Iljin Deutschland und siedelte in die Schweiz über, wo er 1954 starb. Der Antifaschist, als den ihn seine Bewunderer beschrieben haben, war er mit Sicherheit nicht. Seine Bücher wurden in Deutschland auch nach 1933 immer wieder neu aufgelegt. Aber von seiner Gesinnung her war er kein Nazi, sondern ein altmodischer, konservativer Monarchist. Iljin versuchte nie, populistisch zu sein oder sonst irgendwie »modern« zu wirken, um so mehr überrascht es, daß gerade er heute eine Renaissance erlebt, während die Resonanz auf den NTS vergleichsweise gering ist.

7 Die russische Partei und der Nationalbolschewismus

In den siebziger Jahren tauchte in der russischen Intellektuellenszene eine »russische Partei« auf. Ihre politische Bedeutung war sehr gering, da die Macht nach wie vor fest in den Händen der Kommunisten lag. Doch es gab einige Anzeichen für eine neue Entwicklung; besonders augenfällig und interessant war die Entstehung einer Schule von »Dorfautoren« und die Debatte über das Slawophilentum. Es überrascht nicht, daß die führenden Ideologen der russischen Partei der siebziger Jahre nach 1985 in der neuen Rechten eine wichtige Rolle spielten.

Sowjetische Schriftsteller konnten über das Dorfleben realistischer schreiben als über jeden anderen Aspekt der sowjetischen Gesellschaft. Wladimir Owetschkin und Jefim Dorosch hatten mit ihren Aufsätzen in der späten Stalin-Ära den Boden für diese neue Schule bereitet. Fjodor Abramow, Wassilij Schukschin und Walentin Rasputin, die Dorfautoren aus Nordrußland und Sibirien, gehörten zu den talentiertesten Schriftstellern der sechziger und siebziger Jahre. Ihre leidenschaftlich geschriebenen Geschichten waren literarische Meisterwerke. Mit sehr viel Einfühlungsvermögen schilderten sie das Schicksal einfacher Menschen, die weitab von den kulturellen und politischen Zentren lebten. Romane wie Wiktor Astafjews *Schäfer und Schäferin*, Schukschins *Kalina Krasnaja* (Schöner Schneeballstrauch) oder Rasputins *Abschied von Matjora* und *Der Brand* – um nur die bekanntesten zu nennen – weisen, was ihre Grundstimmung und den Ausgang der Handlung angeht, eine frappierende Ähnlichkeit auf. Thema ist das einsame Leben und Sterben der Menschen im Herzen Rußlands. Diese Romane sind keine Blut-und-Boden-Literatur, die die Vergangenheit verklärt und die Gegenwart in rosigen Farben malt: Die Lebensbedingungen auf dem Land sind alles andere als idyllisch. Abramows Dorfbewohner sind die meiste Zeit gehässig zueinander. Er unternimmt keinen Versuch, den moralischen Niedergang auf dem Land und in den Kleinstädten zu verheimlichen, der mit dem Aufbrechen alter Gemeinschaften und dem Einzug moderner Technik eingesetzt hat. Die Botschaft dieser Werke ist zutiefst pessimistisch. Chauvinismus und Fremdenhaß sind jedoch nicht darin zu finden[1], nur spöttische Seitenhiebe auf die Städter.

Wassilij Below schildert liebevoll das dörfliche Leben im alten Rußland, wie es bis zur Zeit der Kollektivierung existiert hat. Gefühlvoll beschreibt er die alten Handwerker (mit so fremdartigen Namen wie Iwan Afrikanowitsch) und Bettler, die Naturverbundenheit der Bauern, ihren oft rührenden Aberglauben, ihre merkwürdigen Sitten und Hausgeister. Seine Helden sind ungebildet und arm, aber im Grunde ausgeglichene Charaktere, die mit sich und der Welt im Einklang sind. Die Großstadt ist für Below, wie für die meisten Dorfautoren, ein unfreundlicher und bedrohlicher, ja sogar gefährlicher Ort mit großen, anonymen Häusern und kalten, wortkargen Menschen. Below wurde in einem Dorf in der Nähe von Wologda geboren, Solouchin in der Nähe von Wladimir, also im wirklich alten Rußland. Belows Rußland ist das der vielen tausend Kirchen und Klöster, der Heiligenfeste, der Kirchenglocken, der Dorfhochzeiten und Beerdigungen, der heiligen Männer und der heiligen Narren. Sein Hauptinteresse galt den Schönheiten der Natur und der Architektur, und mehr als jeder andere setzte er sich für die Erhaltung von Ikonen und alten Kirchen ein. Wenn Solouchin überhaupt einen westlichen Lieblingsautor hatte, dann wohl Knut Hamsun. Und das ist kein Zufall. Auch Hamsuns Helden sind Menschen, die die Zivilisation noch nicht verdorben hat. Sie sind der seelenlosen Umgebung der Großstadt entflohen und haben dem Materialismus, der modernen Industriegesellschaft und dem amerikanischen (westlichen) Lebensstil den Rücken gekehrt. Vergegenwärtigt man sich allerdings, welche Rolle Hamsun unter der deutschen Besatzung in Norwegen spielte, so läßt die Parallele zu diesem großen Schriftsteller nichts Gutes ahnen.

Astafjew und Rasputin wurden in Sibirien geboren und verbrachten dort ihr ganzes Leben. Ihre Welt ist geprägt von den großen Wäldern der Taiga und den mächtigen Strömen. Ihre Helden sind die Nachkommen der Pioniere. Rasputins Romane sind von einer tiefen Melancholie durchdrungen. In *Der Brand* schildert er den moralischen Zerfall in einer Kleinstadt. Läden gehen in Flammen auf, doch statt das Feuer zu löschen, veranstalten die Bewohner eine regelrechte Plünderungsorgie und bringen sich gegenseitig um. Diese Menschen haben keine Wurzeln und kein Pflichtgefühl. Sie wollen sich nur bereichern, trinken und stehlen. Die Geschichte wird aus der Perspektive des Milizsoldaten Iwan Petrowitsch erzählt. Am Ende beschließt er, die Stadt zu verlassen, weil er sein Zuhause verloren hat. Doch er hat wenig Hoffnung, anderswo in Rußland ein neues Zuhause zu finden, einen Ort, wo die Menschen noch moralische Grundsätze haben und sich umeinander kümmern, wo der Unterschied zwischen Gut und Böse noch klar ist. In *Abschied von Matjora,* Rasputins früheren und berühmteren Buch, verlieren die Menschen ebenfalls ihre Heimat, wenn auch aus einem anderen Grund. Die Geschichte beschreibt die letzten Tage einer Inselsiedlung mitten im Angara-Fluß, die dem technischen Fortschritt zum Opfer fällt und einem gigantischen Wasserkraftwerk weichen muß.

Die meisten Werke der Dorfautoren sind in ihrer Grundstimmung pessimistisch, und es ist leicht nachzuvollziehen, warum. Unter der sowjetischen Herrschaft verschwand nicht nur das traditionelle russische Dorf, auch die Natur wurde systematisch ausgeplündert und zerstört. Hinzu kommt, daß der Lebensstandard besonders in den nordrussischen Gebieten jenseits der Schwarzerdezone erschrekkend niedrig ist. Diese Landstriche sind inzwischen entvölkert; zurück blieben meist nur die Schwachen und die Unentschlossenen. Dennoch brachten die Dorfautoren ihre Trauer über den Verlust dieser Welt zum Ausdruck. Wenn Kritiker sie als »Bauernfreunde« verspotteten und zitierten, was Marx über die »Idiotie des Landlebens« gesagt hatte, dann erwiderten sie, daß die Dummheit des Stadtlebens inzwischen noch haarsträubender sei.

Wie sah nun die politische Haltung der Dorfautoren vor der Glasnost-Ära aus? Obwohl sie die Verhältnisse auf dem Land ziemlich ungeschminkt beschrieben, blieben sie von der Parteizensur weitgehend unbehelligt. Solouchin wurde zwar vorgehalten, er gehe in seiner Verherrlichung der Kirche zu weit, aber auch er bekam keine ernsthaften Schwierigkeiten. Im Gegenteil, er wurde sogar mit dem Leninpreis ausgezeichnet. Die Dorfautoren waren Patrioten, die den unwiederbringlichen Verlust des ländlichen Rußlands zutiefst bedauerten. Sie hatten eine große Achtung vor den alten Traditionen, den Bräuchen und den (manchmal heidnischen) religiösen

Gewohnheiten, und waren sich darin einig, daß das Leben vor hundert Jahren besser gewesen sei. Sie standen dem Fortschritt sehr skeptisch gegenüber, hegten keinerlei Bewunderung für die städtische Intelligenzija und verabscheuten die moderne Massenkultur, die aus dem Westen importiert und von den jungen Leuten in den Städten begeistert aufgenommen wurde. Die meisten waren nicht in der Partei, doch widersetzte sich keiner offen der Parteilinie. Im Gegenteil, einige saßen sogar im Vorstand des Schriftstellerverbands und rühmten, wenn nötig, die historischen Leistungen der Partei, obwohl die Verhältnisse, die sie in ihren Romanen beschrieben, dazu keinerlei Anlaß gaben; schließlich war die Partei für die Kollektivierung verantwortlich gewesen. Kurzum, sie waren loyale, unpolitische Staatsbürger oder hielten sich zumindest aus der aktiven Politik heraus und äußerten ihre politische Meinung nur noch im engsten Freundeskreis. Einige veröffentlichten ihre Arbeiten in Zeitschriften, die als konservativ galten, wie NASCH SOWREMENNIK, andere (wie Abramow, Below, Schukschin, Jaschin und Saligin) wurden in NOWYJ MIR abgedruckt. Keiner war ein Dissident oder dachte daran, seine Werke im Samisdat oder im Ausland herauszubringen.

Mit Glasnost und Perestroika setzte die Politisierung der Dorfautoren ein. Wassilij Below schrieb nicht mehr über Zimmerleute, die im Dorf ein Badehaus bauten, sondern über die Intellektuellen in der sündigen Stadt. Sein nächster Roman, *Vorabende*, beginnt auf der Place Pigalle in Paris, wo die Heldin, eine launenhafte Russin, einen Pornofilm sieht. Dieses Erlebnis führt sie mit unerbittlicher Logik ins moralische Verderben. Sie verläßt ihren russischen Ehemann und heiratet einen jüdischen Wüstling. Paris ist zwar ein Sündenpfuhl, aber Moskau ist nicht besser. Die Stadt ist ein Alptraum aus Metall, Glas, Plastik, es gibt zu viele stinkende Autos und zu viele Ausländer. Etwas Teuflisches ist im Gange: die systematische Vergiftung der russischen Seele und des russischen Volkskörpers durch Alkohol und Drogen, durch zügellose Ausschlachtung der Sexualität in den Medien, durch die Machenschaften von Juden und anderen Kosmopoliten, den Abgesandten Satans (auch Präsident Kennedy hat dabei die Hand im Spiel). Belows Diagnose: Um ein Volk zu zerstören, braucht man keine Wasserstoffbombe. Es genügt, die Moral dieses Volks zu untergraben, Unfrieden zwischen

Eltern und Kindern zu stiften und Frauen und Männer gegeneinander aufzuhetzen. Das ist zwar nicht leicht, aber es ist möglich. Was hat Rußland in der Vergangenheit gerettet? Die *Isba,* die Bauernhütte. Wenn Rußland untergeht, dann nicht wegen der Pershingraketen, sondern weil die Bauernhütten verschwunden sind. Derselbe Abscheu kommt auch in Belows Essays zum Ausdruck. Selbst in seinem Heimatort Wologda, so klagt er, habe er sich Rockgruppen und Striptease ansehen müssen, halbnackte Mädchen, die mit dem Bauch und den Hüften wackelten.

Wäre Below nur ein begabter Schriftsteller, der seine Heimatregion verläßt, sich zum moralischen Richter über eine ihm fremde Welt aufschwingt und in seinen Büchern eine groteske Karikatur zeichnet, dann wäre er nicht weiter von Interesse. Doch Below war kein Einzelfall. Nicht nur er, sondern eine ganze Gruppe von Schriftstellern rückte nach rechts, ja sogar sehr weit nach rechts. Einige extreme Ansichten, die diese Autoren in der Glasnost-Ära äußerten, müssen schon vorher vorhanden gewesen sein. Es ist unwahrscheinlich, daß sie von einem Monat zum anderen einen solchen Wandel durchgemacht haben. Dennoch bleibt ihre ideologische Kehrtwendung bis zu einem gewissen Grad ein Rätsel. Jedenfalls läßt sie sich nicht einfach mit dem beschränkten Horizont und den Ressentiments einiger Provinzler gegenüber der Hauptstadt erklären. Sie ist schon deshalb schwer verständlich, weil weder Below (in Wologda) noch Rasputin (der in Irkutsk zu Hause ist) noch die anderen Dorfautoren in ihrer Umgebung viele Juden, Freimaurer, Satanisten, ausländische Agenten und Kosmopoliten getroffen haben können. Die Auswüchse der modernen Kultur, die sie anprangerten, die Moskauer Intellektuellen, die sie verabscheuten, die Russophobie, die sie beklagten, dies alles kannten sie nicht aus eigener Erfahrung, sondern nur vom Hörensagen.

In Deutschland, den Vereinigten Staaten und anderen Ländern gab es unter Schriftstellern und Künstlern, die in der Provinz lebten, schon immer Ressentiments gegenüber den Kollegen (und Kritikern) in den Großstädten, die festlegten, wie Literatur und Kunst zu sein hatten, und die über den Erfolg eines Werkes entschieden, weil sie Einfluß auf die Verlage und Medien hatten. Doch die russischen Dorfautoren waren keine vernachlässigten Kinder, sondern gehörten der Elite an. Sie genossen größte Wertschätzung, und ihre

Werke erschienen in Millionenauflagen. Sie waren Lenin- und Stalinpreisträger, »Helden der sozialistischen Arbeit«, Abgeordnete im Obersten Sowjet und anderes mehr. Ebenso merkwürdig war das politische Bündnis, das sie schlossen: mit kommunistischen Veteranen und Militärschriftstellern, die für alte Kirchen (oder das Dorf im allgemeinen) wenig übrig hatten, und sogar mit denselben Literaturfunktionären, die sie in früheren Jahren verachtet hatten. Warum hatten die Politik Gorbatschows und die Schriften der Liberalen eine so heftige Reaktion ausgelöst? Warum stellten viele dieser Autoren ab 1987 zumindest vorübergehend ihre schriftstellerische Arbeit ein? Warum schrieben sie statt dessen politische Reden, Aufsätze, Polemiken und Appelle? Wir werden uns mit dieser Frage später noch zu beschäftigen haben, der Fairneß halber sei jedoch gesagt, daß keineswegs alle diese Richtung einschlugen. Einige bedeutende Dorfautoren (wie Abramow, Jaschin, Lipatow und Schukschin) lebten zu Beginn der Glasnost-Ära bereits nicht mehr; sicherlich wären sie nicht alle dem Beispiel Belows und Rasputins gefolgt.[2] Andere bekannte Autoren wie Sergej Saligin, Wiktor Astafjew oder Boris Moschajew waren noch aktiv, weigerten sich jedoch, wie ihre einstigen Kameraden den Weg in den Rechtsextremismus einzuschlagen.

Der bekannteste Vertreter des liberal-patriotischen Lagers war das Akademiemitglied Dmitrij Lichatschow, der große alte Mann der russischen Literatur und Geschichte. Als Miljukow vor der Jahrhundertwende seinen berühmten Aufsatz über die Spaltung des slawophilen Lagers schrieb, bezeichnete er den Philosophen Wladimir Solowjow als Wortführer der linken Slawophilen und grenzte ihn von den Vertretern des rechten Flügels ab. Solowjow erwiderte, daß er seines Wissens der einzige linke Slawophile sei und daß er sich aus dieser Position liebend gern zurückziehen würde. Einige haben behauptet, daß Lichatschow unter den Patrioten eine ähnliche Position einnahm, doch dieser Vergleich ist nicht ganz korrekt. Da waren auch noch andere wie Sergej Awerinzew, ebenfalls Akademiemitglied und Religionsforscher, oder Sergej Saligin, der die Literaturzeitschrift NOWYJ MIR übernahm und zum Bollwerk eines aufgeklärten Nationalismus machte. Sie teilten weder die Haßgefühle und Ängste der Extremisten, noch hielten sie eine Militärdiktatur für ein Allheilmittel gegen die Mißstände in Rußland. Das neue Bündnis der rechten Patrioten mit den Altstalinisten und Rassisten behagte ihnen ganz und gar nicht. Einige, wie Saligin, arbeiteten trotzdem noch mit den einstigen Genossen zusammen und ermunterten führende Autoren wie Below dazu, für NOWYJ MIR zu schreiben. Andere nahmen dem Chauvinismus gegenüber eine kompromißlosere Haltung ein, so auch Lichatschow, der bei vielen Gelegenheiten betonte, daß ein grundlegender Unterschied bestehe zwischen Patriotismus, der Liebe zum eigenen Land, und Nationalismus, dem Haß gegen andere Länder.[3] Er war einer der engagiertesten Umweltschützer und Ökologen und setzte sich für die Veröffentlichung patriotischer Werke wie Karamsins *Geschichte des Russischen Reiches* ein, deren Lektüre seit der Revolution nicht mehr erwünscht war. Aber er war nicht bereit, mit Leuten an einem Strang zu ziehen, die Obskurantismus und Chauvinismus predigten. Dies führte in der Glasnost-Ära zum offenen Streit zwischen dem Allunions-Kulturfonds (dessen Präsident er war) und dem Kulturfonds der Nationalisten, dem Peter Proskurin vorsaß.[4]

Es war zu erwarten, daß mit dem langsamen Niedergang des Marxismus-Leninismus der Patriotismus wiederaufleben würde. Ebenso war vorauszusehen, daß sich die Patrioten in ein konservatives und ein liberal-demokratisches Lager spalten würden. Das wichtigste ideologische Schlachtfeld waren in den sechziger Jahren bestimmte literarische Zeitschriften, die sich wie WOPROSY LITERATURY auf Literaturtheorie spezialisiert hatten, und Magazine wie NASCH SOWREMENNIK und MOLODAJA GWARDIJA, die nach 1985 bei der Entstehung der neuen russischen Rechten eine führende Rolle spielen sollten. Der patriotische Geist war bereits früher in den Ausstellungen des Malers Ilja Glasunow offenbar geworden, der religiöse Motive (wie die Rückkehr des verlorenen Sohnes) und Helden aus Rußlands Vergangenheit (Dmitrij Donskoj) malte. Glasunow war ein großartiger Handwerker. Seine Gemälde waren frei von modernistischen Verirrungen – seine Kunst war ein von innen nach außen gekehrter sozialistischer Realismus. Obwohl ihn die *Cognoscenti* verhöhnten, strömten viele Menschen in seine Ausstellungen, und obwohl er von offiziellen Parteikritikern gerügt wurde (und einige seiner Bilder vor Glasnost nicht öffentlich gezeigt werden durften), hatte er Gönner in der sowjetischen Führung und war keinerlei Sanktionen ausgesetzt. Dmitrij Wassiljew, der Chef der Pamjat-Bewegung, arbeitete eine Zeitlang mit ihm zusammen, aber die beiden kamen nicht besonders gut miteinander aus.

In den späten sechziger Jahren entdeckten einige Nationalisten und religiöse Dissidenten die Slawophilen wieder, und innerhalb kurzer Zeit erschienen Artikel zu diesem Thema in den offiziellen Literaturzeitschriften; manche Autoren richteten leidenschaftliche, wenn auch primitive Appelle an den Leser (Schalmajew), andere brachten ihre Meinung auf differenziertere Weise zum Ausdruck (Lobanow und Koschinow). Ihre Argumentation lautete, kurz zusammengefaßt, wie folgt: Rußland war zu einem geistlosen, amerikanisierten Land geworden. Seine alten, traditionellen Werte wurden ignoriert oder verachtet. Als Folge davon war die russische Gesellschaft nun materialistisch, philisterhaft, wurzellos und anfällig für negative kosmopolitische Einflüsse aller Art (ähnliche »antibürgerliche« Töne kannte man von rechten Kulturkritikern im Westen). Das Land sei wirtschaftlich und militärisch zwar stärker geworden, doch es fehle eine ganze innere Dimension: das nationale Erbe, die Wurzeln, alles, was spezifisch russisch sei, der Nationalcharakter, Ideale und Idealismus, das Bauerntum als die Wiege der nationalen Kultur. Und ohne das alles sei Rußland wie eine leere Schale.

Ein zweiter Grundsatz der Nationalisten war die These von der russischen Geschichte und Kultur als einem »einzigen Strom«, eine These, die natürlich in totalem Widerspruch zum Leninismus stand. Nach Lenin und nach der offiziellen Ideologie hatte es in der russischen Geschichte und Kultur eine fortschrittliche Strömung gegeben, die dem Kommunismus als Leitstern dienen sollte – ihre Symbolfiguren waren Peter der Große (zumindest teilweise), die Kämpfer gegen die zaristische Tyrannei und Männer wie Herzen, Tschernyschewskij und Gorkij. Auf der anderen Seite der Barrikaden standen die meisten Zaren, die Unterdrücker und Ausbeuter, die Reaktionäre und religiösen Obskuranten, und von diesem Teil des nationalen Erbes hatten sich die fortschrittlichen Russen zu distanzieren. Vor diesem Hintergrund mußten die meisten Neo-Slawophilen sehr vorsichtig taktieren, denn sie hielten sehr wenig von dieser progressiven Tradition und ihren Helden seit Plechanow und Lenin. In öffentlichen Stellungnahmen gaben sie sich kompromißbereit: Die fortschrittlichen Traditionen verdienten Anerkennung und sollten nicht verworfen werden, aber den Bauern, der Kirche

(als einer Kämpferin für die nationale Einheit), Dostojewskij und den Slawophilen sollte langfristig ebenfalls ein angemessener Platz eingeräumt werden.
Solche Ansichten, ob man sie nun teilte oder nicht, wären in keinem anderen Land als besonders schockierend empfunden worden. Doch die Sowjetunion war damals immer noch ein totalitäres System, und größere Abweichungen von der offiziellen Ideologie konnten nicht geduldet werden. Hätte die Partei die These vom »einzigen Strom« hingenommen, so hätte sie damit indirekt auch die Monarchie, die Kirche und andere Feinde der Revolution und des Sozialismus gewürdigt. Dies hätte erhebliche Auswirkungen auf die Situation im Land gehabt. Es hätte bedeutet, daß nicht nur die Roten, sondern auch die Weißen im Bürgerkrieg recht gehabt hätten. Wenn aber Nikolaus II. ebenso recht gehabt hatte wie Lenin, dann wäre die Revolution überflüssig gewesen, und statt dessen hätte möglicherweise ein gesellschaftliches Gebilde entstehen müssen, das irgendwo zwischen Bolschewismus und Monarchie anzusiedeln war. Eine der neuen nationalistischen Gruppen, die Nationalbolschewisten, vertrat in der Tat einen Standpunkt, der in diese Richtung ging.
Diese Ketzer mußten zurechtgewiesen werden, aber gemessen am Ausmaß ihrer Ketzerei fiel die Reaktion der Partei überraschend milde, ja sogar halbherzig aus, und so konnten die Nationalisten ihren Kampf fortsetzen. Sie hatten deshalb einen relativ leichten Stand, weil sie den Bolschewismus nicht offen angriffen. Im Gegenteil, sie versuchten, sich der Parteilinie anzupassen, und das nicht ohne Erfolg. Koschinow legte ausführlich dar, daß Dostojewskij ein Kritiker der bürgerlichen Gesellschaft gewesen sei; Lobanow nannte die *Dämonen* ein erschreckendes Beispiel für die Amerikanisierung der Seele, und Lanschikow, ein weiterer Ideologe der Rechten, argumentierte, daß allein schon die Tatsache, daß die bolschewistische Revolution in Rußland stattgefunden habe, ein deutlicher Beweis für Rußlands historische Mission sei. Scheinbar hielten sie sich aus der Politik heraus und führten eine rein kulturelle Debatte. Um ihre Argumente zu untermauern, zitierten sie häufig Marx, Lenin und Breschnew. Über den brutalen Mord an der Familie des letzten Zaren, die Unterdrückung der Kirche nach 1917 oder die schrecklichen Exzesse im Zuge der Kollektivierung ließen sie sich nicht aus.

Sie betrieben Propaganda gegen die Zionisten und Freimaurer, blieben aber in dem von der Partei abgesteckten ideologischen Rahmen. Die Verbrechen der Vergangenheit waren von Trotzkij und anderen Kosmopoliten begangen worden, nie von Lenin und nur selten von Stalin. Ihre Loyalität zum sowjetischen Staat und zum Marxismus-Leninismus stand außer Frage.

Hat sich das Weltbild der Nationalisten zwischen 1970 und 1990 grundlegend verändert? Ursprünglich hatten sie an die positive Rolle der Kommunistischen Partei geglaubt (oder zumindest so getan). Waren sie die ganze Zeit über eingeschworene Feinde des Kommunismus gewesen, die sich vor der Glasnost-Ära einfach nur einer äsopischen Sprache bedient hatten, um Schwierigkeiten mit der Zensur zu vermeiden? Warum hatten sie ihre Bücher nicht im Samisdat herausgegeben? Wenn es um das Schicksal der Nation ging, hätten dann nicht wenigstens ein paar von ihnen etwas mehr Courage zeigen müssen?

Diese Fragen sind nicht einfach zu beantworten. Einige führende Mitglieder der »nationalistischen Partei« waren alte Kommunisten; Sergej Wikulin, der Herausgeber der Zeitschrift NASCH SOWREMENNIK, hatte sich mit Geschichten über das Dorfleben, die sich durch eine bemerkenswerte Verklärung der Realität auszeichneten, einen bescheidenen Namen gemacht. Anatolij Iwanow, der Herausgeber der MOLODAJA GWARDIJA, hatte noch zu einer Zeit gegen die Religion gehetzt, als solche Loyalitätsbeweise gar nicht mehr verlangt wurden. Doch andere führende Vertreter der Konservativen (wie etwa Koschinow) waren nach allem, was man weiß, schon immer Patrioten gewesen und hatten ihre Lippenbekenntnisse zur Partei stets auf ein Minimum beschränkt.[5]

Wenn die nationalistischen Autoren eine Konfrontation mit ihren ideologischen Gegnern in der Parteiführung scheuten, dann vermutlich aus Angst, ihr literarisches Betätigungsfeld zu verlieren. Immerhin konnten sie trotz der kommunistischen Zensur einiges für ihre Sache tun. Wären sie wie Solschenizyn oder Borodin aufgetreten, hätte man sie vermutlich des Landes verwiesen oder inhaftiert und der Möglichkeit beraubt, ihre Werke zu veröffentlichen. Dieses Risiko wollten sie nicht eingehen.

Die Zensur machte eine verschlüsselte Sprache zwingend notwendig. Wollte ein Autor beispielsweise seine Bestürzung über den Krieg

in Afghanistan zum Ausdruck bringen, dann mußte er gegen Trotzkijs aggressive Methoden wettern, statt die Dinge beim Namen zu nennen. In Diskussionen über die Slawophilen mußte man stets die progressiven Seiten dieser Denker (wie etwa ihr Eintreten für eine Agrarreform) herausstellen und eindeutig obskurantistische Äußerungen verharmlosen. Religiöse Autoren wie Solouchin mußten von Zeit zu Zeit erklären, daß sie im Grunde ihres Herzens Atheisten seien. Wenn die Behörden es verlangten, dann griffen sie Pasternak und Twardowskij an, selten jedoch Stalin und niemals Lenin. Verstellung wurde ihnen zur zweiten Natur. Sie waren nicht aus dem Holz, aus dem Helden und Märtyrer geschnitzt sind.
Manchmal trieben sie die äsopische Kunst der Verschlüsselung so weit, daß ihre wirklichen Absichten im dunkeln blieben. So wurde in den Schriften der meisten Konservativen die Schlacht auf dem Schnepfenfeld (Kulikowo Pole) als ein entscheidender Wendepunkt in der russischen Geschichte bezeichnet (Dmitrij Donskoj besiegte in dieser Schlacht eine Tatarenarmee). Dabei weiß jeder Kenner der russischen Geschichte, daß diese Schlacht keineswegs entscheidend war; die Tataren kehrten zurück, plünderten Moskau und zwangen die russischen Fürsten für weitere knapp zweihundert Jahre unter ihre Herrschaft. Es ist behauptet worden, daß die eigentliche Zielscheibe der russischen Nationalisten nicht die Tataren waren, sondern die »kosmopolitische Koalition« der Feinde Rußlands. Wenn das stimmt, so erscheinen solche Methoden, die Feinde zu identifizieren, doch sehr an den Haaren herbeigezogen. Niemand konnte mit Gewißheit sagen, worum es den Autoren wirklich ging, und dabei hätten sich doch sicherlich Wege finden lassen, die Botschaft direkter an den Mann zu bringen.
Außerdem wurde aus den Schriften der Nationalisten deutlich, daß sie über die historische und kulturelle Tradition Rußlands, für die sie so große Bewunderung hegten, längst nicht so gut unterrichtet waren, wie sie es hätten sein sollen. Gewiß, diese Themen standen im allgemeinen nicht auf dem Lehrplan, und entsprechende Literatur war nicht ohne weiteres erhältlich. Aber was auch immer der Grund für ihre mangelnden Kenntnisse gewesen sein mag: Wenn sich ein Nationalist auf »Nil Sarowskij« berief, dann war das etwa so, wie wenn ein Katholik den »heiligen Augustinus von Assisi« zitiert. Mit anderen Worten, sie waren zutiefst von ihrer Sache über-

zeugt, aber offensichtlich wußten sie mehr über ihre Feinde als über ihre nationalen Traditionen, Werte und Ideale.
Doch alles in allem schlugen sich die Nationalisten in ihrem Kampf gegen die Liberalen innerhalb und außerhalb der Partei recht gut. Natürlich mußten sie auch Rückschläge hinnehmen; unter Andropow hatten sie es schwerer als unter Breschnew und Tschernenko. Hin und wieder mußten Herausgeber von Zeitschriften ihre Posten räumen, doch ihre Nachfolger waren Gleichgesinnte. Zu gewissen Zeiten mußten die Nationalisten ihren russischen Messianismus zügeln, doch im großen und ganzen behaupteten sie ihre Position oder bauten sie sogar aus. Roman Gasetta, der einzige Verlag, der Massenauflagen auf billigem Papier herausgab und zu sehr niedrigen Preisen vertrieb, verlegte fast ausschließlich Autoren aus dem nationalistischen Lager.
Ihre ideologischen Gegner mußten dagegen Niederlagen einstekken. Alexander Jakowlew, Leiter der ideologischen Abteilung des Zentralkomitees, geißelte 1972 den »Anti-Historismus der Russophilen«, kritisierte ihren Kult um die Religion und ergriff Partei für die revolutionären Demokraten des 19. Jahrhunderts und gegen die Konservativen. Das hatte für ihn zur Folge, daß er für viele Jahre als Botschafter nach Kanada geschickt wurde. Erst als Gorbatschow an die Macht kam, durfte er wieder nach Moskau zurückkehren. Später wurde er Politbüromitglied und Buhmann der Russophilen, obwohl er nur selten in die ideologische Debatte zwischen Nationalisten und liberalen Demokraten eingriff. Vielleicht fürchteten ihn die Nationalisten zu Recht, denn er war der einzige Mann in der politischen Führung, der nicht nur feste Überzeugungen hatte, sondern auch über ein profundes Wissen verfügte. Er war kein Extremist und auch kein kritikloser Freund des Westens, sondern ein russischer Patriot, aber gleichzeitig auch ein Demokrat, der in der Tradition der russischen Intelligenzija des 19. Jahrhunderts stand. Für Chauvinismus und religiösen Obskurantismus hatte er nichts übrig.
Die Zeitschrift NASCH SOWREMENNIK ging aus dem Streit mit dem liberalen NOWYJ MIR als Siegerin hervor. Am Ende wurden Twardowskij, der Chefredakteur des NOWYJ MIR, und nahezu seine gesamte Mannschaft ihrer Posten enthoben. Das Blatt hatte scharfe Kritik an den Schriften eines Wortführers der Neuen Rechten geübt.

Dies war gewiß nicht der alleinige Grund für seinen Niedergang, trug jedoch entscheidend zu ihm bei. An diesem Vorfall wurde eines deutlich: Die Parteiführung wollte die nationalistische Doktrin, so wie sie von den Zeitschriften NASCH SOWREMENNIK und MOLODAJA GWARDIJA vertreten wurde, zwar nicht im ganzen übernehmen und erwartete vom rechten Flügel, daß er in Sachen Marxismus-Leninismus gewisse Grenzen einhielt. Doch andererseits war sie den »Liberalen« gegenüber mißtrauischer und stufte sie als potentiell gefährlich ein. Die Zeitschriften NOWYJ MIR und MOLODAJA GWARDIJA wurden 1969/70 einer Säuberung unterzogen. Doch während letztere ihre Politik binnen eines Jahres wieder fortsetzen konnte, als sei nichts geschehen, wurde das liberale Blatt für zwanzig Jahre erfolgreich zum Schweigen gebracht.[6] Eine entscheidende Rolle beim Niedergang des NOWYJ MIR spielte der »Brief der Elf« – ein offener Brief, der 1969 im OGONJOK erschien und in dem sich einige führende Literaten offen hinter die Ansichten stellten, die in der MOLODAJA GWARDIJA vertreten worden waren.[7] Alle elf waren, soweit sich feststellen läßt, angesehene Mitglieder der kommunistischen Partei. Sie hätten dieses Manifest wohl kaum unterschrieben, wenn sie nicht von oben dazu ermutigt worden wären. Das bedeutet, daß der russische Nationalismus (in den wohlbekannten Grenzen) von offizieller Stelle sanktioniert worden war. Und letzten Endes wurde damit auch das Fundament für eine Allianz zwischen Nationalisten und Kommunisten gelegt, die zwanzig Jahre später politische Wirklichkeit werden sollte.

Solschenizyn und seine Freunde

Auch Solschenizyn hat die Entwicklung der sowjetischen Rechten in den sechziger und siebziger Jahren entscheidend mitbeeinflußt. Bis in die späten sechziger Jahre beruhte Solschenizyns Ruhm auf seinen Romanen, die im NOWYJ MIR oder im Samisdat erschienen. Diejenigen, die ihm nahestanden, müssen seine politischen Ansichten gekannt haben; in einigen Punkten stimmte er mit dem liberalen Sacharow überein, in anderen nicht. Daß er seinen berühmten ersten Roman *Ein Tag im Leben des Iwan Denissowitsch* zum NOWYJ MIR trug, erschien damals ganz natürlich, und das Bollwerk der »Liberalen« hieß ihn begeistert willkommen. Offenbar war ihm gar nicht in den Sinn gekommen, den Roman eventuell einem konservativen Blatt anzubieten. In späteren Jahren kam es dann zu Meinungsverschiedenheiten mit dem NOWYJ MIR. Allerdings ging es dabei mehr um redaktionelle und stilistische Fragen. Außerdem war Solschenizyn der Überzeugung, daß die Zeitschrift nicht hartnäckig genug darum kämpfe, seine Geschichten durch die Zensur zu bringen. Ein Vorwurf, der nicht berechtigt war, denn das kampfbereite Blatt ging unter den schwierigen Bedingungen der damaligen Zeit bis an die Grenzen des Möglichen. Einmal brachte Solschenizyn seine Geschichten aus Protest sogar zu den rechten Zeitschriften, doch die setzten sich entgegen allen Versprechungen nicht für ihn ein. Im Gegenteil, die Konservativen und einige Nationalisten, unter ihnen auch prominente Kirchenführer, zählten, solange Solschenizyn noch in der Sowjetunion weilte, zu seinen schärfsten Kritikern, während die Intelligenzija, die er später mit Spott überhäufen sollte, ihn am meisten verteidigte.

Welche politischen Ansichten Solschenizyn vertrat, wurde erstmals in seinem *Offenen Brief an die sowjetische Führung* und in der Aufsatzsammlung »Stimmen aus dem Untergrund« deutlich. In dem Brief, der mit »Lebt nicht mit der Lüge« überschrieben war, behandelte er vor allem die Themen Freiheit und Reue und schilderte den moralischen Zerfall des sowjetischen Volkes. In »Stimmen aus dem Untergrund« übte er Kritik an den Intellektuellen (»den Intelligenzlern«). Besonders aufs Korn nahm er diejenigen, die der Meinung waren, daß die »Überwindung des nationalen, messianischen Wahns die vordringlichste Aufgabe Rußlands« sei. Doch auch die Nationalbolschewisten ließ er nicht ungeschoren. Zwar gibt die Aufsatzsammlung die Ansichten einiger Konservativer wieder, doch auch liberale Nationalisten wie Karabanow und Agurskij kamen zu Wort.

Der *Offene Brief,* den Solschenizyn in seinem Züricher Exil verfaßte, gab seine damalige Einschätzung der internationalen Lage wieder. Im Rückblick wirken seine Thesen recht befremdlich: Der Westen sei auf den Knien (so die Überschrift eines Absatzes), ein Krieg mit China anscheinend unvermeidlich (eine weitere Überschrift), und überdies drohe der Welt eine gefährliche Getreideverknappung. Der Brief enthielt noch mehr solche Prophezeiungen, die sich nicht bewahrheiten sollten, daneben aber auch scharfsinnige Kommentare und Vorschläge. So forderte Solschenizyn radikale Veränderungen in den ländlichen Gebieten, da das Dorf, einst der Grundpfeiler der russischen Kultur, inzwischen ihre größte Schwachstelle geworden sei. Er verwies auf die Misere in den Städten, auf die katastrophalen Umweltschäden und auf die Notwendigkeit, den bedeutungslos gewordenen Marxismus-Leninismus fallenzulassen. Diese Ideologie provoziere ständig Konflikte mit dem Ausland, schwäche Rußlands Kraft im Innern und halte, ganz allgemein gesprochen, ein System permanenter Lügen aufrecht. Schließlich plädierte Solschenizyn für die Abschaffung der Wehrpflicht, ein Vorschlag, der ihm bei der Rechten kaum Sympathien eingetragen haben dürfte. Welche ideologische Alternative schlug er vor? Eine Art aufgeklärtes, autoritäres Regime, das sich auf die Sowjets stützen sollte, denn in der näheren Zukunft sei eine Basisdemokratie in Rußland einfach nicht zu verwirklichen. Im Christentum sah Solschenizyn die einzige lebendige Kraft, die Rußland auf den Weg zu einer geistigen Heilung bringen konnte; allerdings forderte er keine Privilegien für die Kirche. Sein *Brief* war ein Appell, Güte walten zu lassen, das eigene Volk zu lieben, seine innere, moralische Entwicklung zu unterstützen und auf politischen und wirtschaftlichen Gigantismus zu verzichten. Später wurde bekannt, daß es noch eine frühere Fassung des Briefes gegeben hatte; sie enthielt eine schärfere Kritik am Westen und viel Lob für die Slawophilen.

Solschenizyns *Brief* fand trotz seines gemäßigten Tons bei den liberalen Dissidenten keinen Beifall. In einem Kommentar nannte Sacharow Solschenizyn zwar wie gewöhnlich einen großen Schriftsteller, kritisierte aber die, wie er meinte, übertriebenen nationalistischen Ansichten, die in dem Brief, wenn auch nur andeutungsweise, zum Ausdruck kämen: Solschenizyn gehe davon aus, daß westliche Ideen der wahre Grund für Rußlands Misere seien und daß die Einführung einer wirklichen Demokratie in Rußland unmöglich sei. Sacharow entdeckte in dem *Brief* auch einen unterschwelligen Fremdenhaß und bemängelte, daß Solschenizyn nur von den Leiden des russischen Volkes spreche, die der anderen aber ganz außer acht lasse.[8]

Nach seiner Ausweisung aus der Sowjetunion schlug Solschenizyn in politischen Stellungnahmen weniger gemäßigte Töne an, so etwa in seiner berühmten Harvard-Rede, in vielen Interviews und in gelegentlichen Aufsätzen. Dabei zeigten sich gewisse Widersprüche: Zum Beispiel glaubte er, daß Rußland eher unter einer geistigen als unter einer politischen Krise litt, nahm aber weiterhin zu vielen politischen Tagesereignissen Stellung. Er wußte, daß er in erster Linie Schriftsteller war (die Arbeit an seinem Zyklus *Das Rote Rad* war in vollem Gange), dennoch ließ er sich in seinen ersten Jahren im Exil bei zahlreichen Gelegenheiten dazu hinreißen, ganz nebenbei auch politische Kommentare abzugeben. Seine Auftritte wurden immer heftiger; durchgehende Themen waren die Schwäche des Westens und seine Unfähigkeit, das Ausmaß der russischen Gefahr auch nur andeutungsweise zu begreifen. Die Auffassung, daß kaum ein Mensch im Westen Rußland verstehen könne, war unter den russischen Emigranten weit verbreitet. Möglicherweise haben unqualifizierte Veröffentlichungen gewisser westlicher Sowjetologen dazu beigetragen, doch daneben gab es auch grundlegende Differenzen bei der Interpretation der russischen Geschichte.

Grundsätzlich kann man wohl sagen, daß Solschenizyn und viele andere Russen geistig ziemlich unvorbereitet in den Westen kamen und daher die westliche Kultur und Geschichte nicht verstehen konnten. Die kulturelle Isolation, der sie ausgesetzt gewesen waren, kam allzu deutlich zum Ausdruck. Solschenizyns journalistische Arbeiten enthielten häufig ein Körnchen Wahrheit, aber mehr auch nicht. Bei seinen Auslassungen über die Dekadenz des Westens oder bei seinen Attacken gegen »unsere Pluralisten« (gemeint waren die liberalen russischen Dissidenten) geriet er besonders über jene im Westen in Zorn, die das russische Element für das Unglück seines Landes verantwortlich machten, und nicht den Bolschewismus, diese fremde (westliche) Ideologie, die gegen den Willen des Volkes importiert worden sei. Gewöhnlich entkräftete Solschenizyn seine Argumente selbst durch Übertreibungen und einen Mangel an Ausgewogenheit. Dies galt auch für seine politischen Romane und machte sich besonders in *Lenin in Zürich* bemerkbar. Seine Absicht, Lenin zu entmystifizieren, war lobenswert, und als literarische Arbeit war der Roman auch gelungen, las man ihn jedoch als eine geschichtliche Abhandlung, so enthielt er gravierende Mängel und war in vielerlei Hinsicht geradezu irreführend. Boris Souvarine, der Lenin gekannt hatte und mit dieser Periode der russischen Geschichte weit besser vertraut und schon einige Jahrzehnte länger Antikommunist war als der Ro-

manautor, wies zu Recht auf einige grundlegende Schwächen des Buches hin: Es war nie ein Geheimnis gewesen, daß Lenin 1917 über Deutschland nach Rußland gereist war; und Parvus-Helphand (der Ideologe der »permanenten Revolution«), der in dem Roman als der böse Guru Lenins dargestellt wird, hat nie einen wirklichen Einfluß auf ihn gehabt, im Gegenteil, Lenin hat ihn sogar gehaßt.
Nach Solschenizyn war Lenin nur zu einem Viertel Russe, was nicht stimmte, und selbst wenn es wahr gewesen wäre, was hätte es schon bedeutet? Schließlich hatte der Zar sogar noch weniger russisches Blut in den Adern, und zwei Drittel des russischen Adels waren ebenfalls fremder Herkunft – von Puschkin, Lermontow und vielen anderen Sternen am russischen Firmament ganz zu schweigen. Solschenizyn konnte natürlich damit argumentieren, daß er sich als Romanautor im Umgang mit geschichtlichen Fakten gewisse künstlerische Freiheiten herausnehmen durfte. Aber auch seine Kritiker hatten recht, wenn sie behaupteten, daß Solschenizyn eine neue Mythologie schuf, die von der historischen Wahrheit stark abwich.
Einige Kritiker schossen allerdings weit über das Ziel hinaus, wenn sie Solschenizyn im Eifer des Gefechts als einen neuen fundamentalistischen Ajatollah bezeichneten, der einen rechtgläubigen Faschismus predige. Da Solschenizyn jedoch mit stark polemischen Äußerungen in die Auseinandersetzung ging, konnte er nicht erwarten, daß seine politischen Ansichten kritiklos hingenommen wurden. Er bediente sich nie der Sprache der Schwarzen Hundert und forderte nie die Errichtung einer Theokratie. Aber er ging mit den Liberalen und Westlern, den »Antipatrioten«, gnadenlos ins Gericht, und sie zahlten es ihm natürlich mit gleicher Münze zurück. So sehr er den Bolschewismus auch haßte, er war dennoch ein Produkt des sowjetischen Systems. Ein Kritiker sagte einmal über ihn, sein Charakter sei nicht nur von den besten und erhabensten menschlichen Eigenschaften geprägt, sondern auch von Krieg, Konzentrationslager und Totalitarismus. Sein Umgang mit politischen Gegnern trug den Stempel seiner Erziehung und des Milieus, in dem er den größten Teil seines Lebens verbracht hatte. Mit dem westlichen Denken war er nicht sehr vertraut, und er unternahm auch keine größeren Versuche, mehr darüber zu erfahren, da er stets mit großen literarischen Projekten beschäftigt war. Er schottete sich gegen alle neuen Einflüsse ab. So war es kein Wunder, daß sein

langer Aufenthalt im Westen seine Vorurteile nur bestätigte, so wie Dostojewskij bei einem Londonbesuch und bei der Besichtigung des Crystal Palace seine Befürchtung bestätigt fand, daß der Sieg der materialistischen Gesellschaft – und die Apokalypse – unmittelbar bevorstünden.

Einige von Solschenizyns ehemaligen Freunden und Gönnern wandten sich schon früh von ihm ab. Lakschin, Redakteur bei der Zeitschrift NOWYJ MIR, schrieb, daß Solschenizyn in spirituellen Fragen das Gleichheitsprinzip nicht anerkenne, daß er in der Tradition der Heiligenlegenden schreibe und dabei sein eigenes Leben für exemplarisch halte.

Einige seiner ehemaligen Kampfgefährten liefen zur extremen Rechten über, so zum Beispiel Igor Schafarewitsch, ein glänzender Mathematiker, der es bereits mit einundzwanzig Jahren zum Professor gebracht hatte und schließlich korrespondierendes Mitglied der Akademie der Wissenschaften wurde. Als politischer Essayist reichte Schafarewitsch nicht an Solschenizyn heran; sein Stil war ziemlich schwerfällig; sein Buch *Der Todestrieb in der Geschichte. Erscheinungsformen des Sozialismus* erinnerte übelwollende Kritiker an die Neuerfindung des Rads mehrere Jahrtausende nach dessen erstmaliger Erfindung. Auf 384 Seiten reihte er unermüdlich Auszüge aus den 168 Büchern, die er zu diesem Thema gelesen hatte, aneinander und versuchte nachzuweisen, daß der Sozialismus schon immer eine schlechte Idee mit verheerenden Folgen gewesen sei. Das Buch wurde zu einer Zeit verfaßt, als der Marxismus-Leninismus in der Sowjetunion noch Staatsreligion war. Insofern ist es möglicherweise eine bemerkenswerte Manifestation kritischen Denkens. Doch es enthielt nichts, was ein leidlich informierter Leser im Westen nicht ohnehin wußte. Außerdem war es wegen der willkürlichen Quellenauswahl und der Einseitigkeit des Ansatzes keine objektive, wissenschaftliche Abhandlung. Als polemisches Traktat hatte das Buch zwar gewisse Qualitäten, aber es war nicht von bleibendem Wert. Wirklichen Ruhm erlangte Schafarewitsch erst durch die Veröffentlichung des viel schmäleren Bändchens »Russophobie«, das um 1980 geschrieben und später aktualisiert wurde. Das Manuskript wurde zunächst als Serie im NASCH SOWREMENNIK und in anderen Zeitschriften der Rechten wie der Münchner WETSCHE abgedruckt. Erst 1990 wurde es einem größeren Leserkreis zugänglich gemacht.[9]

Nach Schafarewitschs zentraler These gibt es ein »kleines Volk« *(Malyj Narod)*, das im gesamten Verlaufe der Geschichte versucht hat, das (»große«) Volk zu manipulieren, über sein Schicksal zu bestimmen und seine religiösen und nationalen Werte zu zerstören. Als typische Beispiele für die Kampagnen, mit denen das »kleine Volk« die allgemeine Aufmerksamkeit von den wirklich wichtigen Dingen ablenkt, erwähnt der Autor Voltaires Angriff auf die Kirche im Zusammenhang mit einem Hexenprozeß, die Dreyfus-Affäre und die Gerichtsverhandlung im Fall Beilis (bei der 1913 ein jüdischer Schneider aus Kiew des Ritualmords beschuldigt und anschließend freigesprochen wurde). Typische Repräsentanten des »kleinen Volkes« sind Heinrich Heine (wegen seiner »schmutzigen Angriffe auf das Christentum«) und der hebräische Dichter Bialik (der vor allem durch seine Klage nach dem Pogrom von Kischinow bekannt wurde). Das »kleine Volk« will Rußland systematisch verunglimpfen, ihm eine Sklavenmentalität andichten und seine historischen Verdienste in Abrede stellen. Es hat sich zum Ziel gesetzt, Rußland in eine liberale Demokratie westlichen Stils umzuwandeln. Nach Meinung des Autors läuft das auf eine geistige Besetzung Rußlands hinaus, die schließlich sogar in seiner physischen Besetzung durch das »kleine Volk« und den Westen enden könnte.

Das »kleine Volk« besteht hauptsächlich, wenn auch nicht ausschließlich, aus jüdischen Intellektuellen, russenfeindlichen, entwurzelten Kosmopoliten und anderen destruktiven Elementen. Sie bilden ein »Ferment der Zersetzung«, wie es ein deutscher Historiker des 19. Jahrhunderts formulierte. Schafarewitsch wurde durch August Cochin zu seiner Theorie vom »kleinen Volk« angeregt. Dieser Historiker der Französischen Revolution, der im Ersten Weltkrieg fiel, untersuchte die revolutionäre Vorarbeit, die diverse Literaten- und Philosophenzirkel unter dem *Ancien régime* geleistet hatten.

Es ist jedoch nicht ersichtlich, auf welche Weise Gruppen und Einzelpersonen von Voltaire bis zu den Enzyklopädisten die Situation in Rußland erhellen könnten. Mangelnder Patriotismus konnte ihnen gewiß nicht vorgeworfen werden. Schließlich marschierten die Truppen der Französischen Revolution zu der Hymne »Allons enfants de la patrie«.[10] Schafarewitschs Vorliebe für Monarchien und seine Aversion gegen Demokratien sind ein legitimer Standpunkt, da jedoch Monarchen und Monarchisten nicht notwendigerweise bessere Patrioten sind als ihre Gegner, fällt es schwer, Schafarewitschs Gedankengängen zu folgen.

Der Begriff der Russophobie geht auf die Slawophilen und Schriftsteller wie Tjuttschew zurück, aber der fragliche Feind waren damals der britische Imperialismus, die katholische Kirche und die europäischen Liberalen, und sicher nicht das »kleine Volk«, das keinerlei politischen Einfluß hatte. Es stimmt natürlich, daß im Verlaufe der Geschichte sowohl Ausländer wie auch Russen sich zu vielen Aspekten der russischen Geschichte und Politik kritisch geäußert haben: Viele Berichte von Ausländern, die durch Rußland reisten, waren nicht gerade schmeichelhaft; einige deutsche Balten wie Victor Hehn gaben äußerst negative, übertriebene Kommentare ab.[11] Doch auch Landsleute gingen mit ihrem Land sehr kritisch ins Gericht, darunter auch führende Denker, denen man unmöglich eine unpatriotische Haltung vorwerfen kann; die Liste reicht von Puschkin, Lermontow und Tschaadajew bis hin zu Tschernischewskij und Maxim Gorkij. Führer der extremen Rechten übten nach der Revolution von 1917 besonders harsche Kritik: Das russische Volk sei Abschaum, weil es den Zaren verraten habe. Jedes russische Schulkind kennt Lermontows Gedicht »Land der Herren, Land der Sklaven«, und doch richtet Schafarewitsch seine Angriffe gegen Emigrantenzeitungen, die in Rußland kaum jemand dem Namen nach kennt. Schafarewitsch hätte argumentieren können (was er jedoch nie tat), daß das, was einem Lermontow und einem Tschaadajew erlaubt war, deshalb noch lange nicht Juden und anderen Andersstämmigen erlaubt war. Seine Empörung war selektiv, deshalb erhielt er von Gleichgesinnten zwar viel Beifall, doch die liberalen Intellektuellen verspotteten ihn.

Was könnte zu Schafarewitschs Verteidigung gesagt werden? Teile der liberalen und radikalen Intelligenzija haben sich in der russischen Geschichte immer wieder dem Staat entfremdet und sahen ihn ihm nie die Verkörperung des nationalen Geistes. Man warf ihnen destruktives Denken oder eine generelle negative Einstellung vor. Sie hätten nur den Wunsch zu zerstören, anstatt etwas aufzubauen. Dostojewskij hat darüber viel geschrieben, und auch die berühmte Essaysammlung *Vechi* (»Marksteine«) von 1909 ist diesem Thema gewidmet. Aus Sicht eines russischen Patrioten ist das sicherlich bedauerlich, doch die Frage nach der Verantwortung bleibt. Niemand kann ernsthaft behaupten, daß das zaristische Regime sich große Mühe gegeben hätte, die Intelligenzija (geschweige denn nationale Minderheiten) an den politischen Entscheidungen zu beteiligen. Die extreme Empfindlichkeit jener Leute, die in jeglicher Kritik an der Nation eine Todsünde sehen und die Schuld für alle Mißstände in Rußland bei Ausländern suchen, hat auf jeden Fall etwas Befremdliches, wenn nicht sogar Pathologisches an sich. Anglophobie, Frankophobie, Germanophobie und ein weitverbreiteter Antiamerikanismus sind Phänomene der jüngeren Geschichte; teils waren solche Gefühle gerechtfertigt, teils waren sie geschmacklos und dumm. Und dennoch, normale Briten, Franzosen, Deutsche und Amerikaner haben solche Animositäten nie sonderlich wichtig genommen. Wie aber erklärt sich, daß man in Rußland, zumindest in bestimmten Kreisen, seit jeher viel empfindlicher war als anderswo? Mit dieser Frage müssen wir uns eingehender beschäftigen.

Eine Zwischenbilanz

Patriotische russische Autoren, die den Chauvinisten in ihrem Land keine Sympathien entgegenbringen, halten dem Westen schon seit langer Zeit vor, der Schwarzen Hundert, ihrer Ideologie und insbesondere ihren Nachfolgern wie der Pamjat-Bewegung zuviel Bedeutung beizumessen. In ihren Augen geschieht das in der Absicht, russische Konservative und Patrioten und den »russischen Gedanken« im allgemeinen zu diskreditieren.

Diese Vorwürfe sollten ernstgenommen werden, und wir werden im Verlaufe dieser Untersuchung auf sie zurückkommen. Die Schwarze Hundert und ihre Nachfolger hatten den russischen Patriotismus nicht für sich gepachtet, ebensowenig wie auf dem linken Flügel die Bolschewiki den Sozialismus für sich gepachtet hatten. Vor 1917 (und nach 1988) gab es Sozialdemokraten, Sozialrevolutionäre und liberale Gruppen, die auf ideologischer Ebene und lange auch auf politischer Ebene weit größere Bedeutung hatten. Bis zu einem gewissen Grad sind die Vorwürfe der russischen Nationalisten gerechtfertigt. Zwischen 1987 und 1992 wurde viel Tinte vergossen, um über die Pamjat-Bewegung und bevorstehende Pogrome zu schreiben, aber die einzigen Pogrome, die tatsächlich stattfanden, richteten sich gegen Russen, Armenier und Mesketen.

Die Erfahrungen in anderen Ländern haben jedoch gezeigt, daß in Zeiten politischer und wirtschaftlicher Krisen faschistische oder faschistoide Randgruppen plötzlich eine große Bedeutung erlangen können. Manchmal werden sie sogar zu einer entscheidenden politischen Kraft. Es war eher die Angst vor einer solchen Entwicklung als der Wunsch, den russischen Nationalgedanken zu verleumden, die das Interesse an den extremistischen, chauvinistischen Gruppen weckte, auch wenn keine wirkliche Gefahr bestand. Ebensowenig kann man behaupten, daß diese Gruppen in den letzten Jahren der Zarenherrschaft keinerlei Einfluß gehabt hätten. Immerhin hatten große Teile ihres Programms die Zustimmung von Nikolaus II. und anderen maßgeblichen Leuten in der Regierung. Und niemand kann ernsthaft bestreiten, daß Stalin gegen Ende seines Lebens von einem jüdischen Komplott gegen seine Person überzeugt war – daher die »Ärzteverschwörung« und seine Kampagne gegen »Kosmopoliten«. In den siebziger und achtziger Jahren fanden ähnliche Ideen offenbar Anhänger im Politbüro, sonst hätte die sogenannte »antizionistische Kampagne« niemals stattfinden können.
Wie zentral war (und ist) die Idee einer jüdisch-freimaurerischen Verschwörung in der Doktrin der extremen Rechten, und in welchem Ausmaß glaubte (und glaubt) man an sie? Warum tauchte diese Idee in der Glasnost-Ära wieder auf? Für die hundertfünfzigprozentigen russischen Nationalisten war sie, wie für die anderer Nationalitäten auch, von absolut entscheidender Bedeutung. Ohne sie läßt sich ihr Denken nicht begreifen. Wahrscheinlich glaubte man in Rußland stärker an sie als in anderen Ländern, Nazideutschland eingeschlossen. Hitler, Goebbels, Göring und Konsorten hielten die Juden für eine minderwertige Rasse; sie haßten und verachteten sie, glaubten jedoch nie an eine gigantische Verschwörung.
Es gab zwar ein paar Nazis, die an sie glaubten, aber maßgebliche Leute waren nicht darunter. General Ludendorff war von der Existenz einer freimaurerischen Verschwörung überzeugt, doch er war ein politisches Leichtgewicht und wurde den Nazis mit der Zeit peinlich. Russische und deutsche Politiker von Gewicht waren der Ansicht, daß man die *Protokolle* und die anderen Verschwörungstheorien nicht für bare Münze nehmen sollte.
Unter den Intellektuellen hegte man allerdings den Verdacht, daß an den sensationellen Enthüllungen vielleicht doch etwas Wahres

dran sein könnte. Auf jeden Fall waren sie eine nützliche Propagandawaffe, auch wenn ernsthafte Leute sie nicht zu ihrem Credo machten. Die *Protokolle* als solche wurden in der Nazipropaganda zwar erwähnt und im Dritten Reich auch veröffentlicht, von offizieller Seite jedoch nie abgesegnet. In Rußland bestand nicht nur nach 1917, sondern auch gegen Ende der achtziger Jahre und zu Beginn der neunziger Jahre offenbar eine größere Bereitschaft, sie ernst zu nehmen. Dies mag damit zusammenhängen, daß nach 1917 der neuen politischen Elite viele Juden angehörten, die ein bequemes Angriffsziel boten. In den achtziger Jahren befanden sich jedoch keine Juden unter den führenden Politikern, daher scheint diese Erklärung nicht ganz ausreichend. Daß die Russen für solche Ideen empfänglich waren, hängt zweifellos mit den plötzlichen Umwälzungen im Jahr 1917 und zu Beginn der neunziger Jahre zusammen, die ein fruchtbarer Boden waren für abwegige Theorien aller Art. Im selben Maße erhielten auch die Astrologie und andere okkulte Wissenschaften neuen Auftrieb.

Wie verbreitet war der Glaube an eine jüdisch-freimaurerische Verschwörung? War um die Jahrhundertwende die öffentliche Meinung in Rußland chauvinistischer, antisemitischer und fremdenfeindlicher als in Frankreich oder Deutschland? Damals war der Antisemitismus in Deutschland weniger stark ausgeprägt als in Frankreich, aber wahrscheinlich kaum schwächer als in Rußland. Gewiß, in West- und Mitteleuropa gab es keine Pogrome, aber die Pogrome in Osteuropa blieben auf bestimmte Teile der Gesellschaft beschränkt, und die meisten fanden außerhalb des eigentlichen Rußland statt. Obwohl in den siebziger und achtziger Jahren im russischen Volk und in der Regierung eine antisemitische Stimmung herrschte, bestanden zwischen Russen und Juden enge Kontakte. Im kulturellen Leben spielten die Juden eine wichtige Rolle, und der Anteil der Mischehen war sehr hoch. Zwar verließen viele Juden das Land, doch nur in seltenen Fällen waren antisemitische Anfeindungen der Grund. Wenn wir uns also mit dem Glauben an jüdisch-freimaurerische Verschwörungen beschäftigen, sollten wir uns immer vergegenwärtigen, daß wir nur über bestimmte Teile der sowjetischen Gesellschaft sprechen.

Zudem waren sich selbst die Anführer und Gurus der radikalsten Sekten darüber im klaren, daß ihre Lehre nicht nur aus Verschwörungstheorien bestehen konnte. Haß und Mißtrauen sind zwar starke Gefühle, aber sie allein reichen nicht aus. Wie in Nazideutschland und im faschistischen Italien brauchte man auch ein paar positive Inhalte. So wurden also nationale Traditionen wiederbelebt: die Kirche und der Kult um das Dorf, in dem sich über Jahrhunderte hinweg das Russentum herausgebildet hatte. Auch ökologische Themen wurden aufgegriffen: die Erhaltung der heimischen Natur, die Zerstörung der Wälder, die Vergiftung der Seen und der Zerfall alter Bauwerke. Und man mußte sich auch mit all den negativen Erscheinungen beschäftigen, von denen weite Teile der russischen Gesellschaft betroffen waren: mit der Kriminalität, dem Alkoholismus, der Auflösung der Familie, dem mangelnden Idealismus der jungen Generation.

Alle nationalistischen Gruppen, ob gemäßigt oder extremistisch, haben versucht, ihren Mitbürgern, insbesondere der Jugend, geistige Werte zu vermitteln. Sie feierten die Schlacht auf dem Schnepfenfeld und die Heldentaten von Minin und Poscharskij, und sie erinnerten an Suworow, Kutusow und andere militärische Führer. Sie entdeckten Stolypin wieder. Sie protestierten gegen die Umleitung der sibirischen Flüsse (»Jahrhundertprojekt«), und einige restaurierten in ihrer Freizeit historische Gebäude. Es war viel guter Wille vorhanden. Die verschiedenen Umweltgruppen hatten Millionen von Mitgliedern.

Aber so sehr das alte russische Dorf den Patrioten auch am Herzen lag, es existierte nicht mehr, und wahrscheinlich war es auch schon zu spät, um einige der Flüsse oder den Aralsee zu retten. Das Interesse für die Schlachten der vergangenen Jahrhunderte und die Feldherren früherer Epochen hielt sich bei der Jugend in Grenzen. Der Kampf gegen den Alkoholismus war im großen und ganzen ein Fehlschlag. Zudem war er, wie manch andere gute Sache, kein spezifisches Ziel rechter Poilitk. Lesungen von Puschkin und Lermontow zogen die Menschen in Scharen an. Freilich gab es nicht sehr viele Gedichte, die sich für eine patriotische Indoktrination des Publikums eigneten, wie sie den Rechtsextremisten vorschwebte. Geeignet war Puschkins Warnung »An die Verleumder Rußlands«; seine Verse »wie packt doch, Moskau, schon dein Name das Russenherz mit Ungestüm« und »Onegin sucht ein ander Land, er eilt zur Krim, zum heiligen Strand«; oder Lermontows »Borodino« und Wjasemskijs »Heiliges Rußland – die Vorsehung sah deinen Weg voraus«; und dazu vielleicht noch ein paar Verse von Tjuttschew. Doch insgesamt interessierten sich die großen russischen Schriftsteller mehr für die Natur, die Privatsphäre und die letzten Fragen der menschlichen Existenz. Und wenn sie einmal über die Obrigkeit und die Gesellschaft ihres Landes schrieben, dann oft in Form einer bitteren Kritik. Einige waren Westler, andere waren Pazifisten und schlechte Patrioten wie Tolstoj. Selbst Dostojewskij schrieb größtenteils über Religion und Panhumanismus. Unter diesen Umständen war die Versuchung groß, auf absurde Verschwörungstheorien zurückzugreifen, wie etwa die, daß Lermontow von Freimaurern und Juden ermordet worden sei.[12]

Es gab eine Schule von russischen Malern und Komponisten, deren Werke tief vom Geist ihrer Heimat durchdrungen waren. Aber diese großen Meister konnten die Rechtsextremisten nicht für sich beanspruchen – nicht einmal die gemäßigten Nationalisten. Sie waren ein wesentlicher Teil der russischen und bis zu einem bestimmten Grad auch der gesamten menschlichen Kultur.

Der Glaube an jüdisch-freimaurerische Verschwörungen ist im großen und ganzen nur bei extremistischen Gruppen anzutreffen, doch auch gemäßigte Nationalisten wurden ideologisch von ihm beeinflußt. Sie hielten nichts von den *Protokollen* und ähnlich plumpen Verschwörungstheorien, doch auch sie glaubten an eine weitverbreitete Russophobie und an Bemühungen des Auslands, den »russischen Gedanken« zu verunglimpfen. »Die ganze Welt stellt sich gegen uns« ist eine Auffassung, die im Verlauf der Geschichte schon in vielen Ländern vertreten wurde, und vermutlich gibt es kein Volk, das nicht irgendwann einmal unter Phobien gelitten hat. Aber warum reagieren ausgerechnet die Russen auf negative Kommentare weitaus heftiger als die Bürger anderer Länder, wenn sie mit ähnlicher Kritik konfrontiert werden? Aus welchem Grund graben gebildete Männer der russischen Rechten vergessene Gedichte aus den zwanziger Jahren aus, die taktlose Bemerkungen über bestimmte Helden der russischen Geschichte enthalten – und das zu einer Zeit, da in bestimmten Teilen der ehemaligen Sowjetunion Russen verprügelt werden, nur weil sie Russisch sprechen?[13] Auf diese Frage gibt es keine klare Antwort.

8 Der Neopaganismus und der Mythos vom Goldenen Zeitalter

Ein zentrales Anliegen der neuen russischen Nationalisten war die Forderung nach voller Handlungsfreiheit für die orthodoxe Kirche. Koschelow hatte seine slawophilen Gesinnungsgenossen bereits vor fast einhundertfünfzig Jahren daran erinnert: »Ohne den orthodoxen Glauben ist unser *Narodnost* reiner Unsinn.« Ein paar Nationalisten gaben zu, daß sie nicht religiös waren, doch die meisten enthielten sich einfach eines Kommentars zum Thema Religion. Auf der anderen Seite waren auch nicht alle Gläubigen gleichzeitig Anhänger einer nationalistischen Ideologie. Und schließlich gab es besonders unter den Rechtsextremisten ein paar Leute, die das Christentum ablehnten und statt dessen eine heidnische Religion propagierten, die angeblich in Rußlands Frühgeschichte praktiziert worden war.

Über Rußlands vorchristliche Vergangenheit ist nur sehr wenig bekannt. Doch das hielt einige Nationalisten nicht davon ab, Mythen und sogar offenkundige Fälschungen für ihre Zwecke auszuschlachten. Solche Praktiken sind bereits aus der Geschichte anderer Völker bekannt. So sorgten die Ossian-Dichtungen gegen Ende des 18. Jahrhunderts in ganz Europa für Aufregung. Geschrieben hatte sie ein Schotte namens Macpherson, der behauptete, sie gingen auf die Frühgeschichte Irlands und Schottlands zurück. Die Tschechen hatten ihre Königinhofer Handschrift, die angeblich tausend Jahre alt war, in Wahrheit aber von einem Patrioten des 19. Jahrhunderts verfaßt worden war. Es bedurfte eines Mannes vom Kaliber Masaryks, um sie als Fälschung zu entlarven. Die deutsche SS unterhielt eine Sonderabteilung namens *Ahnenerbe*, die systematisch Beweise für die Größe des heidnischen Deutschland sammelte (und fabrizierte).[1]

Ähnliche Fälschungen kamen in bestimmten Zirkeln der russischen Nationalisten in Mode; die berühmteste war das »Buch Wles«. Von der Existenz dieses Textes berichtete 1953 zum ersten Mal eine obskure, in San Francisco erscheinende Zeitschrift namens SCHARPTI-

ZA (Feuervogel). Sie verkündete, daß es vor der Christianisierung in Rußland eine bedeutende Zivilisation gegeben habe, die sich bis ins Jahr 1000 v. Chr. zurückverfolgen lasse. Das »Buch Wles« sei die Chronik heidnischer Priester und handle von den Errungenschaften der Dynastien, die Rußland regierten. Genannt wurden die Namen Brawlin, Skoten, Swetojar, Oleg und Igor der Ältere. Angeblich bekämpften sie die Waräger, Byzanz und vor allem die Chasaren, die den jüdischen Glauben angenommen hatten.
Leider sei das Original – Holztafeln, die angeblich 1919 in einem verlassenen Haus in Rußland gefunden worden waren – jedoch verlorengegangen. Es habe sich ursprünglich im Besitz eines Obersten namens Isenbeck befunden und sei vor seinem Verschwinden während des Zweiten Weltkriegs im besetzten Belgien von einem Freund kopiert worden. Im Jahr 1957 schickte ein in Australien lebender Ex-Russe eine Kopie des Buchs (oder vielmehr das Fragment eines Buchs) an die sowjetische Akademie in Moskau. Die Umstände seines Auftauchens waren, gelinde gesagt, suspekt, und die Moskauer Experten waren nach einer Prüfung davon überzeugt, daß es sich um eine Fälschung handelte, die vermutlich ein Mann namens A. I. Sulekadzew zu Beginn des 19. Jahrhunderts angefertigt hatte – ein anderes Werk von der Hand dieses Meisterfälschers hatte zufällig den Titel *Lied Wles* getragen. Andere hielten das Buch für eine Fälschung jüngeren Datums und schrieben sie einem gewissen Jurij Miroljubow zu, einem Chemiker und Hobbyhistoriker aus Kiew, der die Stadt 1944 mit den zurückweichenden Deutschen verlassen hatte.[2]
Dabei hätte man es belassen sollen, aber annähernd zwanzig Jahre später wurde die Geschichte von einem gewissen Walerij Skurlatow erneut aufgegriffen. In einer Reihe von Artikeln ging er weit über die im *Buch Wles* enthaltenen Aussagen hinaus. Nach seiner Auslegung waren die Russen Nachkommen der Arier (oder vielmehr des Volkes Oriya). Sie waren um 1000 v. Chr. aus Indien und Zentralasien gekommen. Demzufolge waren die Russen also das erste indoeuropäische oder indoarische Volk. Die europäische Kultur hatte ihren Ursprung in Rußland und war durch die Phönizier weiterverbreitet worden. Führende russische Zeitungen (wenn auch nur populäre Blätter und keine Fachzeitschriften) verhalfen dem *Buch Wles* zu einer großen Publizität. Es wurde als unschätzbares Zeugnis der

menschlichen Kultur gepriesen, als ein Meisterwerk der schöpferischen Kraft des russischen Volkes.

Hinter der Werbekampagne für das Buch steckte ein einziger Mann, der in der jüngeren Geschichte des extremen nationalistischen Lagers immer wieder eine wichtige Rolle spielte, der bereits erwähnte Skurlatow. Zum ersten Mal machte er in den sechziger Jahren von sich reden, als er unter Komsomol-Führern und Aktivisten der Moskauer Partei ein Papier mit dem Titel »Ein Moralkodex« verteilte, in dem er dazu aufrief, russischen Frauen, die mit Ausländern Geschlechtsverkehr hatten, ein Zeichen einzubrennen und sie zu sterilisieren. Außerdem erhob er die Forderung, die junge Generation auf den bevorstehenden, sich aus der kosmischen Mission des russischen Volkes ergebenden, »tödlichen Kampf« vorzubereiten.[3] Skurlatow schlug vor, junge Leute, die sich seinem »Kodex« widersetzen wollten, körperlich zu züchtigen, und ganz nebenbei bemerkte er noch, daß es keine niedrigere Tätigkeit gebe als die eines Denkers, eines Intellektuellen.

Skurlatows Vorschläge lösten einen kleineren Skandal aus, der mit seinem Ausschluß aus der kommunistischen Partei endete. Doch seine Karriere erlitt dadurch keinen dauerhaften Schaden. Keine zehn Jahre später trat er als Doktor der Geschichte, ein Titel, der in Rußland sehr viel seltener verliehen wird als im Westen, wieder in Erscheinung und veröffentlichte ein Buch zum Thema Zionismus und Apartheid. Seine Hauptbeschäftigung in all diesen Jahren bestand jedoch darin, unter seinem eigenen Namen und unter verschiedenen Pseudonymen das *Buch Wles* weiterzuverbreiten. Er wollte nicht nur aufzeigen, daß in Rußland bereits Jahrtausende früher als anderswo eine bedeutende Kultur existiert hatte, sondern darüber hinaus beweisen, daß die Russen das arische Volk *par excellence* waren, eine Rasse von Übermenschen, die einen Kriegerkult gepflegt hatten und gleichzeitig auf praktisch allen kulturellen Gebieten Hervorragendes geleistet hatten. Sie waren die Lichtbringer im ewigen Kampf gegen die Kräfte der Finsternis.

Die Historiker konnte Skurlatow zwar nicht überzeugen, doch dafür gelang es ihm, seine Botschaft mit Hilfe von Schriftstellern wie Tschiwilichin an den Mann zu bringen, dessen sehr langer Romanessay *Pamjat* (Gedenken) in den siebziger und frühen achtziger Jahren Millionenauflagen erreichte. Es geht darin um die arische Herkunft des russischen Volkes. Einflußreiche Kreise setzten sich stark für eine möglichst große Verbreitung dieses Buches ein, dessen literarische Qualität so viel zu wünschen übrig ließ, daß es bestenfalls für die allergrößten Enthusiasten ein wirkliches Lesevergnügen war. Auch bei den Autoren von Science-Fiction-Literatur, einem in der Sowjetunion sehr beliebten Genre, hatte Skurlatow einigen Erfolg. Zwischen 1976 und 1986 erschien ein Dutzend Erzählungen und Romane, die auf die eine oder andere Weise Skurlatows Ideen aufgriffen.[4]

Bei dieser Kampagne handelte es sich keineswegs nur um die Privatinitiative eines Exzentrikers. So erhielt Skurlatow tatkräftige Unterstützung von der Bruderschaft der Antisemitologen. Kornejew, eines ihrer prominentesten Mitglieder, schrieb, daß nur Juden oder Leute, die unter ihrem Einfluß standen, an der Botschaft des *Buches Wles* zweifelten. Ein weiterer Experte namens Jemeljanow erklärte 1974, daß das Alte Testament in hohem Maße faschistisch sei, während das Neue Testament wenigstens einen Teil der Mängel ausgleiche. Jemeljanow hatte wie Kornejew und andere Antizionisten seine Karriere am Institut für Orientalistik begonnen. (Kornejew war Spezialist für Malagassy-Literatur.) Jemeljanow mußte seine Arbeit für mehrere Jahre unterbrechen. Er hatte seine Frau umgebracht und ihre Leiche zerstückelt. Auf seine anschließende Karriere werden wird an späterer Stelle noch eingehen. Ende der achtziger Jahre, als er aus einer Nervenheilanstalt entlassen wurde, war er ein noch vehementerer und radikalerer Verfechter des Paganismus. Ein heftiger Angriff in Form eines offenen Briefes an das Oberhaupt der orthodoxen Kirche löste unter einigen seiner einstigen Kampfgefährten Empörung aus.

Im Jahr 1991 druckten einige Zeitungen der extremen Rechten Auszüge aus Alfred Rosenbergs *Der Mythus des 20. Jahrhunderts* ab, der Bibel der christenfeindlichen Nazis. Diese Offenheit war insofern lobenswert, als man damit einen geistigen Diebstahl eingestand, den man früher nicht zugegeben hatte. Allerdings verwickelten sich die Neopaganisten in allerlei Widersprüche, denn es war nicht einfach, Elemente des Leninismus mit der Ideologie der Nazis zu verknüpfen. Zur Veranschaulichung soll hier nur ein Beispiel angeführt werden: ISTOKI, das Organ einer extremistischen Gruppe, veröffentlichte 1991 einen Leitartikel mit der Überschrift »Die Hexenjagd ist in

vollem Gange!«.[5] Der Autor war W. Prischtschepenko, ein bekannter Moskauer Neobolschewist, der in den siebziger Jahren als Anhänger Skurlatows eine gewisse Berühmtheit erlangt hatte. Außerdem war er der Verfasser einer Studie, in der die Behauptung aufgestellt wurde, daß es lange vor dem mittelalterlichen Rittertum in Rußland bereits einen vorchristlichen Ritterorden gegeben habe.
Prischtschepenko war ein überzeugter Bolschewist geblieben und verglich in seinem Artikel von 1991 Jelzins Hexenjagd mit der, die Hitler nach dem Reichstagsbrand 1933 hatte veranstalten lassen. Hitler, so schrieb er, sei ein Freimaurer, ein Lakai des Bankiers Mendelsohn und der schlimmste Feind des russischen Volkes gewesen. Und dennoch war die dritte Seite des Blattes einer Rede über »Die Theorie und Praxis des Bolschewismus« gewidmet, die Goebbels 1936 auf dem Nürnberger Parteitag gehalten hatte. Hitler war also der schlimmste Feind des russischen Volkes und Goebbels anscheinend ein guter Freund. Auf der letzten Seite brachte die Zeitschrift Auszüge aus dem *Buch Wles* ...[6]
Das Auftauchen dieser und ähnlicher Fälschungen (oder Mythen, um es höflicher auszudrücken) war im Grunde genommen keine Überraschung: Sie ziehen sich wie ein roter Faden durch die Ideologiegeschichte der extremen Rechten, von den *Protokollen* bis hin zum *Buch Wles*. War es ein zugkräftiger Mythos? Man darf es mit gutem Grund bezweifeln, denn der nationale Gedanke war in Rußland stets eng mit dem christlichen Glauben verknüpft und aus politischer Sicht war ein Frontalangriff auf das Christentum zumindest unklug. Auch Hitler mochte die Kirche nicht, doch ließ er im Umgang mit ihr große Vorsicht walten. Mussolini war zwar nicht gläubig, aber stets um ein gutes Verhältnis zum Vatikan bemüht. Das Auftauchen des arischen Neopaganismus machte eines deutlich: Nicht alle russischen Nationalisten waren Christen, und zumindest einige bezogen ihre Anregungen aus ganz anderen Quellen.
Woher rührte dieses Bedürfnis nach einem heidnischen Mythos? Diese Frage führt uns zurück zu der Debatte über Rußlands nationale Urspünge, die über einen sehr langen Zeitraum geführt wurde und nicht nur Spezialisten für frühmittelalterliche Geschichte bewegte. Nach der Nestorchronik hatten die slawischen Stämme des Kiewer Reiches den germanischen Warägern aus Skandinavien angeboten, ihre Fürsten zu werden: »Unser Land ist groß

und reich, aber es herrscht keine Ordnung. Kommt und herrscht über uns!«

Wenn es sich tatsächlich so zugetragen hat, dann wäre dies ein beispielloser Fall in der Geschichte der Menschheit, um mit dem ersten großen russischen Historiker Karamsin zu sprechen. Einige Slawophile erklärten ihn mit dem demokratischen Empfinden der alten Russen, die keine nationalen Vorurteile gekannt hätten.

Die bloße Vorstellung, daß man Ausländer brauchte, um im russischen Haus die Ordnung wiederherzustellen, muß den Patrioten jedoch widerstrebt haben; daher der langwierige Streit zwischen den Normanisten und den Antinormanisten, die diese unpatriotische Version der russischen Frühgeschichte ablehnten. Die ethnische Herkunft der Slawen war also nicht nur eine geschichtliche, sondern auch eine hochbrisante politische Frage. Einige Slawophile glaubten, in jeder Epoche und überall auf der Welt slawische Einflüsse ausmachen zu können, und Dostojewskij schrieb in seiner vorslawophilen Phase, daß Chomjakow unwiderlegbar beweisen werde, daß auch Adam ein Slawe gewesen sei und in Rußland gelebt habe. Die Verbreitung des *Buches Wles* ist ein verspätetes und groteskes Beispiel für eine Tradition, die sehr weit zurückreicht.

Teil 3
Schurken und Verbrecher

9 Die Ideologie der Neuen Rechten (I)

Die russischen Konservativen sind davon überzeugt, daß die Geschichte ihres Landes schon immer nach anderen Regeln verlief als die Europas. Rußland war lange Zeit ein rückständiges Land, hauptsächlich deshalb, weil es die anstürmenden Horden der Mongolen, Tataren und anderer Völker aus dem Osten abwehren mußte. Europa kam ihm in diesen Kriegen nicht zu Hilfe, im Gegenteil, es isolierte Rußland und errichtete alle erdenklichen Barrikaden. An den radikalen Reformen Peters des Großen scheiden sich die Geister: Nur wenige Konservative lehnen sie rundweg ab. Viele glauben jedoch, daß es besser gewesen wäre, die Neuerungen langsamer und auf einen längeren Zeitraum verteilt einzuführen, was dem Land das Trauma eines radikalen Wandels erspart hätte. Das Rußland, das im 18. und 19. Jahrhundert immer weiter nach Asien und in den Kaukasus vorstieß, war für sie ein Bannerträger der Zivilisation, kein imperialistischer Aggressor.

In dieser Zeit wuchs Rußlands Macht rapide. Es wurde zur stärksten Militärmacht auf dem Kontinent, ohne dessen Hilfe Napoleon nicht hätte besiegt werden können. Es gab zwar Rückschläge wie den Krimkrieg, aber ihre Bedeutung war nur begrenzt. Die Industrielle Revolution setzte in Rußland erst relativ spät ein, aber dafür blieben dem Land einige der schlimmsten Auswüchse der Industrialisierung und Modernisierung, wie sie im Westen auftraten, erspart. Mit der Befreiung der Leibeigenen wurde die wichtigste Voraussetzung für ein rasches Wachstum der Landwirtschaft geschaffen. Gegen Ende des letzten Jahrhunderts produzierte Rußland so viel Getreide wie alle amerikanischen Länder zusammen. Das Zarenreich war die Kornkammer Europas. Es gab wohl auch Hungerjahre, aber sie erreichten bei weitem nicht das Ausmaß der Hungerkatastrophen unter Stalin. Gleichzeitig war die industrielle Zuwachsrate zwischen 1885 und 1914 mit 5,7 Prozent jährlich größer als in allen anderen Ländern. Das Eisenbahnnetz, 1855 noch 1370 Kilometer lang, umfaßte 1885

bereits 27 000 und 1914 gar 77 000 Kilometer. Die direkten wie auch die indirekten Steuern waren im zaristischen Rußland weit niedriger als im Westen. Zwar war das Pro-Kopf-Einkommen immer noch relativ gering, doch die Sozialgesetzgebung war (etwa in bezug auf Arbeitszeit und Kinderarbeit) im Vergleich zum Rest der Welt ziemlich fortschrittlich. Die Versorgung der russischen Arbeiter und Bauern mit Grundnahrungsmitteln war im Jahr 1913 besser als im Jahr 1991. Vor Ausbruch des Ersten Weltkrieges konnten rund siebzig Prozent der Bevölkerung lesen und schreiben. Ohne den Krieg und das anschließende Chaos wäre der Analphabetismus in Rußland wahrscheinlich Mitte der zwanziger Jahre ausgerottet gewesen. Allgemeine Schulpflicht bestand seit 1908. Die Gebühren, die für den Besuch höherer Bildungsanstalten bezahlt werden mußten, lagen beträchtlich unter denen in anderen Ländern.
Ausländische Beobachter sagten angesichts der reichen Rohstoffvorkommen ein weiteres stürmisches Wachstum voraus, einige prophezeiten sogar, daß Rußland am Ende des 20. Jahrhunderts der Welt größte Wirtschaftsmacht sein werde. Demographen errechneten, daß im Jahr 1948 348 Millionen Menschen im Zarenreich leben würden. Russische Kultur genoß, zumindest was ihre hervorragendsten Vertreter betraf, ein hohes Ansehen in der Welt. Schriftsteller wie Dostojewskij oder Tolstoj suchte man in anderen Ländern vergeblich.
In diesem Licht besehen, unterschied sich die russische Geschichte doch erheblich von dem marxistischen Bild eines rückständigen, unterdrückten, hoffnungslos verarmten und unglücklichen Landes. Wenn an all diesen Behauptungen und den darauf aufbauenden Schlußfolgerungen etwas Wahres dran ist, dann war die bolschewistische Revolution nicht nur eine politische und moralische Katastrophe, sondern hatte darüber hinaus auch verheerende soziale, demographische und wirtschaftliche Folgen.
Aber solche Ansätze lassen doch einiges außer acht und liefern ein sehr einseitiges, verzerrtes Bild. Es stimmt zwar, daß Rußland nach verschiedenen Seiten expandierte und eine militärische Großmacht wurde. Doch andererseits wurde wenig getan, um die nichtrussischen Nationalitäten zu integrieren. Die Bestrebungen dieser Völker, größere kulturelle Freiheiten und ein gewisses Maß an Selbstbestimmung zu erlangen, wurden unterdrückt. Die Wachstumsraten der Industrie waren in der Tat beeindruckend, aber in erster Linie

deshalb, weil von einem sehr niedrigen Anfangsniveau ausgegangen wurde – einer der wenigen Vorteile einer rückständigen Ökonomie. Außerdem beruhte das Wirtschaftswachstum vor allem auf der Initiative von Westlern wie dem Grafen Witte (der bei den russischen Nationalisten sehr verhaßt war), seinem Vorgänger Bunge und Stolypin, der den Rechten zwar genehmer war, dessen Sozialpolitik sie aber dennoch ablehnten. Darüber hinaus spielten auch Juden und andere Ausländer eine wichtige Rolle bei der Modernisierung des Landes.

Insgesamt gesehen stand das Zarenregime auf tönernen Füßen. Abgesehen von Alexander II. zeigten die russischen Herrscher wenig staatsmännisches Geschick und Weitblick. Sie glaubten nicht, daß das russische Volk bereit sei (oder jemals bereit sein würde), mehr politische Verantwortung im Staat zu übernehmen. Die Folge war eine zunehmende Isolation der Monarchen und ihres Hofstaates vom Volk. Die »Gesellschaft« – also die Intelligenzija, ein Großteil der Mittelschicht und selbst Teile des Adels – opponierten gegen die Zarenherrschaft. Die Kirche spielte in diesem Zusammenhang eine weniger wichtige Rolle, als gemeinhin angenommen wird; sie wog wenig mehr als eine Regierungsbehörde. Es gab zwar auch nationalistische Politiker von Format, die die Notwendigkeit einer dynamischeren Innenpolitik anerkannten, aber der Zar ließ ihnen nur wenig Spielraum, und wenn, dann nur widerstrebend und in Krisenzeiten.

Die Herrscher unternahmen keinen ernsthaften Versuch, ein größeres Maß an sozialer Gleichheit und Einheit herzustellen. Konservative Denker haben das ganze 19. Jahrhundert hindurch bis zur Revolution in zahllosen Publikationen den utopischen und destruktiven Radikalismus der russischen Intelligenzija angeprangert. Aber deren Entfremdung kam nicht von ungefähr – Alexander III. sprach von einer »korrupten Intelligenzija«, die versuche, sich in die Angelegenheiten des Staates einzumischen. Da es für die Intellektuellen und weite Teile der Bevölkerung keine legale Möglichkeit gab, sich politisch zu betätigen, mußten sich ihre Energien, anders als im Westen, wo sie in produktive Bahnen gelenkt wurden, zwangsläufig in einer Explosion entladen.

Schon lange vor 1917 gab es erste Warnzeichen – der Krimkrieg, die Anschläge von Anarchisten, die Revolution von 1905, die Niederlage im Krieg gegen Japan –, doch sie wurden nicht beachtet. Zwar wurde immer wieder behauptet, daß die Monarchie die beste Regierungsform für Rußland sei. Doch selbst eingefleischte Monarchisten mußten zunehmend erkennen, daß die Personen, die die Geschicke des Staates lenkten, nicht über die erforderlichen Qualitäten für eine solche Aufgabe verfügten.

Die beiden Helden der Rechten waren Stolypin und Nikolaus II., der »Märtyrerzar«. Solschenizyn trug mit der Veröffentlichung seiner historischen Romane in den siebziger und achtziger Jahren viel zu der Stolypin-Renaissance bei. In der Glasnost-Ära erschienen neben Biographien und Aufsätzen auch Stolypins Reden. Ihre Auflage ging in die Hunderttausende.[1]

Arkadij Stolypin (1862–1911) machte sich als tüchtiger und unbestechlicher Gouverneur (zuerst in der Provinz Grodno, später in Saratow) einen Namen. 1906 wurde er zum Innenminister ernannt, im Jahr darauf zum Ministerpräsidenten. Er war zweifellos der intelligenteste und energischste Politiker gegen Ende des Zarenreiches. Die Linke haßte Stolypin, weil er die revolutionäre Bewegung brutal unterdrückte und das Parlament aufgelöst hatte. Hätte man die Landreform, die er in Gang gesetzt hatte, nach seiner Ermordung mit dem gleichen Eifer vorangetrieben und dann noch ein, zwei Jahrzehnte Zeit für eine friedliche Entwicklung gehabt – worauf Stolypin so sehr gehofft hatte –, dann wäre die revolutionäre Bewegung erheblich geschwächt worden. Die Parole »Land für die Bauern« hätte viel von ihrer Zugkraft verloren, und die Oktoberrevolution hätte vielleicht niemals stattgefunden.

Im Jahr 1991 fand in Moskau eine Diskussion statt, bei der über die Gründe für die begrenzte Attraktivität der patriotischen Bewegung gesprochen wurde. J. W. Retschkalow, ein Wortführer der Nationalisten, wies auf die Orthodoxie der Patrioten hin und ihre Neigung, die russische Geschichte durch eine verklärende Brille zu betrachten: Nur praktizierende Angehörige der russisch-orthodoxen Kirche könnten richtige Russen sein, und Marktwirtschaft und Demokratie seien per definitionem verwerflich. Vom letzten Zaren dürfe nur in den höchsten Tönen gesprochen werden, und Stolypin, der überzeugte Verfechter der zaristischen Autokratie, habe angeblich jede Minute seines Lebens damit zugebracht, sich den Kopf darüber zu zerbrechen, wie die Monarchie gestärkt werden könne.

In Wahrheit hatte Stolypin, wie Retschkalow anmerkte, einen aufgeklärten Patriotismus vertreten und vollkommen erkannt, welchen Nutzen und welche Vorteile eine Verfassung mit sich brachte. Er wollte zwanzig Jahre Frieden im Land, aber nicht um den Polizeistaat zu verbessern und auszubauen, sondern um bürgerliche Werte in der Bevölkerung zu verankern, sie zur Gesetzestreue zu erziehen und so die Voraussetzungen für ein demokratischeres System zu schaffen. Stolypins konservative Zeitgenossen machten sich über seine langfristigen Absichten denn auch keinerlei Illusionen. Aus diesem Grund griff ihn die extreme Rechte erbittert an und beschuldigte ihn, den Zarismus zu untergraben, die Kirche, das Gemeinschaftsgefühl des russischen Volkes und anderes mehr.[2]

Stolypin war nicht nur eine starke Führungspersönlichkeit, sondern auch ein glänzender Duma-Redner. Und sogar politische Gegner schätzten seine Aufrichtigkeit und Zuverlässigkeit. Anfangs genoß er das volle Vertrauen des Zaren, aber das änderte sich mit den Jahren, weil er den zögerlichen Zaren immer wieder zu notwendigen Entscheidungen drängte. Hinzu kam, daß bei Hofe gegen Stolypin intrigiert wurde. Inbesondere auch die Zariza wollte ihn loswerden. Nach Stolypins Ermordung durch den Polizeiagenten und Ex-Revolutionär Bagrow (ein zum Christentum konvertierter Jude), befahl sie seinem Nachfolger, in ihrer Gegenwart niemals den Namen des Mannes zu erwähnen, der »wie ein Schatten auf ihrem Ehemann gelastet« habe.

Einige Stolypin-Zitate wurden in der Glasnost-Ära zu geflügelten Worten. Zum Beispiel sein Ausspruch, daß die Liberalen und Revolutionäre an die heilsame Wirkung großer Erschütterungen glaubten, er aber an ein großes Rußland. Oder: »Bevor wir dem russischen Volk die Freiheit geben, muß sich das russische Volk der Freiheit erst als würdig erweisen.« Und: »Die Politik muß sich um die Gesunden und Starken kümmern, nicht um die Trunkenbolde und Schwächlinge.« So verbreitete sich die Legende, daß alles ein gutes Ende gefunden hätte, wenn Stolypin nicht ermordet worden wäre, und daß für seine Ermordung natürlich dieselben satanischen Kräfte verantwortlich gewesen seien, die Rußlands allgemeinen Niedergang herbeigeführt hätten.

In der Tat sind die Umstände seines Todes bis zum heutigen Tag nie restlos aufgeklärt worden. Doch es besteht kein Grund zu der Annahme, daß Rußlands Schicksal ohne den Anschlag auf Stolypin anders verlaufen wäre. Es war nur noch eine Frage der Zeit, bis seine Feinde am Hof seine Absetzung erwirkt hätten. Er hatte zu viele Politiker vor den Kopf gestoßen, seine politische Basis war zu schmal. Darüber hinaus hatte er wiederholt mit Rücktritt gedroht, und um seine Gesundheit stand es auch nicht mehr zum besten. Im übrigen war seine Politik keineswegs immer erfolgreich oder liberal ausgerichtet. So zeigte er im Umgang mit den nichtrussischen Minderheiten, denen sein Traum von einem »Großrußland« fremd war, weit weniger Kompromißbereitschaft und Beweglichkeit als bei seinem sozioökonomischen Programm. Es gelang ihm nicht, die einzelnen Volksgruppen miteinander zu versöhnen, so daß es früher oder später zu einem offenen Konflikt oder zur Entladung der angestauten Gefühle kommen mußte. Kurzum, nur wenige Tatsachen sprechen dafür, daß die Hoffnungen, die nachträglich an Stolypin geknüpft wurden, berechtigt sind.

Dies gilt in verstärktem Maße auch für den letzten Zaren. Nikolaus II. war ein gutaussehender, charmanter, zurückhaltender und schüchterner junger Mann, als er den Thron bestieg. Nach außen hin die Ruhe selbst, war er doch sehr unentschlossen und nicht sehr intelligent. Er verehrte seine Frau und liebte seine Familie. Als bloßer Repräsentant – eine Rolle, die einige seiner europäischen Cousins spielten – hätte er sich wohl hervorragend gemacht. Sein Unglück war, daß er den Thron in einer Krisenzeit bestiegen hatte und sich (nicht ohne Zutun seiner Frau) einredete, er müsse eine aktive, ja zentrale Rolle in der russischen Politik spielen. Doch dafür fehlte ihm das nötige Rüstzeug. Seine Herrschaft begann und endete mit einer Katastrophe. Das beste Urteil, das man rückblickend über ihn fällen kann, ist, daß er ein wohlmeinender, aber schwacher Mann war, der sich mit schlechten Beratern umgab. Der Mord am Zaren und seiner Familie war ein abscheuliches Verbrechen, wie man es auch betrachten mag. Aber Nikolaus war ebensowenig ein Heiliger wie alle anderen Herrscher, auch wenn ihn die Rechte heute gerne so darstellt.[3]

Die näheren Umstände des Mordes am Zaren und seiner Familie sind bis heute noch nicht hinreichend geklärt worden. Da sie im Denken der »russischen Partei« nach wie vor eine wichtige Rolle

spielen, soll im folgenden kurz auf die Ereignisse vom Juli 1918 eingegangen werden.
Die unmittelbar nach der Tat von den Bolschewiki veröffentlichten Erklärungen waren offensichtlich unwahr: Der Zar sei am 16. Juli in Jekaterinenburg exekutiert worden, seine Familie hingegen habe man an einen sicheren Ort gebracht. Die ausführlicheren Berichte des weißgardistischen Kommissars Sokolow und des Sowjet-Sprechers Bikow stimmten in den wichtigsten Punkten überein: Demnach wurden an dem besagten 16. Juli die gesamte Zarenfamilie und einige andere Personen im Ipatjew-Haus hingerichtet.[4] Da jedoch weder im Keller noch in der näheren Umgebung des Hauses Leichen gefunden wurden, machten bald Gerüchte die Runde, daß zumindest einem Mitglied der Familie (der berühmten Anastasia), vielleicht sogar mehreren, die Flucht gelungen sei. Solche Geschichten kursierten in der Geschichte Rußlands oft nach dem Tod eines Herrschers. Dabei steht fest, daß an diesem 16. Juli niemand entkam. Einige wichtige Punkte sind freilich ungeklärt, so etwa die Frage, wer den Exekutionsbefehl erteilte und warum, und wer ihn ausführte.
Möglicherweise fürchtete der lokale Sowjet, der Zar könnte von den heranrückenden Weißgardisten befreit werden. Ebenso möglich ist jedoch, daß der Befehl direkt aus Moskau kam. Wenn ja, dann ist es unwahrscheinlich, daß Swerdlow den Befehl erteilte (wie die Rechten behaupten). Bei einer Entscheidung von solcher Tragweite wäre zumindest Lenin, wenn nicht sogar das gesamte Politbüro zu Rate gezogen worden. Trotzkij, der zu der Zeit an der Bürgerkriegsfront stand, konnte diesmal nicht die Schuld in die Schuhe geschoben werden. Folgt man der Version der Rechten, dann erging der Exekutionsbefehl von Swerdlow an Goloschekin (den Leiter der lokalen Sicherheitsbehörde des Sowjets) und dann weiter an Jurowskij, den Kommandanten der Einheit, die für die Bewachung der Familie des Zaren abgestellt war. Alle drei waren Juden. Und wurde nicht an einer Wand des Hauses ein (falsches) Zitat von Heine entdeckt?

Belsazar ward in selbiger Nacht
von seinen Knechten umgebracht.

Nach der offiziellen Version war die Schlüsselfigur Jurowskij ein »alter Bolschewik«. Weitere Untersuchungen ergaben jedoch, daß er erst im gleichen Jahr der Kommunistischen Partei beigetreten war. Zuvor war er in Berlin zum Christentum übergetreten und hatte versucht, als Geschäftsmann ein kleines Vermögen zu machen. Das paßt kaum zu der Vorstellung, die man sich von einem alten Bolschewiken macht.[5] Auf ähnliche Ungereimtheiten stößt man, wenn man die Identität der Wachen untersucht. Einmal hieß es, es seien lettische Soldaten gewesen, dann wieder waren es Kriegsgefangene aus Österreich-Ungarn, Mitglieder der Sozialrevolutionären Partei oder Parteilose.

Glaubt man dem Bericht Bruce Lockharts, des berühmten britischen Agenten in Moskau, dann zeigte das russische Volk damals herzlich wenig Anteilnahme am Schicksal des Zaren. Doch für die Extremisten war der Mord von Jekaterinenburg eine Frage von entscheidender Bedeutung. Sie sahen in ihm keinen Racheakt, sondern einen Ritualmord. Diese Einschätzung tauchte in der Emigrantenpresse und nach 1987 auch in Rußland selbst immer wieder auf.

Die Oktoberrevolution, soviel ist klar, war für die Rechten gleichbedeutend mit dem Weltuntergang. Wie aber wurden die Februarrevolution und die Entführung des Zaren bewertet?

Die Februarrevolution war nach Ansicht vieler Monarchisten und Rechter die Ursache allen Übels. Dabei hatte das Regime des Zaren schon Anfang 1917 seinen Kredit verspielt und stand in der öffentlichen Meinung vollkommen isoliert da. So hatte nicht nur Miljukow in einer unerhört scharfen Rede von Verrat an höchster Stelle gesprochen, auch Purischkewitsch, der Sprecher der extremen Rechten, kritisierte die Regierung aufs heftigste. Folgt man Solschenizyn, so hätte die Februarrevolution nach Meinung der Rechten niemals stattfinden dürfen. Das heißt aber nicht, daß sie die Orientierungslosigkeit an der Spitze noch sehr viel länger toleriert hätten.

Nur die extreme Rechte verurteilte die Abdankung des Zaren ohne jede Einschränkung. In der Glasnost-Ära lebte das Interesse an der Zeit des russischen Bürgerkriegs wieder auf. Die meisten wichtigen Werke wie Denikins Memoiren, Krasnows Romane und das *Archiv der russischen Revolution* (ursprünglich 1920 in Berlin herausgegeben) wurden in Moskau neu aufgelegt. Während die Nationalbolschewisten zu einer neutralen Haltung neigten und in beiden Bürgerkriegslagern Gutes und Schlechtes entdeckten, identifizierten sich die traditionellen Rechten, kaum waren die Fesseln der kommunistischen Zensur abgestreift, total mit den Weißgardisten und geißelten die Bolschewiki als Verbrecher.

Vor Glasnost hatten sie solche Ansichten noch nicht einmal versteckt auszudrücken gewagt. Lag das nur an der Zensur, oder hat nach 1985 ein Meinungsumschwung unter den Rechten stattgefunden? (Eine Frage, die schon weiter oben beiläufig behandelt wurde.) Viele Rechte, unter anderem auch die Herausgeber der wichtigsten rechtsstehenden Zeitschriften, waren Mitglieder der Kommunistischen Partei gewesen. Es besteht Grund zu der Annahme, daß sie nicht nur aus Karriere- und Tarngründen in die Partei eingetreten waren. Das bedeutet, daß sich im rechten Spektrum nach 1985 tatsächlich ein Stimmungswandel, eine Radikalisierung der Ansichten vollzogen haben könnte. Die Rechten bestreiten nicht, daß auch die Weißen Terror ausübten. Aber, fügen sie verteidigend hinzu, in viel geringerem Ausmaß als die Roten. Außerdem seien die Bolschewiki die ersten gewesen, die weite Teile der Bevölkerung terrorisierten.

Was aber führte zu der Niederlage der Weißen im Bürgerkrieg?[6] Lag es daran, daß die Kommunisten skrupelloser und in sich geschlossener waren? Standen die Weißgardisten im Oktober 1919 nicht kurz vor dem Sieg? Wie läßt sich ihr plötzlicher Zusammenbruch erklären? Die naheliegende Antwort: Den meisten Bauern mißfiel die Aussicht, daß die Großgrundbesitzer zurückkehren und das an sie verteilte Land zurückfordern könnten. Zudem löste der nationalistische Schlachtruf vom »unteilbaren Rußland« unter den Nichtrussen, immerhin rund die Hälfte der Bevölkerung des Russischen Reichs, nicht gerade Begeisterung aus. Es gab zwar noch weitere Gründe, aber die beiden genannten genügten, um der weißen Armee das Siegen so schwer zu machen. Später behaupteten die Weißen, sie hätten niemals die Absicht gehabt, eine Konterrevolution durchzuführen und den *status quo ante* wiederherzustellen. Doch abgesehen von ihrer rigorosen Ablehnung des Bolschewismus legten sie nie dar, welche politischen Ziele sie verfolgten, und darunter litt ihre Anziehungskraft.

Kerenskij, der Chef der Provisorischen Regierung, und sein Außenminister Miljukow waren bei den emigrierten Anhängern der Monarchie verhaßt. Daran änderte sich auch nach 1987 nichts. In monarchistischen Kreisen hatte man auch nichts für die Parteien des Zentrums übrig, die eine parlamentarische Demokratie oder gar sozialdemokratische Ideen propagiert hatten. Mit Beginn der Glasnost-Ära wurde das Erbe der russischen Emigranten von der extremen Rechten wiederentdeckt und bis zu einem gewissen Grad wiederbelebt. Die Anfänge dieser Entwicklung lassen sich über ein Jahrzehnt zurückverfolgen. Schon Ende der siebziger Jahre hatte es in der Sowjetunion Bestrebungen gegeben, mehr über die Emigration zu erfahren und zumindest einen Teil der politischen Feinde aus der Revolutionszeit zu rehabilitieren.[7]

Es gibt einige auffällige Parallelen zwischen der Rehabilitationspolitik der Kommunisten vor Glasnost und den Ansichten der extremen Rechten. Beide Lager zeigten keinerlei Interesse, liberale, linke oder nichtrussische Emigranten[8] zu rehabilitieren. Der gemeinsame Nenner war ihr russischer Patriotismus. Da kümmerte es wenig, daß die meisten Liberalen und Menschewiken sowohl den Faschismus wie auch den Stalinismus konsequent bekämpft hatten, während die Rechten immer wieder in die eine oder andere Richtung abgedriftet waren. Unter den Emigranten, die nach 1945 nach Rußland zurückkehrten oder wenigstens ihre Bereitschaft zur Zusammenarbeit mit Stalin signalisierten, befanden sich nur sehr wenige Demokraten. Von der Rehabilitationswelle vor 1985 profitierte insbesondere die erste Generation der Emigranten – jene also, die Rußland während der Revolution oder während des Bürgerkriegs verlassen hatten. Diejenigen, die das Land unmittelbar nach Ausbruch des Zweiten Weltkriegs verlassen oder mit den Nazis kollaboriert hatten, galten immer noch als Verräter und hatten keine Aussicht auf Rehabilitation. Unter Breschnew wurden vor allem hervorragende Künstler wie Strawinskij rehabilitiert, die keinen dezidierten politischen Standpunkt vertraten. Erklärte Antikommunisten wurden nicht berücksichtigt.

In dieser Hinsicht nahm die Rechte nach 1987 natürlich eine andere Haltung ein. Selbst eingefleischte Antikommunisten wurden jetzt willkommen geheißen. Doch über einige Personen war man sich auch im rechten Lager uneins. Dies galt vor allem für Leute wie General Wlassow, der für einige Konservative, insbesondere für Kriegsveteranen, ein Verräter blieb. Über Wlassows historische Rolle wurden lange und ergebnislose Debatten geführt.[9] Die Haltung der führenden rechten Zeitungen in diesem Punkt war widersprüchlich. Auf der einen Seite zerrissen sie Daniíl Granins Buch *Subr,* das von einem hervorragenden (unpolitischen) Genetiker handelt, der 1920 zur Fortsetzung seiner Studien nach Deutschland gesandt wurde, dann aber, als er sah, daß viele Freunde bei den großen Säuberungen verschwanden, den Entschluß faßte, trotz Hitlers Machtergreifung in Deutschland zu bleiben. (Die Sowjets nahmen den Genetiker 1945 fest, erlaubten ihm aber, seine Arbeit in einem Laboratorium im Gulag fortzusetzen. Später wurde er rehabilitiert.) Doch auf der anderen Seite feierten dieselben Zeitungen emigrierte Politiker, die aus freien Stücken und nicht unter Zwang mit den Nazis kollaboriert hatten.

Das kulturelle Erbe der Rechten

Wie schon die Bolschewiki vor achtzig Jahren stellt die neue Rechte in Rußland heute die Frage: Welchen Teil unseres kulturellen Erbes nehmen wir an? Welchen lehnen wir ab? Die Aufgeklärteren warfen ihre Netze so weit wie möglich aus, doch die radikalen Randgruppen lehnten praktisch jeden ab, der nicht der Schwarzen Hundert angehört hatte. Da sich nur wenige Persönlichkeiten des kulturellen Lebens zur Schwarzen Hundert bekannt hatten, konnten die Extremisten nur auf ein sehr bescheidenes kulturelles Erbe zurückgreifen, darunter ein paar längst vergessene Schriftsteller wie Schabelskaja und Krestowskij.[10]

Allgemeine Übereinstimmung herrschte dahingehend, daß Puschkin, Lermontow und Gogol feste Bestandteile des russischen Kulturerbes darstellten. Puschkins nichtrussische Abstammung wurde ignoriert, und einige seiner (und Lermontows) Gedichte, die unpatriotisch klangen, wurden zu Fälschungen erklärt. Der größte aller russischen Dichter und Denker war natürlich Dostojewskij. Jeder seiner Geburtstage wurde ausgiebig gefeiert. Demgegenüber war die Einstellung zu Tolstoj zwar nicht unbedingt ablehnend, aber doch sehr viel reservierter. Durch seine Schriften hatte er das Zarentum und die Kirche untergraben, zudem hatte er als Pazifist kein Interesse an Rußlands historischer Mission gezeigt und anderweitig gefährliche Neigungen an den Tag gelegt.

Ähnliches galt für Turgenjew und Tschechow. Sie wurden zwar nicht gerade als *personae non gratae* betrachtet, hatten aber zu stark dem Westen zugeneigt und wenig zur patriotischen Erziehung des russischen Volkes beigetragen.

Mit Beginn des 20. Jahrhunderts schrumpft die Liste der Kandidaten. Viele Rechte verehrten Jessenin als großes Idol. Und in der Tat sprach viel für ihn: ein junger Mann bäuerlicher Abstammung, Schafhirte in seiner Jugend. Jessenin hatte ein großes Talent besessen und war nach seinem Tod in der Sowjetunion geächtet worden. Die Tatsache, daß er den »American Way of Life« kritisiert und den »Einsturz der Wolkenkratzer« prophezeit hatte, machte ihn der Rechten nur noch sympathischer. Jessenin hatte das russische Dorf besungen, die Heuernte, die friedlichen Landschaften, die Jungfrau Maria und den Herrn Jesus, wie sie durch die Felder und Wiesen streiften. Aber er war auch ein Playboy und Unruhestifter gewesen, der Poet der Huren und Trunkenbolde, der Autor gotteslästerlicher Verse über Jesus Christus.

Jessenin, der anfangs die Revolution begrüßte, schrieb später, er fühle sich wie ein Fremder im eigenen Land. Wie Majakowskij nahm er sich das Leben, und wie bei Majakowskij wird auch in seinem Fall bis heute gerätselt, ob er nicht ermordet oder zumindest in den Freitod getrieben wurde.[11] Wie so oft wurde Trotzkij als der eigentlich Schuldige identifiziert, obwohl er das große Talent Jessenins erkannt und ihn gefördert hatte.

Was den Bolschewiki die Arbeiterklasse war, war den russischen Rechten seit jeher der Bauernstand. Die Bauern waren die wahren Träger und Bewahrer des »russischen Gedankens«. Die Angehörigen der anderen Klassen waren Parasiten oder doch zumindest unsichere Kantonisten. So gesehen kann der Jessenin-Kult der russischen Rechten kaum überraschen. Denn exakt diese Ideen vertraten Jessenin und sein Mentor Klujew, die beiden Bauerndichter schlechthin, als sie am Vorabend des Ersten Weltkriegs das literarische St. Petersburg im Sturm eroberten.

Wie genuin russisch war dieser *Style Russe*? Kam er direkt aus den Dörfern Rußlands? Zweifellos enthielt der Stil eine gewisse übertriebene ländliche Einfachheit. Wie hat schon Chodassewitsch, einer der großen russischen Literaturkritiker, im nachhinein geurteilt: Dieser Stil wurde nicht mitten in einem Birkenwäldchen erfunden, sondern im

Séparée eines vornehmen französischen Restaurants in St. Petersburg – »ein bißchen Orthodoxie, eine bißchen ketzerisches Sektierertum, ein bißchen Revolution, ein bißchen Chauvinismus ...«[12].
Es gab noch mehr Versuche der extremen Rechten, große russische Dichter des frühen 20. Jahrhunderts für sich zu vereinnahmen. Blok hatte über die Schlacht auf dem Schnepfenfeld geschrieben, und in seinen Gedichten klangen bestimmte slawophile Themen an. So glaubte er an den Weltuntergang und das Jüngste Gericht, und zumindest bei einer Gelegenheit sagte er, er hasse »das Bürgertum, den Teufel und die Liberalen«. Wiederholt sprach er von der alten und absterbenden Welt der westlichen Zivilisation, und auch das machte ihn den Patrioten sympathisch. Doch zeigt schon der Name Blok, daß er nicht nur russische Vorfahren hatte. Zudem litt er an einem allgemeinen Weltschmerz und gefiel sich als Misanthrop. (»Der Mensch ekelt mich an, und das Leben ist schrecklich.«) Außerdem sympathisierte er mit den Sozialrevolutionären, und in einem seiner langen Gedichte, das in jeder sowjetischen Anthologie enthalten ist, äußerte er sich positiv zur Revolution.
Andrej Belyj, ein anderer herausragender Schriftsteller der damaligen Zeit, schrieb über die Wiederauferstehung Christi in Rußland, über *Rossija, Rossija, Rossija, Messija grjaduschtschego dnja* (Oh Rußland, der Messias des kommenden Tages) und geißelte den »seelenlosen Materialismus«. Doch Belyj war auch ein Verehrer Rudolf Steiners und Anhänger der Theosophie, die in den Augen der russischen Rechten fast so verwerflich ist wie die Verschwörung der Freimaurer. Damit bleiben der Rechten Schriftsteller wie Woloschin, Klujew und Chlebnikow, die zwar gut waren, aber nicht zur ersten Riege gehörten. Klujew (1887–1933), der erste Bauerndichter, war zweifelsohne ein Nationalist, dasselbe galt für Chlebnikow. Aber die Literatur Klujews war zu erotisch und die Chlebnikows zu modernistisch. Sie eigneten sich nicht für eine patriotische Indoktrination. Unter den emigrierten Schriftstellern erfreute sich Bunin allseitiger Beliebtheit, aber er war »zu kalt«, schrieb zu kritisch über die russischen Bauern und mochte überdies Dostojewskij nicht. Und Balmont und Sologub, ansonsten verdienstvolle Autoren, zählten viele Jahre zur Schule der »Dekadenten«. Damit blieben nur noch Iwan Schmeljow und Igor Sewerjanin, die zwar politisch akzeptabel, aber künstlerisch zweitrangig waren.

Übrig blieben auch, überraschenderweise, zwei sowjetische Autoren: Scholochow und Leonid Leonow. Doch Scholochow war *der* Vertreter des sowjetischen Establishments, auch wenn einige seiner Werke lange Zeit nicht herausgegeben werden durften. Er beschrieb die Kollektivierung der Landwirtschaft, die er schließlich auch billigte, realistischer als die meisten seiner Zeitgenossen. Sein Verhalten gegenüber Dissidenten wie Solschenizyn zeigte, daß es ihm entweder an Charakter und Zivilcourage mangelte oder daß er sich mit den Schandtaten, die von der politischen Führung begangen wurden, tatsächlich identifizierte. Zudem ragt Scholochows Hauptwerk *Der stille Don* künstlerisch so weit über seine anderen Werke hinaus, daß seine Urheberschaft immer wieder bezweifelt wurde und auch heute noch nicht endgültig gesichert ist.

Leonow erlebte seine kreativste Phase Mitte der zwanziger Jahre als Sympathisant der Kommunisten. Seine späteren Arbeiten liegen voll auf Parteilinie. Auch wenn sich darin Anklänge an Dostojewskij finden, so entsprach sein Patriotismus doch ganz der sowjetischen Ideologie in dieser Periode.

Trotz ihrer ideologischen Makel wurden diese und einige andere Schriftsteller, wenn auch mit unterschiedlicher Gewichtung, von den Rechten vereinnahmt. Damit ist man der Antwort auf die Frage immer noch nicht näher gekommen, was nun eigentlich das genuin Russische ausmacht und welcher Teil des kulturellen Erbes aus Sicht der russischen Partei wahrhaft russisch und erhaltenswert ist. Zwar hatten die Slawophilen zu ihrer Zeit schon einiges zu dem Thema gesagt, aber ihre Visionen beziehen sich fast ausschließlich auf die Vergangenheit, und in ähnlicher Weise wurzeln auch Dostojewskijs Ansichten im letzten Jahrhundert. Zwar haben einige zeitgenössische russische Autoren behauptet, das Leben in Rußland (und vor allem in den russischen Dörfern) sei damals harmonischer gewesen. Aber selbst diese Autoren haben zugegeben, daß die Welt von gestern unwiederbringlich verloren ist.

Bleibt die Frage, mit welcher Botschaft sich die Rechte an die Menschen im modernen Rußland wendet. Paradoxerweise waren es nämlich weniger die Rechten als vielmehr liberale Patrioten wie Berdjajew, Fedotow und Lichatschow, die am intensivsten darüber nachdachten und schrieben, was denn nun »russisch« sei. Der Standpunkt dieser liberalen Patrioten ist für die extreme Rechte aus einer Vielzahl von Gründen nicht akzeptabel. Berdjajew etwa schrieb über den Nationalismus der Rechtsextremen, er sei barbarisch und dumm, gottlos und unmoralisch, von östlicher Maßlosigkeit und Dumpfheit, »eine Orgie alter russischer Zügellosigkeit«.[13] Die neueren Versuche der Rechten, das Wesen des russischen Patriotismus zu definieren, haben wenig mehr als schwammige Verallgemeinerungen hervorgebracht. Nach Schafarewitsch ist Patriotismus das Bewußtsein für bestimmte Werte und für den angeborenen Drang, die Identität der Nation zu bewahren. Demnach ist der Verlust der Vaterlandsliebe das deutlichste Indiz für den bevorstehenden Niedergang eines Volkes, für den Übergang von einem lebenden Organismus zu einer toten Maschine. Nach Rasputin ist *Russkost* (wie auch das Deutschtum und der französische Esprit) ein allgemeines Gefühl, wie es nach einer gewissen Zeit in jeder Nation auftritt. Dieser Trend kann nach Rasputin künstlerischer, religiöser oder pragmatischer Natur sein. Denn jedes Volk besitze neben den allgemeinen menschlichen Qualitäten gewisse Eigenarten, die zu entwickeln und zu kultivieren es berufen sei.[14]

Schafarewitschs und Rasputins Ideen sind keineswegs spezifisch russisch. Sie gehen zurück auf Hegel und besonders auf Herder, die allerdings weniger an politische als vielmehr an kulturelle Traditionen gedacht hatten. Der Versuch zu definieren, was typisch russisch sei, ist von vornherein zum Scheitern verurteilt, und sei es nur aus dem einfachen Grund, daß es gewöhnlich mehr als nur einen »Nationalcharakter« oder eine »nationale Idee« gibt, die zudem dem Wandel der Zeiten unterworfen sind.

In einem interessanten Versuch, das typisch Russische zu definieren, verweist Fedotow auf die »überflüssigen Menschen«, unterscheidet zwischen den Umherziehenden (*skitalez*) und den Erbauern, zwischen den Moskauer Russen und den westlichen Russen, spricht von der Sehnsucht nach unbeschränkter Freiheit (*wolnost*) und von sektiererischer Widerspenstigkeit, von Schwermut und Einfalt, von Religiosität und vielen anderen Eigenschaften, die unmöglich auf einen gemeinsamen Nenner zu bringen sind.[15]

Aber warum ist es so wichtig herauszufinden, was denn nun spezifisch russisch ist? Es fällt einem schwer, einen französischen oder britischen Philosophen zu benennen, der vergleichbare Mühen auf sich genommen hätte. Was speziell französisch ist oder war, war immer schon offensichtlich und leicht nachzuvollziehen. Es bestand kein Bedarf, dieses Gefühl zu definieren und zu artikulieren. Deutschland war das einzige größere Land, das sich zu gewissen Zeiten mit ähnlichem Eifer auf die Suche nach seiner nationalen Identität begeben hat. Alles, was dabei herauskam, waren wenig hilfreiche Sinnsprüche wie Richard Wagners »deutsch sein heißt, eine Sache um ihrer selbst willen tun«.

Diese quälende Suche nach einer klar definierten nationalen Identität (und Bestimmung) könnte als Ausdruck der Schwäche und Unsicherheit von Nationen oder Völkern interpretiert werden, die gerade erst ihre volle Unabhängigkeit erlangt haben oder aus irgendeinem Grund zu glauben scheinen, daß sie bisher in der Weltgeschichte eine untergeordnete Rolle gespielt und ihre Fähigkeiten noch nicht voll entfaltet haben. Sie ist Ausdruck einer Unzufriedenheit mit der eigenen Geschichte. *Russkost* hat, wie ein Kritiker bemerkt hat, nichts mit der Gegenwart zu tun, sondern bezieht sich sehnsüchtig auf eine Vergangenheit, die oft weit zurückliegt.[16] Dies birgt natürlich die Gefahr, daß man in den Mythen vergangener Epochen die Orientierung verliert. In der russischen Sagenwelt gibt es zwar nichts, was dem Nibelungenlied gleichkommt, aber auch in ihr tummeln sich zahlreiche Ritter in glänzenden Rüstungen – man denke nur an die verschiedenen Mstislaws und Rostislaws, von deren Heldentaten die Epen des frühen Mittelalters handeln. Wenn Franzosen von ihrem Land sprechen, dann sagen sie *la belle France*, die Engländer beschwören ihr *merry old England*, und die Deutschen reden von der »deutschen Treue«. Nur die russischen Nationalisten halten ein Ideal hoch, das weder ästhetischen noch ethischen oder politischen Zielen folgt, sondern moralisch-religiös ausgerichtet ist, das Ideal vom »Heiligen Rußland«.[17]

Russischer Nationalismus und Wirtschaftspolitik

Die russische Rechte hat schon immer wenig Interesse an der Wirtschaftspolitik gezeigt. Sie hat meist nur ihren Unmut zum Ausdruck gebracht, aber selten brauchbare Alternativen aufgezeigt. In dem berühmten Brief von vierundsiebzig russischen Schriftstellern und Persönlichkeiten des kulturellen Lebens aus dem Jahr 1990, einem der wichtigsten Manifeste der russischen Rechten, ist zwar viel von Nazismus, Zionismus, Russophobie, Patriotismus und dergleichen die Rede, doch die Wirtschaftsprobleme werden mit keinem Wort erwähnt – und das in einer Zeit, in der das Land in einer schweren Krise steckt.[18]

Dasselbe gilt auch für viele konservative Bewegungen und faschistische Gruppen in anderen Teilen der Welt, allerdings gibt es einige grundlegende Unterschiede. Weder artikulierte sich der Widerstand der Konservativen gegen die Industrialisierung im Westen so vehement wie in Rußland, noch waren die Probleme dort jemals so gravierend, daß die Notwendigkeit zu einem absoluten Neuanfang bestand. Im zaristischen Rußland widersetzte sich die Mehrheit der Konservativen der Industrialisierung. Sie fürchteten den Aufstieg einer Klasse von Industriellen, Unternehmern und Bankiers, die sie nicht ganz grundlos als eine Bedrohung ihres Rußlandbilds empfanden. Die Rechten wußten, daß der Zarismus sich vor allem auf die Landbevölkerung stützte. Größere ökonomische Freiheiten würden, so vermuteten sie zu Recht, früher oder später zu mehr politischer Freiheit führen, eine Vorstellung, die sie zutiefst erschreckte. Wenn Rußland schon entwickelt und modernisiert werden sollte, dann durch die Bürokratie. Doch der russische Staat verfügte weder über die dazu notwendigen Finanzmittel noch über das technische Wissen. Doch wenigstens sollte er die Entwicklung steuern und, wo nötig, stoppen oder vorantreiben. Aber der Staat konnte unmöglich die Rolle des Unternehmers und Investors übernehmen. Von daher sahen sich die Konservativen weniger von der Arbeiterklasse, mit der sie eine gemeinsame Front gegen die »kapitalistische Ausbeutung« anstrebten, als vom Bürgertum bedroht. Aber solche Vorstellungen fanden auf dem Land nur wenig und in den Städten gar keinen Anklang.

Der Antikapitalismus der russischen Rechten aus der Zeit vor 1914 ist immer noch von Interesse, denn die Motive und Argumente von damals sind bis zum heutigen Tag dieselben geblieben: Die Marktwirtschaft, ein kapitalistisches System, sei ungeeignet für Rußland. Eine Position, die mal mehr, mal weniger differenziert vertreten wird. G. Schimanow, vor und während der Perestroika einer der Führer der extremen Rechten, hat damit argumentiert, daß der Kapitalismus, angefangen beim Alten Testament bis hin zu den Rothschilds und weiter, eine Erfindung der Juden sei, die im übrigen auch den Kommunismus erfunden hätten. Die Beherrschung des Weltkapitals war und ist für sie, so Schimanow, der Schlüssel zur Erringung der Weltherrschaft.[19]

Etwas weniger polemisch war das Argument, daß Rußland einfach deswegen nicht für ein kapitalistisches System tauge, weil die russische Ethik weder protestantisch noch calvinistisch noch katholisch, sondern orthodox sei.[20] Max Weber, Sombart und sogar Toynbee müssen für diese These als Gewährsmänner herhalten. Die Tatsache, daß Japan Produkte herstellt, die qualitativ noch besser sind als die des christlichen Westens, wird damit erklärt, daß das nationale Erbe in diesem Land überlebt hat und gepflegt wird. Da sich die russische Psyche und die russischen Wertvorstellungen radikal von denen im Westen und im Fernen Osten unterschieden, sei der Kapitalismus in Rußland auf jeden Fall zum Scheitern verurteilt. Die Marktwirtschaft einzuführen hieße, Rußland auf den Stand eines Entwicklungslandes zurückzuwerfen.

Die Marktwirtschaft wird also nicht als Allheilmittel für Rußlands Leiden betrachtet, sondern, im Gegenteil, als eine Sackgasse. Aber was schlagen die Konservativen zur Sanierung der russischen Wirtschaft vor? Selbst in den Schriften der bekanntesten rechten Publizisten der Perestroika-Ära, Michail Antonow und Sergej Kurginjan, sucht man vergeblich nach klaren Antworten. Antonow trat erstmals vor fünfundzwanzig Jahren im Lager der christlichen Dissidenten in Erscheinung. Er beschäftigte sich mit den Soziallehren der Slawophilen und befürwortete eine Art Deindustrialisierung Rußlands, verbunden mit einer Auslagerung lebenswichtiger Industrien nach Sibirien. Ein Vorschlag, der bei den Bewohnern Sibiriens auf wenig Gegenliebe stieß.

Antonow, Mitglied der Kommunistischen Partei, war nach eigenen Aussagen Mitte der sechziger Jahre zu dem Schluß gekommen, daß die marxistische Lehre dem russischen Volk zutiefst fremd sei.[21] Die Indizien deuten allerdings darauf hin, daß seine Bekehrung erst später stattfand. Noch in den sechziger Jahren nämlich hatte Antonow erklärt, nur »die Kombination von russischer Orthodoxie und Leninismus ist in der Lage, dem russischen Volk ein Weltbild zu vermitteln, in dem seine jahrhundertlangen Erfahrungen als Nation verschmelzen können«.[22] Es ist bezeichnend, daß nicht nur sowjetische Liberale, sondern auch viele Rechte bis 1988, zum Teil auch noch länger, auf Lenin und den Leninismus setzten – der »gute« Lenin im Gegensatz zum »schlechten« Trotzkij, der das russische Volk verachtet und gehaßt hatte.

Antonow, der unter dem Sowjetregime im Gefängnis gesessen hatte, wurde gegen Ende der siebziger Jahre rehabilitiert. Zu Beginn der Glasnost-Ära veröffentlichte er eine Reihe langer und gutgeschriebener programmatischer Artikel in konservativen Zeitschriften wie MOLODAJA GWARDIJA und NASCH SOWREMENNIK.

Seine Kritik war teilweise berechtigt, so etwa seine Ausführungen über die furchtbaren ökologischen Schäden, die durch die erzwungene Industrialisierung verursacht worden waren. Doch das hatten schon andere vor ihm beklagt, und Lösungsmöglichkeiten hatte auch Antonow nicht anzubieten. Er vertrat die Meinung, daß Rußland unmöglich einen Lebensstandard anstreben könne, der mit dem im Westen oder in Japan vergleichbar sei. Dies wäre allerdings kein Beinbruch, denn die russischen Ideale und Werte unterschieden sich erheblich von denen des Westens (und Japans); in Rußland zählten geistige Werte, nicht materielle. Das Leben eines Asketen liege den Russen näher als das in der westlichen Konsumgesellschaft. In dem Maße, wie die Ideale verlorengegangen seien, müsse man sie den russischen Arbeitern und Bauern wieder einflößen und die Bürokratie von den kriminellen Elementen, mit denen sie durchsetzt sei, säubern. Dies werde zu einer Steigerung der wirtschaftlichen Produktivität des Landes und zu einer Erhöhung des Lebensstandards führen. Nach Antonows Auffassung hatte die Wirtschaftskrise mehr moralische als ökonomische Ursachen.

Antonow war ein verdientes Mitglied der Rechten. Im Jahr 1989 wurde er Präsident einer neuen Organisation, die sich für die Bewahrung des russischen Kulturerbes einsetzte. Doch seine Ansichten wurden nicht einmal von Gleichgesinnten allzu ernst genommen. N. N. Lysenko, Vorsitzender der Republikanischen Volkspartei (RPNR), sprach von einer »bukolisch-rechtgläubig-moralischen« Sicht der Wirtschaft, womit er indirekt zu verstehen gab, daß die Aussicht auf mehr und härtere Arbeit oder auf Schlangestehen für minderwertige Produkte bei den russischen Arbeitern auch nach intensiver patriotischer Indoktrination wenig Begeisterung auslösen dürfte.[23]

Sergej Kurginjan machte sich einen Namen als Autor mehrerer langer Zeitschriftenartikel und als Herausgeber eines Buches mit dem Titel *Post-Perestroika,* das von einer ungewöhnlichen Belesenheit zeugt. So zitiert er in einem Aufsatz neben Shakespeare, Goethe und Dostojewskij auch Spengler, Toynbee, Gödel, Swedenborg und Jakob Böhme. Von Haus aus Schauspieler, arbeitete er als Regisseur an einem Moskauer Studiotheater mit dem Namen *Na Doskach* (»Auf den Brettern«). Außerdem hatte er einen Universitätsabschluß und wurde in der Glasnost-Ära Leiter des Zentrums für experimentelle Kreativität, einer politischen Denkfabrik in Moskau, die einen gewissen Einfluß ausübte. Gelegentlich wurde das Zentrum von Pawlow, dem ehemaligen Ministerpräsidenten, und anderen hohen kommunistischen Funktionären zitiert.[24]
Wie Antonow übte Kurginjan vor allem an Gorbatschows und Jelzins Beratern und ihren ausländischen Helfern heftige Kritik. Aber wie schon bei Antonow so sucht man auch bei Kurginjan vergeblich nach konstruktiven Ideen und alternativen Konzepten (um genau zu sein, hatte er so viele, daß einem schwindlig wurde). Im Gegensatz zu Antonow nannte Kurginjan seinen Ansatz neokonservativ oder neotraditionell, ohne sich daran zu stören, daß diesen Begriffen etwas Autoritäres anhaftete.
Kurginjan empfand die Lage im Land als sehr ernst und war der Meinung, daß dem Volk die Wahrheit gesagt werden sollte. Die Modernisierung des Landes wollte er ohne ausländische Finanzmittel erreichen. Dazu war es unerläßlich, daß der Staat auch weiterhin eine entscheidende Rolle in der Wirtschaft spielte, auf Disziplin achtete und massive Indoktrinationsarbeit leistete. Da Kurginjan jedoch, anders als Antonow, kein ethnischer Russe war, sprachen ihn die Slawophilen weit weniger an. Kein Wunder, daß sein Patriotismusbegriff von dem der Slawophilen deutlich abwich. Kurginjan predigte einen Patriotismus, der dem Staat, nicht dem Volk, die höchste Autorität zuwies.
Kurginjan ist ein Meister im Entwerfen von Szenarios, die einen überaus regen Geist und gelegentlich auch eine scharfe Beobachtungsgabe verraten, aber weder Logik noch Konsistenz erkennen lassen. So forderte er die Modernisierung der sowjetischen Gesellschaft und die Anwendung der neusten Technologien – und gleichzeitig die Rückbesinnung auf die Soziallehren des frühen Christen-

tums und des Islam. Er schlug eine Perestroika auf der Grundlage einer mönchisch-asketischen Metareligion vor, die in sich den Kommunismus und das Christentum (das fundamentalistische wie das Teilhardsche) vereinte, den russischen Patriotismus, die antiwestlichen Strömungen und die Ausrichtung auf die Dritte Welt – mit anderen Worten, er wollte die Bündelung aller gesunden Kräfte der russischen Gesellschaft. Als Vorbild dienten ihm die Siedlungen der Duchoborzen, einer russischen Sekte, und auch die Gemeinschaften der Kosaken. Mit seinen Vorstellungen fand er 1990 und 1991 sowohl unter den Kommunisten als auch im Staatsapparat und bei den Sicherheitskräften Anhänger. Seine Kritiker hingegen verspotteten ihn als Scharlatan, der eine absurde und in sich widersprüchliche Mischung aus technokratischem Pragmatismus, Kommunismus und Chauvinismus anpries.[25]

Kurginjans Ansichten riefen in einigen rechtsextremistischen Zirkeln erbitterten Widerspruch hervor. Er wurde als falscher Prophet beschimpft, als Fürsprecher des Staatskapitalismus, der das geistige Potential des russischen Volkes ignoriere und, ganz allgemein gesprochen, einen freimaurerisch-jüdischen »Mondialismus« vertrete. Im Rahmen dieser polemischen Attacken wurde unter anderem auch die Wirtschaftspolitik der Nazis verteidigt:

> Der ausschlaggebende Faktor für die breite Unterstützung der Nazis war der ungeheure Zorn der (deutschen) Bevölkerung über die totale Judaisierung der deutschen Presse und den Ruin der deutschen Wirtschaft, verursacht durch die teuflischen Machenschaften der jüdischen Freimaurer, der Kommunisten und der Sozialdemokraten jeder Couleur. Hitler habe nur den Fehler gemacht, sich von den Zionisten dazu verführen zu lassen, seine Ambitionen durch territoriale Expansion zu befriedigen.[26]

Die einflußreichste Persönlichkeit, die sich zum Thema Wiederaufbau äußerte, war natürlich Alexander Solschenizyn. Er unterschied sich in einem wichtigen Punkt von Antonow und Kurginjan: Er gab freimütig zu, daß er weder ein Wirtschaftsfachmann sei, noch Rezepte für den Übergang von einer Kommandowirtschaft zu einer privaten Marktwirtschaft anbieten könne.[27] Er stimmte mit anderen konservativen Autoren darin überein, daß es ein Fehler wäre, Rußlands Wälder oder Rohstoffe an das Ausland zu verkaufen. Genausowenig hielt er es für angebracht, eine unbeschränkte Kapitalkonzentration zuzulassen, da sie nur zu einer neuen Form des Monopolismus führen würde. Fatal wäre es auch, wenn das Profitstreben zu sehr überhandnähme, denn dies hätte nachteilige Auswirkungen auf den Zustand der Gesellschaft.

Solschenizyn lehnte es ab, ausländische Wirtschaftsmodelle auf Rußland zu übertragen. Gleichzeitig aber räumte er ein, daß Privatbesitz und Lohnarbeit nach siebzig Jahren Indoktrination als etwas Schändliches betrachtet wurden – mit sehr negativen Konsequenzen für das Wohlergehen des russischen Volkes. Solschenizyn befürwortete die Förderung kleiner Unternehmen. Er hoffte auf das russische Arbeitsethos, – wenn es erst einmal vom staatlichen Joch befreit war. Wenn es den Japanern nur dank ihrer hohen Arbeitsmoral gelungen war, eine leistungsfähige Wirtschaft aufzubauen, dann sollte das auch den Russen möglich sein.

Nationalistische Extremisten haben Solschenizyn angegriffen, weil er in einem seiner früheren Bücher eine Art »moralischen Sozialismus« propagiert hatte, während der Sozialismus doch in Wahrheit ein Werk des Teufels sei, das im Neid wurzele und nicht in den geistigen Tiefen des Christentums.[28]

Wie auch immer Solschenizyns Ansichten vor zwanzig Jahren ausgesehen haben mochten, Tatsache ist, daß Antonow und Kurginjan dem Sozialismus erst sehr viel später entsagt haben. Antonow erklärte noch 1989, daß in seiner Bewegung nur sozialistische Organisationen und Einzelpersonen willkommen seien, die die Politik der Perestroika der kommunistischen Partei unterstützten.[29] Die rechten Nationalbolschewisten gingen noch weiter und versuchten, Lenin (den Demokraten, den Feind der Bürokratie und Architekten der klassenlosen Gesellschaft) für den Wiederaufbau Rußlands nach ihren Vorstellungen zu bemühen.[30]

Die Rechten konnten sich in der Wirtschaftspolitik ebensowenig auf einen gemeinsamen Standpunkt einigen wie die Liberalen. Einig war man sich nur darin, daß die Perestroika ein Schlag ins Wasser war und daß nur Kriminelle, Spekulanten und ähnlich destruktive Elemente von den (begrenzten) Möglichkeiten profitierten, die sich unter Gorbatschow aufgetan hatten.[31] »Genossenschaftsmitglied«

wurde in diesen Kreisen zum Synonym für Dieb, und es galt als ausgemachte Sache, daß die Sowjetwirtschaft im Würgegriff einer Mafia gefangen war. Diese Einschätzung der Lage war vielleicht gar nicht einmal so falsch, ließ aber die entscheidende Frage offen, über die sich die Rechte nicht einig werden konnte: War Privatisierung grundsätzlich falsch? Oder wurde sie nur willkürlich und inkonsequent durchgeführt?[32]

Daß Stalins Kollektivierung eine Katastrophe gewesen war und zum Untergang des traditionellen russischen Dorfes geführt hatte, darüber war die Rechte sich einig. Als Hauptschuldiger wurde Jakowlew (Epstein) ausgemacht, ein Parteiführer jüdischer Abstammung, der in Wahrheit nur eine untergeordnete Rolle gespielt hatte. Jakowlew war noch nicht einmal Mitglied des Politbüros gewesen. Man möchte annehmen, daß die Konservativen jede Eigeninitiative auf dem Land mit Freuden begrüßen würden. Doch dem ist nicht so. So wie sie 1906 Stolypins Reformen, die die *Obschtschina* aufbrechen sollten, nie wirklich unterstützten, so erwarteten sie auch 1990 von ähnlichen Maßnahmen nichts Gutes. Anatolij Saluzkij, ein rechtskonservativer Autor jüdischer Herkunft, trat mit einer Reihe von Artikeln ins Rampenlicht, in denen er dem Akademiemitglied Saslawskaja, einer Reformerin, vorwarf, in den siebziger Jahren bei der Zerstörung sowjetischer Dörfer geholfen zu haben. Doch als sich die Gelegenheit ergab, gehörte Saluzkij nicht zu denen, die eine Privatisierung der Landwirtschaft befürworteten. Und damit stellte er beileibe keine Ausnahme dar.[33]

Es ist aufschlußreich, das Wirtschaftsprogramm der Nazis (und der »konservativen Revolution« von 1929–1933 in Deutschland) mit dem der heutigen russischen Rechten zu vergleichen. Beide räumen der Politik Vorrang vor der Wirtschaft ein, beide sind bis zu einem gewissen Grad antikapitalistisch, zumindest in der Theorie. Das frühe, auf Feder zurückgehende und später verworfene Wirtschaftsprogramm des Nationalsozialismus sah für Wucherer und Schwarzhändler die Todesstrafe vor (Paragraph 12 des Nazi-Programms) und propagierte die Nationalisierung aller »Kartelle« (Paragraph 13). Die Förderung der Landwirtschaft hatte Vorrang vor dem Ausbau der Industrie, den Banken wurde mit großem Mißtrauen begegnet. Was Wassilij Below (in *Wsjo Wperedi*) über das »traditionelle russische Dorf als Hüter der nationalen Flamme« schrieb, stimmt weitgehend mit Hitlers Feststellung in *Mein Kampf* überein, wonach »die Erhaltung eines gesunden Bauernstandes als Fundament der gesamten Nation (...) niemals hoch genug eingeschätzt werden (kann)«.[34]

Das war nicht grundsätzlich falsch. Das Problem war nur, daß mit der landwirtschaftlichen Revolution das traditionelle Dorf verschwunden war. Die frühe Doktrin der Nazis rankte sich um Phantasien wie »die Befreiung von der Zinsknechtschaft« und die Unterscheidung zwischen »schöpferischem« (industriellem) und »parasitärem« (Finanz-)Kapitalismus. Diese Schlagworte waren reine Demagogie und wurden nach 1933 ohne viel Aufhebens fallengelassen. Die Nazis und die mit einer Revolution von rechts liebäugelnden deutschen Konservativen bauten auf Privatinitiative und Eigentum, wollten dem Staat aber in der Volkswirtschaft eine aktivere Rolle einräumen als zuvor. In mancher Hinsicht war das eine deutsche Variante des Keynesianismus. Am Vorabend der Machtergreifung hatten die Nazis ein Wirtschaftsprogramm gegen die Krise in der Schublade, das absolut realistisch war und sich als relativ erfolgreich erwies, eine Tatsache, die ihnen später viel politische Anerkennung einbrachte.[35]

Allerdings waren die Grundvoraussetzungen andere gewesen: Die Nazis standen vor dem Problem, eine Wirtschaft, die ins Stocken gekommen war, wieder in Schwung zu bringen. Die Infrastruktur war da – Fabriken, Facharbeiter, ein Kommunikationsnetz. Die Aufgabe, vor der die russische Rechte steht, ist unendlich viel komplizierter – hier geht es darum, ein komplettes Wirtschaftssystem zu ersetzen, das sich als untauglich erwiesen hat. In Deutschland hatte man das alte System ohne große Veränderungen übernehmen können. In Rußland wäre eine solche Lösung höchstens für eine kurze Übergangszeit denkbar.

Die Neue Rechte in Rußland

Im Jahr 1990 tauchten in verschiedenen russischen Publikationen die Begriffe »Neue Russische Rechte« und russischer »Neokonservatismus« auf. Zu den ersten, die den Ausdruck »Neue Russische Rechte« benutzten, gehörte der Schriftsteller Alexander Prochanow. Andere waren Sergej Kurginjan und Alexander Dugin, die weiter oben schon erwähnt wurden. Prochanow hatte seine literarische Karriere als Liberaler begonnen, als Protegé von Jurij Trifonow. Später fing er an, sich für die Armee zu begeistern. Er schrieb mehrere Bücher über den Krieg in Afghanistan, was ihm den Spitznamen »die Nachtigall des Generalstabs« eintrug. Ausgestattet mit schier unerschöpflichem Tatendrang und enormem publizistischen Fleiß arbeitete er sich nach und nach in die erste Reihe der Organisatoren und Funktionäre der Literaturszene vor. Mit Unterstützung der Politischen Hauptverwaltung der Streitkräfte gab er das Wochenmagazin DEN (Tag) heraus, als Gegengewicht zur liberalen LITERATURNAJA GASETTA. Seit dem mißglückten Putschversuch von 1991 nennt sich das Blatt im Untertitel »Die Zeitung der geistigen Opposition«. Kurginjans Aufstieg vom Schauspieler und Regisseur zum Chef einer Moskauer Denkfabrik, die sich auf wissenschaftliche Prognosen spezialisierte, ist bereits dargestellt worden. Dugin, ehemals Mitglied des Pamjat, hat sich selbst als »Metaphysiker und Geopolitiker« bezeichnet.[36]

Über die »Neue Rechte« zu schreiben ist deshalb so schwer, weil die Bewegung noch ganz am Anfang steht. Wenn Mitglieder der Bewegung von »Neokonservatismus« reden, dann hat das nichts mit dem »Neokonservatismus« zu tun, wie man ihn aus den Vereinigten Staaten kennt. Andererseits haben die russischen Neokonservativen viel von der Ideologie der französischen *Nouvelle Droite* übernommen. Die neuen russischen Rechten sind zweifellos Patrioten, die sich nach einem starken Rußland sehnen. Sie sind antiliberal und antidemokratisch und finden nicht den leisesten Gefallen an den, wie sie es nennen, sentimentalen Ergüssen über Humanismus und Menschenrechte.[37] Nach Prochanow steht in den Zehn Geboten nichts über die Menschenrechte, eine Einschätzung, der andere Bibelleser wohl widersprechen werden (man denke nur an das Fünfte Gebot: »Du sollst nicht töten«).

Im Gegensatz zur alten Rechten, die nach Auffassung der Neokonservativen keine Zukunft hat, sind sie weniger an der Vergangenheit interessiert, sondern konzentrieren sich auf Rußlands gegenwärtige innen- und außenpolitische Probleme. Soll Rußland überleben, so ihre These, dann ist eine Diktatur unumgänglich. Sie wollen einen starken, zentralisierten Staatsapparat und ebenso starke Sicherheitskräfte. Die Marktwirtschaft lehnen sie zwar nicht von vornherein ab, doch sind sie der Überzeugung, daß der Staat noch für einen längeren Zeitraum eine entscheidende Rolle bei der Sanierung und Umgestaltung des Landes spielen muß. Die traditionelle Beschäftigung der extremen Rechten mit dem Satanismus, der jüdisch-freimaurerischen Weltverschwörung und dergleichen erscheint den Neokonservativen weltfremd, die, obgleich sie sich zur orthodoxen Kirche bekennen, in ihr keinen vielversprechenden Verbündeten sehen. Sie ziehen die Herrschaft einer Partei dem neuen Liberalismus vor, sind aber davon überzeugt, daß ein neues Denken den Marxismus-Leninismus (und den russischen Nationalismus alten Stils) ablösen muß, und fühlen sich berufen, die notwendigen neuen Ideen zu liefern.

Dugin und Prochanow sind fasziniert von Alain de Benoist und der französischen *Nouvelle Droite*, die sie als westliches Gegenstück zu den russischen *Potschwenniki* verstehen. Mit den französischen Rechten teilen sie eine Begeisterung für die frühen Kulturen, für Jung (soweit sie ihn kennen), eine auf einer mystischen Religiosität basierende Naturphilosophie und eine verfeinerte Form des Rassismus. Allgemein sehen sie große Ähnlichkeiten zwischen der eurasischen Schule, der die Neue Rechte in Rußland angehört, und der französischen *Nouvelle Droite*.

Da außerhalb Frankreichs nur sehr wenig über die Lehre der *Nouvelle Droite* bekannt ist, sollte sie wenigstens kurz in ihren Grundzügen dargestellt werden. Benoist, der geistige Kopf dieser Gruppe, unterstreicht die herausragende Bedeutung einer aristokratischen Elite, bestehend aus »heroischen politischen Kämpfern« – einer von Julius Evolas Lieblingsbegriffen. Von Konrad Lorenz wurde der Begriff der Aggression und des Revierverhaltens entlehnt, die als normale menschliche Eigenschaften verstanden werden und die hierarchische Struktur von Gesellschaften unterstreichen. Die Doktrin der *Nouvelle Droite* ist neopaganistisch und angeblich spiritueller als der jüdisch-christliche Monotheismus, der in Gestalt des Liberalismus, der Demokratie und schließlich des Sozialismus zur Entwurzelung der Gesellschaft geführt habe. Die Aufklärung und rationales Denken (einschließlich einer allgemeingültigen Logik) werden nahezu völlig abgelehnt.

Die Nation erscheint als das höchste Gut. Rassenvermischung oder die Integration von Rassen ist ein unverzeihliches Übel, das zu Dekadenz und »Ethnozid« führe, ein Schlüsselbegriff der Neuen Rechten sowohl in Frankreich als auch in Deutschland und Rußland. Doch die *Nouvelle Droite* wehrt sich gegen den Vorwurf des Rassismus, die neue Parole lautet »Ethnopluralismus«. Sie stellt die Politik über wirtschaftliche Erwägungen (»Primat der Politik«), Instinkt und mythische Gedankenwelt über rationales Denken. Sie ist antiintellektuell und antikapitalistisch, predigt einen »dritten Weg« zwischen Kapitalismus und Kommunismus. Ihre Losung von der »konservativen Revolution« steht im Gegensatz zu der traditionellen Idee eines restaurativen Konservatismus. Sie ist (oder war) prodeutsch und antiamerikanisch.

Wer sich in der europäischen Geistesgeschichte auskennt, der entdeckt in der Doktrin der Neuen Rechten Spuren von Nietzsche, Pareto, Sorel und dem allgegenwärtigen Evola sowie den rechtsgerichteten Philosophen der dreißiger Jahre. Sie enthält wenig neue Ideen, die zudem nicht für bare Münze genommen werden sollten. »Ethnopluralismus« mag als Gegenargument bei unangenehmen Vorwürfen seinen Zweck erfüllen, aber meint die Neue Rechte es wirklich ernst damit? Wenn die Rechten auf der politischen Bühne aktiv werden wollen, und das ist ihr eigentliches Ziel, dann müssen sie die nationalistischen Wähler ansprechen, denen ein Begriff wie Ethnopluralismus natürlich ein Greuel ist. Während die Neue Rechte in Frankreich insgesamt gesehen nichts mit den klassischen Verschwörungstheorien am Hut hat und stets auf Abstand zu den Gaddafis und Louis Farakhans geachtet hat, haben andere, weniger kultivierte Rechte in Europa, darunter auch die Russen, weniger Skrupel gezeigt und aus ihren Sympathien für alle Radikalen, die nicht links stehen, keinen Hehl gemacht.

Die Ideologen der russischen Rechten haben viele Ideen der *Nouvelle Droite* deshalb so begeistert aufgegriffen, weil diese politische Tradition in Rußland niemals vertreten gewesen war. Vieles haben sie in den letzten Jahren recht kritiklos übernommen.[38] In Frankreich war die Neue Rechte ein paar Jahre lang in Mode, aber heute ist ihr Einfluß ähnlich gering wie in Deutschland.

Hat der »revolutionäre Konservatismus« eine Zukunft in Rußland?[39] Dugin meint, daß die Zeit für »unsere Leute« arbeitet. Er glaubt, daß das neue rechte Denken schon in naher Zukunft die populärste

und am weitesten verbreitete Ideologie in Rußland sein und nach seinem Triumph in Rußland auch auf die anderen Länder Europas übergreifen wird. Die überkommene rechte Doktrin hält er für archaisch; eine Rückkehr zur Monarchie oder zum Slawophilentum ist für ihn ohne eine ideologische *Metanoia*[40] undenkbar.
Außerdem glaubt Dugin, daß die traditionelle Rechte sich durch ihren Fremdenhaß nur selbst geschadet hat. Zu »unseren Leuten« zählt er nicht nur Russen, sondern auch die Traditionalisten der kleineren Völker, die die Gefahr des Separatismus einerseits und des »Mondialismus« andererseits erkannt hätten.[41] Er mag durchaus recht haben, wenn er in Rußland und anderen europäischen Nationen eine konservative Grundstimmung auszumachen glaubt, aber er überschätzt die Attraktivität der Neuen Rechten in West- und Osteuropa: Wenn das politische Pendel nach rechts ausschlägt, dann wird das vermutlich eher den populistischen und fremdenfeindlichen Kräften zugute kommen und nicht den geopolitischen Denkern der Neuen Rechten. Viele Spekulationen über gemeinsame Ideale, Werte und Interessen der Konservativen in Westeuropa und Rußland gehören eindeutig ins Reich der Phantasie oder beruhen auf Unwissenheit.[42]
Kurginjan und besonders Dugin haben mit ihrem radikalen Antiamerikanismus und vor allem mit dem Begriff des »Notstands« (*Chreswitschajnoje poloschenje*) ihren Teil zu der Doktrin der Neuen Rechten beigetragen. Kurginjan hat behauptet, er sei schon immer der Ideologe des »Notstands« gewesen, das heißt, einer nichtdemokratischen politischen Lösung. Im Prinzip ist dieses Konzept ein Aufguß der Ideologie Carl Schmitts aus den zwanziger Jahren. Schmitt war ein ebenso gelehrter wie konfuser deutscher politischer Philosoph, der die Schwächen der modernen Demokratien, vor allem wenn sie vor ernsten Problemen oder Gefahren stehen, bis ins Detail analysiert hat. Es ist unwahrscheinlich, daß Kurginjan den frühen Schmitt jemals gelesen hat, aber Dugin hat es offensichtlich, denn er hat voll Schmitts These übernommen, wonach die gesamte Politik auf einer Freund-Feind-Dichotomie basiert. Außenpolitisch tritt Dugin für ein kontinentales Imperium ein, das von Wladiwostok bis Dublin reicht und ein Gegengewicht zu Amerika und dem Atlantizismus bildet. Amerika ist der Feind *par excellence,* ein Alptraum, eine unorganische, künstliche Zivilisation, ein Land ohne Kultur

oder geistige Tradition, das dennoch versucht, sein unethnisches, traditionsfeindliches »babylonisches« Modell anderen Kontinenten aufzuzwingen.[43]

Dugin selbst scheint niemals in den Vereinigten Staaten gewesen zu sein, genausowenig wie die meisten anderen rechtsradikalen Ideologen. Das erleichtert es natürlich, Pauschalurteile über einen so komplexen Gegenstand zu fällen. Aber dieser Antiamerikanismus ist nicht neu. Die deutschen Rechtsradikalen haben ihn bereits in den dreißiger Jahren vorexerziert. Die russische Rechte führt in diesem Zusammenhang häufig Begriffe wie »geopolitisch« oder »mondialistisch« ins Feld, deren Inhalt jedoch keineswegs eindeutig festzumachen ist. Prochanow hat Amerika gelegentlich Rußlands »ewigen Feind« genannt, aber wie Kurginjan scheint auch er momentan innenpolitischen Themen Vorrang einzuräumen.[44] Es mag sein, daß die Neue Rechte in Rußland eines Tages an Einfluß gewinnen wird. Doch gegenwärtig ist sie mehr ein abstrakter Begriff als eine politische Realität.

Außenpolitik

Die russischen Nationalisten waren lange Zeit in zwei Lager gespalten. Die einen forderten ein starkes und unteilbares Rußland, und die anderen, unter ihnen Solschenizyn, empfanden das alte Sowjetimperium als unerträgliche Bürde. Doch selbst letztere hatten gehofft, daß das neue Rußland die Ukraine, Weißrußland und Nordkasachstan umfassen würde. Die Auflösungserscheinungen des Jahres 1991, als zunehmender separatistischer Druck sogar die Existenz der alten RSFSR bedrohte, trafen sie völlig unvorbereitet. Es erscheint unwahrscheinlich, daß sie sich mit diesem Zustand abfinden werden, und das gilt auch für viele andere, die normalerweise nicht zu einem konservativen Weltbild neigen.

Die russische Rechte war lange Zeit blind für die heraufziehenden Gefahren. Während Koschinow, einer der gebildetsten und wortgewandtesten Sprecher der Rechten, lange Artikel verfaßte, in denen er die Ansicht vertrat, daß die Besetzung durch die Chasaren eine größere Bedrohung dargestellt habe als die tatarische und mongolische Fremdherrschaft,[45] verließen die baltischen Staaten und die Kaukasus-Republiken die Sowjetunion. Während in der MOLODAJA GWARDIJA und im NASCH SOWREMENNIK gegen das jüdisch-freimaurerische Komplott von 1917 gewettert wurde, erklärten die Ukraine und die Unionsstaaten Zentralasiens ihre Unabhängigkeit. Ein erstaunlicher Fall politischer Blindheit: Die Rechten beschworen imaginäre Gefahren und ignorierten dabei völlig, daß die Zeichen der Zeit auf Sturm standen. Eines Tages werden sich besonnenere konservative Köpfe fragen, wie es zu einer solch fatalen Fehleinschätzung hatte kommen können.

Noch ist es zu früh, darüber zu spekulieren, wie die russischen Nationalisten die Katastrophe von 1991 erklären und wie sie reagieren werden – müssen wieder die alten Sündenböcke herhalten, werden sie die neuen Realitäten akzeptieren oder werden sie versuchen, verlorenes Terrain zurückzuerobern? Der Schock sitzt tief. Die Veränderungen, die Jahrhunderte russischer Geschichte ungeschehen gemacht haben, waren derart radikal, daß es zum gegenwärtigen Zeitpunkt sehr schwierig ist, die künftigen außenpolitischen Prioritäten der Rechten einzuschätzen. Aller Wahrscheinlichkeit nach werden sie in absehbarer Zukunft innenpolitischen Fragen weit größere Aufmerksamkeit widmen als außenpolitischen Themen.

Die Rechte war sich einig in dem Glauben, daß Rußland eine starke Armee brauche, um seinen rechtmäßigen Platz in der Weltpolitik behaupten zu können. Einige Wortführer der Rechten behaupten schon seit Jahren, daß nur die Streitkräfte in der Lage sind, dem Land eine innenpolitische Führung zu geben, die den Absturz ins Chaos verhindern kann. Die Armee ist, folgt man den Aussagen einiger rechtsextremistischer Ideologen, nicht nur der Schild der Nation, sondern auch eine treibende kulturelle Kraft, die Hüterin der öffentlichen Moral.[46] Folgerichtig hat sich die Rechte gegen Abrüstungsmaßnahmen und einschneidende Kürzungen im Militärhaushalt ausgesprochen. Sie hat die Streitkräfte (und oft auch den KGB) gegen Angriffe verteidigt, und die so Geschützten haben sich für die Unterstützung revanchiert.

Die Rechte lehnte Gorbatschows »Neues Denken« aus einer Vielzahl von Gründen ab und mißbilligte sogar die neue offizielle Militärdoktrin von 1989/1990.[47] In ihren Augen kamen die Rüstungsbeschränkungen einseitig dem Westen zugute. Die Sowjetunion hatte sich unter großen Mühen und Opfern eine sehr starke strategische Position aufgebaut. Diese aufzugeben war gleichbedeutend mit Landesverrat; daher auch die giftigen Angriffe auf Arbatow, Primakow, Burlazki und andere Berater Gorbatschows. Diese Männer waren keine »Liberalen«, geschweige denn Radikale, aber sie hatten eingesehen, daß die sowjetische Wirtschaft das gigantische Militärbudget nicht länger tragen konnte und daß überhöhte Ausgaben auch aus rein militärischer Sicht nur wenig zusätzlichen Nutzen brachten.

Folgt man der rechten Doktrin, dann war es falsch anzunehmen, daß in einem zukünftigen Krieg Nuklearwaffen keine entscheidende Rolle spielen würden. Ein massive Verringerung der Atomwaffen werde eher früher als später zu einer »Weltregierung« führen. Für die Rechte wäre eine solche Regierung ein trojanisches Pferd der Amerikaner, das schlimmste, was Rußland passieren könnte, gleichbedeutend mit einem kampflosen Sieg des Westens.[48]

Aus demselben Grund opponierten sie auch gegen die Atomwaffenteststopps (mit Ausnahme des Abkommens von 1963). Der Ton, in dem die Vorwürfe vorgetragen wurden, nahm an Schärfe immer mehr zu. Die Abrüstungsbefürworter wurden als »fünfte Kolonne« beschimpft, die das Land mit einer Art politischem Aids verseuchten.[49] Mit den Ereignissen des Jahres 1991 verlor diese Debatte an Relevanz. Das heißt allerdings nicht, daß damit die Legende von einem Dolchstoß in den Rücken der russischen Armee vom Tisch ist.

Was die eigentliche Außenpolitik angeht, so hat die russische Rechte den Vereinigten Staaten seit jeher mißtraut. Dieses Mißtrauen geht auf die Zeit vor der Revolution von 1917 zurück. Schon Gorki, dem aus persönlichen Gründen im puritanischen Amerika ein frostiger Empfang bereitet wurde, beschrieb ausführlich den »Gelben Teufel« (Mammon), der in den Vereinigten Staaten regiere. Und nach 1945 waren die USA in der Sowjetpropaganda viele Jahre der Feind Nummer eins. Zwar empfand man im Volk und unter den Intellektuellen auch Bewunderung für Amerika, ja man setzte sogar übertriebene Hoffnungen in die andere Supermacht, aber davon wollte die Rechte nichts wissen. In ihren Augen ist Amerika eine materialistische Gesellschaft, ohne Ideale und Werte, eine künstliche Nation, die früher oder später zerfallen muß, nicht nur wegen ihres kapitalistischen Wirtschaftssystems, sondern auch wegen ihres übertriebenen Egalitarismus und des Fehlens einer Elite. Für die russische Rechte ist Amerika ein steriles Land, das nie eine eigene Kultur hervorgebracht hat.

Solche Kommentare erinnern an die Kritik, die lange Zeit in Westeuropa zu hören war. So sagte Hitler einmal: »In einer einzigen Symphonie von Beethoven ist mehr Kultur als in der gesamten amerikanischen Geschichte.« Amerika wird nicht als Partner Rußlands in der Außenpolitik betrachtet. Amerika ist immer noch der Hauptfeind, auch wenn es zwischen beiden Ländern keine größeren Streitpunkte mehr gibt, was Einflußsphären, wirtschaftliche Konkurrenz oder Großmachtambitionen angeht. Aus Sicht der Rechten hat Amerika systematisch und nicht ohne Erfolg versucht, Rußland in einen Satellitenstaat zu verwandeln.[50]

Auch China und Japan kommen kaum besser weg. Dem kommunistischen China, das seine wirtschaftlichen Probleme anscheinend besser in den Griff bekommen hat als Rußland und dem es gelungen ist, die demokratische Bewegung im Land zu unterdrücken, zollt man zwar ein gewisses Maß an Respekt. Doch China ist und bleibt die »Gelbe Gefahr«, die ewige Bedrohung Rußlands in Asien, ein Milliardenvolk, das mit seinen Horden eines Tages Sibirien überschwemmen könnte. Japan wird wegen seines inneren Zusammenhalts und seiner Wirtschaftskraft bewundert, aber die kulturellen Unterschiede zwischen beiden Ländern sind so groß, daß eine Annäherung undenkbar erscheint, von der ungelösten Kurilen-Frage einmal ganz abgesehen. Im Gegensatz zu den Liberalen wehrt sich die Rechte mit aller Gewalt dagegen, auch nur einen Zentimeter russischen Bodens preiszugeben, auch wenn er, wie im Fall der Kurilen, erst nach 1945 an die alte Sowjetunion gefallen war.[51]

Einige Rechte setzen auf eine strategische Allianz mit einem aufstrebenden muslimischen Reich, selbst wenn es islamisch-fundamentalistisch ausgerichtet sein sollte. Dem steht entgegen, daß die islamische Welt alles andere als eine Einheit darstellt. Zudem befürchten viele Rechte, daß die Interessen eines islamischen Imperiums bald schon mit Rußlands legitimen Interessen in Asien und womöglich sogar in Europa kollidieren könnten. Im Jahr 1991, vor Ausbruch des Golfkrieges, stand die Rechte geschlossen hinter dem Irak. Der sowjetischen Regierung wurde zum Vorwurf gemacht, daß sie sich nicht von den Amerikanern und den anderen westlichen

Aggressoren distanziert hatte.[52] Vor Kriegsausbruch prophezeite die extreme Rechte den Amerikanern ein totales Desaster. Und nach Saddam Husseins Niederlage warfen sie dem Westen vor, daß es angesichts der erdrückenden Überlegenheit der Amerikaner schändlich gewesen sei, einen solchen ungleichen Kampf überhaupt zu beginnen.

Einige Sprecher der Rechten gaben damals zu bedenken, daß gute Beziehungen zur muslimischen Welt Moskau dabei helfen könnten, die separatistischen Bestrebungen in den muslimischen Sowjetrepubliken einzudämmen. Andererseits wurde aber auch die Gefahr einer Islamisierung Rußlands heraufbeschworen, falls die zentralasiatischen Republiken in der Union blieben.[53] Auch diese Diskussion wurde von den Ereignissen des Jahres 1991 überholt, als die zentralasiatischen Republiken die Union verließen. Noch in den Jahren 1990 und 1991 wurde in nationalistischen Zeitungen die politische Stabilität in den zentralasiatischen Republiken gepriesen. Auch das war ein voreiliger Schluß, wie sich im Jahr darauf zeigte.

Während der Golfkrise war man sich innerhalb der russischen Rechten nicht völlig einig, welche politische Position man beziehen sollte. Man verurteilte zwar einhellig die indirekte Unterstützung, die Gorbatschow und Schewardnadse angeblich den Amerikanern hatten zukommen lassen. Doch während Koschinow eine Hinwendung zur Dritten Welt befürwortete (in Übereinstimmung mit den späten Schriften Lenins), forderte Schafarewitsch eine russische Monroe-Doktrin und eine Politik des Isolationismus, bis das Land sich von der Krise im Innern erholt hatte.[54]

Die extreme Rechte lehnte die Wiederaufnahme diplomatischer Beziehungen mit Israel ab. Statt dessen erweckte sie die längst vergessene Russisch-Palästinensische Gesellschaft wieder zum Leben, die sich, ein Überbleibsel aus den Tagen des Zarenreiches, ursprünglich religiösen und wissenschaftlichen (d. h. archäologischen) Tätigkeiten gewidmet hatte. Doch Initiativen dieser Art bewirkten nur sehr wenig. Die breite Öffentlichkeit nahm sie praktisch nicht zur Kenntnis. Alles in allem beschränkte sich die Rechte vor allem auf Schadensbegrenzung und warf Gorbatschow und insbesondere Schewardnadse vor, einen territorialen und militärischen Ausverkauf Rußlands zu betreiben, der die Großmachtstellung des Landes in fataler Weise schwäche.

Blieben noch die Richtung des Eurasianismus (auf den wir später nochmal zurückkommen werden) und die Vision von einer »kontinentalen Allianz«. Der Eurasianismus ist und war schon immer eine nebulöse Idee, aus kultureller wie aus politischer Sicht. Solowjow stellte seinen Freunden einmal die Frage, ob sie, wenn sie vom Osten sprachen, an den Orient eines Jesus Christus oder an den eines Xerxes dachten. Den modernen Eurasiern schwebt weder ein Christus noch ein Xerxes, weder ein Chomeini noch ein Gaddaffi vor. Ihre Visionen zielen ins Leere, und deshalb stellen sie auch keine ernstzunehmende Alternative dar.

In diesem Zusammenhang sollten kurz die Theorien Lew Gumiljows vorgestellt werden. Der Sohn von Anna Achmatowa und dem Dichter Nikolaj Gumiljow entwickelte einige sehr eigene Gedanken zur Ethnogenese im allgemeinen und zu den Ursprüngen Rußlands im besonderen. Eine Volksgemeinschaft war Gumiljow zufolge biologischen Ursprungs und gründete sich auf *Passionarnost,* einem gemeinsamen Instinkt oder Trieb. Eine Theorie, mit der er sich dem Gedanken der Rassentrennung stark annäherte.[55]

Gumiljows Ideen sagten der Rechten zu, weil sie gewisse Gemeinsamkeiten mit der slawophilen Theorie hinsichtlich der Unterschiede zwischen der russischen und der westeuropäischen Ethnie aufwiesen und Gumiljow darüber hinaus ebenfalls eine Art Eurasianismus propagierte. Einige seiner Bücher, die vor 1987 nicht publiziert werden konnten, wurden in der Glasnost-Ära von rechtsgerichteten Autoren wie Balaschew einer breiteren Öffentlichkeit zugänglich gemacht.[56] Doch Gumiljow wurde auch kritisiert, weil er immer wieder die engen Beziehungen zwischen den Russen, den Tataren, den Monogolen und der Goldenen Horde betonte. So behauptete er, daß die Beziehungen zwischen Rußland und seinen östlichen Nachbarn sehr viel enger und herzlicher gewesen seien, als man allgemein angenommen habe. Solche Behauptungen mußten natürlich denen aufstoßen, die an die Rassenreinheit des russischen Volkes glaubten.[57]

Die zahlenmäßig stärkeren »Kontinentalisten« favorisierten eine europäische Allianz mit der Achse Berlin–Moskau als Gegengewicht zu der erdrückenden Übermacht der Vereinigten Staaten. Die Argumente, die für dieses »umgekehrte Rapallo« – eine Anspielung auf den Rapallovertrag von 1922 – ins Feld geführt werden, lauten wie folgt: Die Deutschen und Russen sind seit jeher gute Nachbarn und enge Verbündete gewesen. Sie ergänzen sich in vielfältigster Hinsicht. Man hat zwar verschiedentlich, etwa 1914 oder 1941, Krieg gegeneinander geführt, aber solche Kriege waren stets die Folge westlicher (und jüdisch-freimaurerischer) Intrigen, was sich schon daran zeigt, daß beide Nationen unter ihnen gelitten haben. Im Jahr 1922 war Deutschland der schwächere Partner in der Allianz, heute ist es Rußland.[58] Aber das gehört zu den normalen Wechselfällen der Geschichte. Früher oder später wird sich Rußland wieder erholen, und wenn Rußland und Deutschland ihre Kräfte vereinen, können sie zur stärksten Macht in Europa und vielleicht sogar in der ganzen Welt werden. Aus diesem Grund verweisen rechte russische Autoren mit Befriedigung auf eine angebliche antiamerikanische Stimmung in Deutschland und unterstellen, daß es ideologische Berührungspunkte zwischen beiden Ländern gibt: Rußland bewege sich auf ein autoritäres Regierungssystem zu, und auch der gegenwärtige Parlamentarismus in Deutschland solle nicht allzu ernst genommen werden. So schrieb A. Ossipow, daß Deutschland im Grunde ein konservatives Land sei, das von den allgemeinen Zersetzungserscheinungen nicht im selben Ausmaß betroffen sei wie das übrige Europa oder die Vereinigten Staaten.[59]

Die meisten Autoren solcher geschichtsphilosophischer und »geopolitischer« Phantastereien sind Laien, die nur wenig oder gar nichts von der Welt und dem geistigen Leben außerhalb Rußlands wissen. Sie stehen in der Spenglerschen Tradition und beurteilen Länder und Völker, die sie nie gesehen haben. So erklärt sich auch ihre anhaltende Neigung, die amerikanischen Interessen an Europa überzubewerten und umgekehrt die Veränderungen, die seit dem Zweiten Weltkrieg in Deutschland stattgefunden haben, zu unterschätzen. Dieser Mangel an fundiertem Wissen und Einfühlungsvermögen geht einher mit der Entdeckung immer neuer Verschwörungen. Die Wochenzeitschrift DEN prägte den Begriff »Konspiratologie« für einen neuen Wissenschaftszweig, dem in jeder Ausgabe des Blattes eine Kolumne gewidmet ist.

Die Konservativen des 19. Jahrhunderts waren, von den Slawophilen bis zu Pobjedonoszew, in aller Regel exzellente Kenner des Westens. Es gehört zu den traurigen Folgen der russischen Isolation seit der Revolution von 1917, daß selbst erbitterte Gegner des Bolschewismus die Welt außerhalb der Sowjetunion nicht mehr verstehen. Ihre Theorien wurzeln häufiger im Reich der Phantasien als in der realen Welt von heute.

Im großen und ganzen haben wir uns bei dieser Übersicht auf die extreme Rechte beschränkt und die Fanatiker am äußersten rechten Rand vernachlässigt. Aber diese Fanatiker gibt es. Sie haben ihre Organisationen und ihre Zeitschriften. Es ist nicht immer ganz einfach, auf Anhieb die Trennlinie zwischen Fanatikern und respektableren Vertretern der extremen Rechten auszumachen. Die extremsten Publikationen der Rechtsradikalen wie NARODNOJE DELO und RUSSKIJE WEDOMOSTI widmen sich sehr intensiv Themen aus dem Bereich der Sexualität. Sie behaupten zum Beispiel, daß die weiße Rasse (im Gegensatz zu den Schwarzen) nicht von Aids bedroht sei und daß eine russische Frau, die auch nur einmal mit einem Schwarzen oder einem Juden Verkehr gehabt habe, niemals mehr ein genetisch reines russisches Kind zur Welt bringen könne, sondern, je nachdem, ein jüdisches oder schwarzes Kind gebären werde.[60] Überflüssig zu erwähnen, daß Rosenberg, Goebbels und Mussolini in diesen Zeitschriften häufig zitiert werden.

Die okkulten Quellen der extremen Rechten

Das zeitgenössische rechte Denken orientiert sich an den Slawophilen, an Dostojewskij, an der orthodoxen Kirche und (bis zu einem gewissen Grad) am Neopaganismus. Doch diese Aufzählung ist nicht vollständig. Es gibt noch eine weitere, oft übersehene, aber deshalb nicht weniger bedeutende Linie. Gemeint sind die esoterische Tradition und die okkulten Wissenschaften, insbesondere die Astrologie, aber auch andere Formen intuitiven und nichtanalytischen Denkens, die auf altindische Philosophie, auf Nostradamus, den Spiritualismus, die Parapsychologie und ähnliche Quellen zurückgehen. Eine Übersicht über die Titel, die zwischen 1988 und 1992 in Rußland erschienen, zeigt, daß die Auflage der Bücher und Almanache, die sich mit solchen Themen beschäftigen, die Auflage von Karamsins *Die Geschichte Rußlands* und anderen bedeutenden Werken der russischen Nationalisten bei weitem übersteigt und der Auflage der Bibel und anderer religiöser Schriften gleichkommt oder sie sogar übertrifft.[61]

Im Westen wie auch im Osten wurde dieses Phänomen weitgehend ignoriert. Jung hat einmal geschrieben, daß die Astrologie an die Türen der Universitäten klopfe und daß die Gegenwart, nicht das Mittelalter, die Hochzeit der Astrologie sei. Und der Kunsthistoriker Fritz Saxl führte die erstaunliche Renaissance der Astrologie teilweise auf die Wiederkehr des heidnischen Glaubens zurück und sah darin ein für Umbruchperioden typisches Phänomen. Sax schloß mit der Bemerkung, daß man keine Geschichtsperiode vollkommen verstehen könne, ohne ihre unwissenschaftlichen Strömungen sorgfältig zu untersuchen.[62]

Im wissenschaftlichen Denken spielt die Astrologie seit dem 17. Jahrhundert keine Rolle mehr. Doch in England, und später auch in Amerika, starb sie nie ganz aus. In Frankreich erlebte das Okkulte im späten 19. Jahrhundert eine Renaissance, in Deutschland unmittelbar vor und nach dem Ersten Weltkrieg, und auch in Rußland war es lange Zeit in Mode. Mehrere Leitfiguren der okkulten Bewegung wie Madame Blavatsky (1831–1891), Gurdijeff und Ouspenski waren russischer Herkunft, wenngleich sie den größten Teil ihres Lebens außerhalb Rußlands verbrachten. Der Glaube an Wunderheilungen hatte in Rußland schon immer Konjunktur. Der Name Rasputin und die Abhängigkeit der Zarenfamilie von diesem Mann ist weithin bekannt. Doch Rasputin war nur der bekannteste einer ganzen Reihe von Wunderheilern. So war denn auch niemand sonderlich überrascht, als das Phänomen in den sechziger Jahren in Rußland wieder auftauchte und selbst Mitglieder des Politbüros Wahrsager und Wunderheiler konsultierten.

Doch bis vor kurzem wurde die Subkultur des Okkulten von der offiziellen Ideologie strikt ferngehalten. Die PRAWDA druckte noch nicht einmal ein Horoskop ab (wie die SOWETSKAJA ROSSIJA seit 1992), noch stellte der KOMMUNIST seine Seiten für Diskussionen über Swedenborg und Rudolf Steiner zur Verfügung. Es gab zwar einige wissenschaftliche Untersuchungen parapsychologischer Phänomene, die wurden aber auch im Westen durchgeführt.

Während die okkulten Wissenschaften auf den ersten Blick unpolitisch zu sein scheinen, ist ihre Anziehungskraft auf Menschen mit einem rationalen Weltbild schon immer sehr viel schwächer gewesen als auf jene, die glauben, daß die anerkannten Wissenschaften keine Antworten auf die wirklich wichtigen Fragen des Lebens geben können. Die Renaissance des Okkulten im zeitgenössischen Rußland ist zum großen Teil eine Reaktion auf den »wissenschaftlichen« Anspruch der überkommenen Ideologie des Marxismus-Leninismus.

Was die russische Rechte angeht, so gehört der Glaube an Satan und verschiedene Dämonen – ein Thema, das wir weiter oben bereits behandelt haben – zu einer okkulten Tradition, die weit über die Lehren der Kirche hinausgreift. Aber es sind auch andere Einflüsse festzustellen, vor allem am rechten Rand. Einige typische Beispiele werden genügen, um ihren Inhalt und ihre Zugkraft zu verdeutlichen. Der Glaube an Prophezeiungen ist in der russischen Rechten weit verbreitet. So füllte das Organ der russischen nationalen Befreiungsbewegung, RUSSKOJE WOSKRESENIJE, eine halbe Ausgabe mit Übersetzungen von Texten des Nostradamus, nach denen die Satanisten im Jahr 1999 endgültig vernichtet werden. Diese prophetischen Texte waren ausgeschmückt mit mittelalterlichen Illustrationen von Tieren und Dämonen und pseudomathematischen Formeln.[63] PULS TUSCHINA, das führende antisemitische Blatt in Moskau, berichtete, daß eine Lokalzeitung in Nowosibirsk (7 DNEJ) die Katastrophe von Tschernobyl zehn Tage vor ihrem Eintreten vorhergesagt hatte.[64] Gewiß, solche Überzeugungen findet man nicht nur im rechten Lager: So berichtete eine Publikation des sowjetischen Außenministeriums, daß Astrologen als erste in Presse und Fernsehen auf die Möglichkeit eines Staatsstreichs in den Jahren 1991 oder 1992 hingewiesen hätten, daß man ihre Prognosen jedoch als Schwarzmalerei abgetan habe.[65] Doch nirgendwo werden so detaillierte und weitreichende Behauptungen aufgestellt wie in der Presse der Rechtsextremisten. Die beiden Zeitungen ISTOKI und WOSKRESENIJE berichteten im Sommer 1991 über den mysteriösen Tod einiger prominenter russischer Antisemiten. Die Schlagzeile des ersten Artikels lautete »Wie sie uns umbringen«, die des zweiten »Rätsel um Mord noch nicht gelüftet«. Möglicherweise stammen beide Artikel aus der Feder desselben Autors; der eine war mit »Astrologe« gezeichnet, der andere mit »Scharikow-Riesenschnauzer, Astrologe«.[66]

In den Artikeln ging es um den Selbstmord des Pamjat-Führers

Smirnow-Ostaschwili und um einen Verkehrsunfall, bei dem ein gewisser Jewsejew, ein prominenter Ideologe ähnlicher Gesinnung, ums Leben gekommen war. Der Autor (oder die Autoren) argumentiert wie folgt: Die Zahlen sieben und acht gelten bei Leuten, die sich mit Schwarzer Magie beschäftigen, als günstige Zahlen. Am 7. Februar 1990 veröffentlichte die LITERATURNAJA GASETA einen Artikel, in dem Smirnow-Ostaschwili verschiedener Vergehen beschuldigt wurde. Am 10. Februar erlitt Jewsejew seinen Unfall, am 15. (sieben plus acht!) starb er. Die Verkehrspolizei fand den verletzten Jewsejew bei Kilometer 78 (!) der Moskauer Ringstraße. Am selben Tag hatte ein Staatsanwalt Anklage gegen Jewsejew nach Artikel 74 (Anstiftung zum Rassenhaß – wieder die Sieben!) erhoben, die nicht weiterverfolgt wurde, da, so der Autor, »der Ritualmord bereits ausgeführt worden war«. Nach Meinung des Astrologen wurde Jewsejew von Leuten, die in die Schwarze Magie eingeweiht waren, hypnotisiert. Oder er wurde von jemandem, den er für einen alten Freund hielt, getäuscht und in eine Falle gelockt – oder von den Ärzten umgebracht, die ihm bei dem angeblichen Versuch, ihn zu retten, den Kehlkopf aufschnitten (»damit er nicht mehr reden konnte«).

Der Autor tischte noch mehr »zwingende« Beweise auf. Der Mord an Smirnow-Ostaschwili geschah um elf Uhr nachts, nach alter östlicher Überlieferung also in der »Stunde des Hundes«. Auf dem letzten Foto, das von Smirnow-Ostaschwili aufgenommen wurde, sieht man eine Uhr, auf der es gerade zehn ist. Das zehnte Tierkreiszeichen aber ist der Steinbock. Nach astrologischer Tradition ist der Steinbock für all jene günstig, die über eine geheime Macht im Land verfügen, und das sind gewöhnlich die freimaurerischen Päderasten (»alle Freimaurer in der Sowjetunion sind homosexuelle Kinderschänder«), weil ihr Idol ein kleiner Teufel in der Gestalt eines Ziegenbocks namens Wafomet ist.[67] Der Autor zieht die Möglichkeit in Betracht, daß diese Schandtaten im Zusammenhang mit einer Kampagne standen, die zur selben Zeit gegen den KGB inszeniert wurde, doch dann verwirft er diese These wieder, weil er einen einfachen Ritualmord für wahrscheinlicher hält.

Die »Stunde des Hundes« läßt noch weitere Schlüsse zu. Als man Rasputin und Nikolaus II. ermordet hat, hat man auch ihre Hunde beseitigt, und obendrein hat die führende liberale Zeitung OGON-

JOK Jewsejew kurz vor seinem Tod »Scharikows Kind« genannt.[68] Und auch die einzelnen Zeichen des Tierkreises bieten weitere Hinweise: Jedes Zeichen begünstigt ein bestimmtes Volk – der Widder die Deutschen, der Löwe die Japaner und die Fische die verschiedenen Inselvölker, zu denen auch die Juden zählen. Dasselbe gilt auch für die verschiedenen Körperteile. Der Steinbock steht für das Gesicht und den Hals, die Zwillinge für den Hüftbereich, der Wassermann für den Kehlkopf. Da die Ärzte, die Jewsejews Leiche obduzierten, seinen Kehlkopf durchtrennt haben, fügen sich alle Teile dieses teuflischen Puzzles zusammen und machen deutlich, wo man die Mörder der beiden Patrioten Jewsejew und Smirnow-Ostaschwili zu suchen hat.

Dieses Beispiel vermittelt einen Eindruck von der Mentalität und Seriosität der Astrologen im rechtsextremistischen Lager. Man ist versucht, solche Auswüchse als makabre Scherze abzutun; kein Astrologe, der Namen wie Riesenschnauzer-Scharikow als Pseudonym nimmt, kann erwarten, ernst genommen zu werden. Dem steht entgegen, daß die Rechte sich noch in keinem Land durch einen ausgeprägten Sinn für Humor hervorgetan hat, am allerwenigsten in Rußland.

Was die verschiedenen okkulten Strömungen angeht, so sind sich die Rechtsextremisten in Rußland keineswegs immer einig. Man sollte eigentlich annehmen, daß wenigstens die Lehren einer Madame Blavatsky von ihnen einhellig akzeptiert werden. Immerhin war sie russischer Abstammung und hatte eine Zeitlang freiwillig als Agentin für die politische Polizei ihres Landes gearbeitet. Ihre Theorien ranken sich um indische Weisheiten, das Symbol der Swastika und die arische Rasse. Madame Blavatskys Bücher, vor allem die »Doctrine secrète« von 1888, wurden in der Glasnost-Ära in großen Auflagen neu herausgegeben.[69] Doch die Rechten hielten Distanz zu ihr, zum Teil deshalb, weil sie eine religiöse Mischlehre vertrat, die zu den Lehren der orthodoxen Kirche im Widerspruch steht. Noch weniger Zustimmung erntet die theosophische Schule Rudolf Steiners, was zweifellos vor allem mit der jüdischen Abstammung ihres Begründers zu tun hat. Die Rosenkreuzler und Swedenborg, der schwedische Naturforscher aus dem 18. Jahrhundert, der sich als Pionier auf dem Gebiet der übersinnlichen Wahrnehmung einen Namen gemacht hatte, wurden ausdrücklich abgelehnt. Auch hier fallen gewisse Parallelen zu den okkulten Quellen des deutschen Nationalsozialismus auf. Die Ideologen der arischen Rassenreinheit in Deutschland und Österreich pickten sich aus dem mannigfachen Angebot okkulter Theorien und Praktiken diejenigen heraus, die ihren politischen Zielen am besten entsprachen, und ignorierten oder verwarfen den Rest.[70] Himmler und andere Nazigrößen wurden von ihnen beeinflußt. Allerdings ließ dieser Einfluß später nach. Hitler selbst verhöhnte die rechten Sektierer als »Spinner«, die bei der breiten Masse keinen Anklang fänden und mit ihren endlosen internen Querelen die Einheit der deutschen Rechten gefährdeten. In gewisser Hinsicht stand Hitler damals vor demselben Dilemma wie die moderne russische Rechte. Ihre Weltanschauung war und ist irrational, utopisch, antiwestlich und amodernistisch. Hitler jedoch war Realist genug, um zu erkennen, daß ein starkes Deutschland ohne eine starke Armee undenkbar war und daß eine solche Armee eine große und leistungsfähige Industrie braucht, und keine okkulten Phantasien. Die *Gosudarstwenniki* und Nationalbolschewisten unter den russischen Rechten sahen das zwar genauso, aber anderen Fraktionen innerhalb der Rechten fiel es zunehmend schwerer, diesen Gedanken zu akzeptieren.

10 Die Ideologie der Neuen Rechten (II)

Die Zahl der Feinde der russischen Rechten, ob real oder eingebildet, ist Legion. Daß die russische Rechte den Marxismus ablehnt, versteht sich von selbst, daß aber in ihren Publikationen nur selten antimarxistische Polemiken auftauchen, liegt wohl vor allem daran, daß dieses Thema nicht mehr sonderlich interessant ist. Die Ablehnung des Marxismus ist in Rußland weit verbreitet und nie ein Monopol der Rechten gewesen. Marx hatte keine hohe Meinung von der russischen Geschichte und war, von wenigen Ausnahmen abgesehen, von keinem Russen beeindruckt, dessen Bekanntschaft er schloß. Schließlich war das zaristische Rußland damals der Erzfeind der Revolution, und das hat den Marxschen Standpunkt in jeder Hinsicht beeinflußt. In England gehörte er sogar zu den führenden Russophoben seiner Zeit. Vor Glasnost durften seine schärfsten Attacken gegen das zaristische Rußland in der Sowjetunion nicht veröffentlicht werden. Erst nach 1987 wurden sie von rechtsgerichteten Autoren mit großer Genugtuung zitiert.[1] Gewisse Aspekte der Marxschen Lehre fanden jedoch auch bei den Rechten Anklang, so etwa seine antijüdische Haltung, seine Ablehnung des Liberalismus und sein Antikapitalismus. Marx verachtete zwar die Russen, hatte aber auch wenig für die Deutschen übrig, unter denen er aufgewachsen war; generell gesprochen, neigte er zur Misanthropie. Doch aus der Sicht eines russischen Nationalisten wurden die positiven Aspekte seiner Lehre durch seinen Atheismus, Materialismus, Internationalismus und sein Eintreten für die Revolution mehr als aufgehoben. Zudem neigen russische Rechte dazu, den Marxismus nicht beim Wort zu nehmen, sondern im Lichte einer globalen Verschwörung zu interpretieren: Demnach besteht sein eigentliches Ziel nicht darin, den Arbeitern und anderen ausgebeuteten Menschen zu helfen (geschweige denn, die Menschheit glücklich zu machen), sondern, im Gegenteil, gemäß der Lehre des Satanismus das Leiden auf der Erde noch zu verschlimmern. Nach dieser Theorie wurde Marx, der in einem christlichen Elternhaus aufgewachsen war, später ein Satanist.[2] Er gilt weder als einer der Weisen von Zion noch als Freimaurer, sondern als ein Mann, der von Dämonen besessen war. Sein ganzes Leben war nur auf radikale Zerstörung ausgerichtet, auf die Verneinung aller traditionellen Werte. Engels wiederum war sich der Gefahren des Satanismus zwar bewußt, ließ sich aber aufgrund seiner liberalen theologischen Überzeugungen zur engen Zusammenarbeit mit Marx verleiten.[3] Auf einem höheren Niveau haben einige zeitgenössische rechte Intellektuelle versucht, das Phänomen Marx in Anlehnung an Bulgakows berühmten, zu Beginn des Jahrhunderts geschriebenen Essay über »Marx als eine religiöse Figur« zu beschreiben.

Auch Lenin nimmt in der Doktrin der Neuen Rechten in Rußland keinen zentralen Platz ein. Die einzige nennenswerte Ausnahme ist ein langer Aufsatz des Schriftstellers W. Solouchin mit dem Titel »Lenin lesen«. Solouchin listet darin die üblichen Vorwürfe gegen Lenin auf. Lenin hatte danach nicht nur in allen wichtigen Punkten unrecht, er machte sich auch zahlloser Verbrechen gegen das russische Volk schuldig. Dies bezieht sich auf die Diktatur, die er gegen den erklärten Willen der Mehrheit des russischen Volkes installierte und die den Bürgerkrieg auslöste, der wiederum Hungersnöte, unsagbares Leid, Zerstörung und schließlich den Zusammenbruch des russischen Imperiums nach sich zog.[4] Diese Anklagen kannte man schon zur Genüge aus den Büchern russischer Emigranten und westlicher Autoren, doch waren einige Details in der Sowjetunion noch nicht bekannt.

Die Entmythologisierung Lenins hatte für die russischen Leser mit Solschenizyns *Lenin in Zürich* begonnen. Aber die neue Version mit Parvus als Lenins Guru ist, was ihren historischen Wahrheitsgehalt angeht, mindestens ebenso zweifelhaft wie die alte Hagiographie. Über das Gold, mit dem die Deutschen die Propaganda der Bolschewiki finanzierten, war im Westen zwar schon in den fünfziger Jahren (wie schon um 1917/1918) heftig debattiert worden, doch für viele Russen war dieses Thema noch neu.

Viel Aufhebens wurde in den rechtsgerichteten Zeitschriften um die Anweisungen gemacht, mit denen Lenin kurz nach der Revolution den Einfluß der orthodoxen Kirche Rußlands hatte eindämmen wollen. Das Dokument, in dem sie enthalten sind, war in Ruß-

land nie zuvor veröffentlicht worden und fügte dem traditionellen Ansehen Lenins, der grundsätzlich als toleranter Mann und großer Humanist gegolten hatte, erheblichen Schaden zu.
Schließlich wurde auch noch aufgedeckt, daß Blank, Lenins Großvater mütterlicherseits, ein konvertierter Jude gewesen war.[5] Auch das war keine Neuigkeit; die russische Schriftstellerin Marietta Schaginjan und viele westliche Lenin-Biographen wußten es. Auch zwei Historiker aus Leningrad hatten 1964 und 1965 entsprechende Dokumente entdeckt, ihre Beweise waren jedoch unterdrückt worden. Dabei war diese Tatsache eigentlich ohne Belang.[6] Selbst nach den Nürnberger Gesetzen in Nazideutschland waren Viertel-Juden praktisch Ariern gleichgestellt. Gleichwohl sahen sich viele russische Rechte durch diese Entdeckung in dem alten Vorurteil bestätigt, daß ein echter Russe niemals wie Lenin gehandelt hätte.
Trotz dieser neuen Erkenntnisse war Lenin kein Thema in der rechten Propaganda. Es waren keine Rechten, die die Schließung des Lenin-Mausoleums auf dem Roten Platz forderten. Die Einstellung gegenüber Lenin kann, obwohl er der unbestrittene Führer der Bolschewiki war, mit dem Haß, der Trotzkij, Sinowjew, Swerdlow und den anderen Juden aus der bolschewistischen Führungsspitze entgegenschlägt, nicht verglichen werden. Was Stalin angeht, so überwiegen die positiven Stimmen. Selbst der extremen Rechten fiel nichts Besseres ein, als ihn als Halbjuden zu diffamieren.[7] Da derselbe Vorwurf aus denselben Kreisen jedoch schon gegen Hitler, Churchill, Roosevelt und viele andere erhoben worden war, konnte er dem Ansehen Stalins wenig anhaben, zumal die Rechtsextremen gleichzeitig zugestanden, daß Stalin ein Antisemit gewesen sei.
Aus offensichtlichen Gründen hielt sich die Begeisterung der russischen Nationalisten für Stalin jedoch in Grenzen. Es war undenkbar, ihn den Helden der nationalen Wiedergeburt wie Sergej von Radonesch, Kutusow, Stolypin oder Nikolaus II. gleichzustellen. Allerdings sprach das nicht dagegen, sein Konterfei an hervorgehobener Stelle auf den Titelseiten der nationalistischen Zeitschriften abzudrucken.[8] Und es waren beileibe nicht nur die Nationalbolschewisten, die Stalin gegen die Angriffe von liberaler Seite verteidigten.
Warum wurde Stalin verteidigt? Die Gründe lassen sich wie folgt zusammenfassen: Im Gegensatz zu Lenin, der Rußland schwächte, den Zaren stürzte und die Säulen, auf denen das alte Rußland ruhte,

zum Einsturz brachte, war Stalin ein überzeugter russischer Nationalist, der aus Rußland eine Großmacht und schließlich eine Supermacht machte. Und er hatte viele, wenn auch nicht alle alten Traditionen wiederbelebt. Zwar hatte er als Sozialpolitiker versagt und viele russische Patrioten ermorden lassen. Doch er hatte den Krieg gegen Hitler gewonnen, die alte Garde der Revolutionäre beseitigt und unerbittlich alle »Kosmopoliten« verfolgt. Im Rückblick präsentierte sich die Bilanz der Stalin-Ära zwar durchwachsen, aber die Tatsache, daß Rußland zum Zeitpunkt seines Todes sehr stark war, hohes internationales Ansehen genoß und weithin gefürchtet war, war für viele Rechten Grund genug, ihm seine Verbrechen zumindest teilweise nachzusehen.

Mehr als alles andere erzürnte sie die anhaltende antistalinistische Kampagne der Liberalen, die sich vor allem gegen die Säuberungen von 1936–1938 richtete. Waren während der Kollektivierung in der Landwirtschaft (1928–1931) nicht sehr viel mehr Russen ums Leben gekommen? So werden auch die bitteren Angriffe auf Rybakow verständlich, der mit dem Buch *Die Kinder vom Arbat* Pionierarbeit auf dem Gebiet der antistalinistischen Literatur geleistet hatte, ebenso die Attacken gegen Trifonow und Jewtuschenko, die beide in ihrer Jugendzeit antistalinistische Gedichte und Romane veröffentlicht hatten. Die Rechten bezichtigten die Liberalen der Doppelmoral und Heuchelei. In ihren Augen hatten die Liberalen nicht das moralische Recht, Stalin oder den Stalinismus zu verurteilen.

Ich bin an anderer Stelle bereits ausführlich darauf eingegangen, wie Stalin nach 1987 von der russischen Rechten bewertet wurde.[9] Hier soll nur noch einmal festgehalten werden, daß praktisch die gesamte nationalbolschewistische Rechte, von Nina Andrejewa bis zur MOLODAJA GWARDIJA, die Stimme für Stalin erhob.

Ehemalige hohe Funktionäre Stalins wie Benediktow, Malachow und selbst Molotow veröffentlichten Artikel des Inhalts, daß Stalin zwar ein strenger, aber gerechter Zuchtmeister gewesen sei und der Jugend Perspektiven eröffnet habe. In seiner Zeit habe es noch Idealismus und Begeisterung gegeben, und die moralischen Maßstäbe seien unendlich höher gewesen.[10] Stalin habe nur deshalb so hart gegen seine Feinde durchgegriffen, weil sie Rußland und das sowjetische Regime bedroht hätten. Die Feinde des Volkes hätten viele Komplotte geschmiedet, und ihnen gegenüber Nachsicht zu zeigen hätte zu einer Katastrophe geführt.[11] Daß darunter auch einige (aber nicht viele) Unschuldige zu leiden gehabt hätten, sei unvermeidlich gewesen. Doch daran sei in erster Linie nicht Stalin schuld gewesen, sondern verräterische Ratgeber wie Kaganowitsch, die ihn schlecht beraten hätten.[12] Doch auch solche Ehrenrettungsversuche konnten Stalin nicht ganz reinwaschen, denn als Mann an der Spitze hatte er allein die Verantwortung für die Auswahl seiner Berater getragen.[13]

Soviel zur Haltung der Nationalbolschewisten. Die Argumentation der nationalistischen Mehrheit verläuft nach anderen Mustern. Sie ist nicht prostalinistisch, sondern anti-antistalinistisch: Ein Politiker, der von den Liberalen so geschmäht wird wie Stalin, kann so schlecht gar nicht gewesen sein. Wadim Koschinow etwa kritisierte den Stalinismus aus verschiedenen Gründen, unter anderem wegen des übertriebenen Personenkults. Nach Koschinow war der Stalin-Kult keine russische Besonderheit, sondern ein globales Phänomen von »Madrid bis Schanghai«. Der Stalin-Kult ergriff die Massen und wurde zu einem wichtigen politischen Faktor. Und auch der Bolschewismus war kein rein russisches Phänomen, denn schließlich spielten nicht wenige Ausländer in der bolschewistischen Führung eine maßgebliche Rolle. Aber diese Ausländer hatten kein Gefühl für Rußland. Im Gegenteil, sie haßten und verachteten es. Sie hatten die Absicht, das russische Volk als Kanonenfutter für die Weltrevolution zu mißbrauchen. Kein russischer Patriot sollte die Tatsache beklagen, daß unter Stalin viele dieser ausländischen Elemente ausgemerzt wurden, denn in derselben Zeit vollbrachte das russische Volk unter seiner Führung einige seiner größten Leistungen. Die eigentliche Tragödie bestand nach Koschinow darin, daß in den großartigsten Epochen der Geschichte (wie etwa in der Renaissance) immer auch viele Menschen ihr Leben lassen müßten. Die Errungenschaften unter Stalins Führung verdanke das Land den heroischen Anstrengungen des russischen Volkes, die Verbrechen des Stalinismus hingegen seien vor allem von Ausländern begangen worden.[14]

Für Chruschtschow, Breschnew und ihre Anhänger, die als treue Parteimitglieder keinerlei Interesse für die russische Tradition gezeigt hatten, hatte die Rechte wenig übrig. Aber wenigstens hatten diese Parteiführer nicht den Ausverkauf des Erbes betrieben, das ihre Vorgänger im Lauf der Jahrhunderte angehäuft hatten. Unter ihrer Herrschaft war Rußland eine Supermacht geblieben, bis in die Zeit von Glasnost und Perestroika. Im Rückblick erscheinen Chruschtschow oder Breschnew deshalb in einem weitaus günstigeren Licht als etwa Gorbatschow und Schewardnadse, von Jakowlew ganz zu schweigen.

Anfänglich nahm die Rechte eine eher vorsichtige, nicht unbedingt ablehnende Haltung zu Glasnost und Perestroika ein, wenngleich sie die Erfolgsaussichten der neuen Politik skeptisch beurteilte. Selbst die Extremisten behaupteten, sie seien die einzigen wahren Reformer und wollten Gorbatschow und, vor allem, Ligatschow helfen, die Reform gegen den Widerstand der Mafia, der Linksextremisten und der Russophoben durchzusetzen. Die Sympathien der Rechten galten vor allem Ligatschow, der eindeutig konservativer und zurückhaltender agierte als Gorbatschow. Ligatschow hatte es nicht so eilig, gewachsene Strukturen, Institutionen und Ideologien zu demontieren, und in der Außenpolitik vermied er es, allzu enge Beziehungen zum Westen einzugehen. Doch trotz seiner sibirischen Herkunft hatte er nicht das Zeug zum Helden der Rechten. Er war in der Kommunistischen Partei großgeworden und ein loyaler Parteiaktivist. Wenn er Gorbatschow kritisierte, dann nicht, weil Gorbatschow ein schlechter Patriot war, sondern weil er von den reinen Lehren des Marxismus-Leninismus abwich. Wie die Rechten pochte er auf Ordnung und Disziplin und verabscheute den kulturellen Modernismus. Aber die unverhohlen antimarxistische Propaganda der Rechten und ihr entschiedenes Eintreten für Kirche und Monarchie waren für ihn nicht akzeptabel.

Zwischen 1989 und 1990 schlug die Haltung der Rechten gegenüber Gorbatschow in Feindseligkeit um. Dieser Meinungsumschwung gipfelte in dem kaum verhüllten Aufruf, die Macht dem Militär oder doch wenigstens einer autoritären Führung zu übertragen.[15] Dieser Aufruf trug die Unterschrift von führenden Mitgliedern der Partei, der Regierung und des Sicherheitsapparates sowie von rechtsgerichteten Intellektuellen wie Rasputin und Prochanow. In dem Manifest und in den dazugehörigen Kommentaren wurde festgestellt, daß Gorbatschows Politik zum totalen Zusammenbruch der russischen Eigenstaatlichkeit *(Gosudarstwennost)* führe, daß der Übergang zur Marktwirtschaft verheerende Folgen habe und daß die Angriffe der

Medien auf die Säulen der sowjetischen Gesellschaft (wie Armee und KGB) einem Selbstmord gleichkämen. Kurzum, »die Politik der Regierung ist schlimmer als Tschernobyl, sie hat das russische Staatswesen gleichsam mit einem geistigen Aids infiziert«.[16]

Während die gemäßigte Rechte Gorbatschows politische Richtung kritisierte, richtete die extreme Rechte ihre Attacken gegen ihn persönlich. So wurde von einer alten Türkin berichtet, die behauptet habe, sie sei die Mutter Michail Gorbatschows. Außerdem, so die extremen Rechten, sei offensichtlich, daß seine Frau Raissa auf keinen Fall rein russischer Abstammung sei.

Mit der Politik von Glasnost tat sich die russische Rechte von Anfang an schwer. Eine radikale Ablehnung war unmöglich, da auch einige prominente Slawophile Glasnost auf ihr Banner geschrieben hatten. Zudem hatte es die Rechte der neuen Politik zu verdanken, daß sie ihre Ansichten erstmals offen vertreten konnte und sich nicht länger hinter vorsichtigen Andeutungen zu verstecken brauchte. Doch nicht nur die Rechten durften jetzt frei ihre Meinung äußern, sondern auch ihre Erzfeinde, die ein liberales, demokratisches Rußland nach westlichem Muster propagierten. So gesehen war Glasnost ein Sieg der »Pluralisten«, der *Obrasowanschtschina,* wie Solschenizyn sie genannt hatte.

Für Nichtrussen (und wahrscheinlich auch für viele Russen) ist es schwierig, das tiefe Mißtrauen nachzuvollziehen, das die russischen Rechten der Intelligenzija im Land entgegenbringen.[17] Sie halten die Intelligenzija für ein typisch russisches und auf Rußland beschränktes Phänomen, was nur die halbe Wahrheit ist. Die Intelligenzija, so behaupten sie, sei fast durchweg unpatriotisch eingestellt, ausgenommen ihre hervorragendsten Vertreter wie Puschkin, Dostojewskij, Tolstoj und andere, die russische Genies und keine dubiosen Intellektuellen gewesen seien.

Woher rührt dieses tiefe Mißtrauen der russischen Rechten gegenüber der »schrecklichen Intelligenzija« (Newsorow), die angeblich die totale Kontrolle über die Medien ausübt?[18] Der russische Schriftstellerverband und die großen Moskauer Verlagshäuser wie *Sowetskij Pisatel, Sowremennik, Knischnaja Palata* und *Chudoschestwennaja Literatura* waren immer noch in ihrer Hand, und dasselbe galt auch, ganz allgemein gesprochen, für die Berufsverbände der russischen Komponisten und Maler. Zwar gab es literarische Zeitschriften wie SNAM-

JA und OKTJABR, die liberale Ansichten vertraten. Doch ihnen gegenüber standen Blätter wie MOLODAJA GWARDIJA und NASCH SOWREMENNIK, die einen nationalistischen Kurs verfolgten, oder NOWYJ MIR, der eine Position der Mitte einnahm. Viele literarische Zeitschriften, die außerhalb Moskaus erschienen (SEWER, KUBAN, DON), wurden von Nationalisten herausgegeben. Und wenn auch einige Rundfunk- und Fernsehsender nach »links« tendierten, so gab es genügend andere, die sich zur Mitte hin oder nach rechts orientierten.

Das tiefe Mißtrauen gegenüber der Intelligenzija bleibt letztlich unverständlich. Oder befürchteten die Nationalisten vielleicht, die junge Generation zu verlieren, wenn die Liberalen ungehindert ihre Ansichten verbreiten durften? Waren sie sich ihrer eigenen Argumente unsicher und schrieben sie der Argumentation der linken Intellektuellen eine unwiderstehliche Überzeugungskraft zu, die ihre eigene vermissen ließ? Oder war es der alte religiöse Glaube, daß die Versuchungen des Bösen groß seien und man immerzu gegen sie ankämpfen müsse? Viele Rechte sahen in ihren Widersachern keine politischen Gegner, sondern Abgesandte des Satans. Die russische Rechte, wie auch die Rechte in anderen Ländern, hält es für die heilige Pflicht der Intellektuellen, den patriotischen Geist zu stärken, Ehrfurcht vor den überlieferten Werten zu vermitteln, die Geschichte des eigenen Volkes zu rühmen und es gegen seine Feinde zu verteidigen. Selbstkritik ist Zersetzung und grenzt an Landesverrat. Für die radikalen Intellektuellen, die sich in erster Linie als Kritiker und als das Gewissen der Nation verstehen, haben die Rechten nicht das geringste Verständnis. Es stimmt zwar, daß Teile der russischen Intelligenz sich in extremen Fällen systematisch gegen Staat und Gesellschaft gestellt und eine konsequent ablehnende Haltung gegenüber nationalen Traditionen und der Politik der Führungsschicht eingenommen haben. Aber das haben die Intellektuellen in westlichen Ländern wie den USA oder Deutschland schon sehr viel radikaler vorexerziert, ohne damit den Staat in eine schwere Krise zu stürzen. Die besondere Empfindlichkeit der russischen Rechten für Anzeichen von Russophobie, ob real oder eingebildet, wurde schon angesprochen. Russophobie (ein Thema, das uns weiter unten noch beschäftigen wird) kann mit Antiamerikanismus verglichen werden. Russen wie Solschenizyn und Aksjonow, die nach

Amerika kamen, äußerten sich überrascht und schockiert darüber, wie verbreitet dort Ressentiments und sogar Haßgefühle gegenüber den Vereinigten Staaten waren.[19] Doch anders als unter den verunsicherten Rechten in Rußland sind solche Ansichten in Amerika ignoriert oder sogar belächelt worden.

Das zentrale Problem der russischen Rechten war vermutlich, daß sie zwar einerseits eine Beseitigung des kommunistischen Machtapparats anstrebte, andererseits aber nicht alle alten Sozialstrukturen einer liberalen und kapitalistischen Ordnung opfern wollte, die ihr noch weniger paßte. Die Rechte wollte keine raschen Veränderungen, sondern einen begrenzten, kontrollierten und langsam voranschreitenden Reformprozeß. Sie wollte Stabilität und Kontinuität. Andernfalls drohten eine weitere Auflösung der Ordnung, Anarchie und möglicherweise sogar ein Bürgerkrieg. Nachdem unter den Kommunisten schon so viele nationale Werte verlorengegangen waren, fürchtete die Rechte, daß, wenn die Büchse der Pandora erst einmal geöffnet war, auch noch die letzten Pfeiler der Gesellschaft – Familie, öffentliche Moral, Patriotismus und Selbstdisziplin – untergraben würden.

Wie aber war der Übergang zu einer »normaleren« Gesellschaft (im Sinn der Rechten) und zu einer nationalen Renaissance zu bewerkstelligen? Die Antwort konnte natürlich nicht Demokratisierung lauten, zumindest dann nicht, wenn das Ziel eine Demokratie westlichen Zuschnitts war. Die extreme Rechte vertrat in ihren Publikationen den Standpunkt, daß die Demokratie eine Erfindung der Juden und Freimaurer sei und darauf abziele, Rußland zugrunde zu richten. Die Zeitschrift SEMSCHTSCHINA verglich die Demokratie in ihren Schlagzeilen häufig mit dem System, das in der Hölle herrsche, während die Monarchie im Himmel regiere.

Gemäßigtere Konservative argumentierten, daß die Demokratie im Prinzip zwar bewunderungswürdig sei, jedes Land aber Institutionen finden müsse, die zu seiner Geschichte und seinen Traditionen paßten. Da Rußland keine demokratische Tradition habe, werde es lange dauern, bis sich Institutionen herausbilden würden. Wie bereits Solschenizyn vorgeschlagen habe, sollte man damit auf lokaler Ebene beginnen.

Die russische Rechte beharrte darauf, daß der direkte Übergang von einem totalitären (oder nihilistischen) Regime zu einer umfas-

senden Demokratie unmöglich sei und unweigerlich in eine Katastrophe führen würde. Die ideale Lösung sei die Einsetzung eines autoritär-patriotischen Regimes, das Stabilität garantiere und die Voraussetzungen für einen schrittweisen Wandel schaffe.[20]
Es war tragisch für die russischen Rechten (und für Rußland insgesamt), daß die Entwicklung nach 1988 beispiellos in der Geschichte war, daß es keine Parallelen oder Vorbilder gab, an denen man sich hätte orientieren können. Ende 1990 war ein beträchtlicher Teil der Bevölkerung und der gemäßigten Konservativen (wie die *Sojus*-Fraktion) der Auffassung, daß der einzig mögliche Ausweg aus der Misere in einem autoritären System liege. »Wir brauchen vor diesem Wort nicht zu erschrecken. Denn es gibt solche autoritären Systeme und solche.«[21] So seien die prosperierenden Länder Singapur, Taiwan und Südkorea zwar keine Demokratien, aber auch keine Diktaturen im Stil eines Hitler oder Stalin.
Die Obersten Alksnis und Petruschenko führten Chile als Beispiel an. Hatte Chile nicht am Rande eines Bürgerkriegs gestanden, als General Pinochet die Macht ergriff? Und hatte es sich in politischer, ökonomischer und sozialer Hinsicht nicht deutlich erholt, als er die Zügel wieder aus der Hand gab? Pinochet als Vorbild anzuführen entbehrte nicht der Pikanterie, denn immerhin war der chilenische Diktator in der Sowjetunion lange Jahre als internationaler Verbrecher der allerschlimmsten Sorte beschimpft worden – was freilich seiner Beliebtheit in gewissen Kreisen keinen Abbruch getan hatte. Demgegenüber wies Dr. Alexej Kiwa, ein Dritte-Welt-Experte, nach, warum das Beispiel Pinochet auf die Sowjetunion kaum anwendbar sei.[22] Von den Gründen, die Kiwa anführte, soll hier einer genügen: Eine Grundvoraussetzung für die wirtschaftliche Gesundung sei eine drastische Reduzierung des Verteidigungshaushaltes. Doch gleichzeitig forderten die sowjetischen Militärs vehement eine Erhöhung der Militärausgaben, da die militärische Stärke des Landes stark abgenommen habe.
Die extreme Rechte publizierte Schriften von Adolf Hitler, Josef Goebbels und Alfred Rosenberg, doch sektiererische Unternehmungen dieser und ähnlicher Art blieben ohne großes Echo.[23] Kurginjan propagierte den »sanften Faschismus« (seine eigene Wortschöpfung) der von Hitler abgefallenen Strasser-Brüder und Dugin die Ideen von Karl Haushofer, dem Vater der (progressiven) deut-

schen Geopolitik – im Unterschied zu Mackinder, der ein Feind und früher Atlantiker gewesen war.[24] Auch General Franco hatte Anhänger in der russischen Rechten, die ihn als Vorbild verehrten, weil er mit Hilfe der ihm treu ergebenen Armee Spanien in den Jahren 1936 bis 1939 vor einem schrecklichen Schicksal bewahrt habe.[25]

Doch diese Idole aus fremden Ländern und anderen Zeiten waren für das postkommunistische Rußland irrelevant. Alte und neue Emigranten boten ihren Rat an. Michail Nasarow, ein in München lebender Experte für Freimaurerei, warnte die russische Öffentlichkeit vor Intrigen der Amerikaner: Hatten sie nicht hinter dem Coup vom August 1991 gestanden?[26] Das war noch harmlos im Vergleich zu den Diskussionsbeiträgen Alexander Sinowjews und Eduard Limonows. Sinowjew, ein bekannter Experte für mathematische Logik, hatte in den achtziger Jahren mehrere interessante, wenn auch wunderliche Bücher veröffentlicht. Er vertrat die These, daß der Stalinismus ewig dauern werde und daß er in jedem Fall die angemessenste und befriedigendste Lebensweise für die Sowjetunion sei. Als seine Vorhersagen von den Ereignissen widerlegt wurden, weil das russische Volk offenbar anderer Ansicht war, war Sinowjew sichtlich verärgert und forderte seine Landsleute in einer Artikelserie zur alsbaldigen Rückkehr zum alten System auf, das trotz aller Mängel der »Katastroika«, wie er es nannte, bei weitem vorzuziehen sei. »Selbst wenn die westlichen Regierungschefs einen Mann ihrer Wahl an die Spitze der Sowjetregierung gestellt hätten, so hätte dieser Mann dem Land nicht mehr Schaden zufügen können als Gorbatschow.« Wenn die Revolution von 1917 eine nationale Katastrophe gewesen sei, dann gelte das sicherlich auch für Jelzins Sieg über die Putschisten. Jelzin, so Sinowjew, errichte einen »Gulag mit menschlichem Antlitz«.[27]

Limonow, ein junger Schriftsteller, der durch einen sehr freizügigen, halbbiographischen Roman bekannt geworden war, in dem er das sittliche Verhalten der jüngeren Generation beschrieb, ermahnte seine Landsleute zu mehr Patriotismus und wetterte gegen die Verräter, die im In- und Ausland den Untergang Rußlands betrieben.[28] Nach mehrjähriger persönlicher Erfahrung mit der westlichen Lebensweise war Limonow zu dem Schluß gekommen, daß Rußland mit seinem byzantinischen Erbe kein fruchtbarer Boden für den im Calvinismus wurzelnden Kapitalismus sein könne.[29] Die Wandlung dieses jungen Schriftstellers vom Emigranten, der seiner Heimat den Rücken gekehrt hatte, zum Patrioten war durchaus legitim. Weniger verständlich war, wie kritische Stimmen in Moskau anmerkten, warum Patrioten mit ähnlich extremen Ansichten über Verrat und andere Gefahren, die ihrem Land drohten, für ihre Überzeugungen lieber in Paris, München oder Zürich kämpften als nach Hause zurückzukehren. Aus irgendeinem Grund schienen die Unglückspropheten das Leben im Westen, wie abstoßend, armselig und geistig verarmt es auch sein mochte, einer Rückkehr nach Rußland vorzuziehen.

Die Unzufriedenheit der rechten Kritiker wurde von vielen Liberalen geteilt, besonders nach dem Zerfall der alten Sowjetunion im Gefolge des Putschversuchs vom August 1991. So schrieb Denis Dragunskij: »Rußland hat den Kampf gegen den Sozialismus nur zu dem Preis der Selbstaufgabe gewonnen.« Und Alexander Zypko, der als einer der ersten vor einer totalen Auflösung der Sowjetunion gewarnt hatte, behauptete, Rußland sei ohne die Ukraine und Weißrußland genausowenig überlebensfähig wie die separatistischen Staaten: »Wir haben unser Land dem Erdboden gleichgemacht ... Wir haben unser gesamtes Staatsgebilde zerstört.«[30]

Der grundlegende Unterschied zwischen den Liberalen und den Rechten bestand darin, daß letztere Gorbatschow und Jelzin die ganze Schuld zuschoben und nicht etwa den Verschwörern, die das politische Erdbeben vom August 1991 ausgelöst hatten. Außerdem glaubte die Rechte, daß das alte Imperium, oder doch ein Großteil davon, nur mit militärischer Gewalt wiedervereinigt und bewahrt werden könne.

Die rapide Verschlechterung der Lage zwischen 1991 und 1992 regte die russische Rechte nicht dazu an, nüchterner und sachlicher nach den Ursachen der Misere zu forschen und nach Wegen zu suchen, wie das Land zu retten sei. Im Gegenteil, als Schafarewitsch seinen 1982 verfaßten Aufsatz »Russophobie« zehn Jahre später noch einmal durchsah, konnte er weder in seiner Analyse noch in seinen Prognosen einen Fehler entdecken.[31] Nach Schafarewitsch war Russophobie die Ideologie einer ganz bestimmten Gesellschaftsschicht, einer Minderheit, die sich das Recht herausnahm, für das Volk zu sprechen, und ihm einzureden versuchte, daß die Russen schon

immer vor starken Führern gekuscht hätten. Die meisten, wenn nicht sogar alle Katastrophen in der Geschichte Rußlands seien auf Russophobie zurückzuführen. Hätte Sinjawskij keine literarischen Aufsätze über Puschkin und Gogol geschrieben, und hätte Grossmann sein Buch *Leben und Schicksal* nicht veröffentlicht, dann wäre die russische Geschichte ganz anders verlaufen. Man könne den Personenkult nicht Stalin zur Last legen. Der Stalinismus sei (wie Koschinow gezeigt habe) ein globales Phänomen gewesen, für das nicht Rußland, sondern Grossmann und all die anderen kleinen Grossmanns verantwortlich seien. Die Tatsache, daß große russische Schriftsteller und Denker, angefangen bei Puschkin und Lermontow (darunter auch Poleschajew mit der Bemerkung »Das Volk liebt die Peitsche« oder Wjasemskij, der den Begriff *Kwasnoj Patriotism* prägte), noch viel härter mit der russischen Geschichte ins Gericht gegangen waren, spielte keine Rolle. Entweder man zitierte sie falsch oder man bezweifelte, ob die fraglichen Äußerungen tatsächlich von ihnen stammten. Notfalls wurden sie der »rätselhaften Weltanschauung« des Autors zugeschrieben, wie im Fall von Tschaadajew. Doch wenn Grossmann solche Ansichten äußerte, war das unerhört und grenzte an Verrat. *Quod licet Jovi, non licet bovi.*
Schafarewitschs Feststellung, daß die Juden, auch wenn sie schon seit Generationen in Rußland leben, noch immer, zu Recht oder zu Unrecht, von nicht wenigen Russen als Gäste betrachtet werden und sich dementsprechend taktvoll verhalten sollten, hat durchaus etwas für sich. Aber die Behauptung, taktloses Verhalten der Juden hätte Rußland ins Unglück gestürzt, entbehrt jeder Grundlage.
Warum wurde aus dem Buch »Russophobie« so oft zitiert? Warum wurde so leidenschaftlich darüber diskutiert? Schafarewitsch selbst stellte sich diese Frage, kam aber nicht auf die naheliegende Antwort. Wäre das Buch von einem Pamjat-Führer wie Wassiljew oder Jemeljanow geschrieben worden, so hätte es niemand beachtet. Vermutlich wäre es als eine relativ gemäßigte Darstellung gewisser Vorwürfe der Nationalisten an die Adresse der Intelligenzija aufgefaßt worden. Das Buch erregte vor allem deshalb die Gemüter, weil sein Autor ein korrespondierendes Mitglied der Akadamie der Wissenschaften war.
Die Angriffe Schafarewitschs und anderer Vertreter der Rechten richteten sich vor allem gegen den Historiker und Publizisten Alex-

ander Janow, der nach 1970 in die Vereinigten Staaten emigriert war und dort eine Anzahl von Artikeln und Büchern über die Neue Rechte in Rußland veröffentlicht hatte.[32] Janow war einer der wenigen Autoren im Westen, die dem undemokratischen und aggressiven Charakter einiger Ansichten, wie sie seit den sechziger Jahren in der Samisdat-Literatur und in normalen sowjetischen Publikationen zum Ausdruck kamen, Aufmerksamkeit schenkte – manchmal vielleicht auch übertriebene Aufmerksamkeit. Janow kam zu dem Schluß, daß ohne eine aktive und massive Unterstützung der demokratischen Kräfte durch den Westen ein Sieg der Rechtsextremisten in Rußland praktisch nicht mehr zu verhindern sei. Und darin sah er eine ernste Gefahr für den Westen.

Die Zitate, die Janow wiedergab, waren zwar korrekt und peinlich für die russische Rechte, doch die Art, wie er sie präsentierte, war etwas zu effekthascherisch. Seinen Arbeiten fehlte die Tiefe, und seine politischen Empfehlungen waren in ihrer Mehrzahl undurchführbar. Er hatte zwar absolut recht mit seiner Behauptung, daß einige Aussagen offen antisemitisch und stark faschistisch gefärbt waren, doch ließ er allzu oft Nuancen außer acht und wies nicht darauf hin, daß ähnliche Ansichten auch in vielen anderen Ländern verbreitet wurden. Zudem stellte er nicht klar genug heraus, ob eine von ihm zitierte Aussage die persönliche Meinung des Autors oder einiger seiner Freunde wiedergab – oder die Stimmung und dezidierte Meinung von zigmillionen Menschen. Kurzum, Janows Arbeiten waren für Schafarewitsch und Koschinow ein gefundenes Fressen. Sie warfen ihm vor, er habe den Westen dazu aufgefordert, Rußland zu besetzen, um die russische Bevölkerung umzuerziehen (wie es MacArthur mit Japan vorgehabt hatte). Hätte es Janow nicht gegeben, die Gegner der Russophoben hätten ihn erfinden müssen.

Da die russische Rechte keine wirklich neue Ideologie hervorbrachte, die den veränderten Bedingungen Rechnung trug, griffen viele ihrer Wortführer notgedrungen auf den Antisemitismus zurück. Von Zeit zu Zeit kam es sogar vor, daß klügere Köpfe bereits Anzeichen von Langeweile erkennen ließen: Hatte man diese Argumente nicht schon tausendmal gehört? Waren die Juden wirklich verantwortlich für Rußlands Unglück? Und wer sollte nach ihrer Emigration ihren Platz einnehmen?

Wie wichtig war die jüdische Frage für die Rechtsextremisten in der Glasnost-Ära? Es hatte zu allen Zeiten Wortführer der Rechten gegeben, die den »zoologischen« Antisemitismus nicht nur als verlogen, sondern auch als politisch wirkungslos verurteilten. Nikolaj Leskow, einer der großen russischen Schriftsteller des 19. Jahrhunderts, kann weder ein Mangel an Patriotismus noch Philosemitismus vorgehalten werden, und doch verfaßte er 1883 eine lange Denkschrift, in der er nachwies, daß die üblichen Anklagen, die in Rußland gegen die Juden erhoben wurden, jeglicher Grundlage entbehrten. Einer der schwersten Vorwürfe war, daß sie systematisch versuchten, das russische Volk durch die Verteilung von Wodka zu vergiften. Wenn dem so war, fragte Leskow, wie erklärte es sich dann, daß Fälle von Trunkenheit (und damit verbundene Verbrechen) außerhalb der Ghettos, wo keine Juden lebten, ebenso häufig oder noch häufiger waren als in den Ghettos?[33] Doch die russische Rechte, die ansonsten viel auf Leskow gab, zog es vor, in dieser Sache nicht auf ihn zu hören. Sie hielt sich lieber an Wladimir Dal, den berühmten Lexikographen. Dals Vater war Däne, seine Mutter Deutsche, aber er selbst war ein überzeugter russischer Patriot. Einmal setzte er sogar eine Anzeige in die Zeitung, in der er jeden der üblen Nachrede bezichtigte, der seine russische Abstammung anzweifelte. Daß er immer noch bekannt ist, verdankt er seinem vierbändigen Lexikon, das bis heute nichts von seinem Wert eingebüßt hat, und nicht seinen literarischen Versuchen. Unter anderem gab Dal seinen Namen für eine lange Denkschrift her, in der behauptet wurde, daß die Juden systematisch Ritualmorde begingen. Er selbst war zwar nicht der Autor, aber offensichtlich glaubte er an die Richtigkeit der darin aufgestellten Behauptungen.[34] Diese Denkschrift wurde für einige rechte Zeitungen zu einer wahren Fundgrube. Die SEMSCHTSCHINA zitierte praktisch in jeder Nummer daraus.[35] Wenn Not am Mann war, griffen die Rechten auch auf Lew Tichomirow zurück, einen Terroristen aus dem 19. Jahrhundert, der später Monarchist wurde und behauptete, daß Ritualmorde nur von einer kleinen jüdischen Sekte namens Hasidim verübt würden. Die meisten Juden wüßten gar nichts davon.

In den dreißiger Jahren erhob niemand im rechten Lager so radikal und kompromißlos die Stimme gegen den Antisemitismus wie Iwan Solonewitsch. Solonewitsch war gerade erst aus der Sowjetunion emigriert und kannte die dortigen Verhältnisse besser als die meisten Emigranten der ersten Generation. Er nannte die Theorien über eine jüdisch-freimaurerische Verschwörung dumm und schädlich. Seiner Meinung nach hatten die Juden die kommunistische Revolution weder gewollt noch gebraucht, da sie bereits mit der Februarrevolution 1917 die volle Gleichberechtigung erlangt hatten, und da zudem die meisten Juden in Handel und Handwerk tätig waren, hatten sie von den Kommunisten wenig Gutes zu erwarten. Die russische Aristokratie und die Intelligenzija hätten im 19. Jahrhundert weitaus mehr dazu beigetragen, der Revolution den Weg zu ebnen. Aber was war mit dem amerikanischen Juden Schiff, der den Bolschewiki angeblich Geld gegeben hatte? Solonewitsch konterte: Die russische Millionärin Sawwa Morosow habe ihnen viel mehr gegeben, von der deutschen Regierung gar nicht zu reden. Er räumte zwar ein, daß kurz nach der Revolution viele Juden in der sowjetischen Verwaltung gesessen hätten, doch das habe vor allem daran gelegen, daß die meisten Russen solche Posten nicht mochten oder einfach nicht kompetent genug waren, und schließlich habe Stalin ja fast alle Juden liquidiert. Und überhaupt seien es keine Russen, sondern die Jüdin Fanny Kaplan und der Jude Leonid Kannegiesser gewesen, die auf Lenin und Urizkij geschossen hätten. Solonewitsch zerpflückte die antisemitische Ideologie Punkt für Punkt, ohne freilich etwas damit zu bewirken. Die Juden und ihre Verbrechen blieben ein wesentlicher Bestandteil der rechten Ideologie, und Solonewitsch sah sich dem Vorwurf ausgesetzt, er habe die klassische antisemitische Literatur nicht gründlich genug studiert.[36]

Nicht alle Rechten im zeitgenössischen Rußland sind extreme Antisemiten. Was auch immer man gegen Solschenizyn vorbringen mag, man kann ihm nicht vorwerfen, er habe die Doktrin der Schwarzen Hundert übernommen. In den Schriften der führenden Vertreter der Neuen Rechten und der Neokonservativen wie Prochanow oder Kurginjan wird nur selten auf Juden oder auf den Antisemitismus Bezug genommen. Selbst ein Mann wie Wadim Koschinow, der drei Jahre lang Statistiken über die Anzahl der Juden im Zentralen Kontrollkomitee der Kommunistischen Partei im Jahre 1926 und andere Arbeiten über abstruse historische Probleme veröffentlicht hatte, erklärte 1991 in einem BBC-Interview mit einem Mal, daß die russischen Juden die Angriffe gegen sie nicht allzu ernst nehmen sollten; es gebe in Rußland viel dringendere Probleme als die jüdische Frage.

Viktor Jakuschew, ehemaliges Pamjat-Mitglied und Chef einer der radikalsten Faschistengruppen in Moskau, erklärte 1991 in einem Interview, seine politischen Vorbilder seien Lykurg der Spartaner, Dschingis Khan und Adolf Hitler. Und doch fand dieser Mann »nichts blödsinniger und widerlicher« als die antifreimaurerische und antisemitische Propaganda »sogenannter Patrioten«. Nach Jakuschew hatte die jüdische Frage an Wichtigkeit verloren. Die in Rußland zurückgebliebenen Juden waren für ihn bloße Zuschauer, mehr nicht. Seine Gruppe, so Jakuschew, sei gegen den Antisemitismus und für den Zionismus.[37] Auch in den Publikationen des Pamjat und ähnlicher Gruppen war 1991 ein schwindendes Interesse an antisemitischer Propaganda festzustellen.

Gleichwohl blieben die Juden bis zum Zerfall der Sowjetunion der Hauptfeind in den Augen der Rechten, und es darf bezweifelt werden, ob sich daran in absehbarer Zukunft grundlegend etwas ändern wird. Nicht zu vergessen sind auch einige auffällige Veränderungen im Inhalt der antijüdischen Propaganda nach 1987. Bis 1987 warf man den Juden (oder »Zionisten«) antikommunistische und imperialistische Aktivitäten vor; seit 1987 behauptet man, der Kommunismus sei eine jüdische Erfindung und fast alle Kommunisten seien Juden, Halbjuden oder zumindest mit Juden verheiratet gewesen. Selbst Stalin und Berija wurden jetzt als Juden oder Halbjuden bezeichnet; Stalin wurde zudem noch eine jüdische Ehefrau namens Rosa Kaganowitsch angedichtet. Eine solche Person hatte nie existiert.

Die MOLODAJA GWARDIJA veröffentlichte Zahlen, aus denen hervorging, daß in den zwanziger Jahren die höchsten Posten im höchsten Regierungsorgan zu 77 Prozent mit Juden besetzt waren, im Kriegsministerium zu 76 Prozent und im Außenministerium zu 81 Prozent.[38] Solche und ähnliche Statistiken erschienen regelmäßig in praktisch allen rechten Zeitschriften und Broschüren. Ein Autor behauptete sogar, die jüdisch-bolschewistische Herrschaft hätte 67 558 000 Russen das Leben gekostet.[39] In anderen Berichten war diese Zahl doppelt so hoch – wobei nicht nur die Opfer des Gulag, sondern auch die des Zweiten Weltkriegs mitgezählt wurden, obgleich sich dieser Krieg kaum als zionistischer Feldzug gegen das russische Volk interpretieren läßt.

Das Zahlenmaterial, das belegen sollte, daß die Kommunisten weitgehend unter der Kontrolle des Weltjudentums gestanden hatten, basierte vorwiegend auf zwei in Nazideutschland erschienenen Büchern, dem 1934 von Hermann Fehst veröffentlichten *Bolschewismus und Judentum* und *Juden hinter Stalin* von Rudolf Kommos (1938 und 1944).[40]

Die Fakten, die Fehst in seinem Buch liefert, entsprechen, auch wenn sie oft sehr einseitig ausgelegt werden, im großen und ganzen der Wahrheit. Das Buch von Kommos ist pure Propaganda. Schon die Grundthese ist falsch, denn hinter Stalin standen keine »Juden«. Kaganowitsch war unter Stalin das einzige jüdische Politbüromitglied. Und selbst er verlor mit der Zeit zunehmend an Einfluß. Die zeitgenössischen antisemitischen Publikationen in Rußland gehen in ihren Behauptungen sogar noch weiter als die Nazi-Autoren Fehst und Kommos. Sie dichten führenden Kommunisten und Nichtkommunisten (wie Kerenskij), unter deren Vorfahren sich kein einziger Jude befunden hatte, einfach eine jüdische Ahnengalerie an.

Nach der Jahrhundertwende schlossen sich besonders viele Juden der russischen Revolutionsbewegung an, allerdings war ihr Anteil unter den Menschewiken und Sozialrevolutionären höher als unter den Bolschewiki.[41] Das ist zur Genüge bekannt, ebenso die Tatsache, daß die Juden in den ersten zehn Jahren nach der Revolution in der Führung von Partei und Staat eine weit größere Rolle spielten, als ihrem Bevölkerungsanteil entsprach. Auch in der Roten Armee und der Geheimpolizei GPU/OGPU nahmen damals viele Juden führende Positionen ein. Und noch mehr in den Ministerien für Äußeres und Außenhandel; Juden (so nahm man an) hatten bessere Fremdsprachenkenntnisse als Russen und traten im Ausland sicherer auf. Oft tauchten Juden als Kommissare und Vertreter der Sowjetmacht an Orten auf, an denen zuvor kaum Juden gesehen worden waren. Aus diesem Grund wurden sie vielerorts mit den äußerst unpopulären Maßnahmen des neuen Regimes identifiziert. Es waren nicht Juden in ihrer Eigenschaft als Juden, die den Roten Terror oder den Bügerkrieg zu verantworten hatten, geschweige denn die Zwangskollektivierung der Landwirtschaft. Aber sie führten häufig die Entscheidungen des bolschewistischen Regimes aus. Zwar ist von spezifisch judenfeindlichen Reaktionen im Rußland der zwanziger Jahre nichts bekannt. Doch verwundert es nicht, daß die russischen Opfer der kommunistischen Politik sich an die Tätigkeit dieser entwurzelten Juden, die eigentlich gar keine mehr waren, erinnerten. Russische oder auch georgische Kommunisten anzuklagen war nicht so leicht. Die Juden hingegen waren ein dankbares Ziel. Jüdische Autoren in der Emigration warnten schon damals, daß der Tag der Abrechnung noch kommen würde. Aber niemand hörte auf ihre Warnungen. Natürlich ist es möglich, daß man den Juden, selbst wenn sie in der kommunistischen Führung nicht überrepräsentiert gewesen wären, den Schwarzen Peter zugeschoben hätte.

Die Gründe, warum so viele militante Juden zu den Führern der frühen Sowjetunion gehörten, sind bekannt und brauchen hier nicht im einzelnen wiederholt zu werden. Vor 1917 wurden die Juden in fast allen Lebensbereichen unterdrückt. Sie hatten keine Rechte, konnten weder ihren Wohnort noch ihren Beruf frei wählen, und den meisten war der Zugang zu den Universitäten verwehrt. Diese Verhältnisse waren ein guter Nährboden für revolutionäre Ideen. Die jüdischen Revolutionäre drängten nicht, wie später in der antijüdischen Propaganda behauptet wurde, in einflußreiche Positionen, um Rache zu nehmen. Sie wollten eine neue Gesellschaft aufbauen, in der (wie sie dachten) Freiheit und Gleichheit für alle verwirklicht werden würden. Ein unrealistischer und gefährlicher Traum, gewiß, aber nichts lag ihnen ferner als der Gedanke an eine »jüdische Herrschaft«.

Zwischen 1930 und 1940 nahm eine neue, russische Intelligenz den Platz der Juden ein. Stalin mißtraute den Juden, ja er haßte sie sogar und ließ sie aus allen Führungspositionen entfernen. Schließlich war in den obersten Rängen von Regierung und Partei, Armee und KGB, Innen- und Außenministerium kein einziger Jude mehr zu finden. Es gab keine jüdischen Botschafter mehr, und außer vielleicht in Birobidschan keinen jüdischen Parteisekretär auf Bezirks- oder Gebietsebene. Das stellte die Protagonisten der antijüdischen Propaganda vor ziemliche Probleme. Es bot sich zwar an, die unsäglichen Verbrechen Trotzkijs breitzutreten. Doch Trotzkij hatte schon 1924 jeden Einfluß verloren, war drei Jahre später aus der Sowjetunion ausgewiesen und 1940 auf Stalins Geheiß ermordet worden.

Aber da war ja noch Kaganowitsch. Kaganowitsch hatte sich bis 1957 gehalten und lebte noch weitere dreißig Jahre als einsamer, von allen (außer den Antisemiten) vergessener Mann. In den Schriften der sowjetischen Rechten avancierte er zu einer Gestalt von geradezu dämonischer Macht, mächtiger noch als Stalin selbst, dessen böser Geist er war. Glaubt man den rechten Antisemiten, so war es nicht der Stalinismus, der Sowjetrußland überschwemmt und geprägt hatte, sondern der »Kaganowitschismus«. Doch auch diese These konnte nicht ewig aufrechterhalten werden. Diejenigen, die sich noch an den »Eisernen Lasar«, wie er in seiner Zeit als Bürgermeister von Moskau in den dreißiger Jahren genannt wurde, erinnerten, wußten auch, daß er nicht unbeliebter gewesen war als andere Sowjetführer. Nichts an ihm war spezifisch jüdisch gewesen. Kaganowitsch war, wie Woroschilow, Molotow und andere, ein treuer Gefolgsmann Stalins gewesen, nicht mehr und nicht weniger. Die jüngeren Russen interessierten sich nicht für ihn. Außerdem war er der letzte Sowjetführer jüdischer Herkunft gewesen – nach ihm kam keiner mehr.

Der Jude als die Verkörperung des Bösen hatte zwar immer noch seinen Reiz für die Autoren historischer Romane, deren propagandistischer Einfluß nicht unterschätzt werden sollte. Aber für die Massenpropaganda brauchte man etwas Greifbareres, etwas, das sich auf die drängenden Probleme der russischen Gegenwart bezog. Im Jahr 1990 die Juden an den Pranger zu stellen wäre ähnlich absurd gewesen, wie den Tataren alle Schuld an der russischen Tragödie zuzuschreiben. Man konnte es wohl tun, aber es war nicht sehr überzeugend.

Ein Ausweg blieb den Antisemiten jedoch offen. Die Juden hatten zwar in der Politik nichts mehr zu sagen, aber im kulturellen Leben des Landes spielten sie immer noch eine unverhältnismäßig große Rolle. Und der Einfluß, den sie ausübten, wurde als äußerst schädlich bewertet. Nach Meinung der russischen Rechten untergruben und zerstörten sie die geistigen Werte des russischen Volkes.

Das vorliegende Zahlenmaterial stützte diese Behauptungen. Die Zahl der jüdischen Studenten war trotz aller Restriktionen relativ hoch, und noch stärker vertreten waren die Juden in der Akademie der Wissenschaften, an den Universitäten (vor allem in den naturwissenschaftlichen und medizinischen Fakultäten), beim Film, in der Literatur- und Musikszene, in Juristenberufen und in den Medien. Nahm man einzelne Gruppen wie die Schachspieler oder Violinisten unter die Lupe, dann zeigte sich ein Mißverhältnis von geradezu schockierenden Ausmaßen.

Die extreme Rechte forderte, den Anteil der Juden in bestimmten Berufszweigen so zu beschränken, daß er ihrem Anteil an der Gesamtbevölkerung entsprach (nach Pamjat-Angaben 0,69 Prozent). Und nach Ansicht eines russischen Schriftstellers namens Sorokin sollte es Georgiern, Baschkiren oder Juden nicht erlaubt sein, Gedichte auf russisch zu verfassen.[42] Sorokin begründete seine Forderung damit, daß diesen Volksgruppen einerseits nicht zu trauen sei und daß sie andererseits die Melodie der russischen Sprache nicht getreulich wiedergeben könnten, denn das sei nur einem echten Russen möglich. Baschkiren sollten für Baschkiren schreiben, Juden für Juden. Ein bekannter russischer Kritiker erklärte, daß die Arbeiten eines Isaak Babel vielleicht für die jüdische Literatur von Bedeutung sein mochten, in der russischen Literatur jedoch keinen Platz hätten – was im übrigen entsprechend auch für die Bilder eines Chagall gelte.[43]

Auch in anderen Ländern wurden vergleichbare Diskussionen geführt. Deutsche Professoren verdammten Heine lange vor Hitler als undeutsch, und nach 1933 traf der Bannstrahl selbst einen Mendelssohn. Über Geschmack läßt sich nicht streiten, und Sorokins Überzeugungen sind zweifellos tief und ehrlich empfunden. Aber sie werden von der Mehrheit seiner Landsleute nicht geteilt. Pasternak und Mandelstam, ganz zu schweigen von den Dichtern Wyssozkij und Galitsch, werden sehr viel mehr gelesen als die berühmtesten politischen Freunde Sorokins. In einer Vielvölkergesellschaft wie in Rußland, in der schon so viele Rassen und Nationalitäten aufgegangen sind, ist es nicht einfach, einen rassistischen Standpunkt zu verteidigen. Studien über den russischen Adel haben sogar ergeben, daß die Mitglieder der meisten ältesten und bekanntesten Familien vermischtes und häufig auch ausländisches (tatarisches, deutsches, polnisches usw.) Blut in den Adern haben. Ich habe wahllos die Namen von fünfzig führenden Vertretern der alten und neuen russischen Rechten herausgegriffen. Nicht einer ist in Boris Unbegauns Standardwerk über die russischen Familiennamen verzeichnet.[44] Allerdings muß angemerkt werden, daß dieses Nachschlagewerk nicht hundertprozentig zuverlässig ist. Beispielsweise ist auch der Name Jelzin dort nicht aufgeführt. Die patriotische Gesinnung dieser fünfzig Männer und Frauen ist über jeden Zweifel erhaben, ihre Abstammung jedoch nicht. »Jedermanns Blut ist unrein«, schrieb Konstantin Leontjew schon vor hundert Jahren. Die genaue Überprüfung der Rassereinheit hat sich schon in Nazideutschland als riskantes Unternehmen entpuppt. Im heutigen Rußland sollte sie ganz unterbunden werden.

Einige vernünftigere nationalistische Autoren haben bestimmten jüdischen Schriftstellern, Komponisten und Künstlern wie Rubinstein und Lewitan oder Philosophen wie Schestow und Frank (alles konvertierte Juden) die Fähigkeit zugestanden, den russischen Geist wirklich und wahrhaftig zu empfinden und auszudrücken. Doch auch diese Rechten sind der Ansicht, daß die meisten Juden nicht fähig oder willens sind, den notwendigen Grad der Identifikation mit der russischen Seele zu erreichen, sei es wegen ihrer angeborenen kosmopolitischen Gesinnung, sei es wegen ihrer inneren Unruhe, ihrer Wurzellosigkeit oder ihrer Fortschrittsmanie. Nach Ansicht von Literaturkritikern der Zeitschriften NASCH SOWREMENNIK und MOLODAJA GWARDIJA gilt dies sogar für Männer, die wie Boris Sluzkij für Rußland gekämpft haben oder wie Pavel Kogan, M. Kultschizkij oder Josef Utkin dem Land sogar ihr Leben geopfert haben. Die rechten Kritiker entdeckten in ihren Arbeiten etwas Übertriebenes und Fanatisches, einen Mangel an Harmonie – ganz im Gegensatz zu den Dichtungen der wahrhaft russischen Poeten.

Vielleicht enthalten diese Behauptungen sogar ein Körnchen Wahrheit. Selbst einen wortgewandten Mann wie Ilja Ehrenburg kann man sich schwerlich als einen Poeten der sibirischen Wälder, der Taiga oder der *Staniza* der Kosaken vorstellen. Aber ist es nicht gerade die Vielfalt der Themen, der Stimmungen und Ansätze, die jede Nationalliteratur ausmacht? Für die große Mehrheit der Russen waren und sind die Kinderreime eines Samuel Marschak genauso Bestandteil der russischen Tradition wie die von Isaak Dunajewskij unter Stalin komponierten Volkslieder.

Der kulturell begründete Antisemitismus findet auf jeden Fall nur bei Teilen der Intelligenzija Anklang. Wenn die Antisemiten nachweisen könnten, daß es den Juden in schlechten Zeiten besser ging als dem Rest der Bevölkerung, sähe das anders aus. Aber dieser

Vorwurf wurde nur selten erhoben: Die Zahl der Juden, die zur Nomenklatura gehören oder anderweitig hohe Einkommen beziehen, war und ist zu gering. Es stimmt zwar, daß unter den Leitern von Kooperativen auch Juden waren und daß der Zorn der Rechten sich auch gegen die »Mafia« richtete, die, wie sie behaupteten, die russische Wirtschaft im Würgegriff hielt und Gewinne in Milliardenhöhe abkassierte. Aber die »Mafiosi«, die bisher von der Rechten »entlarvt« wurden, waren Russen (darunter auch ehemalige hohe Parteifunktionäre) und Mitglieder von Klans aus dem Süden, also Kaukasier oder Zentralasiaten. Die Juden sind nicht mehr das bevorzugte Ziel.

Mit dem jüdischen Exodus aus der Sowjetunion und dem Rückzug der Juden aus allen Bereichen des öffentlichen Lebens ist dem Antisemitismus weitgehend der Boden entzogen worden. Oder anders ausgedrückt: Die politischen und sozialen Bedingungen, die die antijüdischen Gefühle hervorriefen, sind verschwunden. Dabei muß festgehalten werden, daß zwischen dem Ausmaß des Antisemitismus und den »objektiven Bedingungen« kein direkter Zusammenhang besteht. Im Deutschland der frühen dreißiger Jahre kam den Juden objektiv gesehen keine große Bedeutung zu. Dennoch errangen die Nazis mit einem ideologischen Programm die Macht, in dem der Antisemitismus eine zentrale Rolle spielte. Wahrscheinlich wird der Antisemitismus für die russische Rechte in Zukunft kaum noch von Nutzen sein, aber verschwinden wird er sicherlich nicht.

Teile der russischen Bevölkerung sind nach wie vor zutiefst fremdenfeindlich. Ausländer werden gefürchtet und gehaßt, ein Feindbild wird gebraucht. Der metaphysische, abstrakte Jude kann von den Antisemiten immer noch als der eigentliche Drahtzieher hinter Rußlands Misere entlarvt werden. Die jüngeren Russen wird das kaum interessieren. Aber wie wird die Generation der jetzt Sechzigjährigen in einer Zeit der tiefen Verunsicherung und traumatischen Erlebnisse auf eine solche Propaganda reagieren?

Neoslawophile und Eurasier

Zwei weitere Strömungen innerhalb der zeitgenössischen Ideologie in Rußland sollten hier noch erwähnt werden, auch wenn keine von beiden neu oder besonders vielversprechend ist. In den Jahren 1990 und 1991 erlebte das Land eine bescheidene Renaissance des Panslawismus. Man veranstaltete in Moskau und in Städten wie Rjasan und Smolensk slawische Festivals, gründete Stiftungen zur Förderung der slawischen Kultur und organisierte politische Tagungen mit Gästen aus dem Ausland.[45] Da die slawischen Brudervölker inner- und außerhalb der alten Sowjetunion jedoch kein besonderes Interesse an engen Beziehungen zu Rußland zeigten, lösten solche Initiativen in der Öffentlichkeit wenig Begeisterung aus. Worauf hofften die Initiatoren der neuen slawischen Solidaritätsbewegung? Möglicherweise rechneten sie damit, daß sich langfristig gemeinsame Interessen herauskristallisieren würden, wenn schon nicht mit den Regierungen der westslawischen Länder, so doch wenigstens mit den dortigen Oppositionsgruppen, die den Kapitalismus, den Liberalismus und generell die westliche Lebensart ebenso ablehnten.

Aus intellektueller Sicht versprach die Wiederbelebung des Eurasianismus interessanter zu werden. Ursprünglich waren die Eurasier eine kleine Gruppe junger emigrierter Intellektueller, die hauptsächlich in Prag lebten und 1922 unter dem Titel »Aufbruch nach Osten« eine Aufsatzsammlung veröffentlichten, die zum Manifest der Gruppe wurde. Die Gruppe vertrat die Auffassung, daß die westeuropäische Kultur in der Vergangenheit zwar von großer Bedeutung für Rußland gewesen sei, Rußlands Zukunft aber im Osten liege.

Der Glaube an Rußlands Mission in Asien war so neu nicht und hatte schon im 19. Jahrhundert hohe Militärs wie auch Philosophen und Dichter fasziniert. Rußland, so die damalige Ansicht, unterschied sich in vielerlei Hinsicht vom Westen und sollte, statt Europa nachzueifern, seine Kräfte nach Osten richten, wo das Land eine positive und wichtige Rolle spielen konnte. Die Eurasier übernahmen einige Ansichten der Slawophilen, lehnten andere aber ab, weil ihnen klar war, daß es mit der vielbeschworenen Solidarität zwischen den slawischen Nationen nicht weit her war. Sie machten sich auch einige Vorstellungen der Kommunisten zu eigen (genauer gesagt, sie waren beeindruckt von der Dynamik des neuen Regimes), glaubten aber fest daran, daß der Bolschewismus keine langfristige Perspektive bot und daß der Eurasianismus ihn als führende Doktrin ablösen würde.

Nicht alle diese Gedanken stammten aus Rußland. Die Eurasier entlehnten viele Ideen bei der neuen Wissenschaft der Geopolitik. Auch die Vorstellung vom alten, müden und ausgelaugten Westen, der den jungen, dynamischen Völkern des Ostens gegenüberstand, hatte seinen Ursprung in Deutschland.

Der Eurasianismus blühte rund ein Jahrzehnt lang. Um 1933 hatte die Bewegung ihren anfänglichen Elan verloren und spaltete sich in mehrere Richtungen auf. Einige führende Mitglieder erregten damals durch ihr literarisches Talent und eine gewisse Frische im Ansatz viel Aufmerksamkeit. Der Theologe Florowskij, der von Anfang an dazugehörte, drückte es einmal so aus: Die Eurasier stellten zwar viele richtige Fragen, aber ihre Antworten waren meist falsch oder irrelevant.[46] Es wurde niemals ganz klar, ob die Eurasier an den tatsächlich existierenden Osten dachten oder ob ihnen eine Abstraktion vorschwebte, ob sie eine Synthese aus Europa und Asien anstrebten oder beide ablehnten. Ebenfalls unklar war, ob ihr Glaube an die russisch-orthodoxe Kirche stärker war als ihre Begeisterung für den Islam und den Buddhismus. Rückblickend erinnert der Eurasianismus an die in den fünfziger und sechziger Jahren im Westen verbreitete Dritte-Welt-Romantik, die nur wenig mit der Realität in der Dritten Welt zu tun hatte, um so mehr aber mit den unbegründeten Hoffnungen, die gewisse Kreise in das kulturelle, politische und ökonomische Potential der Dritten Welt setzten.

Wenn der Eurasianismus in den zwanziger Jahren als politische und kulturelle Alternative unbrauchbar war und schließlich eines natürlichen Todes starb, was führte dann siebzig Jahre später zu seiner Renaissance?[47] Die Antwort darauf ist nicht einfach. Mit ein Grund war sicherlich der alte Wunsch, Rußland vom Westen abzuspalten. Doch im Jahr 1990 waren die Bedingungen für geopolitische Träume in Asien noch ungünstiger als 1920. Weder die Japaner noch die Chinesen, weder die Afghanen noch die Iraner, und ganz bestimmt auch nicht die Kasachen und Usbeken, warteten darauf, daß die Russen als Kulturträger zu ihnen kamen. Sie sahen in Rußland

weder eine willkommene Brücke nach Westen noch einen politischen oder geistigen Verbündeten.
Es ist überflüssig zu erwähnen, daß Rußland nicht nur in Europa, sondern auch in Asien und im Pazifik traditionelle Interessen hat. Das alte sowjetische Außenministerium versuchte, die wirtschaftlichen und kulturellen Beziehungen zu den Ländern in diesen Regionen zu vertiefen: Puschkins *Eugen Onegin* wurde ins Chinesische übersetzt, in Alma Ata wurden asiatische Sängerwettstreite ausgetragen, und sowjetische Ethnologen knüpften Kontakte zu Institutionen in Hawaii, Australien und selbst Tonga.[48]
Aber das alles war nicht Ausdruck einer Umorientierung und neuen geopolitischen Zielsetzung. Vorstellungen dieser Art beruhen auf den Gegebenheiten einer Vergangenheit, in der Flugzeuge noch nicht erfunden waren und »Landbrücken« noch eine gewisse Bedeutung hatten.
Es gibt in Rußland allerdings eine Denktradition, die gewisse Ähnlichkeiten mit der Geopolitik aufweist. Sie geht auf Dmitrij Mendelejew zurück, den berühmten Chemiker, der sich nebenbei auch als politischer Philosoph betätigte. Mendelejew stellte die These auf, daß der künftige Gravitationsschwerpunkt des russischen Reichs nahe der Stadt Omsk in Sibirien liegen werde. Sehr viel später griff Alexander Prochanow, geopolitischer Romanautor von eigenen Gnaden, Mendelejews Vorstellungen in seinen Romanen wieder auf. Prochanow schrieb: »Der Feind bereitet sich darauf vor, unser Vaterland gleichzeitig aus allen Regionen der Welt anzugreifen.« Und deshalb müsse sich Rußland auch weltweit verteidigen, wie etwa bei der Intervention in Afghanistan.[49] Prochanows geopolitische Ideen stießen sowohl auf Zustimmung als auch auf Kritik.[50] Mit dem Rückzug der Sowjets aus Afghanistan und dem Abfall der zentralasiatischen Republiken fand diese Diskussion ihr Ende – der Gravitationsschwerpunkt Rußlands konnte nach diesen Ereignissen unmöglich noch nahe Omsk vermutet werden.
Teile der Rechten haben die geopolitischen Vorstellungen der Eurasier in Expansionszeiten für ihre Zwecke benutzt. Aber können sie auch heute, in einer Zeit des Rückzuges und der Auflösung, noch von Nutzen sein?
Die Wiederauferstehung des eurasianischen Mythos hat nicht nur unter russischen Demokraten, sondern auch im nationalliberalen

Lager Mißtrauen erregt. Aus historisch-kultureller Sicht sind die Grundannahmen des Eurasianismus unhaltbar: Skandinavien und Byzanz, nicht der asiatische Osten, spielten die entscheidende Rolle bei der Entstehung des russischen Staates und der Herausbildung einer russischen Kultur. Vor dem 16. Jahrhundert gab es überhaupt keine asiatischen Einflüsse auf die russische Kultur, und auch danach hielten sie sich in Grenzen.[51] Lichatschow erklärte, daß der Eurasianismus heutzutage vor allem dazu diene, einer »Politik der starken Hand« den Weg zu ebnen und sie zu rechtfertigen. Manche sehen im Eurasianismus eine spezifisch russische Form des Isolationismus, andere tun ihn als typisches Szenario der Rechten ab, das ebensowenig ernst genommen werden sollte wie andere, ebenso fragwürdige und sich gegenseitig ausschließende Szenarien wie der Traum von einer »Achse Berlin–Moskau« oder der Neopanslawismus.

Wissenschaftler, die sich mit dem russischen Konservatismus beschäftigen, haben auf seinen stark utopischen und metaphysischen Gehalt hingewiesen. Wohl nirgendwo sonst auf der Welt hat die Rechte Pragmatismus und gesunden Menschenverstand so radikal über Bord geworfen wie in Rußland.[52] Aber der größte Schwachpunkt in der Politik und im Denken der russischen Rechten ist ihr Hang zu paranoiden Vorstellungen. Dabei ist der zwanghafte Glaube an Verschwörungen beleibe kein spezifisch russisches Phänomen. Richard Hofstadter etwa hat ihn in einem berühmten Essay über Amerika eine »alte und wiederkehrende Erscheinung in unserem Leben« genannt.[53] Die freimaurerfeindliche Stimmung im Amerika des frühen 19. Jahrhunderts wurde von einer Welle des Antikatholizismus abgelöst, und diese Tradition hat sich in der einen oder anderen Weise bis heute gehalten; ein Beispiel aus der jüngeren Vergangenheit sind die Spekulationen um den Mord an John F. Kennedy.

Die politische Paranoia ist ein fester Bestandteil der Politik im Nahen Osten, insbesondere in den arabischen Ländern.[54] Sie tritt aber auch in Frankreich, Italien und Japan auf, unter Links- wie unter Rechtsradikalen. Das Phantombild eines Menschen, der von einer solchen Paranoia befallen ist, läßt sich relativ einfach skizzieren: Er glaubt an die Existenz eines allmächtigen Feindes, der zu keinen Kompromissen bereit ist und der schnell eliminiert werden muß,

Zar Nikolaus II., der letzte der Romanows, lehnte die »Protokolle der Weisen von Zion« als Fälschung ab, unterstützte jedoch die »Schwarzen Hundert«.

Sergei Nilus, der Herausgeber der »Protokolle der Weisen von Zion«.

Fjodor Dostojewski.

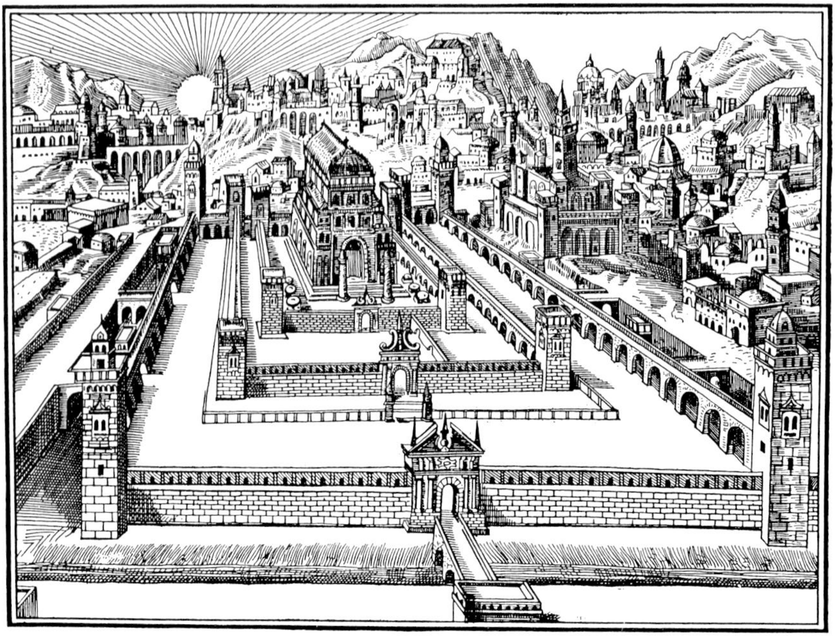

Das Symbol des Erzfeindes, der Freimaurer – König Salomons Tempel in Jerusalem.

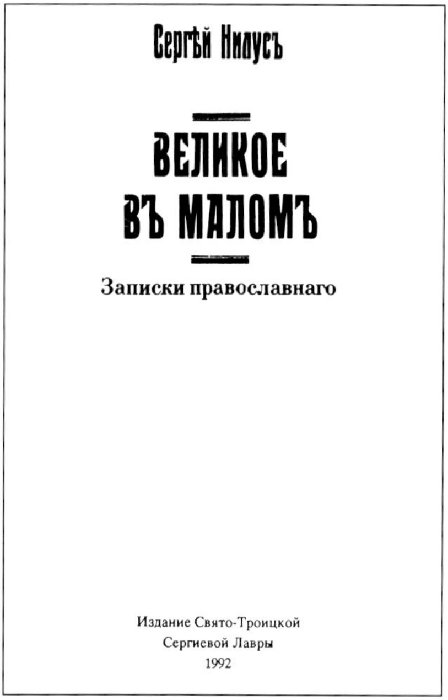

Сергѣй Нилусъ

ВЕЛИКОЕ
ВЪ МАЛОМЪ

Записки православнаго

Издание Свято-Троицкой
Сергиевой Лавры
1992

Eine Neuauflage von Sergei Nilus' »Protokollen« aus dem Jahr 1992.

Gemeinsame Veranstaltung russischer Nationalisten und Neobolschewisten in Moskau, 1992.

Demonstration der Nationalisten am Manegeplatz im April 1992. Der Text auf dem Transparent lautet: »Rußland, erhebe dich von deinen Knien!«. Am Mikrofon ist Wladimir Naumow, ein Kosakenführer.

Eine Gruppe von Kosaken in Moskau, 1992, mit ihrem obersten Anführer Alexander Martinow (Mitte).

Walentin Rasputin, einer der besten zeitgenössischen russischen Autoren, wurde in den vergangenen Jahren zum Guru der extremen Rechten.

Alexander Prochanow, begabter Vielschreiber, Redakteur und »Propagandaminister« der äußersten Rechten.

Wladimir Schirinowski ist ein außergewöhnlich begabter Redner der äußersten Rechten. Der Führer der Liberaldemokratischen Partei ist allerdings für viele rechte Gruppen wegen seiner teilweise nichtarischen Abstammung inakzeptabel.

Oberst Viktor Alksnis, der »Schwarze Oberst«, ist der Führer der Sojus-Fraktion im russischen Parlament.

Juri Wlassow, Olympiasieger in der Schwerathletik, begann seine politische Karriere als schärfster Kritiker des KGB und wanderte später ins rechte Lager ab.

Gennadi Sjuganow, früher der Vorsitzende der Kommunistischen Partei Rußlands, ist jetzt der Anführer des National-Bolschewistischen Lagers.

Generaloberst Albert Makaschow, ein Führer aus dem rechten Lager, unterlag Boris Jelzin in der Wahl zum russischen Präsidenten.

Professor Igor Schafarewitsch, Mitglied der Akademie der Wissenschaften, popularisierte das Schlagwort »Russophobia«.

Alexander Newsorow, populärer Fernsehmann und ein Idol der extremen Rechten.

Der junge Rechtsanwalt und Parlamentsabgeordnete Sergei Baburin ist einer der kommenden Männer der russischen Rechten.

Nikolai Lisenko, früher ein kämpferischer Anhänger der Pamjat-Bewegung, ist jetzt der Vorsitzende der National-Republikanischen Partei, die sich für den Nationalsozialismus in Rußland stark macht.

Viktor Aksjutschiz ist im rechten Lager der Kopf der Christlich-Demokratischen Fraktion.

Michail Astafjew ist Präsident einer rechten Partei.

Dimitri Wasiljew, Führer von Pamjat.

Alexander Ruzkoi, Präsident des russischen Volksdeputiertenkongresses und Führer der Patriotischen Partei.

Professor Eduard Wolodin, ein bedeutender Ideologe der äußersten Rechten.

Alexander Solschenizyn, der große russische Schriftsteller und das Idol der gemäßigten Rechten.

Igor Artemow, rechter Politiker und Kopf der »Moskau-Russischen Union«.

Juri Lipatnikow, Anführer der nationalistischen Opposition in Jekaterinburg, früher Swerdlowsk.

Nikolai Pawlow, einer der Führer der Rossija-Partei im russischen Parlament.

Cartoon aus »Narodnoje Delo«, 1991, mit der Aussage: »Zerschmettern wir das Reptil – den Pornohändler!«

Cartoon, veröffentlicht in »Otschisna«, November 1991. Zwei Abgeordnete feiern die Zulassung der Homosexuellen-Vereinigung.

Cartoon aus einer faschistischen Zeitschrift, der die Anwesenheit rassisch unreiner Studenten an russischen Universitäten brandmarkt.

Die wichtigsten Sprachrohre der extremen Rechten.

Impressum der Zeitschrift »Russkoje Woskresenje« aus dem Frühjahr 1992 mit Hakenkreuz und Zitaten aus Hitlers Werken.

Cartoon, veröffentlicht in »Russkoje Woskresenje« 1992, zeigt Jelzin und Gorbatschow als Hunde an der Leine des Teufels. Der Text lautet: »Schande über die Intelligenzija, die das Volk betrogen hat.«

Cartoon aus »Russkoje Woskresenje«: »Damit dieses Gewürm nicht länger unser Land besudeln kann!«

Cartoon aus »Russkoje Woskresenje« mit einem Kommentar zur Emigration der Juden aus Rußland: Nein zum rassistischen Antrieb!

Pressekonferenz der Führer der vereinigten oppositionellen Rechten. Von links nach rechts: Nikolai Lisenko, Viktor Aksjuchiz, Nikolai Pawlow, Michail Astafjew und Andrei Golowin.

Eine Gruppe von Kosaken in traditionellen Uniformen in Moskau, April 1992.

denn die Zeit ist knapp und der Weltuntergang steht unmittelbar bevor. Dieser Feind hat das ganze Land unter Kontrolle. Will man ihn besiegen, darf man niemandem trauen. Zur Untermauerung seiner Theorien trägt der Betroffene Berge von Fakten zusammen, insbesondere Belege für die Grausamkeit und den Sadismus des Feindes. Teilweise mögen seine Fakten ja sogar stimmen, aber irgendwann verläßt er den festen Boden der Tatsachen und vollführt einen assoziativen Quantensprung, der völlig irrational und in keiner Weise mehr nachvollziehbar ist. Um nur ein Beispiel zu nennen: Ein Paranoiker schildert einige absolut korrekte Einzelheiten über die Jugendjahre, die der Autor dieses Buches in Deutschland verbrachte. Anschließend folgt eine historisch korrekte Darstellung der NSDAP. Dann kommt der Sprung: L. hat die ersten siebzehn Jahre seines Lebens in Deutschland verbracht, also muß er ein prominenter Nazi-Führer gewesen sein, oder alternativ dazu, also müssen alle Naziführer Juden gewesen sein.
Es stimmt allerdings, daß solche Wahnvorstellungen meistens nur von Splittergruppen der extremen Rechten und Linken vertreten worden sind. Die Mehrheit der Bevölkerung hat, ungeachtet ihrer politischen Überzeugung, solchen absurden Ideen keinen Glauben geschenkt.
In Rußland hingegen haben sich weite Teile der Rechten, und zwar nicht nur die Fanatiker, hartnäckig geweigert, die politischen Realitäten anzuerkennen. Statt dessen war ihr Denken von der Suche nach einer unsichtbaren Macht und satanischen Einflüssen beherrscht, so wie auch die Bolschewiki jahrzehntelang in ähnlichen Vorstellungen gefangen waren. Eine unmittelbar drohende Gefahr, das ist bekannt, kann auf Individuen und auch auf ganze Gemeinschaften eine heilsame Wirkung ausüben und sie zumindest für einige Zeit von solchen Wahnideen kurieren. Ein Mensch, der Gefahr läuft, im Meer zu ertrinken, wird einsehen, wenigstens sollte man das annehmen, daß die reale Gefahr nicht darin besteht, daß er in der Wüste von Löwen verfolgt wird. Inwieweit hatte die Krise in Rußland eine heilsame Wirkung auf das Denken der Rechten?
Die Fakten geben kaum Anlaß zum Optimismus. Einige mehr oder weniger zufällig ausgewählte Beispiele sollen als Beleg für diese Behauptung genügen. So halten russische Rechte immer noch an dem Glauben fest, 1936 und 1937 habe es tatsächlich eine Verschwörung

der Marschälle gegen Stalin gegeben, obwohl es nicht den geringsten Beweis dafür gibt. Die Indizien, mit denen die Verschwörungstheoretiker ihre Anschuldigungen untermauern, sind entweder frei erfunden oder aus dem Zusammenhang gerissen. Hauptzeuge in diesem Fall ist der »deutsche Historiker Paul Carrell« (Schmidt), der Autor einiger populärer Darstellungen des Zweiten Weltkrieges.[55] Carrells (Schmidts) Bücher erschienen vor rund dreißig Jahren. Ernstzunehmende Hinweise, die auf eine von Tuchatschewskij ausgehende Verschwörung hindeuten würden, sucht man darin vergeblich. Als weiterer Zeuge wird Isaak Deutscher angeführt, der in seiner Stalin-Biographie von 1949 neben anderen merkwürdigen und falschen Ideen auch die Ansicht vertrat, daß es durchaus eine Verschwörung gegeben haben könnte. Aber auch Deutscher konnte keine Beweise vorlegen. In späteren Auflagen nahm er seine Behauptungen, wenn auch widerstrebend, zurück. In ähnlicher Weise glaubt die extreme Rechte in Rußland auch heute noch an die Verschwörung der sogenannten »Mörder im weißen Kittel« von 1953.

Eine andere, häufig auftretende Form des Verfolgungswahns ist die Überzeugung, daß praktisch alle führenden Mitglieder der extremen Rechten, die in den letzten Jahren starben, »satanischen Mächten« zum Opfer gefallen sind. Daß Lermontow und Jessenin angeblich von politischen Gegnern beseitigt wurden, wurde bereits erwähnt. Als Begun und Jewsejew, zwei führende Antisemiten, 1991 ums Leben kamen und ein dritter, Smirnow-Ostaschwili, sich erhängte, wurde selbstverständlich angenommen, sie seien von Liberalen ermordet worden. Dieselben Anschuldigungen wurden, offen oder versteckt, auch beim Tod unbedeutender Figuren wie Selesnejew, Zikunow (Kusmitsch) oder Oleg Schestakow erhoben (»Er starb an einem Schlaganfall, inneren Blutungen oder Herzversagen. Wir alle wissen, was das zu bedeuten hat ...«). In jedem einzelnen Fall wurden die Behörden nachdrücklich dazu aufgefordert, Ermittlungen einzuleiten und die wahren Mörder hinter Schloß und Riegel zu bringen.[56]

Am Silvestertag 1991 erhängte sich in St. Petersburg ein militanter Rechtsextremist namens Nikolaj Kislow. Die in einem Moskauer Vorort erscheinende Zeitschrift PULS TUSCHINA (26, 1992), ein Organ der Schwarzen Hundert, brachte die Meldung, Kislow sei umge-

bracht worden, und verlangte eine Untersuchung. Als Grund führte sie an, daß man am Ort des vermeintlichen Selbstmords Kislows Brille nicht gefunden habe.
Am 6. Oktober 1991 wurde in St. Petersburg der Sänger Igor Talkow von dem Manager eines anderen Popstars erschossen. Der 35jährige Talkow war in rechtsgerichteten Kreisen äußerst beliebt gewesen. In einem Interview kurz vor seinem Tod hatte er gesagt, er sei zwar kein Mitglied des Pamjat, fühle sich ihm aber eng verbunden.[57] Talkow wurde während einer Vorstellung vor vielen Augenzeugen erschossen. Bei der Affäre, in die auch eine Frau und ein anderer Sänger namens Asisa verwickelt waren, ging es vermutlich um Geld. Doch in Dutzenden von Zeitungsartikeln, Erklärungen und Reden behauptete die Rechte, Talkow sei nicht wegen eines Streits mit Asisa getötet worden, vielmehr habe er sterben müssen, weil er ein Patriot, ein Monarchist und ein guter Christ gewesen sei. »Wie lange noch werden unsere Besten, die Elite der Nation, für die satanischen Kräfte Freiwild sein?« Man erhob schwere Vorwürfe, weil die Behörden angeblich keinerlei Interesse daran zeigten, die wahren Mörder zu finden, sondern, im Gegenteil, alles taten, um mögliche Spuren zu verwischen.
General Wiktor Filatow und der Schriftsteller Dmitrij Balaschow sind bekannte Vertreter der russischen Rechten. Filatow war Herausgeber des WOENNO-ISTORITSCHESKIJ SCHURNAL, als das Blatt Auszüge aus Hitlers *Mein Kampf* abdruckte (mit moralischer Unterstützung Marschall Jasows und des Generalstabs, wie Filatow behauptete).[58] Natürlich, so Filatow, erfolgte der Abdruck aus rein wissenschaftlichem Interesse. Man habe den russischen Lesern die Möglichkeit geben wollen, die Geistesgeschichte der Gegenwart besser zu verstehen. Interessanter ist Filatows Behauptung, daß der US-Kongreß auf Geheiß der Zionisten beschlossen habe, bestimmte Sowjetführer wie Gorbatschow, Jakowlew und Schewardnadse mit der Zerstörung der Sowjetunion zu beauftragen. Zitat: »Es erwies sich als notwendig, einen Mann an die Spitze des Staates zu stellen, eine ganze Gruppe, die alles vernichten sollte, was erfolgreich aufgebaut worden war.« Ähnliche Anschuldigungen erhob Sergej Baburin, Rechtsanwalt und prominentes Mitglied des russischen Parlaments – beileibe kein Extremist, sondern ein Führer der »Russischen Volksversammlung« und ähnlicher Organisationen.

Balaschow gibt sich in seinen Schriften bis zu einem gewissen Grad kritisch und tolerant. So räumt er ein, daß die alte »jüdisch-freimaurerische Verschwörungstheorie« die Dinge zu vereinfacht darstelle und der modernen Welt nicht gerecht werde, wenn man sie wörtlich nehme. Außerdem sei die Vorstellung von einer Weltherrschaft Unsinn und unrealistisch.[59] Doch kaum hat sich Balaschow zu diesen weitreichenden Zugeständnissen an den gesunden Menschenverstand hinreißen lassen, da taucht er auch schon wieder in die alte Welt der Verschwörungen ein und spricht über die *Protokolle,* den Mord an Stolypin, das Gold, das die Deutschen beziehungsweise die Amerikaner, aber eigentlich doch die Juden, an Lenin zahlten, und über Ahad Haam, den heimlichen Herrscher der Welt.

Ein Kollege Balaschows, der renommierte Kritiker Michail Lobanow, verglich die demokratische Verschwörung mit einer tausendköpfigen Hydra, die darauf programmiert sei »uns alle einer satanischen, freimaurerischen Weltregierung zu unterwerfen«. Und die nicht weniger bekannte Dichterin T. Gluschkowa sprach vom »sorgfältig aufeinander abgestimmten Charakter der antinationalen Verschwörung«.

Solchen Urteilen liegt die Überzeugung zugrunde, daß die Wahrheit über das Weltgeschehen nicht in den Zeitungen, den Ansprachen der Politiker oder den Analysen der Politologen und Historiker zu finden sei. Die Wahrheit wird sorgfältig verschleiert und nur einigen wenigen offenbart. Nur diese Auserwählten können erkennen, welche Kräfte die historischen Ereignisse in Gang setzen, nur sie können erkennen, welche Interessen und Pläne sich wirklich hinter dieser Scheinwelt verbergen, die von den meisten Menschen irrtümlich für die wirkliche Welt gehalten wird.

Dasselbe gilt nicht nur für Rußland, sondern auch für alle anderen Länder. Dazu ein letztes Beispiel: Nur einfältige Menschen glauben, daß der Marschallplan, die Währungsreform, das Vorhandensein einer qualifizierten Arbeiterschaft, der sprichwörtlich deutsche Fleiß, unternehmerische Initiative, politische Führungsstärke und die Kooperation zwischen Gewerkschaften und Großunternehmen das deutsche Wirtschaftswunder ermöglicht haben. Wer die wahren Gründe erfahren will, muß tiefer blicken: Unter Hitler wurden Billionen (!) von Dollars außer Landes geschafft und in den lateinamerikanischen Drogenhandel investiert. Von den Gewinnen aus diesem Geschäft wurde dann später das deutsche Wirtschaftswunder finanziert.[60]

Teile der russischen Rechten haben sich so in ihre Verschwörungstheorien verrannt, daß sie jeden Sinn für die Realität verloren haben. Das Trauma von 1991 kann dafür keine Entschuldigung sein. Die meisten Wahnvorstellungen stammen aus früheren Zeiten. Es fällt einem schwer, keine Sympathien für die russischen Patrioten zu empfinden, die in einer Zeit und einer Welt leben, in der so wenig Anlaß zum Optimismus besteht. Die Frage scheint berechtigt, warum gerade das russische Volk so viel Leid erfahren mußte. Wie ein kollektiver Hiob scheint das russische Volk dazu geboren zu sein, einen Schicksalsschlag nach dem anderen zu ertragen. Aber kein Schicksalsschlag rechtfertigt es, jenem Wahn zu erliegen, der sich wie ein roter Faden durch die Ideologie der extremen Rechten zieht. Verschwörungstheorien sind das Opium der Rechtsextremisten. Sind sie erst einmal zur Gewohnheit geworden, ist es äußerst schwierig und schmerzlich, wieder von ihnen loszukommen.[61]

Teil 4
Kampf um die Macht seit 1987

11 Zaren und Kosaken

Die Monarchisten

Kurz vor seinem Tod wurde Iwan Solonewitsch in den fünfziger Jahren in seinem argentinischen Exil gefragt, für wie hoch er die Wahrscheinlichkeit einer Wiedereinführung der Monarchie in Rußland halte. Er antwortete ohne Zögern: »Ungefähr hundert Prozent.« Abgesehen von einer Handvoll unerschütterlicher Anhänger der Herrscherdynastie Romanow, von denen die meisten das siebzigste oder achtzigste Lebensjahr bereits überschritten hatten, hielt damals jeder eine solche Einschätzung für lächerlich. Heute, nach der Abdankung des Kommunismus, erscheint eine Rückkehr zur Monarchie nach wie vor äußerst unwahrscheinlich, aber für gänzlich unmöglich wird sie nicht mehr gehalten.[1]

Als Nikolaus II. und seine Familie 1918 ermordet wurden, gab es keine eindeutigen Anwärter auf den Thron der Romanows mehr. Sein Bruder Michael, den er im Jahr nach seiner erzwungenen Abdankung zu seinem Nachfolger erklärt hatte, wurde 1918 ebenfalls ermordet. Seine Mutter Maria Pawlowna, eine dänische Prinzessin, kehrte in ihre Heimat zurück, wurde aber alles andere als herzlich empfangen. Seine verschiedenen Cousins oder Cousinen ersten und zweiten Grades flohen in den Westen, doch die europäischen Monarchen zeigten wenig Solidarität und Hilfsbereitschaft.

Die Monarchie hatte in Rußland wie auch im Ausland damals nur noch wenige Freunde. Sie war durch Skandale, zu große Inkompetenz und die mangelnde Bereitschaft, sich den veränderten Verhältnissen anzupassen, in Mißkredit geraten. Auch für die antibolschewistischen Kräfte der weißen Bewegung war die Wiederherstellung der Monarchie nicht das oberste Ziel: Ein solches Anliegen war nicht sehr populär.

In der Sowjetunion gerieten die Romanows mit den Jahren in Vergessenheit. Obwohl es unter den Emigranten nicht wenige Monarchisten gab, verkündete Großfürst Kyrill Wladimirowitsch erst im August 1924, daß er als das älteste, noch lebende Mitglied der Zarenfamilie der einzige rechtmäßige Thronfolger sei (er war ein Enkel von Nikolaus I. und ein Vetter von Nikolaus II.). Der Familienrat der Romanows und der Oberste Monarchistische Rat in Berlin hielten seinen Anspruch für zweifelhaft. Mehr Rückhalt hatten Großfürst Dmitrij Pawlowitsch (1891–1942) und Nikolaus Nikolajewitsch (1856–1928), die ebenfalls Ansprüche geltend machen konnten. Am meisten Unterstützung erhielt Kyrill von Deutschlands Rechtsextremen, so zum Beispiel von Hitlers bayrischen Gefolgsleuten. Zu Kyrills Verteidigung sollte gesagt werden, daß er wahrscheinlich nicht aus eigenem Antrieb handelte, denn sein Interesse an der Politik war begrenzt und wurde von seiner Leidenschaft für Sportwagen eindeutig übertroffen. Seine politisch ehrgeizige Gemahlin Viktoria Fedorowna, eine Prinzessin von Sachsen-Coburg-Gotha, hatte ihn dazu gedrängt. Ironischerweise war Viktoria für viele Monarchisten nicht akzeptabel. Sie war vor ihrer Ehe mit Kyrill schon einmal verheiratet gewesen (mit einem Prinzen von Hessen) und außerdem nie zum orthodoxen Glauben übergetreten. Und was noch schlimmer war: Kyrills Mutter, ebenfalls eine dänische Prinzessin, hatte den orthodoxen Glauben erst nach seiner Geburt angenommen, daher war die Rechtmäßigkeit seines Thronfolgeanspruchs zweifelhaft.

Nach 1924 waren sich die Monarchisten weiterhin uneins, welchem Kandidaten sie die Treue halten sollten. Einige standen hinter Kyrill, der sich im bayrischen Coburg niedergelassen hatte, andere hinter Nikolaus, der in Paris lebte. Dann starb Nikolaus, und Kyrill ging nach Frankreich. Als er 1938 ebenfalls starb, war seine Anhängerschaft auf eine kleine Minderheit geschrumpft. Danach gab es zehn Jahre lang überhaupt keinen Anwärter auf den russischen Thron mehr. Nikolaus Nikolajewitsch hatte keine Kinder hinterlassen, und Kyrills Sohn Wladimir (1917 in Finnland geboren) machte damals keinen Anspruch geltend.

In Rußland selbst konnte man vor der Glasnost-Ära nicht offen für eine monarchistische Staatsform eintreten. Ein paar historische Romane erschienen, in denen die letzten Romanows etwas freundlicher dargestellt wurden als bisher üblich, und in gewissen rechten Kreisen kam es in Mode, monarchistische Andenken zu sammeln,

so wie andere Ikonen sammelten. Die Veröffentlichung von Solschenizyns *Rotem Rad* weckte neues Interesse für die Monarchie.[2]
Erst in der Glasnost-Ära traten ein paar Gruppen offen für ein monarchistisches System ein. Der vielleicht bekannteste Sprecher der Monarchisten war in der Anfangszeit wohl Alexej Brumel, der Bruder des ehemaligen Weltrekordhalters im Hochsprung. Doch er repräsentierte niemanden außer sich selbst, und es könnte durchaus sein, daß die ganze Angelegenheit für ihn nur ein Scherz oder eine günstige Gelegenheit war, in die Schlagzeilen zu kommen. Etwas seriöser war die von Sergej Jurkow-Engelgard geleitete Partei der rechtgläubigen konstitutionellen Monarchisten, die für eine konstitutionelle Monarchie eintrat und von deren Existenz die Öffentlichkeit erstmals im November 1989 erfuhr. Im darauffolgenden Jahr entstanden ungefähr siebzig weitere monarchistische Gruppen, ganz zu schweigen von den Pamjat-Fraktionen, die großteils ebenfalls zum Monarchismus übertraten. Einige bekannte Persönlichkeiten des kulturellen und des öffentlichen Lebens wie der Schriftsteller Solouchin, der Filmproduzent Geli Rjabow, der aus dem Fernsehen bekannte Newsorow und der Sänger Andrej Baranowskij bekundeten ihre Sympathien für die Monarchisten (Newsorows Begeisterung legte sich später wieder). Die monarchistischen Ideologen der Vorkriegszeit, besonders Iljin und Solonewitsch, wurden in rechten Publikationen in großem Umfang wieder abgedruckt. Sie erlangten einen höheren Bekanntheitsgrad als die meisten anderen emigrierten Denker und Schriftsteller der Rechten.
Keine dieser siebzig Gruppen hatte eine große Anhängerschaft. Viele existierten nur für kurze Zeit, gingen mit anderen Gruppen zusammen, trennten sich wieder und tauchten wenig später unter einem neuen Namen wieder auf. Aus diesem Grund scheint es angebracht, nur auf die wichtigsten etwas ausführlicher einzugehen.[3]
Der weiter oben bereits erwähnte »Bund christlicher Wiedergeburt« wurde von einem gewissen Wladimir Ossipow geleitet. Ossipow hatte zu den Dissidenten der sechziger Jahre gehört und war zweimal verhaftet und zu längeren Freiheitstrafen verurteilt worden. Hatte er ursprünglich für die Verwirklichung der Menschenrechte gekämpft, so wandte er sich im Gefängnis der Religion und dem Nationalismus zu. Das Überleben des Vaterlandes war ihm nun wichtiger als die Rechte des Individuums. Er war einer der Herausgeber

der religiösen Samisdat-Zeitung WETSCHE, die politisch zum gemäßigten Flügel der russischen Nationalisten gehörte. Trotz ideologischer Differenzen würdigte er den Kampf Sacharows und der Liberalen. Mit Beginn der Glasnost-Ära engagierte sich Ossipow zunehmend in diversen Initiativen, die sich »die geistige und biologische Rettung des russischen Volkes« zum Ziel gesetzt hatten. Im Frühjahr 1990 wirkte er an der Gründung der Patriotisch-Christlich-Monarchistischen Bewegung mit.

Die üblichen internen Spaltungen blieben nicht aus. Während Ossipow sich auf einer Auslandsreise befand, versuchte sein Stellvertreter Jewgenij Paschnin, ihn abzusetzen. Paschnin warf ihm neben anderen Todsünden prozionistische Aktivitäten vor.[4] Ossipow und seine Anhänger gingen aus dem Machtkampf jedoch als Sieger hervor. Zusammen mit anderen Gruppen wie dem *Semskij Sobor* und der »Bruderschaft des Märtyrer-Zaren Nikolaus II.« setzten sie sich weiterhin für ein monarchistisches Rußland ein.

Über bestimmte grundlegende Fragen herrscht im monarchistischen Lager Einigkeit, doch in anderen wichtigen Punkten gehen die Meinungen auseinander. Einig ist man sich darin, daß die Monarchie das adäquateste politische System für Rußland ist und daß die Kirche den Hauptpfeiler des Zarentums bilden sollte. Die meisten sprachen sich vor August 1991 für ein starkes und unteilbares russisches Reich aus. Uneinig war man sich in der Frage, ob eine absolute Monarchie (wie sie vor 1905 bestanden hatte) oder eine konstitutionelle Monarchie die bessere Lösung sei. Unklar war auch, wer der künftige Monarch sein sollte. Sollte man einen Nachkommen der Romanows einsetzen? Oder sollte der neue Herrscher von einer Nationalversammlung gewählt werden? Wenn ja, wer sollte den neuen Zar auswählen und wie?

Die extremsten Monarchisten gehören der *Semschtschina* an, einer kleinen Gruppe, die sich auf Markow II. beruft, eine berüchtigte Gestalt aus der Zeit kurz nach der Jahrhundertwende. Sie ist kompromißlos antidemokratisch und spricht allen anderen Parteien, nationalen Minderheiten und Religionen jede Daseinsberechtigung ab.[5] Eine Analyse der von ihr veröffentlichten Schriften würde zeigen, daß dem Chassidismus, dem Talmud, den *Protokollen* und Themen wie Ritualmord darin mehr Aufmerksamkeit gewidmet wird als der monarchistischen Idee oder einzelnen Zaren. Die Gruppe warf sogar dem Patriarchen Alexej II. exzessiven Liberalismus vor.[6] Buchstäblich jede Ausgabe des Blattes enthält Ankündigungen über das Kommen des Antichrist. Für die *Semschtschina* steht außer Frage, daß Rußland eine absolute Monarchie braucht: »Ohne einen Zaren ist Rußland eine Witwe, und seine Bewohner sind Waisen.«[7]

Unter *Narodnost* (der dritte Pfeiler neben Monarchie und Kirche, auf dem das Staatswesen im 19. Jahrhundert ruhte) verstehen sie das, was man früher darunter verstand. Der Zar braucht das Volk nicht zu konsultieren. Die Untertanen müssen sich ihm kritiklos unterwerfen und seine Entscheidungen demütig und geduldig hinnehmen.

Ein solches Monarchieverständnis entspricht in keinster Weise den Vorstellungen der Slawophilen von »innerer Freiheit«. Es deckt sich nicht einmal mit dem Monarchiebegriff von Solonewitsch und Iljin, die der Initiative, dem Geist und den Gefühlen des Volkes erhebliches Gewicht beimaßen. Nach Auffassung der Slawophilen brachte Rußland die Zaren hervor, und nicht umgekehrt.

Der Autor eines kürzlich erschienenen Artikels über die Vorteile einer Monarchie gegenüber einer demokratischen Republik wies darauf hin, daß ein Drittel aller europäischen Länder – Luxemburg, Liechtenstein und Monaco eingeschlossen – Monarchien seien. Allerdings handele sich in allen Fällen um konstitutionelle, also um unvollkommene Monarchien. Dann fährt er fort: »Nur Rußland schenkte der Welt die vollkommenste Staatsform: eine absolute, von der orthodoxen Kirche erleuchtete Monarchie.« Der Autor fand noch ein weiteres Beispiel für eine vollkommene absolute Monarchie: Frankreich zur Zeit der drei Musketiere.[8] Mit der gleichen Berechtigung hätte er das moderne Saudi-Arabien anführen können, auch wenn die dortigen Herrscher von einer anderen Religion inspiriert werden. Außerdem weiß jeder, der sich mit absoluten Monarchien beschäftigt hat, daß keine von ihnen völlig absolut war. Die Leser der Abenteuer der drei Musketiere mögen sich nur ins Gedächtnis zurückrufen, daß Kardinal Richelieu ebensoviel Macht hatte wie der König.

Für die Fundamentalisten besteht das Volk nicht aus freien Bürgern mit Rechten und Pflichten, sondern aus Untertanen, die zum Gehorsam geboren sind. Nach Ansicht der Monarchisten mögen verfassungsmäßige Freiheiten für Europäer vielleicht das Richtige sein, doch in Rußland sind sie fehl am Platz. Solche Freiheiten führen zwangsläufig zum Pluralismus, also zu inneren Spannungen, zur Aushöhlung und schließlich zum Zerfall der Autorität.

Die zukünftige Monarchie solle ihrem Wesen nach russisch sein, also weder kapitalistisch noch sozialistisch, weder totalitär noch demokratisch, sondern »rechtgläubig«. Der Patriarch soll als die rechte Hand des Zaren fungieren. Rußland braucht keine Ideologie, sondern den Glauben, keine Politik, sondern spirituelle Werte, keine Demokratie, sondern *Sobornost*, keine aus Einzelrepubliken bestehende Union, sondern den Status einer Großmacht. Zwar sind eine beratende Versammlung (oder Versammlungen) und ein Staatsrat vorgesehen, aber Gesetze dürfen sie nicht erlassen.[9] Im großen und ganzen sah so die Monarchie vor Peter dem Großen aus.[10]

Dies sind in groben Zügen die Vorstellungen der meisten Monarchisten. In ihren Reihen wird man vergeblich nach Neuerungen suchen. Selbst die konstitutionellen Monarchisten (PRAMOS) sind gegen ein Parlament. Sie befürworten einen Ständestaat russischen Stils und schlagen die Wiedereinführung der »Rangtabelle« vor, die Anfang des 18. Jahrhunderts erstmals eingeführt worden war. Herausragende Persönlichkeiten aus Armee, Polizei und Verwaltung sollen in Anerkennung ihrer Dienste mit Ländereien belohnt werden. Ein solches System erinnert an die von Stalin bis Breschnew geltende (inoffizielle) Regelung, nach der die Nomenklatura mit Datschas versorgt wurde.

Eine paternalistische Gesellschaft dieser Art ist die Antithese zu einer bürgerlichen Gesellschaft. Für persönliche Freiheiten, wie der Westen sie definiert, ist darin kein Platz. Nicht der Gesellschaft, sondern dem Staat fällt die zentrale Rolle zu. Es ist Aufgabe des Monarchen, für Gerechtigkeit und für die Einhaltung der Gesetze zu sorgen. Was aber ist zu tun, wenn der Zar (oder seine Beamten) sich ungerecht verhalten, zu Tyrannen werden und gegen die Gesetze Gottes verstoßen? Diese Frage beschäftigte bereits die katholische Kirche des Mittelalters. Sie schlug verschiedene Lösungsmöglichkeiten vor, unter anderem sogar den Tyrannenmord.

Die Denker unter den russischen Monarchisten ziehen diese Möglichkeit lieber gar nicht erst in Erwägung. Nach ihrer Ansicht kann der Wille des Volkes nicht auf direktem Wege oder über ein Parlament zum Ausdruck kommen, sondern nur durch eine starke, zentrale Macht, die sich auf objektive Werte stützt und die notwendigen Qualifikationen aufweist.[11]

Die meisten Fragen nach den sozioökonomischen Strukturen der zukünftigen Monarchie bleiben unbeantwortet, doch ihre Verfechter sind fest davon überzeugt, daß die Wirtschaftsprobleme Rußlands nach ihrer Einführung sofort gelöst werden.[12] W. Ossipow ist einer der wenigen monarchistischen Denker, die sich über diese Fragen ein paar Gedanken gemacht haben. Er plädiert für eine Marktwirtschaft und das Recht auf Privatbesitz. Voraussetzung ist allerdings, daß die Marktwirtschaft schrittweise eingeführt wird und die »geistige Infrastruktur« dafür vorhanden ist. Als Alternative zum Kapitalismus und zum Sozialismus schlägt er ein drittes (christliches) System vor.[13] Der klassische Kapitalismus widerspreche dem Geist der christlichen Religion, nicht aber der Volkskapitalismus. Ein modifizierter Kapitalismus dieser Art sehe zum Beispiel eine Gewinnbeteiligung der Arbeiter vor. Die Monarchisten sind für private Initiative, aber auch für staatliche Kontrolle.

Die Versuche christlicher (wie islamischer) Denker, ein spezifisch religiöses Sozial- und Wirtschaftsprogramm für die moderne Welt aufzustellen, waren nie besonders erfolgreich; andere Religionen haben es nicht einmal versucht. Auch die orthodoxen Monarchisten haben keine neuen Ideen entwickelt, sondern nur Gemeinplätze von sich gegeben. Von der Landwirtschaft verstehen sie mehr als von der Industrie oder vom Bankwesen, von der postindustriellen Gesellschaft ganz zu schweigen. Sie möchten, daß sich im Dorf eine gesunde, wohlhabende Bauernschaft herausbildet, die in groben Zügen an die amerikanischen Farmer erinnert.[14] Außerdem plädieren sie für die Wiedereinführung des Finanzsystems aus der Zeit vor 1917 und eine mäßige, progressive Besteuerung. Der Wert des Rubels müsse wiederhergestellt werden, damit er wieder die Geltung erlange, die er vor der nationalen Katastrophe von 1917 gehabt habe. Auch die Sozialgesetzgebung der letzten Zaren sei wieder einzuführen. Junge Familien müßten Unterstützung erhalten, und jedem sollten pro Jahr 24 bezahlte Urlaubstage zustehen. Zu den weiteren Forderungen gehören ökologische Reformen, ein Verbot der Pornographie und der sexuellen Revolution und schließlich wirkungsvolle Maßnahmen gegen den Alkoholismus und das Rauchen.[15]

Die Monarchisten sind zwar einhellig zur Toleranz gegenüber den nichtrussischen Nationalitäten bereit, die Position des russischen Volkes soll aber Vorrang haben. Konkrete Aussagen zu diesem Thema sind in den Programmen der verschiedenen monarchistischen Gruppen nicht enthalten, und auch das Verhältnis zwischen Kirche und Staat bleibt etwas unklar. So soll zwar allen Konfessionen das Recht auf freie Religionsausübung eingeräumt werden, doch wird für die orthodoxe Kirche ein Sonderstatus verlangt. Religionsfeindliche Propaganda ist zu verbieten, und die Kirche soll ihre Botschaft über eigene Medien verbreiten können, Fernsehsender eingeschlossen. Die kommunistischen Kommissare in der Armee müssen durch Militärgeistliche ersetzt werden. Die Jugend soll in einem patriotischen Geist erzogen werden.[16]

Uneinigkeit herrschte jedoch nach wie vor über die Person des neuen Zaren. Die Differenzen wurden offenkundig, als der Prätendent Wladimir Kyrillowitsch (1917–1992) mit seiner Familie St. Petersburg besuchte und vom Bürgermeister empfangen wurde. Als Großfürst Kyrill 1938 starb, hinterließ er drei Kinder: Maria, die einen deutschen Prinzen heiratete, Kyra, die sich mit Ludwig Ferdinand von Preußen vermählte, und Wladimir, der zunächst auf dem Anwesen der Familie in Westfrankreich und anschließend in Spanien ein ruhiges Leben führte und erst nach seiner Heirat mit Leonida Georgewna Bagration-Muchranskij im Jahre 1948 in Madrid plötzlich Ansprüche auf den Thron anmeldete.[17] (Je älter Wladimir wurde, desto mehr ähnelte er König Georg VI. von England, so wie der letzte Zar Georg V. ähnlich gesehen hatte.) Viele Monarchisten unter den russischen Emigranten – kleine Gruppen in Nord- und Lateinamerika und in Australien – huldigten dem Prätendenten, aber beileibe nicht alle.

Warum hatten russische und Monarchisten anderer Nationalitäten Bedenken gegen Kyrill und seinen Sohn? Die Sachlage war äußerst kompliziert, und das hing mit dem russischen Thronfolgegesetz zusammen, das im Verlaufe der letzten 170 Jahre mehrfach geändert worden war. Wladimirs Gegner führten ins Feld, daß der Rest der Familie Romanow seinerzeit nicht bereit gewesen sei, seinem Vater den Status des Hauptprätendenten zuzuerkennen. Zudem hatte sich Kyrill ihrer Meinung nach selbst um seinen Anspruch auf den Thron gebracht, weil er sich von seiner ersten Ehefrau hatte scheiden lassen und seine Cousine Viktoria geheiratet hatte, die unter anderem auch eine englische Prinzessin war. Nach den Regeln der Romanows (und der russischen Kirche) werden solche Ehen zwischen Cousins und Cousinen aber nur dann anerkannt, wenn der Zar seine Einwilligung gegeben hat. Aus irgendeinem Grund hatte Kyrill sich jedoch nie um eine derartige Erlaubnis bemüht.[18] Gewiß, der Zar hatte seinem Vetter 1905 verziehen, aber eben doch nicht ganz. So mußten Kyrills Kinder zwar mit Seine (oder Ihre) Hoheit angeredet werden, doch wurden sie nicht als vollwertige Großfürsten anerkannt.

Erschwerend kam hinzu, daß Wladimir seine georgische Braut angeblich nach einem geheimen Zeremoniell geheiratet hatte. Nach Gerüchten, die unter monarchistischen Fundamentalisten kursierten, war Marias Mutter eine geborene Solotnizkij – angeblich ein jüdischer Name. Noch schlimmer war, daß Maria zuvor bereits mit einem Amerikaner verheiratet gewesen war, angeblich ein Jude namens Kirby, der während des Krieges gestorben war. Außerdem warf man Wladimir mindestens ein Dutzend anderer Dinge vor. Sein Vater, so behaupteten die Fundamentalisten, habe sich im März 1917, als Nikolaus zum Abdanken gezwungen worden war, nicht besonders loyal verhalten – aber das hatte damals niemand. Zudem wurde berichtet, daß Wladimir einmal ein Pfadfinderlager russischer Emigranten besucht und die Pfadfinder mit einem vertraulichen »Seid bereit« begrüßt habe. Nach Ansicht der Fundamentalisten ist dies eine bekannte Losung der Freimaurer.[19] Aus denselben Quellen (L. Bolotin) verlautete auch, daß eine Tante dritten Grades von Kyrills Ehefrau möglicherweise einmal mit Lawrenti Berija verheiratet gewesen sei. Die genealogische Erfindungsgabe dieser Monarchisten ist bewundernswert. Man würde sich wünschen, sie hätten sich etwas von diesem Ideenreichtum für ihr politisches, soziales und wirtschaftliches Programm aufgespart.

Einige russische Monarchistengruppen erkannten die Ansprüche Kyrills (der für eine konstitutionelle Monarchie eintrat) an, so etwa der Orden der rechtgläubigen Monarchisten und das *Dworjankoje Sobranije*, andere dagegen nicht (ROSSISKIJ OBSOR 1, 1991). Die Ablehnung Kyrills brachte jedoch weitere Probleme mit sich. Wenn er nicht der geeignete Thronfolger war, wer dann? Da die älteren Söhne von Nikolaus I. Frauen geheiratet hatten, die nicht der orthodoxen Kirche angehörten, mußte man unter den Nachkommen seiner jüngeren Söhne nach einem Kandidaten suchen.[20] Doch all das geschah vor drei oder vier Generationen, und obwohl es mehrere mögliche Kandidaten zu geben scheint, muß stark bezweifelt werden, ob einer von ihnen der eingehenden Überprüfung seiner ehelichen Verhältnisse, seiner Geschäftsverbindungen und seiner gesellschaftlichen Beziehungen standhalten würde, von einer möglichen Zugehörigkeit zu Organisationen wie den Pfadfindern ganz zu schweigen. Großfürst Wladimir starb im April 1992 in Miami, und seine Tochter Maria, die 1976 einen preußischen Fürsten geheiratet hatte, wurde das neue Familienoberhaupt. Ein Sprecher der Familie machte jedoch in einem Brief an die Londoner TIMES deutlich, daß die Familie bereits die Ansprüche des Vaters nicht anerkannt habe und folglich auch die seiner Nachfolgerin nicht anerkennen werde. Also beschlossen die neuen russischen Monarchistengruppen, daß der neue Zar, wie schon der erste Romanow im Jahre 1613, von einem *Semskij Sobor* gewählt und ausgerufen werden solle.

Im Mai 1991 fand in Moskau eine Konferenz der Monarchisten statt, auf der die Einberufung eines *Sobor* vorbereitet werden sollte. Ungefähr zehn neue regionale Gruppen schlossen sich der Organisation an, darunter jeweils zwei aus Tscheljabinsk, zwei von der Krim und zwei aus St. Petersburg. Man beschloß, eine neue *Opritschnina* aufzustellen – im Namen Gottes, des Vaters, des Sohnes und des Heiligen Geistes.[21] Dieser Beschluß überraschte nicht nur die meisten Russen, sondern wahrscheinlich auch viele Monarchisten, denen er ebenso gotteslästerlich wie lächerlich vorgekommen sein mag. Die ursprüngliche Opritschnina war die 1565 gegründete Leibgarde von Iwan IV. (dem Schrecklichen). Die Angehörigen der Garde terrorisierten den Hochadel und die Kirche und wurden für ihre Dienste mit Ländereien belohnt. Bei anderen Aufgaben versagte die Opritschnina allerdings: Im Jahr 1572 gelang es ihr nicht, Moskau gegen die anrückenden Krimtataren zu verteidigen. Kurze Zeit später wurde sie aufgelöst.

Die historische Opritschnina diente Iwan dem Schrecklichen und hatte nichts mit der Wahl des Zaren zu tun. Was veranlaßte eine Gruppe von Monarchisten, vierhundert Jahre später eine solche Terrortruppe wieder einzuführen? In ihrem Manifest erklärte sie, daß ein neuer Zar unmöglich demokratisch vom Volk gewählt werden könne, denn dies widerspreche der russischen Tradition. Gewählt werden könne er nur von den »Besten im Lande« (ein Begriff, den Stalin geprägt und oft benutzt hatte). In Frage kamen Geistliche, führende Vertreter von Armee und Polizei und andere bedeutende Persönlichkeiten, sofern sie Monarchisten waren und mit dem Programm der Gruppe voll übereinstimmten. Sie sollten als die neuen *Opritschniki* den Sobor bilden. Auf einem Folgetreffen, das im Oktober 1991 in Moskau stattfand, wurde bekanntgegeben, daß man zur Wahl des neuen Zaren schreiten werde, sobald der Sobor 7000 Mitglieder umfasse.[22]

Als Präzendenzfall führten die russischen Monarchisten gelegentlich Spanien an, das nach Franco wieder zur Monarchie zurückgekehrt war. Sie sahen darin ein gutes Omen für Rußland. Da die historischen und politischen Bedingungen in beiden Ländern jedoch ganz unterschiedlich waren, erscheint dieser Vergleich ziemlich fragwürdig. Von einer Begeisterung für die Monarchie war in Spanien damals wenig zu spüren, doch viele Spanier entschieden sich im Zweifelsfall lieber für Don Juan Carlos. Er war in vielerlei Hinsicht ein attraktiver Kandidat. Er trat sein Amt nicht als ein Führer der extremen Rechten an, der seinem Volk versprach, das Land in die Epoche von Philip II. zurückzuversetzen. Im Gegenteil, sein Bekenntnis zur Verfassung und zur Demokratie war aufrichtig, und er spielte beim reibungslosen Übergang zu einem demokratischen Spanien als Integrationsfigur eine wichtige Rolle.

In Rußland wird die Monarchie von extremen Rechten befürwortet, und das hat ihrer Attraktivität von Anfang an geschadet. So verbreitet antidemokratische Gefühle und der Wunsch nach einem starken Führer auch sein mögen, ein Diktator aus den Reihen des Militärs oder ein Machthaber ähnlichen Schlags würde beim Volk wahrscheinlich mehr Unterstützung finden als ein Monarch. Viele, wahrscheinlich sogar die meisten Monarchisten wollen keinen zukunftsorientierten Zaren, sondern einen Herrscher, der das Land in eine ferne und nicht sehr verlockende Vergangenheit zurückversetzt. Die Erfahrung in anderen Ländern hat jedoch gezeigt, daß die Rechte (und erst recht die extreme Rechte) in der heutigen Zeit ohne die Anwendung moderner Methoden politisch erfolglos bleiben muß. Mussolini und Hitler hatten das begriffen und daher moderne Massenbewegungen geschaffen. Sie wären nie an die Macht gelangt, wenn sie auf einen Sobor und eine Opritschnina vertraut hätten. Es ist äußerst unwahrscheinlich, daß Rußland eine Ausnahme von dieser Regel bilden wird. Ein System, das sich zwar nicht Monarchie nennt, aber sonst in jeder Beziehung monarchistisch ist, lag in gewissen kommunistischen Ländern wie Rumänien oder Nordkorea im Bereich des Möglichen, doch im postkommunistischen Rußland sind die psychologischen und sozialen Voraussetzungen für eine solche Entwicklung nicht gegeben. Bagehot schrieb einmal, die Monarchie sei eine starke Regierungsform, denn sie sei eine intelligible Regierungsform, aber das war zu einer anderen Zeit und in einem anderen Jahrhundert. In Rußland wird sich die monarchistische Idee wahrscheinlich nie zu einer realistischen Alternative entwikkeln, sondern der Traum von Sektierern bleiben.

Die Rückkehr der Kosaken

Zu den vielen unerwarteten Ereignissen der späten achtziger Jahre gehörte das Wiederauftauchen der Kosaken, die man lange Zeit für eine längst untergegangene Volksgruppe gehalten hatte. Die Mythologie der Kosaken hatte zwar überlebt und sich sogar noch weiterverbreitet. Doch in Rußland wie auch im Ausland waren wohl die wenigsten auf ein Wiedersehen mit den legendären Reitern vorbereitet, die, nun allerdings größtenteils zu Fuß, plötzlich in den Straßen von Rostow, Krasnodar und Stawropol auftauchten – lediglich ihr Ataman fuhr in einem grünen Mercedes. Sie erschienen in ihren kompletten traditionellen Uniformen, trugen ihre Kinschals (Dolche) und ließen natürlich auch ihre Peitschen, die *Nagajki,* knallen.

Ein kurzer Ausflug in die Geschichte ist erforderlich, will man die Renaissance dieser »Grenzritter« verstehen, die nach Auskunft der Historiker mitsamt ihren heiligen Traditionen schon längst vom Erdboden verschwunden waren.[23]

Das romantisch verklärte Bild vom Kosaken war das eines unglaublich wendigen und mutigen Reiters, der, stolz auf seine Freiheit, durch die Steppe ritt und Rußlands Grenzen gegen die Feinde verteidigte. Ursprünglich waren unter den Kosaken viele entlaufene

Leibeigene und sogar Vogelfreie, doch mit der Zeit wurden sie zu unerschütterlichen Kämpfern für den Zaren und den orthodoxen Glauben. Unter der Führung von Jermak und den Stroganows bildeten sie die Speerspitze der russischen Armee beim Vorstoß nach Sibirien und schließlich bis zum Pazifik.
In der Weltliteratur kamen die Kosaken außergewöhnlich gut weg: Nur wenige Figuren sind heroischer und populärer als »Taras Bulba«, der glaubt, daß nur das Soldatenleben ein wirklich gutes Leben sei. Nur wenige Szenen sind so tragisch wie die, in der sich Taras, unter einer Wagenladung Ziegel verborgen, nach Warschau schmuggelt, wo sein Sohn Ostrap gerade gefoltert und hingerichtet werden soll.
Tolstojs Erzählung *Die Kosaken* ist eine Liebesgeschichte, die in den fünfziger Jahren des 18. Jahrhunderts im Kaukasus spielt: Der junge russische Offizier und Adlige Otjenin verliebt sich in Marjanka, die ihn schließlich aber doch abweist, weil sie instinktiv spürt, daß ihre unterschiedliche Kultur, Lebensweise und Herkunft eine tiefe, unüberbrückbare Kluft zwischen ihnen bilden. Irgendwo bei Tolstoj findet sich die, wenn auch etwas übertriebene, Bemerkung, daß die gesamte russische Geschichte von den Kosaken gemacht worden sei.
Die Geschichte von Gregorij Melechow, dem Helden aus Scholochows *Der stille Don,* ist ein etwas neueres Epos über Krieg (und Bürgerkrieg) und Liebe (und unerwiderte Liebe). In diesen wie auch in anderen berühmten Büchern lebt das vorteilhafte Bild vom Kosaken weiter, obwohl die Krieger, die einst mit Lanzen und Säbeln durch die heiße Steppe ritten, längst von der Bildfläche verschwunden sind.
Diese militärische Kaste habe etwas typisch Russisches, lautet ein Argument, das von den heutigen Kosakenführern oft zu hören ist. Aber der Mythos stimmt mit der Realität in keinster Weise überein. Viele, wenn nicht die meisten Kosaken waren ihrer Herkunft nach keine Russen, sondern Tataren, oder sie gehörten zu einem der vielen türkischen oder mongolischen Stämme.
Auf ihren Streifzügen plünderten sie und überfielen Reisende. Gewöhnlich stellten sie ihre Dienste dem Meistbietenden zur Verfügung. Sie kämpften mit Moskowien gegen die Polen, dann wieder an der Seite der Polen gegen die Russen und so weiter. Sie waren

den Landsknechten vergleichbar, die es im 16. Jahrhundert in Mitteleuropa gab. Ihre Haupterwerbsquelle bestand darin, daß sie Handelskolonnen, die von Osten nach Westen und von Norden nach Süden zogen, den Weg abschnitten und sie ausraubten. Und auf jeden friedlichen Kosaken und Fischer kam wahrscheinlich ein Flußpirat.

Allerdings bestanden große Unterschiede zwischen den »registrierten« und den »nicht-registrierten« Kosaken, zwischen denen, die sich im Dongebiet niederließen, und den ukrainischen Kosaken, die den Polen und den Litauern dienten. Zwischen den ukrainischen und den Saporoger Kosaken (zu denen die Romanfigur Taras Bulba gehörte) herrschte sogar eine erbitterte Feindschaft, obwohl sie enge Nachbarn waren. Im russischen Bürgerkrieg Anfang des 17. Jahrhunderts, also in der sogenannten Zeit der Wirren, spielten die Kosaken eine unrühmliche Rolle: Sie wechselten mehrfach die Seite und verlängerten dadurch die Kampfhandlungen. So schrieb Kljutschewskij, der große russische Historiker, sie hätten »keinerlei moralische und ethische Prinzipien besessen«. Da die Kosaken häufig die Feinde Rußlands unterstützten, zuletzt noch Karl XII. von Schweden, traute man ihnen in Moskau auch dann noch nicht so recht über den Weg, als sie bereits unter russischer Herrschaft standen und finanziell unterstützt wurden.

Ihre ursprünglichen Aufgaben, die russische Grenze zu schützen und Überfälle auf Rußlands Feinde auszuführen, erfüllten sie zum Schluß nicht mehr. Um die Mitte des 19. Jahrhunderts wurden sie in verschiedenen Teilen des Russischen Reiches ansässig und erhielten gewisse wirtschaftliche Sonderrechte. Sie mußten einen vierjährigen Militärdienst ableisten und sich danach acht Jahre lang als Reservisten zur Verfügung halten.

Zu Beginn des 20. Jahrhunderts lebten ungefähr vier Millionen Kosaken in Rußland, die meisten am Don und am Kuban, einige auch im Kaukasus, im Ural oder im fernen Sibirien (Ussuri, Semiretschje). Doch nirgendwo bildeten sie die Bevölkerungsmehrheit, nicht einmal im Dongebiet. Die Kosaken waren in elf Armeen (*Wojski*) unterteilt, und als 1914 der Krieg ausbrach, wurden 300000 mobilisiert.

Als die Kosaken seßhaft wurden, verkümmerten allerdings ihre militärischen Talente. So tapfer jeder einzelne auch sein mochte, ihre Fähigkeit, in größeren Verbänden zu kämpfen, ließ doch einiges zu wünschen übrig, und selbst als Kavalleristen verloren sie das hohe Ansehen, das sie bei Freund und Feind einst genossen hatten. Außer im Kaukasus leisteten sie im 19. Jahrhundert keinen aktiven Wehrdienst mehr. Statt dessen wurden sie vom Staat als »Ordnungskräfte« gegen nationale Minderheiten wie Polen und Juden und gegen Arbeiterdemonstrationen eingesetzt. Sie wurden die treuesten Diener des Staates, identifizierten sich stark mit dem Zaren und haßten die Feinde der Monarchie.

Dieses Bild von den Kosaken stimmte jedoch nicht ganz. Viele Kosaken fühlten sich diskriminiert, weil der Staat sie für ihre Dienste nicht angemessen belohnte, wie sie meinten. Außerdem waren ihre von der Regierung ernannten Offiziere und Vorgesetzten in der Verwaltung stets Nichtkosaken. Bei den ersten allgemeinen Wahlen nach 1905 unterstützten die Vertreter der Kosaken in der Duma eher die Parteien links von der Mitte als die Rechtsparteien. Als man den Zaren 1917 zur Abdankung zwang, wurde das von den Kosaken im großen und ganzen begrüßt, denn sie teilten die Meinung der meisten Russen, daß die Monarchie versagt habe.

In den darauffolgenden Monaten und im Bürgerkrieg versuchten sie, die Autonomie wiederzuerlangen, die sie vor Peter dem Großen in den Gebieten am Don und am Kuban innegehabt hatten; dort lebte ungefähr die Hälfte aller Kosaken. Sie gründeten sogar einen allrussischen Kosakenbund.

Doch wie schon so oft in der Vergangenheit machten sich auch diesmal wieder die alten Schwächen der Kosaken bemerkbar: Auf der einen Seite führten sie endlose Debatten, auf der anderen zeigten sie keine Bereitschaft, ihre Heimatgebiete zu verlassen. Sie hatten fähige Militärführer wie Kornilow (der zur Hälfte mongolischer Abstammung war), Kaledin, Mamontow und Krasnow. Aber diese Männer waren sich untereinander nicht einig. Krasnow sympathisierte mit den Deutschen, Kaledin mit den Franzosen. Ihre Zusammenarbeit mit den Weißen Armeen war alles andere als eng, denn ihre Gedanken und Taten galten weniger der »weißen Sache« als vielmehr den Interessen der Kosaken und dem Kampf für deren Unabhängigkeit.

Von den Nichtkosaken, die unter ihnen lebten, erhielten sie keine Unterstützung. Hinzu kamen große Meinungsunterschiede in den eigenen Reihen. Die Soldaten, die von der Front zurückkehrten, waren entweder von subversiver (revolutionärer) Propaganda beeinflußt worden, oder sie waren kriegsmüde und wollten um jeden Preis in ihre Siedlungen zurückkehren, statt weiterzukämpfen. Während mit Hilfe der vorrückenden Bolschewiki die »Sowjetrepublik Don« errichtet wurde, gründete Krasnow, der nach Kaledins Selbstmord zum Ataman gewählt worden war, ein »Provisorisches Don-Gouvernement« – mit beträchtlich erweiterten (und ziemlich unrealistischen) Grenzen –, das er als unabhängig von Rußland ansah. Nach anfänglichen Siegen über die Roten wurden die Donkosaken 1919 schließlich geschlagen. Noch im selben Jahr und Anfang 1920 erlitten auch die Kubankosaken entscheidende Niederlagen. Zehntausende entkamen über die türkische Grenze. Einige Kosaken aus den sibirischen Gebieten flohen in die Mandschurei und ließen sich dort nieder.

Nach der kommunistischen Besetzung waren die Kosaken massiven Verfolgungen ausgesetzt. Unter Krasnow waren bereits rund 45000 rote Kosaken erschossen oder gehängt worden, doch die kommunistischen Herrscher begannen in einem noch größeren Umfang mit der Beseitigung der kosakischen Elite und der reichen Bauern, und als reich galt jeder, der eine Kuh besaß. Verschiedenen Schätzungen zufolge kam ungefähr eine Million Kosaken um. Diese Politik der »Entkosakisierung« wurde in späteren Jahren sogar in den offiziellen kommunistischen Geschichtsbüchern verurteilt.

Wie gewöhnlich suchte die russische Rechte auch in diesem Fall nach jüdischen Sündenböcken. Hatten die Juden die Kosaken wegen ihrer Beteiligung an den Pogromen nicht mit besonderem Haß verfolgt? Trotzkij die Schuld zuzuschieben war schwierig, denn er hatte an diesem Kriegsschauplatz kein besonderes Interesse gezeigt. Stalin und Woroschilow waren dem Geschehen viel näher gewesen. Doch man fand eine von Swerdlow unterzeichnete Verfügung, die darauf hinzudeuten schien, daß dieser bolschewistische Führer tiefer in die Kosakenverfolgung verwickelt war als andere. Swerdlow war allerdings im März 1919 gestorben, also vor der Eroberung des Don- und Kubangebiets durch die Roten.

Tatsächlich waren die Kosaken bei den demokratischen wie bei den radikalen Parteien ziemlich unbeliebt gewesen, da sie bei der Unterdrückung dieser Bewegungen vor 1917 eine wichtige Rolle gespielt hatten. Und nun verloren sie also den letzten Rest ihrer einstigen Autonomie. Viele wurden getötet oder deportiert, und diejenigen, die übrigblieben, gehörten nun zum *Oblast* Rostow oder zum *Kraj* Stawropol. Selbst das Singen von Kosakenliedern war verpönt, und Kosakenuniformen wurden verboten. Aber offenbar wurden viele nur versteckt, denn als die Kosaken 1990 aus der Versenkung auftauchten, gab es wieder Uniformen und Militärabzeichen zuhauf.

Ein zweiter Schlag kam mit der Kollektivierung der Landwirtschaft in den Jahren 1929 und 1930. Sie richtete sich nicht speziell gegen die Kosaken, aber sie hatten mindestens genauso unter ihr zu leiden wie ihre Nachbarn, und ihre traditionelle Lebensweise ging fast völlig verloren. So war es kein Wunder, daß die Deutschen nach ihrem Einmarsch 1941 unter den Kosaken Kollaborateure fanden. Hätten sie die Mobilisierung der Kosaken mit mehr Nachdruck betrieben, so wären mehrere kosakische Freiwilligendivisionen entstanden, und nicht nur die eine, die Pannwitz unterstand. Die Kosaken ernannten Adolf Hitler sogar zum »obersten Diktator« ihrer Nation.[24] Doch für Hitler und Rosenberg blieben sie Untermenschen, auch wenn sie einer geringfügig besseren Rasse angehörten als die Russen. Sie bestanden darauf, daß Kosakeneinheiten von deutschen Offizieren befehligt wurden, und General Krasnows Traum von einem »Großkosakia«, das von der mittleren Ukraine bis zur Wolga reichen sollte, hatte nie die volle Unterstützung der Deutschen.

Alles endete für die Kosaken mit einer weiteren Tragödie. Die Alliierten lieferten General Krasnow, Schkuro und einige andere Führer zusammen mit Tausenden von Gefolgsleuten an die Sowjets aus. Die Anführer wurden 1947 hingerichtet. Westliche Autoren verurteilten diese Maßnahme später als schweren Verrat. Churchill hatte seine Generäle damals gefragt: Haben sie gegen uns gekämpft? Und als sie bejahten, empfand er keinerlei Gewissensbisse.

Während des Krieges hatte Stalin in bescheidenem Rahmen die Pflege kosakischer Traditionen zugelassen. Aber kaum war der Krieg vorüber, war es damit wieder vorbei. Ebenso jäh endeten alle Autonomieträume, so bescheiden sie auch gewesen sein mochten.

Zur Kosaken-Renaissance kam es erst im Frühjahr 1990, als auf einem Treffen in Rostow ein Rechtsanwalt namens Samsonow zum ersten lokalen Ataman gewählt wurde. Ein paar Monate später, im November 1990, versammelte sich dann eine größere Gruppe *(Krug)* zu einem ersten Treffen der Don-Armee (*Wojski Donskogo*) und wählte Michail Michailowitsch Scholochow zu ihrem Ataman. Scholochow junior, ein studierter Philosoph, war Professor an der Polizeiakademie und bekleidete den Rang eines Obersten. Als Sohn des berühmten Schriftstellers genoß er hohes Ansehen, und wie die meisten kosakischen Aktivisten war er Mitglied in der Kommunistischen Partei (nebenbei sollte erwähnt werden, daß Scholochow nicht aus einer kosakischen Familie stammte, sondern ein reiner »Honorarkosake« war).

Die dringlichste Forderung der Bewegung war die Rehabilitierung der Kosaken durch die oberste russische Führung. Am 9. Dezember 1991 gab Jelzin ein Dekret heraus, in dem die Bildung eines Ausschusses angekündigt wurde, der sich mit diesem Thema befassen sollte.[25]

In der Zwischenzeit ernannte sich der leninistische Philosoph Walerij Schukow selbst zum Ataman der Uralkosaken. Aber die (der Kommunistischen Partei angehörende) lokale Führung der Kosaken versagte ihm die Anerkennung, weil sie Martynow zum neuen Ataman machen wollte. Martynow wurde schließlich sogar zum Vorsitzenden der »Union der Atamanen« gewählt, und W. U. Naumow wurde Ataman der Kubankosaken. Innerhalb eines Jahres entstand eine kosakische Organisation, die »vom Dnjestr bis zur Insel Sachalin, von Duschanbe bis zur Tschuktschenhalbinsel«, also von einem Ende Rußlands zum anderen, reichte.[26]

Auf dem Papier mochten solche Prahlereien viel hermachen, doch die Wirklichkeit sah anders aus. Wieder zeigte sich das alte Laster der Kosaken: Es wurde ständig gestritten, endlos debattiert, aber kaum etwas getan. Krasnow hatte seine Kosaken schon 1918 gewarnt: »Wir machen viel Lärm, tun aber nur wenig.« Scholochows Sohn scheiterte mit seinem Versuch, einen gemäßigten Kurs einzuschlagen. Im Oktober 1991 wurde er bei einer Wahl in der Stadt Nowotscherkask, einem der traditionellen Zentren der Kosaken, abgesetzt. Zuvor war in Sunji, einem Ort in der Inguschen-Region, ein lokaler Ataman namens Alexander Podkolzin bei einem Streit um ein Stück Land ermordet worden. Unter der Führung eines ehemaligen Luftwaffengenerals hatte sich diese Region für unabhängig erklärt. Unter den Tschetschenen und Inguschen lebten viele Kosaken. Das ganze 19. Jahrhundert hindurch hatten diese Völker den

Kosaken vom Don und vom Kuban bei ihren Kämpfen zur Seite gestanden, doch als separatistische Bestrebungen die Oberhand gewannen, vergaßen die Inguschen die alte Waffenbrüderschaft und vertrieben die Fremden. Die Kosaken klagten über Menschenrechtsverletzungen und drohten Gegenmaßnahmen an. Ataman Mescherjakow, Scholochows Nachfolger, repräsentierte den militanteren Flügel der Kosaken, aber auch er war ein ehemaliger kommunistischer Parteifunktionär.

Nachdem sich die erste Euphorie gelegt hatte, verloren einige Kosaken das Interesse an der gemeinsamen Sache und kehrten der Bewegung den Rücken. Im Ural und im Fernen Osten war das Echo von Anfang an nicht gerade überwältigend gewesen. Von den 60 000 Kosaken in Uralsk, einer Stadt mit einer Viertelmillion Einwohner, in der die meisten Uralkosaken lebten, schlossen sich bestenfalls 3000 der Bewegung an. Es gab wenig Indianer und zu viele, die Häuptling sein wollten – vor allem diejenigen, die bei den Wahlen durchgefallen waren. J. Galuschkin, ein lokaler Ataman und einer der extremsten Kosakenführer, ignorierte die Union der Atamanen. Und auch G. W. Kokunko und A. A. Oserow blieben ihr gegenüber reserviert und erklärten, daß die alten Organisationsformen der Kosakenbewegung überholt seien und daß man neue Strukturen brauche. Selbst in der Don-Region herrschte keine Einigkeit. So fuhr eine Kosakendelegation aus Tscherkask zusammen mit Kokunko und einem selbsternannten sibirischen General namens Dorochow nach Moskau und versuchte, auf die Regierung und das sowjetische Parlament einzuwirken, ohne sich vorher mit der Union abzustimmen. Im Gegenteil, sie verhöhnten die Führung der Union und spielten ihre Bedeutung herunter. Es gab noch viele weitere Anzeichen dafür, daß unter den Kosaken wieder die alte Anarchie ausgebrochen war.[27]

Die Forderung der Kosaken nach Rehabilitierung war gerechtfertigt. Doch als sie ihre Forderungen konkretisierten, stellte sich heraus, daß viele entweder unrealistisch waren oder sich mit den Rechten anderer Völker nicht vereinbaren ließen. Die Kosaken forderten die Rückgabe aller Gebiete, die ihnen früher gehört hatten, Wälder, Flüsse und Naturschätze eingeschlossen. Alle Neuregelungen, die seit 1917 getroffen worden waren, sollten für null und nichtig erklärt werden. Doch vor 1917 hatten sie mehr Land besessen als der russische Durchschnittsbauer. Und ganz abgesehen von der schwierigen Frage, welche Ländereien und Naturschätze früher Eigentum der Kosaken gewesen waren, hatten in den vergangenen 75 Jahren viele Menschen ihre ursprüngliche Heimat verlassen und sich woanders niedergelassen. Ganze Städte, Fabriken, Flughäfen und Kraftwerke waren in den fraglichen Gebieten errichtet worden. Die Forderung der Kosaken, eine Stadt wie Rostow mit ihren 1,1 Millionen Einwohnern zu übernehmen, war einfach absurd. In Rostow hatten sie noch nie die Mehrheit der Bewohner gestellt, und 1990 waren sie nur noch eine Minderheit. Dasselbe galt auch für kleinere Städte wie Krasnodar und Stawropol. Einige Sprecher der Kosaken forderten die »Repatriierung« (das heißt die Deportation) von Nichtrussen wie Armeniern und Georgiern. Doch die »Kaukasier« machten nur einen kleinen Teil der dort ansässigen Bevölkerung aus, und sobald die Kosaken den Russen (oder einigen kleineren kaukasischen Volksgruppen) ihre Rechte absprachen, stießen sie unweigerlich auf Feindseligkeit und lösten Rachegefühle aus. Noch viel unrealistischer waren die Ansprüche auf Gebiete außerhalb der Don- und der Kuban-Region.

Die kosakische Führung schickte Briefe mit diversen Beschwerden und Forderungen an die Präsidenten von Kirgisien, Moldawien und Kasachstan, doch deren Antwort ließ auf sich warten. Die Kosaken protestierten gegen eine mögliche Rückgabe der Kurilen an Japan, da sich unter den Entdeckern dieser Inseln auch Kosaken befunden hätten. Außerdem müsse man in Birobidschan ein Referendum durchführen, um über die Zukunft des autonomen jüdischen Gebiets im Fernen Osten zu entscheiden, das sechzig Jahre zuvor widerrechtlich auf kosakischem Boden errichtet worden sei.[28] Diese Forderung wurde von zionistischen Führern unterstützt, die von diesem Projekt noch nie sehr viel gehalten hatten. Es war allerdings mehr als zweifelhaft, ob die russische Mehrheit in Birobidschan künftig in einem autonomen kosakischen Gebiet wohnen wollte.

Die ersten Beschlüsse, die auf dem kosakischen *Krug* von 1991 gefaßt wurden, hatten die Gründung einer eigenen Bank und einer eigenen Börse zur Finanzierung kosakischer Aktivitäten zum Inhalt gehabt. Doch diese Beschlüsse erregten nur wenig Aufmerksamkeit – im Gegensatz zu den separatistischen Parolen. Einerseits schworen die Kosaken, Rußland auf ewig die Treue zu halten und es stets gegen seine Feinde zu verteidigen, andererseits forderten sie, unter besonderer Berufung auf das am 26. April 1991 verabschiedete Gesetz zur Rehabilitierung einstmals unterdrückter Völker, die Errichtung eines autonomen kosakischen Gebiets oder einer Republik am Don. Sie betrachteten sich also als ein nichtrussisches Volk und traten gleichzeitig als russische Patrioten und als Separatisten auf.[29] Sie forderten eine stärkere Führung in Moskau, drohten gleichzeitig aber damit, die Nahrungsmittellieferungen aus den Gebieten am Don und am Kuban nach Moskau und St. Petersburg einzustellen.

Um ihren Forderungen Nachdruck zu verleihen, veröffentlichte die kosakische Führung einen Aufruf: Alle Kosaken sollten für eine Art Militärdienst registriert werden. Politische Gegner wurden körperlich angegriffen und verprügelt, so zum Beispiel der Herausgeber der Zeitung DEMOKRATITSCHESKJ DON, N. Peredisty.[30] Und damit nicht genug. Kosakeneinheiten tauchten auf Märkten und Bahnhöfen auf und sorgten dort als »Rächer des Volkes« für Ordnung. Zwei der sechs, die verhaftet wurden, waren vorbestraft, einer wegen Vergewaltigung, der andere wegen Schiebereien. Auf den Bahnhöfen durchsuchten sie das Gepäck der Fahrgäste und behielten Fleisch, Butter und andere Lebensmittel ein.

Auf dem Markt forderten sie einen Händler auf, den Preis für Zwiebeln und Mandarinen von zwanzig auf fünfzehn Rubel herabzusetzen, und als er sich weigerte, nahmen sie die Früchte mit und schickten sie an verschiedene Einrichtungen.[31] Vor dieser Mission waren sie in die Kirche gegangen und hatten sich den Segen eines Priesters geholt, der von ihren Absichten vermutlich nichts ahnte. Überall, wo sie auftraten, riefen sie die Parole »Ausländer raus«. Ihr Robin-Hood-Spiel war jedoch nicht immer unschuldig. In Nowotscherkask prügelte eine Gruppe blutjunger Kosaken einen Mann nur deshalb zu Tode, weil er wie ein Armenier oder Georgier aussah. Doch selbst wenn die Kosaken nur lautere Absichten verfolgt hätten, so hätte das ihre Versuche, durch Gewalt und Terror neue Strukturen zu schaffen und die bestehenden Autoritäten herauszufordern, in keinster Weise gerechtfertigt. Ihr Vorgehen bereitete sogar der russischen Rechten Kopfzerbrechen, die sie zunächst als Sturmtruppen willkommen geheißen hatte. Die Rechte konnte es sich einfach nicht leisten, die Unterstützung jener Russen zu verlieren, die in

Rostow und Moskau mit maßlosen Wiedergutmachungsforderungen konfrontiert wurden.

Die kosakische Führung versuchte auch, auf das Verteidigungsministerium und die Armeeführung einzuwirken, und schlug vor, Kosaken zum Schutz der russischen Grenzen einzusetzen – wie in den vorangegangenen Jahrhunderten. Sie regte die Bildung von Panzer- und motorisierten Einheiten an, die ausschließlich aus Kosaken bestehen sollten. Doch der Armee waren die Hände gebunden. In einer Zeit, in der Hunderttausende regulärer Offiziere und Soldaten aus Etatgründen aus der Armee entlassen werden mußten, konnte sie keine neuen Hilfstruppen verpflichten. Einige Kosakenführer gaben zu bedenken, daß die jüngeren Kosaken ins radikale Lager abgleiten könnten, wenn sie keine Arbeit bekämen. Immer mehr schwärmten für die Weißen Armeen, und in Rostow seien bereits Einheiten mit Namen wie Kornilow (der berühmte Konterrevolutionär von 1917) und Schkuro aufgetaucht.[32]

Einigen Kosakenführern war dieser Rechtstrend ein Dorn im Auge, und zwar nicht nur ehemaligen Kommunisten, denen Namen wie »Kornilow« ein Greuel waren, sondern auch anderen, die die russische Geschichte besser kannten und sehr gut wußten, daß das Verhältnis zwischen den Kosaken und den Weißen Armeen nie besonders eng gewesen war. Sie hielten es politisch für unklug, sich ideologisch ganz auf ein extremistisches Lager festzulegen. Allerdings stützte sich die kosakische Erneuerungsbewegung zum großen Teil auf dieselben Traditionen, auf die sich auch emigrierte kosakische Ideologen wie Iwan Rodinow berufen hatten, ein mit dem Faschismus sympathisierender Schriftsteller, der von Berlin aus fanatische Propaganda im Stil der Schwarzen Hundert verbreitet hatte. Diese Tradition wurde von der Zeitschrift KUBAN fortgeführt, die von allen politisch-literarischen Magazinen der Rechten in Rußland am radikalsten war. Allerdings gehörte sie auch zu denen mit der geringsten Auflage (20000 im Jahr 1992). Als die neue Kosakenführung bei einer Prozession zu Ehren des heiligen Sergej von Sarnow in Diwejewo Stärke demonstrieren wollte, erschienen noch nicht einmal zweihundert Mann, die meisten davon aus dem Kuban-Gebiet. Aber die Extremisten machten wie gewöhnlich den größten Lärm und erregten am meisten Aufmerksamkeit. Sie prägten das Bild, das sich die Öffentlichkeit von den Kosaken machte.

Die Renaissance der Kosakenverbände im Jahr 1990 war angesichts des Zusammenbruchs der Zentralmacht nur natürlich. Ebenso natürlich war, daß sich daraus Konflikte zwischen den Kosaken und anderen im Kaukasus lebenden Nationalitäten ergaben. Daß die Kosaken ihre Identität und ihre Traditionen bewahrt hatten, war nur insofern überraschend, als es deutlich machte, daß die sowjetische Erziehung und Indoktrination bei weitem nicht so erfolgreich gewesen waren, wie man allgemein angenommen hatte. Den Kommunisten war es nicht gelungen, bestimmte alte Traditionen auszulöschen.

Die Forderung der Kosaken, als Volksgruppe rehabilitiert zu werden, war gerechtfertigt. Ihre Forderungen nach politischer Autonomie waren dagegen unrealistisch, da sie nirgendwo die Mehrheit der Bevölkerung stellten und da es schlichtweg unmöglich war, die ökonomischen, sozialen und demographischen Veränderungen der letzten siebzig Jahre rückgängig zu machen. So wie die Kosaken ihre Rechte, auf die sie so pochten, definierten, war ein politischer und physischer Konflikt mit den nichtrussischen Nationalitäten, aber auch mit der russischen Bevölkerung, unausweichlich. Sie weigerten sich zu Recht, dem Druck der Tschetschenen (um nur ein Beispiel zu nennen) nachzugeben, die sie von Ländereien vertreiben wollten, die seit Generationen von Kosaken bebaut worden waren. Aber solche Konflikte waren nur durch Verhandlungen beizulegen. Ebenfalls berechtigt waren ihre hartnäckigen Forderungen nach kultureller Autonomie: Sie wollten eigene Schulen haben, an der Kuban-Universität eine »kosakische Fakultät« einrichten, Filme über die Kosaken produzieren und sogar eine kosakische Enzyklopädie herausgeben.[33]

Es war jedoch zumindest zweifelhaft, ob die Unterstützung der extremen Rechten in Moskau wirklich der beste Weg war, diese und andere Ziele zu verwirklichen. Alles in allem hielten sich die Atamane in ihren Äußerungen vorsichtig zurück, und im übrigen waren sie so mit ihren internen und externen Streitigkeiten beschäftigt, daß sie sich nur mäßig an den Kampagnen gegen Freimaurer und Juden beteiligten.[34]

Die Feinde, mit denen sich die Kosaken in Nowotscherkask und im nördlichen Kaukasus auseinanderzusetzen hatten, waren weder Freimaurer noch »Zionisten«. Außerdem mußten zunächst einmal einige grundlegende Streitfragen geklärt werden: Sollten sie die Landwirtschaft am Don und am Kuban privatisieren oder war eine Kollektivierung, wie sie von den ehemaligen Kommunisten gefordert wurde, die bessere Lösung? Die Ideologen wollten mehr als nur eine folkloristische Erneuerung. Ihrer Ansicht nach mußten die Kosaken einen klaren, rechtsextremen Standpunkt beziehen. Sie versuchten ihre Anhänger davon zu überzeugen, daß die Demokraten und politischen Reformer in Moskau, also Leute wie Jakowlew, Abgesandte des Antichrist waren und daß ein guter Kosake nur antifreimaurerische und antijüdische Literatur lesen sollte[35] – als hätten die um die Wiederherstellung ihrer Kultur bemühten Kosaken keine wichtigeren Probleme. Ginge es nach dem Willen der Ideologen von der Zeitschrift KUBAN, dann gäbe es eine Neuauflage der Ereignisse von 1918 und 1919. Daß die Folgen für Kosaken damals katastrophal gewesen waren, schien sie nicht zu beirren.

Dennoch hat die extreme Rechte die Erneuerungsbewegung der Kosaken nicht für sich vereinnahmt. Zwar ist man sich immer noch nicht einig, ob die Kosaken nun eine soziale Schicht, eine Ethnie (ein Gruppe mit einheitlicher Kultur) oder eine Sub-Ethnie sind, doch noch heftiger wird um die Führung gerungen. Die meisten neuen Atamane sind ehemalige kommunistische Funktionäre oder Leiter großer Sowchosen und tragen schmucke Uniformen. Sie möchten die sozialen und ökonomischen Strukturen der alten Sowjetgesellschaft weitestgehend erhalten. Beispielsweise sind sie dagegen, die Kollektivierung der Landwirtschaft wieder rückgängig zu machen. Sie wollen eine kosakische Erneuerung, die in ihrer äußeren Form national ist und deren fokloristische Inhalte nicht sowjetisch sind. Wie in einem Mikrokosmos spiegelt sich in der kosakischen Erneuerung die Renaissance des Nationalbolschewismus wider. Freilich gibt es unter den Kosaken auch andere Kräfte, die die russische Regierung und nicht die »patriotische Opposition« unterstützen. Diese Menschen haben begriffen, daß sie die einmalige Chance haben, einen neuen kosakischen Mittelstand aufzubauen, und daß das Scheckbuch heutzutage eine wirkungsvolle Waffe ist, die nicht nur dem Säbel, sondern sogar einem Panzer überlegen ist.[36]

12 Pamjat

Pamjat ist der Sammelbegriff für mehrere rechtsextreme Gruppen, die sich seit den achtziger Jahren in Moskau, Leningrad und anderen russischen Städten gebildet haben. Seit diese ideologisch wie organisatorisch recht undurchsichtige Bewegung zu Beginn der Glasnost-Ära erstmals politisch aktiv wurde, haben sich die Medien ausführlich mit ihr beschäftigt. Es könnte durchaus sein, daß auf jedes Pamjat-Mitglied bisher ein Artikel in einer russischen oder einer westlichen Zeitung kam.[1] Außerdem wurde in Dutzenden von Fernsehsendungen über die Aktivitäten des Pamjat berichtet. Falls die Bewegung in erster Linie darauf aus war, die Aufmerksamkeit der Medien zu erregen, so ist ihr das mit überwältigendem Erfolg gelungen.[2]

Über die Anfänge der Bewegung liegen keine gesicherten Erkenntnisse vor. Zuverlässigen Quellen zufolge entstanden in den späten siebziger Jahren verschiedene patriotische Gruppen, die einer Vielzahl von kulturellen Aktivitäten nachgingen. Sie restaurierten alte Baudenkmäler und Kirchen im Raum Moskau, gründeten literarische Zirkel, luden Dichter wie Kunajew, Tschujew, Sorokin und Nosdrejew oder Prosaautoren wie Schewzow, Dmitrij Schukow und Tschiwilichin ein oder veranstalteten Lesungen mit Klassikern wie Tjuttschew. Sie trafen sich, um der Schlacht auf dem Schnepfenfeld oder der Schlacht bei Borodino zu gedenken und organisierten Veranstaltungen zu Ehren des Sängers Schaljapin und des Erfinders Zjolkowskij. In den ersten Jahren nahmen diese Gruppen die bereits vorhandenen kulturellen Einrichtungen des Ministeriums für Zivilluftfahrt und des Ostrowskij-Museums in Anspruch. Später, ab 1983, wurden das Kulturzentrum der Moskauer Metro und das Gorbunow-Kulturzentrum ihre neuen Heimstätten. Unter den Gründungsmitgliedern waren einige Maler, Bildhauer und Komponisten, aber auch Arbeiter; die meisten waren anscheinend in der Kommunistischen Partei. Ihre Aktionen, denen die Lokalzeitungen stets ein paar Zeilen widmeten, fanden ausnahmslos ein positives Echo.[3]

Im Jahr 1983 gab man sich den Namen Pamjat, angeregt durch Tschiwilichins gleichnamigen Roman, der ein Jahr zuvor erschienen war. Im Jahr 1984 stieß Dmitrij Wassiljew, ein Photograph, der auch Schauspielunterricht genommen hatte, zu der Bewegung. Wassiljew hatte sich zuvor bereits im Umfeld patriotischer Zirkel engagiert, war ein eitler Selbstdarsteller und glänzender Redner. Da er viele Jahre als Assistent für den bekannten Maler Ilja Glasunow gearbeitet hatte, unterhielt er gute Kontakte zur Rechten. Er war eine dynamische Persönlichkeit und wurde bald zur wichtigsten Figur im Pamjat. Unter seiner Führung wurde die Gesellschaft, die bei den Behörden als historisch-patriotische Vereinigung eingetragen war, zunehmend auch politisch aktiv. Im Mittelpunkt ihrer Propaganda stand zunächst der Kampf gegen den Alkoholismus; doch schon bald wurde dieses Thema durch eine antijüdische Kampagne abgelöst. Den äußeren Anlaß lieferte der Abriß nationaler Baudenkmäler in Moskau, für den man jüdische Architekten verantwortlich machte.

Die *Protokolle der Weisen von Zion* wurden in der Propaganda des Pamjat besonders häufig zitiert. Als die Pamjat-Führerin E. Bechterewa in Moskau auf offener Straße überfallen und verletzt wurde, ließ man überall verbreiten, daß es sich um einen zionistischen Anschlag gehandelt habe. Dabei war der Täter, der bald gefaßt wurde, ein Berufsverbrecher von rein arischer Herkunft.

Mit der Politisierung änderte sich der Charakter des Pamjat. Einige Gründungsmitglieder traten aus, andere starben, und wieder andere teilten zwar weitgehend die Ansichten Wassiljews, kamen aber mit seiner Persönlichkeit nicht zurecht: Er beanspruchte die absolute Führungsrolle. Uneinigkeit herrschte hauptsächlich in Stilfragen. Der Pamjat war von Anfang an eine Bewegung engagierter, patriotischer Zirkel gewesen, insofern stellte Wassiljews Radikalismus keinen wirklich neuen Ansatz dar. Vor 1985 hatte man den Schwerpunkt auf kulturelle Aktivitäten gelegt, da es zum damaligen Zeitpunkt unmöglich gewesen war, das politische Monopol der Kommunistischen Partei in Frage zu stellen. Unter diesem Gesichtspunkt war die Politisierung der Bewegung nach 1985 eine zwangsläufige Entwicklung. Sie wäre auch erfolgt, wenn Wassiljew nicht auf der Bildfläche erschienen wäre.

Was die Gründungsmitglieder an ihm störte, war seine billige, theatralische Effekthascherei. So erschien er häufig mit einem falschen Bart zu den Treffen und behauptete, daß er diese Verkleidung brauchte, um den zionistischen Gangstern zu entkommen, die hinter ihm her seien; auf jeden Fall sei sein Leben in Gefahr. Einige ehemalige Mitstreiter fühlten sich von seinem schrillen Erscheinungsbild, seinen Übertreibungen und seinen unverschämten Lügen abgestoßen. Außerdem kam Wassiljew mit Leuten, die eigene Vorstellungen in puncto Strategie und Taktik hatten, nicht zurecht. Am meisten glänzte er in seiner Rolle als Anführer einer Gruppe schwarzuniformierter junger Männer, die seine Leibgarde bildeten. Im Gegensatz zu den Intellektuellen, die vor ihm die Führung gebildet hatten, konnte Wassiljew bald erste Erfolge vorweisen. Insofern erinnert seine Geschichte an die Situation 1921 in München, als die rechtsradikale Szene sich mit dem Auftauchen Hitlers völlig veränderte. Außerhalb Moskaus wurde die Botschaft des Pamjat mit Hilfe von Tonbandaufnahmen verbreitet. Gelegentlich stattete Wassiljew auch Besuche ab. Wenn er auf einer Versammlung sprach, erschienen mehr Zuhörer als sonst. Die Bewegung veranstaltete Demonstrationen auf dem Paradeplatz in Moskau oder in Leningrad, und einmal wurde eine Pamjat-Delegation von Jelzin empfangen, der damals noch Moskauer Parteisekretär war. Man organisierte eine Protestkundgebung gegen die Errichtung eines Siegerdenkmals auf dem Poklonnaja-Hügel; in Leningrad demonstrierte man gegen den Abriß des berühmten alten Hotels *Angleterre,* in dem Jessenin einst Selbstmord begangen hatte. An diesen Aktionen nahmen auch Personen teil, die dem politischen Programm des Pamjat nicht zustimmten. Wahrscheinlich war in Leningrad die lokale »Spasenije«-Gruppe zahlenmäßig stärker; doch wichtiger als die Größe einer Gruppe war ihre politische Propaganda, und es waren vor allem die Parolen der Pamjat-Bewegung, mit denen sich die Medien ab 1987 ausgiebig beschäftigen sollten.
Im Sommer 1987 wurden mehrere führende Pamjat-Mitglieder aus der Kommunistischen Partei ausgeschlossen, darunter auch Präsident Kim Andrejew, der dieses Amt allerdings nur dem Namen nach bekleidete. Etwa zur selben Zeit brachten verschiedene sowjetische Zeitungen (allerdings nicht die großen Blätter PRAWDA, TRUD oder KRASNAJA SWESDA) lange und kritische Artikel über die Aktivitäten

des Pamjat.[4] Die Vorwürfe der Verfasser waren naheliegend: Die Propaganda der Bewegung sei nicht antizionistisch, sondern antijüdisch, ihre Argumente seien nicht neu, sondern stünden in der Tradition der Schwarzen Hundert und der Nazis, ihr Bierkeller-Patriotismus sei höchst suspekt, und überhaupt würden ihre absurden Behauptungen im Ausland großen Schaden anrichten und im Inland viel Verwirrung stiften. Diese negativen Artikel lösten eine Flut von Leserbriefen gegen und für den Pamjat aus, die dann wiederum zum Gegenstand weiterer Artikel wurden.

Die Haltung der zentralen Parteiorgane war in dieser Zeit recht zwiespältig. Im Zentralkomitee, im KGB und in der Armee gab es einzelne hohe Funktionäre, die den Pamjat unterstützten. Noch mehr Sympathien brachte man der Bewegung auf regionaler Ebene entgegen. Man betrachtete sie trotz gewisser Verirrungen als ein wichtiges Gegengewicht zu den Liberalen, insbesondere zu den radikalen Dissidenten, deren Aktivitäten gerade zu dieser Zeit zunehmend lästiger wurden. In der Parteiführung, in den Medien und im KGB regte sich zwar auch Opposition gegen die Pamjat-Bewegung, doch Gorbatschow und die Männer in seinem Umfeld, Jelzin eingeschlossen, zogen es vor, das Thema zu übergehen und keinerlei Kommentare abzugeben, entweder weil sie ihm keine große Bedeutung beimaßen, oder, was wahrscheinlicher ist, weil sie angesichts der wachsenden politischen Probleme keine weitere politische Front aufbauen wollten. Selbst als die Aktivitäten der Bewegung im Ausland Empörung auslösten, hielt sich die Parteiführung bedeckt.

Ein typisches Pamjat-Treffen begann mit Glockengeläut oder mit dem Abspielen patriotischer Märsche. Dann wurden Auszüge aus den Werken alter und neuer patriotischer Schriftsteller vorgetragen; gelegentlich zeigte man auch einen Film, in dem Nationaldenkmäler oder die Naturschönheiten Nordrußlands oder Sibiriens vorgeführt wurden. Dann folgten kurze Reden zu Themen wie die systematische Zerstörung von Nationaldenkmälern, besonders von Moskauer Kirchen. Die Schuld gab man zionistischen Architekten, die mit den freimaurerischen Feinden von Mütterchen Rußland gemeinsame Sache machten. Dann war es Zeit für den Auftritt Wassiljews. Er sprach in der Regel bis zu drei Stunden, manchmal sogar noch länger. Er hatte eine Standardrede, die er je nach aktuellem Anlaß abänderte.[5]

Wassiljew ließ sich immer über die katastrophale Lage im Land aus, wobei er weniger auf die wirtschaftliche Misere als vielmehr auf den gesellschaftlichen und sittlichen Verfall einging. Seine Hauptthemen: der Anstieg der Kriminalität, die Begeisterung der Jugend für die Rockkultur, die Auflösung der Familie, der zunehmende Alkoholismus. Gleichzeitig brachte er sein Bedauern darüber zum Ausdruck, daß das nationale Erbe in der Schule und in den Medien vernachlässigt werde. Dies alles sei aber kein Zufall oder gar der Fehler des russischen Volkes, das seinen patriotischen Pflichten nicht nachkomme, sondern das Ergebnis eines sorgfältig eingefädelten Plans des internationalen Judentums und der Freimaurer. An dieser Stelle wies er immer darauf hin, daß jeder russische Patriot die *Protokolle* lesen müsse. Exemplare der *Protokolle* seien sogar in Lenins Privatbibliothek gefunden worden, und wenn selbst der Führer des internationalen Proletariats dem Buch eine so große Bedeutung beigemessen habe, dann müsse sich auch jeder Sowjetbürger mit diesem für die Weltgeschichte so entscheidenden Dokument vertraut machen. Die Reden strotzten von grotesken Behauptungen und absurden Vorwürfen gegen Juden und Freimaurer.

Zum Holocaust sagte Wassiljew: Wer war Eichmann? Er war ein Repräsentant des jüdischen Volkes.
Zum Satanismus: Wenn man eine für dreiunddreißig Umdrehungen pro Minute ausgelegte Langspielplatte mit Rockmusik mit einer Geschwindigkeit von sieben bis vierzehn Umdrehungen pro Minute laufen läßt und die Aufnahme dann rückwärts abspielt, dann hört man einen Satansschwur auf englisch. Wir verlieren unsere Jugend, die in den Bann dieser amerikanischen, zionistischen Antikultur geraten ist. Allein in Leningrad gibt es 2500 Diskotheken. In einem Geschäft auf dem Newskij Prospekt (Leningrads berühmtester Straße) ist ein Bild Saschins ausgestellt, auf dem der Teufel die Hauptperson ist. Im Uhrengeschäft Omega, das sich ebenfalls auf dem Newskij Prospekt befindet, liegen viele Uhren mit einem goldenen Davidstern in der Auslage.
Über Yoga: Sie wollen uns jede Menge Yoga-Gedankengut verkaufen. Was hat das mit der überreichen historischen Tradition unseres Volkes zu tun? Das ist nur eine weitere Taktik, Rußland mit Surrogaten westlicher Kultur zu infiltrieren.

Zur Kommunistischen Partei äußerte sich Wassiljew stets nur sehr zurückhaltend. Er bezeichnete sich selbst als einen »parteilosen Bolschewisten« und war voll des Lobes für Lenin und Stalin, die Armee und die Sicherheitsorgane und sogar für die damalige Regierung der Sowjetunion. Als Beispiel für die positive Haltung der kommunistischen Führung gegenüber dem nationalen Erbe führte er Lenins Befehl vom 17. Mai 1918 an, in dem dieser die Anweisung erteilt hatte, die Schäden am Wladimir-Tor im Kreml zu reparieren und den Kreml insgesamt wieder instand zu setzen. In einem Gespräch mit Lunatscharskij habe Lenin gesagt, es sei »absolut lebenswichtig, daß die Grundpfeiler unserer russischen Kultur nicht einstürzen«. Und Stalin habe in seiner berühmten Radioansprache vom Juli 1941 alle Russen Brüder und Schwestern genannt und darüber hinaus an Alexander Newskij, Kutusow, Suworow und die anderen militärischen Helden der russischen Vergangenheit erinnert.[6] Nach eigenem Bekunden unterstützte die Pamjat-Bewegung Gorbatschow und das Politbüro bei ihren Reformbemühungen. Zum Thema Kirche hielt man sich bedeckt. Nur gelegentlich wies man auf ihre patriotische Rolle in der Vergangenheit hin. Die Monarchie war überhaupt kein Thema. Dies sollte sich erst in den Jahren 1989 und 1990 ändern, als Wassiljews Pamjat von der Kommunistischen Partei abrückte und sich begeistert auf die Seite der orthodoxen Kirche und der Monarchie schlug. Der Antisemitismus blieb das Herzstück der Doktrin. Da inzwischen aber jeder Rechtsextremist die *Protokolle* gelesen hatte, mußte man sich nach neuen Ideen umsehen.

Der Kampf gegen den Alkoholismus, der in der Anfangszeit eine so wichtige Rolle gespielt hatte, wurde praktisch aufgegeben. Zum einen war die Partei inzwischen auf diese Linie eingeschwenkt. Zum anderen hatte sich die Kampagne nicht als populär erwiesen.

Die Einheit der Pamjat-Bewegung wurde jedoch weniger von außen als von innen gefährdet. Die Brüder Wjatscheslaw und Jewgenij Popow, zwei führende Mitglieder, die schon von Anfang an dabei waren, wurden 1987 wegen »Aktivitäten, die die Spaltung des Pamjat zum Ziel hatten«, ausgeschlossen. Die internen Konflikte traten offen zutage, als am Vorabend der Gedenkfeiern zum Jahrestag der Schlacht auf dem Schnepfenfeld Pamjat-Mitglieder in Radonesch (dem früheren Gorodok) demonstrierten und dabei versuchten, die

Statue eines patriotischen Künstlers aufzustellen. Ungefähr fünfhundert Menschen nahmen an dem Marsch teil, der aber von starken Milizkräften gestoppt wurde. Wassiljew hatte vor dieser Demonstration der Stärke gewarnt, war aber offensichtlich überstimmt worden. Die Demonstration wurde von Igor Sitschew, einem der größten Rivalen Wassiljews, angeführt. Sitschew und etwa hundert Anhänger legten außerdem einen Kranz am Standbild von Minin und Poscharski nieder und veranstalteten eine Kundgebung auf dem Roten Platz, in deren Verlauf Sitschew seinen Rivalen Wassiljew öffentlich einen Hochstapler nannte.
Wassiljew konterte mit einer unerwarteten diplomatischen Initiative: Er schlug den demokratischen Gruppen der Linken eine gemeinsame Erklärung gegen die Verleumdung von Dissidenten der Linken *und* der Rechten in den sowjetischen und westlichen Medien vor. Gleichzeitig sollten Antisemitismus, Zionismus und Faschismus angeprangert werden, aber die Demokraten zeigten kein Interesse.[7]
Zur gleichen Zeit brachte Wassiljew eine Reihe von führenden Pamjat-Mitgliedern dazu, ein langes Manifest mit dem Titel »Läuterung« zu unterzeichnen. Wie gewöhnlich beschwor er darin zunächst die drohenden Gefahren: Das internationale zionistische Kapital versuche auf jede nur erdenkliche Art, das russische Volk zu Sklaven der zionistischen Verbrecher und gierigen Spekulanten zu machen. Dank der Aktionen der Pamjat-Bewegung, die mitten aus dem russischen Volk entstanden sei, gebe es nun eine Kraft, die diese teuflischen Vorhaben vereiteln könne. Doch leider seien in den Reihen des Pamjat inzwischen ein paar Schurken aufgetaucht, die versuchten, die Bewegung zu spalten, und auf diese Weise, bewußt oder unbewußt, dem Zionismus in die Hände arbeiteten.
Die Liste dieser Schurken war lang. Dazu gehörten nicht nur die Brüder Popow, sondern auch Lipatnikow aus Swerdlowsk, inzwischen der Kopf der sibirischen Bewegung. Besonders gefährliche Rivalen waren Riwerow und Lysenko, die Führer in Leningrad (Pamjat-3), die mit Erfolg eine Reihe von Massendemonstrationen auf dem Rumjanzew-Platz organisiert hatten. Riwerow, so Wassiljew, habe nur eines im Sinn: Er wolle in Paris die Filmakademie besuchen, und er wolle nicht als ein Niemand, sondern als ein berühmter Mann in die französische Hauptstadt gehen. Und schließlich war da noch Pamjat-2, die Gruppe um Sitschew. Mit Unterstützung ei-

niger langjähriger Mitglieder wie G. Frygin hatte Sitschew in Moskau eine gemäßigtere Gruppe gegründet, die den Behörden genehmer war. Ihre wichtigste Tat war der Versuch, den Sohn des berühmten Sängers Fjodor Schaljapin, der zu einer Stippvisite nach Moskau gekommen war, dazu zu überreden, Ehrenmitglied von Pamjat-2 zu werden.[8]

Das »Läuterungs«-Manifest hat historisch eine gewisse Bedeutung. Wassiljews Gruppe blieb auch danach noch auf verschiedenen Ebenen aktiv, doch es sollte ihm nie wieder gelingen, so viele Militante und Intellektuelle für seine Ziele zu mobilisieren. Wenig später gingen viele ihren eigenen Weg. Dugin und Gajdar Jemal machten sich als Ideologen der »Neuen Rechten« in den Wochenzeitungen DEN und POLITIKA einen Namen, und Barkaschow verließ die Bewegung, gründete eine eigene politische Partei und veröffentlichte seine eigenen Schriften.[9]

Spaltungen und Zusammenschlüsse waren bei der extremen Rechten ebenso häufig wie bei der Linken. Es ist unmöglich, sie alle zurückzuverfolgen. Teils waren es persönliche, teils ideologische Gründe, die zu Spaltungen führten, und in den Jahren 1988 und 1989 war am politischen Horizont kein Hitler oder Mussolini in Sicht, der in der Lage gewesen wäre, die verschiedenen Splittergruppen zu einen.

Ein paar ungewöhnliche Figuren gab es unter den Führern der Rechten allerdings schon. An erster Stelle wäre da der Orientalist Walerij Jemeljanow zu nennen, dessen WASAMF (die russische Abkürzung für »Weltweite antizionistische und antifreimaurerische Front«) bereits vor dem Pamjat existiert hatte. Die Gruppe wurde erstmals in einem Buch von Jemeljanow erwähnt, das 1979 in Paris erschien. Das Buch trug den Titel »Dezionisierung« und wurde in Damaskus in großer Auflage auf arabisch herausgebracht. Neu an Jemeljanows Botschaft war, daß er das Christentum als eine zionistische Sekte bezeichnete; Jesus war ein Freimaurer und Fürst Wladimir, der das Christentum nach Rußland gebracht hatte, der Sohn einer Jüdin und der Enkel eines Rabbi.

Im Jahr 1980 wurde Jemeljanow verhaftet. Ein Moskauer Gericht befand ihn für schuldig, seine Ehefrau Tamara ermordet zu haben. Nachdem er sie zerstückelt hatte, bat er seinen Freund Bakirow, ihm dabei zu helfen, eine große Tasche zu verbrennen, die angeblich zionistische Literatur enthielt. Doch die Beseitigung des Leichnams gestaltete sich schwieriger, als Jemeljanow erwartet hatte. Am nächsten Tag erschien die Polizei, fand die Leiche und verhaftete Jemeljanow. Im Dezember 1980 kam der Fall vor ein Moskauer Gericht. Jemeljanow hatte die ganze Zeit beteuert, Zionisten hätten seine Frau ermordet. Aber nicht einmal sein Anwalt glaubte ihm. Tamaras Mutter, eine einfache Frau, fragte: »Warum hätten sie meine Tochter umbringen sollen und ihn nicht?« Die Verhandlung brachte wenig Licht in die ganze Affäre. Der Hauptzeuge Bakirow war nicht auffindbar. Später wurde bekannt, daß er KGB-Mitarbeiter war.

Offenbar war etwas schiefgelaufen, aber Jemeljanow hatte einflußreiche Beschützer. Obwohl die Anklage auf Mord unter erschwerenden Umständen gelautet hatte, ließ das Gericht Jemeljanow in eine psychiatrische Anstalt einweisen. Nach wenigen Jahren in der bekannnten Serbskij-Klinik war er bereits wieder auf freiem Fuß. Seine Entlassung kam für die Serbskij-Klinik wie auch für das Gesundheitsministerium völlig überraschend.[10]

Kurz nach seiner Entlassung 1987 schloß sich Jemeljanow dem Pamjat an und trat bei verschiedenen Gelegenheiten als einer seiner Hauptredner auf. Die alten Mitglieder, darunter auch Wassiljew, lehnten Jemeljanows Forderung nach einer Führungsposition jedoch ab, unter anderem auch deswegen, weil seine paganistischen Parolen mit der verstärkten Hinwendung der Bewegung zur orthodoxen Kirche nicht in Einklang zu bringen waren. Selbst den Neopaganisten war er schließlich zu extrem. Er wurde 1990 aus ihrer Gruppe ausgeschlossen.

Jemeljanows Pamjat bestand 1991 nur aus ein paar Dutzend Mitgliedern. Die Gruppe gründete in Moskau einen Wehrsportclub, machte jedoch nur wenig von sich reden. A. Dobrowolskij war ein paar Jahre lang Jemeljanows Stellvertreter. Er hatte seine politische Karriere als Mitglied einer demokratischen Dissidentengruppe begonnen (Galanskow-Ginsberg). Als die Gruppe vor Gericht kam, stellte sich jedoch heraus, daß er entweder schon die ganze Zeit als Informant gearbeitet oder zumindest im Gefängnis beschlossen hatte, mit dem KGB zu kooperieren. Seine Aussagen trugen dazu bei, daß seine Kameraden zu langen Haftstrafen verurteilt wurden. Nach seiner Entlassung aus dem Gefängnis lief er zur extremen Rechten

über und verfaßte einige Artikel, die über den Samisdat weite Verbreitung fanden: »Die Opfer der dunklen Mächte«, »Die Alchemie des Geistes« und »Aroma Yoga«.[11]
Einige Beobachter der rechtsextremen Szene haben darauf hingewiesen, daß Jemeljanows WASAMF strenggenommen gar keine russische Bewegung sei, da sie für die Befreiung der ganzen Menschheit vom jüdischen Joch kämpfe und in ihrem Programm den Arabern (insbesondere der PLO) mehr Aufmerksamkeit widme als russischen Belangen. Es ist nicht auszuschließen, daß politische Interessengruppen aus dem Ausland bei der Gründung der WASAMF und ähnlicher Sekten die Hand mit im Spiel hatten und ihnen mit ausländischem Geld das Überleben ermöglichten.
Über den Pamjat lassen sich nur sehr schwer allgemeine Aussagen machen. Dies liegt zum Teil an den vielen Spaltungen. Der Hauptgrund ist aber, daß er immer nur eine Bewegung und nie eine politische Partei mit einem fest umrissenen Programm sein wollte. So schrieb Wassiljew einmal, daß eine Volksbewegung kein politisches Programm haben solle, da eine geistige Wiedergeburt nicht überwiegend politischer Natur sei.[12] Er hätte hinzufügen können, daß klare sozialpolitische Aussagen die Anziehungskraft einer solchen Bewegung auf die Massen zwangsläufig verringert hätte. Heftige Angriffe gegen Juden und Freimaurer reichten schon aus, um der Bewegung Profil zu verleihen und Sympathien einzutragen. Hinzu kam, daß sie auch ökologische Probleme aufgriff, und natürlich war inzwischen jeder für bessere Luft und saubereres Wasser, oder tat zumindest so. Außerdem befaßten sich die Pamjat-Gruppen mit den Helden der russischen Geschichte von Alexander Newskij bis Stolypin und wetterten gegen die »Amerikanisierung« der russischen Kultur und andere »Fremdeinflüsse«. Solche Parolen waren allerdings von allen Rechten in Rußland zu hören.
Ein spezifisch politisches Anliegen war die Forderung nach einer sofortigen Beendigung des als »kriminell« eingestuften Kriegs in Afghanistan.[13] Im Dezember 1987, als jedermann wußte, daß der Krieg äußerst unpopulär war, daß die Regierung alles versuchte, sich aus dem Land zurückzuziehen, und daß das Ende des Krieges nur noch eine Frage der Zeit war, war es allerdings kein großes Wagnis mehr, eine solche Forderung zu stellen.
Die Pamjat-Bewegung hat es immer bewußt vermieden, klar Stellung

zu beziehen, angefangen bei ihrer vagen Haltung zum sowjetischen System und zur kommunistischen Partei. Auf diese Weise ging sie Schwierigkeiten mit den Behörden aus dem Weg und gewann leichter die Unterstützung führender Intellektueller.

Als bekannte Autoren wie Rasputin, Proskurin und Below nach ihrer Haltung zum Pamjat gefragt wurden, antworteten sie, daß sie zwar keine Mitglieder seien und auch nicht allen seinen Positionen und Aktionen zustimmten, aber doch der Meinung seien, daß er sich für positive Ziele einsetze und deshalb nicht einfach als eine faschistische und ganz und gar negative Kraft verurteilt werden könne, wie es die Liberalen verlangten.[14]

Die Liberalen forderten unter Berufung auf Paragraph 74 des sowjetischen Strafgesetzbuches (Anstiftung zum Rassenhaß) ein entschiedenes Vorgehen der Behörden gegen den Pamjat. Am 28. Mai 1988 erhielt Wassiljews Pamjat wegen »unsozialer Aktivitäten, die nationalen Unfrieden stiften könnten« eine Warnung vom KGB;[15] ansonsten blieben Sanktionen von offizieller Seite aus.

Danach kehrte die Bewegung zu ihren Wurzeln zurück und konzentrierte sich eine Zeitlang wieder auf kulturelle Aktivitäten. Sie restaurierte verschiedene Moskauer Klöster und Friedhöfe wie das Donskoj Monastir, das Starosimonowskij, das Tolgskij und das Kloster des heiligen Daniel. Ungefähr zur gleichen Zeit gründeten einige Pamjat-Mitglieder irgendwo im Jaroslawl-Gebiet eine landwirtschaftliche Kooperative, züchteten Schweine und betrieben ökologischen Gemüseanbau.[16] Später wurde behauptet, die Arbeit des Moskauer Pamjat sei mit den Erträgen der Jaroslawl-Kooperative finanziert worden. Aber daran glaubte kaum jemand.

Während ausländische Korrespondenten die Aktivitäten des Pamjat weiterhin mit Interesse verfolgten, wuchs die Unruhe in seinen eigenen Reihen. Den meisten russischen Nationalisten war Wassiljew zu extrem, und den Fanatikern war er nicht radikal genug. Dem Bruch mit der Leningrader Gruppe folgten weitere Abspaltungen in Moskau selbst. Eine militante Moskauer Gruppe, die von einem Arzt namens Filimonow angeführt wurde, schloß Wassiljew im Oktober 1989 wegen »unsittlichen Verhaltens, finanzieller Machenschaften und ideologischer Abweichungen« aus ihren Reihen aus. Die ideologischen Vorwürfe bezogen sich auf ein Seminar, das Dugin und Jemal (»Halunken und Satanisten«) nach, wie es hieß, unchristlichen Grundsätzen durchgeführt hatten; ihre Lehre beleidige die gläubigen Orthodoxen. Hinter Filimonow stand offenbar ein etwas mysteriöser Zeitgenosse namens Viktor Antonow, von Beruf Astrologe und ehemals persönlicher Berater Wassiljews.[17]

Es waren schwierige Tage für Wassiljew und seine Anhänger. Die Intellektuellen verließen den Pamjat. Jemal begriff, wenn auch recht spät, daß in einer rechtgläubigen Bewegung für einen Muslim kein Platz war. Er kehrte ihr ebenfalls den Rücken und engagierte sich in der muslimischen Gemeinde, in der er als Sympathisant Saddam Husseins von sich reden machte. Unterdessen entdeckte sein Kollege Dugin, wie an früherer Stelle bereits erwähnt, die intellektuellen Schätze der französischen *Nouvelle Droite*.

Wassiljews Gruppe schrumpfte auf ein paar Dutzend Mitglieder zusammen. Filimonow und seine Anhänger schienen den Sieg davongetragen zu haben. Im Januar 1989 gaben sie im Samisdat ein Manifest heraus, in dem sie ausführlich auf politische, soziale und wirtschaftliche Fragen eingingen. Ihre Vorstellungen schienen sich von denen des Pamjat-1 kaum zu unterscheiden, nur war das Manifest viel konkreter als alles, was Wassiljew je geschrieben hatte. Die Sache hatte aber ein peinliches Nachspiel: Zwei sowjetische Autoren entdeckten, daß lange Passagen des Manifestes aus dem Programm der Nationalsozialistischen Deutschen Arbeiterpartei abgeschrieben waren.[18] Wie aus einigen Quellen verlautet, war der Verfasser angeblich der junge Viktor Jakuschew, dessen Name bereits in einem anderen Zusammenhang erwähnt wurde. Im Herbst 1990 wurde er Chef einer offen nationalsozialistischen Gruppe in Moskau, die sich Nationalsozialistische Union nannte.[19]

Noch eine weitere Splittergruppe sollte in diesem Zusammenhang genannt werden. Sie hatte zwar nur sehr wenige Mitglieder, sorgte aber für einen Riesenskandal, der die gesamte russische Rechte in Mitleidenschaft zog. Konstantin Smirnow-Ostaschwili, Vorarbeiter in einer Moskauer Fabrik, hatte Pamjat-2 Ende 1987 verlassen. Er beklagte, daß Wassiljew nur große Reden schwinge, ohne mit seiner Gruppe wirklich etwas zu tun. Wassiljew rate seinen Anhängern immer nur zu warten, während er selbst bereits Millionär geworden sei.[20]

Smirnow-Ostaschwili wollte handeln und gründete zusammen mit einer kleinen Gruppe von Anhängern die »Union für nationale Proportionalität – Pamjat.« Ihr Programm sah im wesentlichen wie folgt aus: Da der jüdische Bevölkerungsanteil in Rußland nur bei 0,69 Prozent lag, sollte der Anteil der Juden in jedem Beruf diesen Anteil nicht übersteigen.[21] Alle Halbjuden sollten als Juden betrachtet werden.[22] Die Ostaschwili-Gruppe drohte den sowjetischen Juden mit einem Pogrom riesigen Ausmaßes und forderte einen sofortigen Auswanderungsstopp, damit sie ihrer gerechten Strafe nicht entkommen könnten (bei anderen Gelegenheiten hatte sie sich bereit erklärt, die Auswanderung der Juden zu dulden, falls das Weltjudentum für jede Person 100000 Rubel entrichte). Ferner wurde in dem Manifest die Forderung erhoben, dem KGB mehr Mittel zur Verfügung zu stellen und Jemeljanow zu rehabilitieren, da er zu Unrecht des Mordes an seiner Ehefrau beschuldigt worden sei. Jemeljanow war für die Unterstützung sehr dankbar und hielt während der gesamten Verhandlung treu zu Ostaschwili, den andere führende Rechtsextremisten längst fallengelassen hatten.

Zweifelhafte Berühmtheit erlangte Ostaschwili, nachdem seine Anhänger am 18. Januar 1990 gewaltsam in das Zentrale Haus der Schriftsteller in Moskau eingedrungen waren, um ein Treffen der liberalen Autorengruppe *April* zu sprengen. Ungefähr dreißig bis vierzig Rowdies stürmten in den Saal, stießen Drohungen gegen die Anwesenden aus und kündigten an, daß sie wiederkommen würden. Einem älteren Schriftsteller zerschlugen sie die Brille. Die Polizei traf, wie in solchen Fällen üblich, mit erheblicher Verspätung ein. Einige Störenfriede wurden verhaftet und nach Feststellung ihrer Personalien wieder auf freien Fuß gesetzt.

Der Vorfall war keine spontane Aktion, wie sich bald herausstellte, sondern ein sorgfältig geplanter Überfall und erregte in den Medien großes Aufsehen. Die Schriftsteller erstatteten Anzeige, doch General Karabajnow, der Sprecher des KGB, erklärte, daß der Fall seiner Meinung nach nicht vor ein Gericht gebracht werden müsse. In ihrem Zorn gingen die Autoren nun dazu über, die ideologischen Drahtzieher, die hinter Ostaschwili standen, anzugreifen.

Die Rechte zog die ganze Affäre ins Lächerliche: Warum aus einer Mücke einen Elefanten machen? Schließlich sei Ostaschwili eine unbedeutende Figur, und außerdem sei niemand zu Schaden gekommen, während bei den Zusammenstößen in Zentralasien und im Kaukasus Dutzende von Menschen getötet worden seien. Einige ließen durchblicken, daß der Vorfall womöglich vom *April* selbst inszeniert worden sei. Sprecher der Liberalen konterten mit dem Argument, daß man es hier mit dem üblichen russischen Faschismus zu tun habe *(Starowojtowa)* und daß solche Überfälle überhand nehmen würden, wenn man den Anfängen nicht wehre. Faschistische Bewegungen hätten immer klein angefangen, nie mit dem »Marsch auf Rom«.

Ostaschwilis Zeitschrift brachte folgende Darstellung von dem Vorfall: Ein hungernder Arbeiter (Ostaschwili) hatte sich in das Gebäude verirrt und geriet in Zorn, als er dort köstliche Speisen in Hülle und Fülle sah, die man sonst nirgends bekam.[23] Später wartete Ostaschwili mit einer anderen Erklärung auf: Er, einer der besten und begabtesten Polemiker in Moskau, habe den Liberalen zeigen wollen, daß selbst ein Jewtuschenko ihm in einer Debatte keine drei Minuten Paroli bieten könne.

Am 24. Juli begann schließlich die Verhandlung vor einem Moskauer Gericht; sie sollte zehn Wochen dauern. Ostaschwili entpuppte sich als ein Mann von großem Selbstvertrauen und beschränkter Intelligenz. Zunächst verlangte er, daß ein Anwalt aus Deutschland (kein bestimmter) ihn vertreten solle. Später erklärte er, nur Kurt Waldheim könne ihn verstehen und solle daher eingeladen werden. Dann tauchte er plötzlich unter. Zwei Wochen später wurde er in einem Friseurladen erneut verhaftet. Nach der Urteilsverkündung weigerte er sich, das Urteil anzuerkennen, da die Sowjetunion ein »besetztes Land« sei.[24]

Die ausländische Presse berichtete ausführlich über die Verhandlung, da fast täglich Gruppen von politischen Gegnern, darunter auch verschiedene Autoren, zur Verhandlung kamen, während draußen vor dem Gerichtsgebäude Sympathisanten Ostaschwilis demonstrierten und ihre Schriften verteilten. Nirgendwo konnte man sich besser mit den Ansichten der rechten Splittergruppen vertraut machen. Doch für Kenner der rechtsradikalen Szene bot die Verhandlung nicht viel Neues. Bereits vor Prozeßbeginn hatte Ostaschwili in mehreren ausführlichen Interviews seinen Standpunkt dargelegt: Wassiljew sei eine Marionette und ein Schwindler, und die Zeit der Diskussionen mit den Liberalen sei vorbei. Seine Gruppe wolle keine Pogrome gegen die Juden veranstalten, sie wolle sie nur für ihre Verbrechen gegen das russische Volk vor Gericht bringen.[25]

Die extreme Rechte nannte den Prozeß eine Farce, unterstützte Ostaschwili jedoch nur recht halbherzig. Lediglich eine Pamjat-Splittergruppe (die von Alexander Kulakow und Sweschnikow angeführt wurde) schickte uniformierte Trupps, die vor dem Gebäude demonstrierten. Die anderen Führer der extremen Rechten blieben zurückhaltend. Ostaschwili war ganz klar eine peinliche Figur. Eine Moskauer Zeitung schrieb, daß nicht nur die Wortführer der Patrioten, sondern auch der ganze restliche Pamjat zu Ostaschwili auf Distanz gingen: »Sie meiden ihn wie der Teufel das Weihwasser.«[26] Ostaschwilis Freunde klagten, daß er nur noch von der Pamjat-Zeitung in Nowosibirsk, den Blättern SITUAZIJA und WOSKRESENIJE sowie von den Nationalbolschewisten der MOLODAJA GWARDIJA Unterstützung erhalte; der Rest der patriotischen Presse hülle sich in Schweigen.[27] Einige Zeitungen wie WETERAN (38, 1990) und MOSKOWSKIJ LITERATOR deuteten sogar an, daß er ein Provokateur und möglicherweise sogar von jüdischer Herkunft sei (seine Großmutter hieß Stoltenberg – ein deutscher, kein jüdischer Name).

Am 12. Oktober 1990 wurde Ostaschwili zu zwei Jahren Arbeitslager verurteilt. Wäre alles seinen üblichen Weg gegangen, dann wäre er innerhalb von neun bis zwölf Monaten wieder ein freier Mann gewesen. Er prahlte damit, daß er alle Lagerinsassen und Aufsichtsbeamten innerhalb von sechs Monaten zu »Patrioten« machen werde. Doch am 26. April erhängte er sich im Lager. Zwei Gründe für seinen Selbstmord wurden genannt: seine allgemeine Niedergeschlagenheit und das Verhalten einiger Mithäftlinge, die über seine angebliche jüdische Herkunft Witze gerissen hätten. Gewisse Kreise behaupteten, Ostaschwili sei einem »zionistischen Ritualmord« zum Opfer gefallen, begangen durch die Schriftsteller der Gruppe *April.*[28] Schließlich sei es kein Zufall, daß er ausgerechnet im Monat April umgekommen sei ... Ostaschwilis Anhänger forderten die zuständigen Behörden auf, eine Untersuchung einzuleiten. Es kam tatsächlich zu einer Untersuchung, doch die Öffentlichkeit erfuhr nichts über die Ergebnisse. So umgibt die Aktivitäten Ostaschwilis, wie auch die des restlichen Pamjat, weiterhin ein Geheimnis. Ostaschwili brüstete sich oft seiner engen Beziehungen zum KGB, aber das taten auch Führer anderer rechter Gruppen. Möglicherweise war das alles nur pure Angabe.

Wenn Ostaschwili tatsächlich ermordet wurde, dann wohl kaum aus politischen Gründen. Dieser geistig verwirrte Mann hatte seiner Sache eindeutig mehr geschadet als genützt. Er war für die extreme Rechte kein wertvoller Mitstreiter gewesen, sondern eine peinliche Figur.

Zu guter Letzt sollte noch eine weitere Pamjat-Gruppe erwähnt werden. Im Jahr 1987, als Ostaschwili angewidert Wassiljews Gruppe verließ, kehrte ihr auch der Künstler Igor Sitschew mit einigen Anhängern den Rücken. Sitschews Gruppe stellte für Wassiljew wohl die größte Konkurrenz dar. Während die anderen Untergruppen hauptsächlich Flugblätter verfaßten oder wie Wassiljew Interviews gaben, war Sitschews Gruppe zwischen 1988 und 1990 oft auf den Straßen Moskaus zu sehen. Sie legten Kränze auf das Grab von General Brusilow, dem Helden aus dem Ersten Weltkrieg, und restaurierten freiwillig ein paar Friedhöfe. Sie sprengten eine Wahlversammlung von Witali Korotitsch, dem Herausgeber der Zeitschrift OGONJOK, und demonstrierten in Ostankino mehrmals vor den Studios des sowjetischen Fernsehens.[29] Sie veranstalteten insgesamt etwa neunzig Aktionen, darunter Gedenkfeiern für die Familie des letzten Zaren und Protestkundgebungen gegen die zunehmende antirussische Stimmung in den baltischen Ländern.

Die Ideologie der Sitschew-Gruppe war, milde ausgedrückt, eklektisch. Sie demonstrierten für den letzten Zaren, aber auch für Stalin. Ihre Angriffe richteten sich vor allem gegen den »roten Zionismus« (Marxismus), weniger gegen die jüdisch-freimaurerischen Verschwörer.[30] Allmählich rückte Sitschew (wie auch Wassiljew) vom Nationalbolschewismus ab und übernahm die Idee einer »Volksmonarchie«. Gewisse Kreise innerhalb der Kommunistischen Partei zogen die Sitschewiten eindeutig allen anderen Pamjat-Gruppen vor und machten das auch in einigen Zeitungsartikeln deutlich.[31]

Im Herbst 1990 erschien Sitschew auf einem Empfang der jüdischen Gemeinde in Moskau und erklärte, daß seine Gruppe weder faschistisch noch antisemitisch sei und nicht das geringste gegen Juden habe.[32] In einem Interview mit der vielgelesenen Zeitschrift KOMMERSANT sagte er: »Wir beginnen nun zu begreifen, daß der Zionismus vor allem auf die Errichtung eines jüdischen Staates in Israel hinarbeitet.« Und dagegen habe seine Gruppe überhaupt nichts einzuwenden. Es sei falsch, die Juden für solche Verbrechen wie den Mord an der Zarenfamilie und den Völkermord am russischen Volk verantwortlich zu machen. Schließlich habe es in der Weißen Bewegung viele Juden und Zionisten gegeben ...[33] Dieser plötzliche und überraschende Meinungsumschwung war jedoch nicht von langer Dauer. Im darauffolgenden Jahr fanden erneut antijüdische Demonstrationen statt. Dies änderte freilich nichts an der Feindschaft zwischen Sitschew und Wassiljew. Wassiljew behauptete, daß sein Rivale jüdische Großeltern gehabt habe und obendrein mit Trotzkij verwandt sei. Und Sitschew beschimpfte seinen Rivalen als Spitzel und *Agent provocateur* und sprach ihm jede aufrechte patriotische Gesinnung ab.

Nach der Krise von 1989, die beinahe zur Auflösung der Wassiljew-Gruppe geführt hätte, erholte sich Pamjat-1 überraschend schnell, während einige rivalisierende Gruppen von der Bildfläche verschwanden. Die Ostaschwili-Gruppe löste sich nach dem Tod ihres Führers auf. Alexander Kulakow, der unerschütterlich zu Ostaschwili gestanden hatte, beschloß zuerst, den Namen Pamjat aufzugeben, und verschrieb sich dann, zumindest vorübergehend, dem Buddhismus. Filimonow kehrte der Politik zunächst den Rücken, arbeitete in einem Kloster und auf Friedhöfen und beschloß dann, eine weitere rechte Zeitung mit dem Namen POLOSCHENIJE DEL zu gründen.

Damit war für Wassiljew, und in geringerem Maße auch für Sitschew, der Weg frei. Beide wandten sich immer mehr dem Monarchismus und der Kirche zu. Es ist schwer zu beurteilen, ob ihre Bekehrung zum Monarchismus echt war. Ihre Hinwendung zur Kirche war jedenfalls nur ein taktisches Manöver, denn beide waren keine gläubigen Christen. Die Wassiljew-Gruppe hoffte, in der Kirche wenigstens einige wenige Gönner zu finden, und, was noch wichtiger war, neue Anhänger. Selbst jene Kirchenführer, die dem Pamjat skeptisch gegenüberstanden oder ihn sogar ablehnten, konnten diese Neubekehrten schwerlich öffentlich verurteilen, da sie einen beispiellosen orthodoxen Eifer an den Tag legten und stets bereit waren, ihre schwarzuniformierten jungen Mitglieder bei Prozessionen und ähnlichen Anlässen als Ordner einzusetzen. Schwarz, sagte Wassiljew, sei in Rußland die Farbe der Trauer; Parallelen zu den italienischen Schwarzhemden, der deutschen SS oder Mosleys britischen Faschisten gebe es keine. Die Schaftstiefel, Gürtel und

Abzeichen, die Wassiljews Anhänger trugen, hatten mit Trauer allerdings wenig zu tun.
Die ab 1990 erscheinende, neue Pamjat-Zeitung spiegelte in Aufmachung und Inhalt die neue Doktrin wider.[34]
Die äußere Gestaltung war deshalb außergewöhnlich, weil die Zeitung als einzige in ganz Rußland die alte Orthographie benutzte, wie sie vor 1917 üblich gewesen war. Der Pamjat erklärte, daß nach den Lehren der orthodoxen Kirche nur die alte Orthographie die richtige sei. Da jedoch die Kirche in all ihren Publikationen stets die »neue« Orthographie verwendete und selbst in der Glasnost-Ära keine Anstalten machte, zur alten Schreibweise zurückzukehren, wirkte diese Erklärung nicht sehr überzeugend.[35]
Die neue Doktrin des Pamjat enthielt viele Bezüge auf kirchliche Feiertage, Heilige und allgemeine religiöse Themen. Der Name des »Märtyrer-Zaren« Nikolaus II. tauchte häufig auf, und ebensooft wurde betont, daß der Pamjat für eine Monarchie eintrete. Ähnlich wie eine Bojarenversammlung im Jahr 1613 Michail Romanow zum Zaren gewählt hatte, so sollte eine Generalversammlung, der *Sobor*, einen neuen russischen Monarchen ernennen. Da der Pamjat grundsätzlich gegen die Demokratie war, wurde der Ausdruck »gewählt« möglichst vermieden. Wen man sich als neuen Monarchen wünschte, blieb allerdings im dunkeln. Fest stand nur, daß der Prätendent Wladimir Kyrillowitsch Romanow nicht in Frage kam. Es mußte jemand sein, der dieses Amtes würdig war – vermutlich einer wie Dmitrij Wassiljew.
Gleichzeitig gingen die Angriffe gegen die jüdische und freimaurerische Weltverschwörung weiter.[36] Verglichen mit dem neuen »positiven« Inhalt der Pamjat-Doktrin war dieses Thema jedoch inzwischen nur noch von zweitrangiger Bedeutung. Außerdem tauchten jetzt neue Feinde auf, die man aufspüren und enttarnen mußte. Leute wie die Separatisten in Georgien und anderswo.[37]
Alles in allem wirkte die neue Pamjat-Zeitung in Aufmachung und Inhalt ziemlich altmodisch. Der Eindruck drängte sich auf, daß die Redakteure nicht genug Material fanden, um die zur Verfügung stehenden sechzehn Seiten vollzumachen, also druckten sie alte Reden und Artikel ab, die schon vor Jahren erschienen waren, und füllten die Lücken mit symbolischen Zeichnungen aller Art.

Im Jahr 1991 hatte der Pamjat nicht nur ein offizielles Organ, sondern auch einen kleinen Radiosender. Am 30. September wurde das erste einstündige Abendprogramm ausgestrahlt. Wie wurden diese Aktivitäten finanziert, und in welchem Maße trugen sie dazu bei, den Pamjat populärer zu machen? Die erste Frage ist schwer zu beantworten. Nach offizieller Darstellung steuerte der Pamjat-»Kibbutz« bei Jaroslawl jährlich eine halbe Million Rubel zum Budget bei. Doch selbst wenn das stimmt, so dürfte diese Summe kaum ausgereicht haben, um einen Rundfunksender zu betreiben und die laufenden Unkosten zu decken. Zur Armee und zum KGB nahm der Pamjat stets eine positive Haltung ein (»Wir dürfen sie nicht zugrunde richten«). Es ist mehr als wahrscheinlich, daß er aus dieser Ecke zumindest etwas Unterstützung erhalten hat.[38]
Obwohl der Pamjat nun über einen stattlichen Propagandaapparat verfügte, konnte er seine Basis im Volk nicht wesentlich verbreitern. In den Jahren 1987 und 1988 hatte er im Lager der Rechtsextremisten praktisch noch eine Monopolstellung innegehabt. Von den einen wurden seine Auftritte als gewagt empfunden, von den anderen als schockierend und skandalös. Doch im Jahr 1991 herrschte am rechten Rand bereits wieder eine enorme Konkurrenz, und der Name Pamjat verlor seine alte Anziehungskraft. Auch das Interesse der Medien ging zurück. Doch Wassiljew gab nicht auf. Im Februar 1992, als in Moskau der »Kongreß der staatsbürgerlichen und patriotischen Organisationen« tagte, erschien er dort uneingeladen mit seinen Anhängern und zwang die Veranstalter, ihm das Wort zu erteilen.[39] Seine Botschaft unterschied sich jedoch nur unwesentlich von der der anderen Redner: Die Lage im Land sei schlecht und werde zusehends schlechter, deshalb brauche das Land eine starke Hand, die es aus der Krise führen könne. Im Anschluß an die Rede kam es zu einem Handgemenge zwischen Wassiljews Leuten und den Anhängern einiger Pamjat-Renegaten, die ebenfalls an dem Kongreß teilnahmen. Kosaken mußten mit ihren Peitschen als Friedensstifter eingreifen und die Streithähne trennen.
Der Pamjat hatte nicht nur sein Monopol verloren, er war auch überflügelt worden. Wassiljews alter Gegenspieler Jemeljanow hatte sich am 21. Dezember 1991 selbst zum Chef einer »globalen russischen Regierung« ernannt. Er sei bereit, erklärte er, mit dem rus-

sischen Präsidenten und seiner Regierung zusammenzuarbeiten, »scheue jedoch auch nicht die Konfrontation«.[40] Natürlich war Jemeljanow kein ernsthafter Konkurrent, aber die vielen anderen neuen patriotischen Organisationen hatten den Pamjat in der Gunst des rechten Publikums überflügelt. Jemeljanow war allerdings nicht der einzige, der sich als personelle Alternative zum Präsidenten anbot. Die »Russische Partei« ging noch einen Schritt weiter und kündigte die Bildung einer neuen russischen Regierung an, der Männer wie Filatow und Fomitschew, der Herausgeber der PULS TUSCHINA, angehören sollten (RUSSKIJE WEDOMOSTI 5, 1992). Der Pamjat war zurecht enttäuscht, daß seine historischen Verdienste nicht gewürdigt wurden. Doch Dankbarkeit ist in der Politik selten, und anstatt Wassiljew und seiner Gruppe einen würdigen Platz zuzuweisen, empfanden die neuen patriotischen Organisationen den Pamjat als peinlich. Ja, man scheute sich, den Namen Pamjat überhaupt noch in den Mund zu nehmen, weil er einen negativen Beigeschmack hatte. Nach dem Motto »Keine Feindschaft unter den Rechten« hätte man den Pamjat zwar noch gegen liberale Kritiker verteidigt, doch ansonsten wollte man möglichst wenig mit ihm zu tun haben.

Historisch betrachtet, spielte der Pamjat eine Vorreiterrolle. Er leistete Pionierarbeit auf einem Gebiet, das später viele andere Gruppen in Beschlag nahmen. An Sympathien für eine solche Bewegung fehlte es nicht, aber der Pamjat wußte seine Möglichkeiten nicht zu nutzen.[41] Dieselben Mätzchen, mit denen Wassiljew am Anfang Aufmerksamkeit erregt hatte, brachten ihm später einen zweifelhaften Ruf ein, da er es nicht schaffte, sich zu einer seriösen Führungspersönlichkeit zu entwickeln und aus seiner Anhängerschaft eine salonfähige Bewegung zu machen. Dazu waren seine Fähigkeiten und seine Phantasie zu beschränkt. Die Pamjat-Bewegung baute zu sehr auf die Tradition der Schwarzen Hundert, was ihr angesichts der unterentwickelten politischen Kultur in diesem Land zunächst gewisse Erfolge einbrachte; eine differenziertere Herangehensweise war nicht unbedingt nötig. Das Phänomen Schirinowskij bewies, daß primitive Clownerien und Appelle an die niederen Instinkte politisch ziemlich viel bewirken konnten. Das Scheitern des Pamjat zeigte jedoch gleichzeitig, daß die postkommunistischen rechtsextremen Gruppen neue Inhalte und einen neuen Stil brauchten, wenn sie ihre Sache voranbringen wollten. Ein Neuaufguß der Ideologie der Schwarzen Hundert und der *Protokolle* fand zwangsläufig keinen großen Anklang. Ebensowenig taugten Hitler und Mussolini als Vorbilder, da die Situation in Rußland in vielerlei Hinsicht ganz anders war. Die Verhältnisse im postkommunistischen Rußland waren ein günstiger Nährboden für die Entstehung einer starken, populistischen, rechtsextremen Bewegung. Doch der Pamjat war nicht kreativ genug, um auf der nationalistischen Welle ganz oben zu schwimmen.

13 Die Erneuerung der orthodoxen Kirche

Bei einer im Juni 1991 in der Sowjetunion durchgeführten Meinungsumfrage sprachen 63 Prozent der orthodoxen Kirche ihr Vertrauen aus, für die Kommunistische Partei waren dagegen nur 18 Prozent. Ein paar Monate später hätte die Kirche noch mehr Zustimmung erhalten. Die zweite Frage lautete jedoch: Sind Sie ein gläubiger Christ? Nur acht bis zwölf Prozent antworteten mit Ja.[1]
Diese Zahlen spiegeln im kleinen das Dilemma wider, in dem sich die Religion in Rußland momentan befindet. Einerseits ist man davon überzeugt, daß nach dem Bankrott der kommunistischen Ideologie andere Überzeugungen und moralische Werte erforderlich sind, um die geistige Leere zu füllen und das soziale Gefüge zu erhalten, aber die große Mehrheit der Russen hat nach wie vor Schwierigkeiten, an die orthodoxe Kirche in ihrer gegenwärtigen Form zu glauben. Die meisten Bürger sind sich der Gefahr bewußt, die ein moralisches Vakuum mit sich bringt. Sie wissen aus der Geschichte ihres Landes, daß die Kirche in der gespaltenen feudalistischen Gesellschaft für die Einheit eintrat und stets zum Widerstand gegen ausländische Invasoren aufrief. Das war jedoch zu einer anderen Zeit, und auch die Kirche und das Volk haben sich inzwischen verändert. Über die tiefe Religiosität des russischen Volkes ist viel geredet und geschrieben worden, von niemandem mehr als von Dostojewskij: Die moralische Idee liege in Christus, besonders im orthodoxen Christentum, da Christus im Westen verzerrt dargestellt und seine Bedeutung geschmälert worden sei. Nach Dostojewskij bestand der tiefe Irrtum der russischen Intelligenzija darin, daß sie die Kirche im russischen Volk nicht anerkenne.[2] Doch andererseits schrieb niemand so leidenschaftlich über die Schwierigkeiten zu glauben wie Dostojewskij, der zudem bemerkte, daß in Rußland die starke Neigung bestehe, Gott abzulehnen.
Zu Beginn der Reformära glaubten viele, daß die russisch-orthodoxe Kirche das Vakuum füllen würde, das nach dem Zusammenbruch

des Kommunismus entstanden war. Doch dabei ließen sie außer acht, daß sich unter der kommunistischen Herrschaft enorme kulturelle und soziale Veränderungen vollzogen hatten. Zudem war die Kirche auf die plötzliche Chance, die sich ihr bot, überhaupt nicht vorbereitet. Man zollte ihr großen Respekt: Der Patriarch nahm die Beerdigung der Opfer des Putschversuchs vom August 1991 und die feierliche Amtseinführung des russischen Präsidenten Boris Jelzin vor. Die Neugier der Menschen war groß. In den Jahren 1990 und 1991 wurden Hunderttausende von Bibeln, Gebetbüchern und sonstigen religiösen Schriften veröffentlicht. Zweitausend neue Kirchen wurden 1989 und 1990 eröffnet (oder wiedereröffnet), aber es fehlte an Geistlichen, die Gottesdienste leiten konnten. Zudem gab es gute Gründe, an der Kompetenz, am Glauben und am Charakter einiger Priester zu zweifeln, die unter dem Kommunismus die Seminare besucht hatten.

Aus verschiedenen Gründen gelang es der Kirche nicht, die Massen für sich zu gewinnen und zu einem entscheidenden Faktor im Leben Rußlands zu werden. Einer dieser Gründe war ihre starre Haltung, die lange vor der Revolution schon Gläubige gegen sie aufgebracht hatte. Sie beharrte darauf, daß auch die kleinsten Elemente des Rituals von entscheidender Bedeutung seien. Die Liturgie war wichtiger als das Mysterium, und diejenigen, die Trost und geistlichen Beistand suchten, fühlten sich emotional zu wenig angesprochen. Zu Beginn des Jahrhunderts schlugen einige Laien neue Wege ein und plädierten für die Beschäftigung mit der *Sophia* oder göttlichen Weisheit und mit der Mystik.

Aber die Kirche stand den Ideen dieser Nonkonformisten skeptisch gegenüber. Nur die Revolution von 1917 bewahrte Berdjajew vor einer Kirchenstrafe, und Bulgakow wurde von der Karlowitzer Synode in den zwanziger Jahren exkommuniziert. Einige vertraten die Ansicht, die Kirche habe unter dem Kommunismus nur überlebt, weil sie so unnachgiebig gewesen sei und sich gegen modernistische Einflüsse gewehrt habe. Da könnte etwas Wahres dran sein. Wahr ist aber auch, daß eine Haltung, die in Zeiten der Verfolgung ihre Vorzüge haben mochte, mit dem Ende der Verfolgung ihren Sinn verloren hat. Doch für diejenigen, die sich all die Jahre gegen den Modernismus gesträubt hatten, war es schwer oder sogar unmöglich, sich den neuen Verhältnissen anzupassen.

Aber es gab noch andere Gründe, warum sich die Kirche in der neuen Ära schwertat: Über siebzig Jahre sowjetischer Herrschaft hatten sie enorm geschwächt. Von den ursprünglich vorhandenen Kirchen wurden kaum noch zehn Prozent genutzt. Nur eine Handvoll Klöster war noch übriggeblieben, und die kommunistischen Herrscher hatten die Zahl der Priester auf ein Minimum reduziert. Außerdem hatten sie sorgfältig darauf geachtet, daß keine herausragenden charismatischen Persönlichkeiten darunter waren.

Die Kirche hatte überlebt, doch sie hatte dafür einen hohen Preis bezahlt. Sie hatte den Behörden große Zugeständnisse gemacht, Menschen denunziert, mit dem System zusammengearbeitet und vieles verraten, was ihr besonders heilig hätte sein müssen.

Man könnte natürlich argumentieren, daß es für die Kirche keine andere Möglichkeit gab zu überleben. Und Beobachtern aus freieren Gesellschaften steht es nicht zu, Menschen zu kritisieren, die unter dem permanenten und erbarmungslosen Druck eines feindlich gesinnten Systems gehandelt haben. Aber uns interessieren hier nicht die Motive der Kirche und die zahlreichen mildernden Umstände, die man zu ihrer Verteidigung ins Feld führen könnte, sondern die Folgen. Es kann keinen Zweifel daran geben, daß die orthodoxe Kirche sich zutiefst kompromittiert hat.

Wir wollen uns die wichtigsten Stationen ihrer jüngeren Geschichte ins Gedächtnis zurückrufen. Im Jahr 1922 wurde der Patriarch Tichon verhaftet, Tausende von Priestern wurden getötet oder ins Exil geschickt, Kirchen und Klöster zerstört oder geschlossen, das Eigentum der Kirchen beschlagnahmt. Nach Tichons Tod versuchte der Metropolit Sergej, der schließlich sein Nachfolger wurde, die Beziehungen zwischen Staat und Kirche zu »normalisieren«. Er sicherte den Sowjets die Loyalität der Kirche zu und erkannte die Sowjetunion als »staatsbürgerliche Heimat« an: »Ihr Glück und ihre Erfolge sollen unser Glück sein, und ihr Unglück auch unser Unglück.«[3]

Eine andere Kirchengruppe, die Lebendige Kirche, ging in ihren Bemühungen um eine Einigung mit den Kommunisten sogar noch weiter. So schrieb Julius Hecker:

> Sofern überhaupt die Möglichkeit einer religiösen Erneuerung unter den Intellektuellen in Sowjetrußland besteht, so wird sie von Propheten aus den Reihen der Sowjets angeregt werden,

deren Botschaft die Bedürfnisse der sowjetischen Kultur widerspiegelt.[4]

Nur wenige Gläubige fühlten sich von den Ideen dieser Erneuerer angesprochen, von denen einige später atheistische Agitatoren wurden, während andere wie Hecker den Säuberungen zum Opfer fielen. Der Metropolit Nikolaj Platonow, einer ihrer geistigen Führer, hatte seine Karriere als militantes Mitglied der Schwarzen Hundert begonnen und sich danach der Lebendigen Kirche angeschlossen. Später wurde er ein Atheist, kehrte aber auf dem Sterbebett offenbar wieder zum orthodoxen Glauben zurück.

Sergejs historischer Kompromiß, die »Loyalitätserklärung«, hatte aus Sicht der Kirche katastrophale Folgen. Aber er war nicht der Fehler eines einzelnen Kirchenführers, denn schließlich handelte Sergej in gutem Glauben. Allerdings besteht der begründete Verdacht, daß bereits in den zwanziger Jahren unter den Priestern in seinem Umfeld einige Agenten der Geheimpolizei waren. In den dreißiger Jahren waren die Orthodoxen dann noch massiveren Verfolgungen ausgesetzt. Erst die militärischen Niederlagen der Jahre 1941 und 1942 veranlaßten Stalin, der Kirche einige Zugeständnisse zu machen. Sergej wurde Patriarch, nachdem dieses Amt über zehn Jahre lang unbesetzt geblieben war, einige Kirchen wurden wieder geöffnet, und die Patriarchen durften sogar ein Mitteilungsblatt herausgeben. Sergej und ein paar Metropoliten wurden von Stalin und Molotow persönlich empfangen. Gerüchte über eine von den Nazis geförderte religiöse Erneuerung in den besetzten Gebieten hatten die sowjetischen Führer zweifellos in Sorge versetzt.

Und was war mit der orthodoxen Kirche im Ausland? Eine Synode emigrierter Bischöfe unter dem Vorsitz des Metropoliten Antonij (Chrapowizkij) hatte sich als oberste Kircheninstanz im jugoslawischen Karlowitz niedergelassen, wo sie bis zum Ende des Zweiten Weltkrieges blieb. Die Synode verfolgte eine rechtsextreme Linie. Wegen angeblich liberaler Ketzereien wurde Sergej Bulgakow, der Leiter des Theologischen Seminars in Paris (von dem die meisten neuen theologischen Ideen ausgingen), von der Karlowitzer Synode exkommuniziert. So kam es zum Bruch mit der russischen Kirche in Westeuropa, die dem Metropoliten Ewlogij (Georgjewskij) mehr Autorität zubilligte als Serafim (Lukjanow).[5]

Es war vorauszusehen, zu welcher Politik sich die Karlowitzer nach der Machtergreifung der Nazis entschließen würden. In öffentlichen Aufrufen forderten sie die Russen dazu auf, Hitler bei seinen Bemühungen, das jüdisch-freimaurerische Regime in der Sowjetunion zu beseitigen, voll und ganz zu unterstützen. Gelegentlich kamen sie dieser Pflicht mit übergroßem Eifer nach: Auf ihrem zweiten *Sobor* im Jahre 1938 verkündeten sie, daß das Weltjudentum im Begriff sei, den Drogenhandel zu organisieren, um die christliche Welt zu unterwandern. Sie warfen der katholischen Kirche vor, daß sie sich dem Judaismus annähere, und beschuldigten die katholische Kirche in Deutschland (!), daß sie die Juden vor Hitler schütze und gegen den Antisemitismus protestiere.[6]
Nach dem Krieg flohen die meisten Bischöfe nach Westeuropa und in die Vereinigten Staaten, wo sie die Karlowitzer Tradition fortsetzten. Einige der engagiertesten Kollaborateure machten wie Metropolit Serafim (von Paris) ihren Frieden mit Moskau. Man verzieh ihnen und ließ sie in die Sowjetunion zurückkehren. Wenn es politisch von Vorteil war, legten die Sowjets eine erstaunliche Großmut an den Tag.
Trotz aller Demutsbezeigungen und aller Tedeums am Jahrestag der Oktoberrevolution und an Stalins Geburtstag wurde die Kirche in der Sowjetunion nach Kriegsende erneut unter Druck gesetzt. Der Patriarch Alexej (Simanskij) mahnte seine Priester zur Zurückhaltung, um keine neuen Übergriffe zu provozieren. Anfang der sechziger Jahre begann unter Chruschtschow erneut eine größere Kampagne gegen die Kirche. Viele Kirchen wurden geschlossen, Priester und Gläubige von der Polizei verhaftet oder zusammengeschlagen. Die neuen Schikanen gingen so weit, daß sogar der Verkauf von Kerzen in der Kirche verboten wurde. Hätte das Politbüro die Kirche nicht für ihre häufigen Weltfriedenskonferenzen einspannen wollen, dann hätte sie ihr möglicherweise noch härtere Beschränkungen auferlegt.
Nach Chruschtschows Sturz ließen die Verfolgungen nach, aber die orthodoxen Kirchenführer unternahmen gar nicht erst den Versuch, von ihrer etwas größeren Handlungsfreiheit Gebrauch zu machen. Andere Kirchen hingegen, so etwa die georgische und die armenische, nutzten die Gunst der Stunde.
Als der Patriarch Alexej 1970 im Alter von 92 Jahren starb, ruhten

die kirchlichen Amtsgeschäfte offenbar weitgehend in den Händen seines Dieners Daniel Ostapow. Zum neuen Patriarchen wurde Pimen (Iswekow) gewählt. Er hatte im Gefängnis gesessen, aber auch als Major in der Roten Armee gedient. Außerdem hieß es, er habe eine (illegitime) Familie. Er war zu der Zeit von allen Kandidaten am wenigsten umstritten und litt, wie sogar seine Anhänger und Gönner bestätigten, unter einer panischen Angst vor den sowjetischen Behörden.[7] Wie sonst soll man sich seine übertriebenen Lobeshymnen auf Breschnew, den geliebten Friedensstifter, erklären – nachdem die sowjetischen Truppen in Afghanistan einmarschiert waren. Es sollte noch erwähnt werden, daß einzelne Bischöfe gelegentlich einen unabhängigen und couragierten Kurs verfolgten, ohne daß ihnen deshalb viel passiert wäre. Nach Pimens Tod und dem anschließenden Interregnum wurde 1990 Alexej II. gewählt.
Die kommunistische Führung wollte die orthodoxe Kirche zweifellos ebenso auflösen wie alle anderen religiösen Gemeinschaften. Doch sie hatte es damit nicht eilig, denn die Kirche gefährdete die Machtposition der Partei in der Gesellschaft in keinster Weise. Die Zahl der Priester und Gotteshäuser ging ständig zurück. In die Kirche gingen vorwiegend ältere Leute, Frauen und Angehörige von Randgruppen der sowjetischen Gesellschaft. Mit härteren Maßnahmen hätte der Staat die Kirche in den Untergrund getrieben, wo sie schwieriger zu kontrollieren gewesen wäre. Außerdem war die Kirche als Werkzeug der sowjetischen Außenpolitik hin und wieder ganz nützlich. Man brauchte die Kirche als Vorzeigeobjekt, wenn man dem Ausland beweisen wollte, daß die Sowjetunion ein demokratischer Staat war und die in der Verfassung (Paragraph 52 der Verfassung von 1977) verankerte Religionsfreiheit auch praktiziert wurde.
Uns interessiert hier jedoch weniger das Schicksal der Kirche unter dem Kommunismus als solches, uns interessieren vielmehr ihre Rolle als integrierende nationale Kraft und ihre Beziehung zur patriotischen Bewegung. Vor Beginn der Perestroika zeigten die russischen Nationalisten nur mäßiges Interesse an der Kirche. Gewiß, es gab gläubige Christen unter den rechten Dissidenten und unter den übrigen Rechten, und selbst von den nichtreligiösen Nationalisten wurde die Rolle der Kirche in der russischen Geschichte nicht verleugnet, sondern gewürdigt. Aber wenn sie beispielsweise gegen

den Abriß einer Kirche protestierten, dann ging es ihnen um das historische Denkmal und nicht um das Gotteshaus. Die meisten Nationalisten, die für den NASCH SOWREMENNIK schrieben, standen dem Nationalbolschewismus näher als der religiösen Botschaft der orthodoxen Kirche. Vielleicht nahmen sie an, daß die Behörden leidenschaftliche Patrioten nachsichtiger behandeln würden als religiös motivierte nationalistische Abweichler. Von wenigen Ausnahmen wie Solschenizyn, Schafarewitsch, Solouchin und Ossipow abgesehen, entdeckten die Nationalisten erst nach 1987 in der Kirche einen Verbündeten.

Die einstigen Aufgaben und Befugnisse der orthodoxen Kirche wurden dagegen von den Behörden auf ein Minimum reduziert. Es war ihr nicht erlaubt, zu missionieren und ihre Botschaft zu verkünden oder sich um die Bedürftigen zu kümmern. Politische Stellungnahmen waren ihr grundsätzlich verboten, selbst dann, wenn ihr Standpunkt sich vollkommen oder teilweise mit der Politik der Kommunisten deckte. Die Orthodoxen empfanden zweifellos eine gewisse Sympathie für die Nationalisten und die Konservativen, und vielleicht hofften sie sogar insgeheim auf eine nationale Erneuerung, die ihnen eines Tages zu größerer Freiheit verhelfen würde. Doch es war ihnen nicht gestattet, selbst die Initiative zu ergreifen.

So sah in groben Zügen die Situation der Kirche am Vorabend der Reformpolitik aus, die ihr einerseits ganz neue Perspektiven eröffnete, sie andererseits aber auch mit ungeahnten Gefahren konfrontierte.

Kirchenspaltungen

Wie in allen anderen Religionen gab es auch in der russischen orthodoxen Kirche Schismen, und es überraschte kaum, daß in der Glasnost-Ära weitere Spaltungen stattfanden. Ein Jahr nachdem sich in Susdal eine Glaubensgemeinschaft, die einst zur russischen Kirche im Ausland gehört hatte, selbständig gemacht hatte, erklärte auch die ukrainisch-orthodoxe Kirche 1989 ihre Unabhängigkeit. Als sich dann auch in anderen Städten in Europa und im asiatischen Rußland solche autonomen Gemeinschaften herausbildeten, wurde eine Dachorganisation gegründet, die sich freie orthodoxe Kirche nannte. Die Kirchenführer der russisch-orthodoxen Kirche und einige prominente Laien beobachteten diese Entwicklung mit großer Sorge. Der Patriarch Alexej II. sagte in einem Interview, die Spaltung sei das größte Problem seiner Kirche.[8] Einige führende Autoren, darunter auch Below, Rasputin und Schafarewitsch, veröffentlichten ein Manifest, in dem sie erklärten, daß es zwar nicht ihre Aufgabe sei, sich in kirchliche Angelegenheiten einzumischen, daß sie aber zu den gegenwärtigen tragischen und möglicherweise nicht mehr rückgängig zu machenden Ereignissen nicht länger schweigen könnten. Die Differenzen zwischen den verschiedenen Kirchen seien nicht unüberbrückbar, die Liturgie sei dieselbe, und alle Kirchen glaubten gleichermaßen an den Leib und das Blut Christi und an den unausweichlichen Jüngsten Tag. Doch wenn die Kirche im Ausland ihre negative Haltung gegenüber dem Moskauer Patriarchat beibehalte und ihren Mitgliedern weiterhin verbiete, die eucharistische Kommunion zu empfangen, so werde es zwangsläufig zu gegenseitigen Beschuldigungen und Exkommunikationen kommen.[9]

Erzpriester Lebedew, ein Sprecher der freien Kirche, erwiderte, daß die Wahrheit nicht der Einheit geopfert werden dürfe. Die Kritiker hätten sich unempfänglich für die göttliche Wahrheit gezeigt. Statt gegen die freie orthodoxe Kirche zu protestieren, hätten sie lieber das gesamte Moskauer Episkopat zum Rücktritt auffordern sollen.[10]

Trotz aller Versöhnungsappelle kam es zu weiteren Abspaltungen. Die Konflikte zwischen den rivalisierenden Gruppen verschärften sich zusehends. Man stritt um Kirchen und kirchliches Eigentum und störte die Gottesdienste der anderen. In einigen Fällen wurde sogar physische Gewalt angewendet, in anderen mußten die Gerichte über die Forderungen der zerstrittenen Parteien entscheiden.[11]

Der Priester Gleb Jakunin wurde als verwünschter »jüdischer Freimaurer« verunglimpft (die Wochenschrift DEN nannte ihn einen verkappten Anhänger des Chassidismus) und aufgefordert, als Agent der CIA seine Aktivitäten doch nach Israel zu verlegen. Andere orthodoxe Priester wiederum wurden als altgediente Helfershelfer des KGB angeprangert.

Der erste Konflikt, der bekannt wurde, ereignete sich in Kaschira, einem regionalen Zentrum in der Nähe Moskaus. Dort lehnten die örtlichen Behörden nach einer Intervention des Metropoliten Juvenal, einer Schlüsselfigur in der russisch-orthodoxen Kirche, die Forderungen der Schismatiker ab. Die freie Kirchengemeinde in Susdal hatte mehr Glück. Sie durfte ihre Kirche trotz ihrer Abspaltung vom Moskauer Patriarchat behalten.[12] Ende 1991 gab es zwischen St. Petersburg im Westen und Barnaul im Osten ungefähr vierzig »freie« orthodoxe Gemeinschaften. Einige Dissidentenpriester wurden sogar ins sowjetische Parlament gewählt.

Worum stritten sich die beiden Kirchen? Zum Teil ging es nur um Kleinigkeiten. Die orthodoxe Kirche im Ausland hatte 1981 Zar Nikolaus II. und seine Familie heiliggesprochen, ein Vorgang, der im kommunistischen Rußland natürlich undenkbar gewesen wäre. Zehn Jahre später zog die russisch-orthodoxe Kirche nach und stimmte dieser Entscheidung zu – aus kanonischer Sicht ein höchst zweifelhafter Schritt, denn Nikolaus II. war weder als Märtyrer für seinen Glauben gestorben, noch hatte er Wunder vollbracht. Jedenfalls beschloß die russisch-orthodoxe Kirche auf ihrem Konvent im April 1992, die Heiligsprechung des Zaren und seiner Familie in die Wege zu leiten. Teilweise waren die Vorwürfe gegen die russisch-orthodoxe Kirche demagogisch und unbegründet. So hielt man ihr vor, sie unterstütze den Weltkirchenrat in seinen Bemühungen, »alle Häresien und Religionen zu vereinen«, und gebe dafür die wichtigsten orthodoxen Lehren auf.[13]

Für die orthodoxen Fundamentalisten ist der Ökumenismus eine der größten Ketzereien überhaupt, und eine zu laue Opposition gegen Katholiken und Protestanten war in ihren Augen seit jeher eine schwere Sünde. Mit anderen Vorwürfen gegen das Moskauer Patriarchat bewegten sie sich aber auf sichererem Boden. So kritisierten sie unter anderem den *Sergejanismus*, also die von der Amtskirche ab 1927 betriebene Politik, mit der kommunistischen Führung zusammenzuarbeiten und für sie zu beten. Die Kirche verwies darauf, daß Sergej unter politischem Druck gestanden habe. Er sei lediglich dem Beispiel der Apostel gefolgt und habe dem Kaiser gegeben, was des Kaisers ist, und Gott, was Gottes ist (Matthäus 22,21). Als weiteres Argument führten sie an, daß von den hundertfünfzig damals in Rußland lebenden Bischöfen lediglich dreißig Sergej (Stragorodskij), dem damals amtierenden Patriarchen und Metropoliten von Nischnij Nowgorod, ihre Zustimmung verweigert hätten.

Zudem hätten sich andere orthodoxe Kirchen, zum Beispiel unter der Nazi-Herrschaft, auch nicht anders verhalten. Aber genau hier war die Schwachstelle in der Argumentation der russisch-orthodoxen Kirche. Denn in einem totalitären Staat ergaben sich aus dem Bibelwort »So gebet dem Kaiser, was des Kaisers ist« natürlich viel weiter reichende Konsequenzen als in jedem anderen.

Der Kampf gegen die russisch-orthodoxe Kirche, die immer noch zögerte, selbst die unverfrorensten Kollaborateure aus ihren Reihen zu verstoßen, trug der freien orthodoxen Kirche einige Sympathien ein. Doch durch das Verhalten ihres höchsten Würdenträgers büßte sie ihr neuerworbenes Ansehen teilweise wieder ein. »Erzbischof« Lasar war einfach nur der Priester Konstantin Wassiljew gewesen, bevor er sich selbst zum Oberhaupt der »wahren russischen Kirche«, der »Katakombenkirche«, und zum Erzbischof von Moskau und Kaschira ernannte. Lasar stattete der rechtsgerichteten Wochenzeitschrift DEN Anfang 1992 einen »offiziellen Besuch« ab, bei dem man wie üblich auf die *Protokolle* und auf die Bedrohung durch Freimaurer und Satanisten zu sprechen kam. Anschließend erzählte Lasar, daß er zwar aus einer (ungläubigen) Intellektuellenfamilie stamme und auch einen Hochschulabschluß gemacht habe, aber dennoch kein Alkoholiker sei, während die überwiegende Mehrheit der Priester im Moskauer Patriarchat starke Trinker seien.[14] Außerdem seien sie ebenso korrupt wie die russische Intelligenzija und die Gesellschaft im allgemeinen.

Lasar berief sich zwar auf die Autorität Christi, bemühte bei mehreren Gelegenheiten aber auch das Karma, die Lehren des Hinduismus. Bei seinen Auftritten wirkte er wie ein Mann, dessen geistiges Gleichgewicht leicht gestört war. Auf diesen Umstand wurde auch in einem offenen Brief einiger prominenter orthodoxer Laien hingewiesen, darunter auch Rasputin und, natürlich, Schafarewitsch. Allem Anschein nach nahmen sie an den Ansichten des Erzbischofs, die sich häufig mit denen der Schwarzen Hundert deckten, weniger Anstoß als an seinen ungezügelten Attacken gegen die orthodoxe Kirche.[15] Sie fragten, woher Lasar eigentlich das Recht nehme, im Namen der »Katakombenkirche« (der wahren Kirche) zu sprechen.[16] Vor 1986 hatte es eine Handvoll »Christen ohne Paß« gegeben, einige im Gulag, einige nicht. Es gab jedoch keine Hinweise darauf, daß auch »Erzbischof« Lasar zu ihnen gehört hatte – im Gegensatz zu den Priestern Dudko und Jakunin, die viele Jahre in

einem Lager verbracht hatten. Einige hielten ihn schlichtweg für einen Hochstapler, andere schlossen nicht aus, daß er (um in der Sprache der russischen Rechten zu sprechen) ein »Werkzeug dunkler Mächte« war.[17]
Kurze Zeit später in Moskau hatte Lasar einen dramatischen Auftritt bei der Gründungsversammlung der *Ottschisna*, einer der militärischen, nationalbolschewistischen Gruppen, die zu der Zeit wie Pilze aus dem Boden schossen. »Hier sind doch so viele intelligente Leute«, erklärte er, »warum ergreifen wir nicht einfach die Macht?« Er erntete stürmischen Applaus. Anschließend attackierte er die KRASNAJA SWESDA, die Tageszeitung der russischen Armee, die sich noch nie durch übertriebenen Philosemitismus ausgezeichnet hatte. Ob es nicht empörend sei, fragte er, daß das Verlagshaus *Roter Stern* (neben vielen anderen Zeitungen) auch die JEWREJSKAJA GASETA, das Organ der Moskauer Jüdischen Gemeinde, drucke.[18]
Kurz gesagt, der »Erzbischof« rief zum Staatsstreich und zum Bürgerkrieg auf und verärgerte damit die Veranstalter, die unentwegt ihre Verfassungstreue betonten und Lasars Aufruf, zumindest zu diesem Zeitpunkt, für völlig unangebracht hielten. Sie distanzierten sich von dem leichterregbaren »Katakombenpriester«. Verschiedene Sprecher der Rechten standen jedoch eher auf der Seite der Auslandskirche, der sie zugute hielten, daß sie fundamentalistisch sei und ihre nationalistischen Gefühle stärker und deutlicher zum Ausdruck bringe als das Moskauer Patriarchat.[19]

Die Kollaborateure

Das traurigste Kapitel in der Geschichte der russisch-orthodoxen Kirche ist die enge Zusammenarbeit zwischen den kirchlichen Würdenträgern, der kommunistischen Parteiführung und dem KGB. Es erübrigt sich, darauf hinzuweisen, daß die russisch-orthodoxe Kirche nicht die einzige war, die mit den kommunistischen Behörden kollaborierte. Wahrscheinlich wurde jede religiöse Gemeinschaft, mit Ausnahme der kleinsten vielleicht, vom KGB unterwandert und manipuliert. Dieses Phänomen ist auch nicht spezifisch russisch. So etwas gab es auch in Nazideutschland und im faschistischen Italien, nur daß Hitler und Mussolini der katholischen und protestantischen Kirche weniger feindselig gegenüberstanden. Solange die Kirchen sich dem Staat gegenüber loyal verhielten, konnten sie mehr oder weniger ungehindert ihren Aufgaben nachgehen. In den kommunistischen Ländern Osteuropas waren Überwachung und Unterwanderung wesentlich massiver. Während sich die Kirche in Polen dank ihrer Stärke einen gewissen Handlungsspielraum bewahren konnte, stand die protestantische Kirche in der DDR erwiesenermaßen fast bis zum Schluß unter strenger Kontrolle. Die viel kleinere katholische Kirche, die für die staatlichen Stellen von geringerem Interesse war, wurde ebenfalls überwacht, wenn auch nicht ganz so streng.

Seit den Enthüllungen in den Jahren 1991 und 1992 weiß man, daß es in Rußland praktisch unmöglich war, eine klare Trennlinie zwischen Kirche und KGB zu ziehen: »Der Unterschied bestand lediglich darin, daß die einen Soutanen und die anderen Uniformen und Schulterstücke trugen.«[20] Patriarch Alexej II. bestätigte, daß kein höheres Kirchenamt ohne die Erlaubnis von Partei und KGB besetzt werden durfte. (»Ich weiß nicht, was den KGB dazu veranlaßt hat, mich zum Erzbischof von Wilna zu machen ...«) Was Ernennungen anging, bestand also kein Unterschied zwischen Kirche, Regierung und Armee. Das hatte einige Zeit zuvor auch schon K. Tschartschew, der ehemalige Leiter des Staatskomitees für Kirchenangelegenheiten, gesagt.

Waren diese Enthüllungen eine Überraschung? Wohl kaum, denn die enge Zusammenarbeit zwischen kirchlichen Würdenträgern und der Partei war nie ein Geheimnis. Er besteht kein Grund zu der Annahme, daß frühere Patriarchen wie Sergej (Stragorodskij) und Alexej I. (Simanskij) heuchelten, als sie Stalin überschwenglich als »Auserwählten Gottes«, »Retter des Vaterlandes und der Kirche« priesen, der »weise am Glück seines Volkes schmiedet«. Sie hatten aufrichtig an den Mann geglaubt, der sie zu Patriarchen gemacht hatte.[21] Außerdem brachte die Kirche, im Gegensatz zur Partei, auch später mit keinem Wort ihr Bedauern darüber zum Ausdruck, daß sie Stalin so verherrlicht hatte. Als in den sechziger und siebziger Jahren ein paar mutige Geistliche die Kirche kritisierten, weil sie mit den Feinden der Religion zusammengearbeitet hatte, griff die Kirche die Dissidenten an, entfernte sie aus ihren Ämtern und rührte keinen Finger, um sie vor Repressalien zu schützen, solange sie nicht bereit waren, ihre Kritik öffentlich zurückzunehmen. Loyalität gegenüber der kommunistischen Parteiführung war stets oberstes Gebot. So unterstützten die Würdenträger der Kirche auch ausnahmslos alle innen- und außenpolitischen Maßnahmen der Kommunisten und der Sowjets.

Ein weiteres Argument für die Zusammenarbeit der Kirche mit dem Staat lautete: Die Kirche muß in jedem Land der weltlichen Autorität gegenüber loyal sein und sogar für die Gesundheit und den Erfolg der politischen Führer beten. Natürlich bildete die Sowjetmacht insofern eine Ausnahme, als sie extrem religionsfeindlich war und es am liebsten gesehen hätte, wenn die Kirche ganz verschwunden wäre. Aber die Kirche war in erster Linie für den geistlichen Bereich und die Bewahrung des Glaubens zuständig, nicht für die Politik. Deshalb hatte sie in Zeiträumen von Jahrhunderten zu denken und durfte sich nicht auf kurzfristige Ziele beschränken. Auch wenn sie schmerzliche Zugeständnisse machen mußte, so bestand doch immer die Möglichkeit, daß die politischen Machthaber ihre Meinung eines Tages änderten oder von anderen abgelöst wurden, die der Religion freundlicher gesonnen waren, was in der Sowjetunion dann ja auch tatsächlich geschah. Was hätte es gebracht, wenn die Kirche den Weg des Martyriums gewählt hätte und daraufhin vielleicht noch mehr Kirchen geschlossen und ihr noch härtere Beschränkungen auferlegt worden wären?

Der Vorwurf der »Anpassung« wäre stichhaltiger gewesen, wenn der Staat die Kirche für ihre Loyalität belohnt hätte. Statt dessen wurden jedoch zwei Drittel der Kirchen, die bei Stalins Tod noch geöffnet waren (22000), in der Folgezeit geschlossen, so daß 1975 höchstens noch 7500 Kirchen benutzt wurden. Und durch die neuen Vorschriften, die unter Chruschtschow erlassen wurden, verloren die Priester praktisch jede Kontrolle über ihre Gemeinden. Sie durften ihre Gemeindemitglieder nicht mehr zu Hause besuchen, nicht einmal dann, wenn diese krank waren oder im Sterben lagen. Es war ihnen auch nicht mehr erlaubt, einem Sterbenden die Letzte Ölung zu geben oder Kinder die Kirche betreten zu lassen.

Ein paar einfache Priester protestierten, doch die Kirchenführer schwiegen. Sieht man von pragmatischen Erwägungen einmal ab, so ist doch sehr fraglich, ob eine Kirche, die Gehorsam gegenüber Gott und die Oberhoheit Christi predigte (»Und er ist vor allem,

und es besteht alles in ihm.« Kol. 1,17), befugt war, Konzessionen zu machen, die sie ihrer moralischen Autorität beraubten. Im Neuen Testament heißt es: »Die Gemeinde ist Christus untertan.« (Eph. 5,24) Es ließen sich noch viele andere Zitate anführen, die mit der extremen Unterwürfigkeit der Kirche unvereinbar sind.
Man hatte schon seit langem vermutet, daß der KGB seine Agenten in der Kirchenführung hatte. Zwischen einem bloßen Verdacht und sicherer Gewißheit bestand jedoch ein großer Unterschied. Außerdem wußte man nicht, wie eng die Beziehungen tatsächlich gewesen waren. Die ersten, die etwas Licht in die Sache brachten, waren ehemalige führende Beamte des »Rats für religiöse Angelegenheiten und Kulte«, der viele Jahre lang für die Kirche die oberste staatliche Instanz gewesen war.
Nach der Öffnung der geheimen KGB-Archive fand man Akten, die über die Aktivitäten von insgesamt dreizehn Mitgliedern des Heiligen Synods, des höchsten Organs der russisch-orthodoxen Kirche, Aufschluß gaben. Man hatte den Kirchenfürsten Decknamen wie »Abbat«, »Kusnezow« oder »Aptekar« gegeben.[22] Die meisten Berichte trugen die Unterschrift Timoschewskijs, damals Leiter der für religiöse Angelegenheiten zuständigen vierten Abteilung der Fünften KGB-Hauptverwaltung. Obwohl man sich Mühe gegeben hatte, die Identität der Agenten zu verschleiern, waren die betreffenden Personen anhand ihrer regelmäßigen Berichte leicht zu identifizieren. So wurde zum Beispiel berichtet, daß die Agenten »Antonow«, »Ostrowski« und »Adamant« an Kirchentreffen in Budapest und Genf teilgenommen hatten und 1989 nach Rom gereist waren, um mit dem Papst zu sprechen. Die Delegationen der russisch-orthodoxen Kirche waren stets klein, und ihre Zusammensetzung ließ sich leicht der Zeitschrift des Moskauer Patriarchats und ihrem Mitteilungsblatt entnehmen. Ein paar Stunden Arbeit genügten, um herauszufinden, daß sich hinter dem Agenten »Antonow« der Metropolit der Ukraine und Galiziens, Filaret, verbarg.[23] Der Priester Jakunin, Mitglied des parlamentarischen Untersuchungsausschusses, der sich mit den KGB-Archiven beschäftigte, sagte 1992, diese Agenten seien vor kurzem noch aktiv gewesen und seien es möglicherweise noch immer.[24] Gegen die Metropoliten Pitirim, Juvenal und Kyrill sowie gegen den Patriarchen selbst wurden Vorwürfe verschiedenster Art erhoben. Wie aus den Akten hervorging,

hatte Juvenal vom KGB den Decknamen »Adamant« erhalten. Es gab allerdings auch Leute, die Kirchenführer wie Juvenal verteidigten. So erinnerte Andrej Kurajew die Öffentlichkeit daran, daß der Priester Alexander Men, einer der wenigen großen liberalen Theologen der letzten Jahrzehnte, in Juvenals Diözese tätig gewesen sei. Offensichtlich habe der Metropolit diesen Priester geschützt, der beim KGB nicht besonders beliebt gewesen sei und im Ausland viele Schriften veröffentlicht habe.[25]

Die verschiedenen Agenten hatten natürlich unterschiedliche Rollen. Einige waren »KGB-Männer in Soutanen«, andere hatten einen geringeren Status. Wenn der KGB zum Beispiel berichtete, daß im Jahre 1982 1809 Treffen mit Kirchenmännern stattgefunden hätten (von den schriftlichen Berichten ganz zu schweigen), dann kann man wohl davon ausgehen, daß nicht alle Kontaktpersonen hauptberufliche Agenten waren. Einige wußten möglicherweise nicht einmal, daß sie ihre Informationen an die Geheimpolizei weitergaben. Die folgende Geschichte eines Priesters über die Rekrutierungsmethoden der Geheimpolizei scheint ziemlich repräsentativ zu sein. Zwei Tage nachdem sich der Betreffende am Priesterseminar beworben hatte, erhielt er Besuch von einem KGB-Hauptmann, der ihm auf väterliche Art nahelegte, einen anderen Beruf zu wählen. Seine Begründung: Die Archimandriten am Ort verführten und vergewaltigten junge Männer.[26] Als der junge Mann sich von seinem Vorhaben nicht abbringen ließ, erhielt er erneut Besuch: Es gebe Widerstände gegen seine Bewerbung, doch der KGB sei bereit, ihm die notwendigen Türen zu öffnen, wenn er beweise, daß er ein ehrlicher Mann und den Sowjets nicht feindlich gesinnt sei. Der Hauptmann verlangte von dem jungen Mann nicht viel. Er sollte ihn lediglich ein paar Tage später anrufen, was er dann auch tat. Es war ein banales Telefongespräch: Wie es ihm gehe, ob er genug zu essen habe. Und das war auch schon alles – für den Moment. Der KGB werde Verbindung zu ihm aufnehmen, sobald dies erforderlich sei.

Dieser Quelle zufolge nahm die Geheimpolizei praktisch zu jedem, der in ein Priesterseminar eintreten wollte, in ähnlicher Weise Kontakt auf. Später rekrutierte der KGB nur noch besonders vielversprechende Kandidaten, bevorzugt solche, die eine höhere Ausbildung hatten und mit einer steilen Karriere in der Kirchenhierarchie rechnen konnten:

In unserem Jahrgang verheimlichte man solche Konktakte nicht voreinander. Im Gegenteil, wir warnten uns gegenseitig: Man hat mich an einen bestimmten Ort bestellt. Wenn etwas passiert, dann wißt ihr, wo ich festgehalten werde. Wenn wir von einem solchen Treffen zurückkehrten, dann erzählten wir den anderen, worüber gesprochen worden war, welche Fragen man uns gestellt hatte, und warnten diejenigen, die möglicherweise in Gefahr waren.[27]

Die ersten Treffen mit KGB-Leuten waren scheinbar harmlos: Sie fragten nach verdächtigen Ausländern, und welcher anständige und pflichtbewußte Bürger würde sich schon weigern, solche Auskünfte zu geben? Fragen über kircheninterne Angelegenheiten oder über Mitarbeiter und Gemeindemitglieder wurden erst zu einem späteren Zeitpunkt gestellt. Allerdings war diese Methode nur in Moskau praktikabel, denn außerhalb der Hauptstadt bekam man oft lange Zeit überhaupt keine Ausländer zu Gesicht, und zudem war der Kontakt mit ihnen verboten.
Als der Priester sich als renitent erwies, wurde er zu den Ungläubigen geschickt – in Ceauşescus Rumänien. Der letzte Versuch des KGB, mit ihm Verbindung aufzunehmen, erfolgte zehn Tage vor dem gescheiterten Putschversuch im August 1991. Nach den Eindrücken dieses Priesters arbeitete fast jeder zweite Priester der russisch-orthodoxen Kirche mit dem KGB zusammen. Jakunin nannte eine viel niedrigere Zahl: fünfzehn bis zwanzig Prozent. Aber diese Zahl bezog sich offensichtlich nur auf echte Agenten und nicht auch auf Personen, zu denen der KGB nur gelegentlich Kontakt aufnahm. Bakatin, der nach dem Putschversuch ein paar Monate lang KGB-Chef war und so die einmalige Gelegenheit hatte, sich mit den geheimen Akten vertraut zu machen, gab bekannt, daß nur ein kleiner Teil der vom KGB kontaktierten Personen eine Zusammenarbeit kategorisch verweigert hätte.
Eine bestimmte Gruppe war über die KGB-Kontakte der Kirche überhaupt nicht schockiert: die extreme Rechte. Im Gegenteil, wenn jemand zu verurteilen sei, so war von Rechten zu hören, dann die Edelsteins und ihre Behauptungen über »KGB-Offiziere in Soutanen«. Vor der Revolution habe sich die russisch-orthodoxe Kirche die Edelsteins vom Leib gehalten. Und der KGB sei ja dank Stalin

und General Rjumin, der nachträglich großes Lob verdiene, von allen Juden gesäubert worden (Rjumin war der Hauptorganisator der sogenannten »Ärzteverschwörung« gewesen und nach Stalins Tod hingerichtet worden). Kurzum, Anschuldigungen gegen Agenten und Kollaborateure seien »nichts als unchristliche Propaganda«.[28]
Aber auch die Demokraten waren sich nicht einig, welche Haltung gegenüber den Kollaborateuren und Agenten sie einnehmen sollten. Einige teilten die Ansicht des Reformpriesters W. Polosin (der ins Parlament gewählt worden war), daß es nicht grundsätzlich gegen die kirchlichen Rechtsvorschriften verstoße, als Informant der Regierung tätig zu sein.[29] Der liberale Schuscharin schrieb, daß es ebenso schändlich wie sinnlos sei, die Kirche mit Agenten zu durchsetzen, eine These, die von S. Krachmalnikowa heftig attackiert wurde: Schuscharin spiele das »Geschäft des Verrats« herunter, denn »böse Geschwätze verderben gute Sitten« (1. Kor. 15, 33).[30] Während der Patriarch verkündete, daß es eine Sünde sei, Unschuldige anzuklagen, wurde in einer Samisdat-Zeitung behauptet, daß sein KGB-Spitzname Drosdow gewesen sei.[31] Möglicherweise war die Infiltration durch den KGB tatsächlich sinnlos, doch wie in Ostdeutschland und anderswo untergrub sie mit Sicherheit die Moral und schuf ein Klima des gegenseitigen Mißtrauens, das auch dann noch spürbar war, als das System längst nicht mehr funktionierte.
Freilich muß man auch sagen, daß die Tyrannei der Geheimpolizei durch Korruption etwas gemildert wurde. Der KGB hatte zwar unzählige Agenten in die Kirche eingeschleust, aber die kirchlichen Würdenträger hatten mit der Zeit auch gelernt, wie sie sich das Wohlwollen der KGB-Kontaktleute erkaufen konnten, sei es durch kleinere oder größere Geschenke, Trinkgelage oder ähnliche Gefälligkeiten.[32]
Hohe Würdenträger, die keine Kollaborateure waren, boten von sich aus ihre Hilfe an und verhielten sich genau so, wie Partei und Staat es von ihnen erwarteten. Sie brauchten keine Anweisungen, denn sie wußten instinktiv und aus Erfahrung, was sie zu tun hatten. Ein knappes Jahr vor dem Putschversuch im August sagte Patriarch Alexej in einem Interview mit der PRAWDA, er bete dafür, daß sich der Streit innerhalb der Partei nicht verschlimmere, da es sonst zu einer Katastrophe kommen könne. Sein Gebet wurde von Gott offensichtlich nicht erhört. Im Jahr 1989 besuchte der Metropolit Pitirim eine hohe

Parteischule in Moskau. Als er von einem Reporter gefragt wurde, wie er sich an diesem ungewohnten Ort fühle, antwortete er: »Ganz normal und unbefangen.«[33] Kirche und Partei stünden vor denselben Problemen: Erhaltung des Weltfriedens, Förderung der Kultur, Hebung des sittlichen Niveaus in der Gesellschaft. Es gebe also genug Ansatzpunkte für eine Zusammenarbeit.

Ungefähr zur selben Zeit gab Pitirim im *Progress*-Verlag eine Propagandabroschüre heraus. Darin bezeichnete er die Beziehungen zwischen Staat und Kirche als ausgezeichnet und behauptete, sie seien auch früher immer gut gewesen. Wenn die Sowjetmacht einzelne Priester bestraft habe, dann deswegen, weil sie regimefeindliche Ansichten vertreten hätten. Der Klerus habe jedoch mit der Zeit begriffen, daß er seine Gläubigen verlieren würde, wenn er seine ablehnende Haltung gegenüber der Regierung, die ja von der Mehrheit des Volkes unterstützt worden sei, nicht aufgab. Gegenwärtig gebe es in der Kirche keine Dissidenten. So sei Jakunin zwar 1966 vom Priesteramt suspendiert worden, aber die Gerichte hätten ihn nicht deswegen verurteilt, weil er ein christlicher Aktivist gewesen sei, sondern weil er auf dem Schwarzmarkt Ikonen verkauft habe. Es sei sehr bedauerlich, daß solche kriminellen Elemente von törichten westlichen Geistlichen unterstützt würden …

Derartige Äußerungen waren nicht die Ausnahme, sondern die Regel. Die Kirchenblätter waren voll davon. Die russisch-orthodoxe Kirche hat es allzu lange für nötig befunden, solche Loyalitätserklärungen abzugeben, die man zumindest als übertrieben bezeichnen kann. Anscheinend waren sie ihr zur zweiten Natur geworden.

Alexej II., der Metropolit von Leningrad, Tallin und Nowgorod, wurde im Juni 1990 zum fünfzehnten Patriarchen der russisch-orthodoxen Kirche gewählt. Damals stellte man sich allgemein die Frage, ob er der fünfte sowjetische oder der fünfzehnte russische Patriarch sein würde. Bei seinen politischen Erklärungen nach der Wahl schlug er versöhnliche Töne an und legte ein neues Selbstbewußtsein an den Tag. Er fand lobende Worte für Tichon, jenen Patriarchen, der Anfang der zwanziger Jahre gegen die Sowjetmacht opponiert hatte. Alexej II. rückte nach und nach von der Politik der Unterwerfung unter die Partei *(Sergejanstwo)* ab. Später sagte er, Sergejs Tragödie habe darin bestanden, daß er versucht habe, mit Kriminellen, die die Macht an sich gerissen hätten, einen ehrlichen

Handel abzuschließen.[34] Als der Patriarch gefragt wurde, ob es ihn nicht traurig stimme, wenn er an die Verfolgungen der Kirche durch die kommunistische Partei denke, antwortete er mit einem Satz des Dichters Maximilian Woloschin: »Unter der Folter haben wir gelernt, für die Henker zu beten.«[35]
Die Liberalen glaubten Anzeichen dafür zu erkennen, daß das Patriarchat in einer fundamentalistischen, patriotisch-kommunistischen Allianz eine neue politische Basis suchte. Doch Alexej II. trug wenig dazu bei, solchen Spekulationen Vorschub zu leisten. Er erklärte, er habe kein anderes politisches Programm als das Evangelium. Als der prominente rechte Abgeordnete Blochin, der für die Errichtung eines Regimes nach dem Vorbild des spanischen Franco-Regimes eintrat, Alexej vor seinen Karren spannen wollte, stellte dieser in einer öffentlichen Erklärung klar, daß er über ein solches Thema nie gesprochen habe.[36] Als die Rechte den Patriarchen aufforderte, er solle Jakunin (erneut) die Priesterwürde entziehen, da dessen parlamentarische Aktivitäten »antichristlich« seien, antwortete er, es sei in der russisch-orthodoxen Kirche nicht üblich, aus politischen Gründen solche Maßnahmen zu ergreifen.[37] Die Zeitschrift LITERATURNAJA ROSSIJA veröffentlichte einen Aufruf, den verschiedene national-kommunistische Autoren und Prominente unterzeichnet hatten. Auch die Unterschrift des Patriarchen war darunter. Ihre Echtheit wurde sofort bestritten.
Der Patriarch stellte sich nie als unfehlbar hin, sondern bat die Gläubigen bei mehreren Gelegenheiten, ihm zu vergeben und für ihn zu beten.[38] Das offenste und bewegendste Zeugnis persönlicher Buße legte er in einem Interview mit der ISWESTIJA ab. Er sprach über das jahrzehntelange Schweigen, die erzwungene Passivität, über die von ihm und anderen Kirchenführern abgegebenen Loyalitätsbekundungen, die Leid über Gott und die Menschen gebracht hätten. Er bat darum, ihm zu vergeben, ihn zu verstehen und für ihn zu beten.[39]
Die Intelligenzija glaubte dem Patriarchen nicht so recht: Beim Putsch im August 1991 hatte er gezögert, gegen die Putschisten Stellung zu beziehen. Gewiß, die Kirche hatte sie schließlich verurteilt, aber erst ziemlich spät. Die Priester, die sich in Jelzins Weißem Haus eingefunden hatten, waren Dissidenten wie Jakunin gewesen.
Das Verhalten der Kirche in diesen kritischen Tagen wurde genaue-

stens untersucht. Die Einzelheiten sind in unserem Kontext nicht unmittelbar relevant. Auf jeden Fall steht fest, daß das Patriarchat es nicht eilig gehabt hatte, Partei zu ergreifen.

Ein weiterer Vorwurf richtete sich gegen den »Kult« um den Patriarchen Alexej II., der von seinen Anhängern als »Werkzeug des Heiligen Geistes« gepriesen wurde. Nach Meinung der Kritiker entsprach ein solcher Kult der alten sowjetischen Tradition und nicht den Gepflogenheiten der orthodoxen Kirche; er sei »ideologisch und propagandistisch«.[40] Andere wiederum verteidigten den Patriarchen, so auch Sergej Awerinzew, dessen liberale Referenzen über jeden Zweifel erhaben waren: Immerhin habe der Patriarch das Blutvergießen in Wilna verurteilt. Und einer der orthodoxen Intellektuellen erklärte, daß das angebliche Liebeswerben zwischen dem Patriarchen und den »patriotischen Kräften« auf Einseitigkeit beruht habe. Die Intelligenzija nehme der Kirche gegenüber eine überkritische Haltung ein. Sie begehe immer wieder den gleichen Fehler, die Kirche und die Religion pauschal zu verurteilen. Dieser Fehler sei für die Intelligenzija vor 1917 geradezu typisch gewesen und schon damals von der Vechi-Gruppe beklagt worden.[41]

Selbst die Sympathisanten des Patriarchen aus dem demokratischen Lager wiesen darauf hin, daß er der einzige hohe Würdenträger der orthodoxen Kirche sei, der seine früheren Zugeständnisse an die Parteiideologie »öffentlich und unmißverständlich« bereut habe. Es gab Hinweise, nach denen die Kirchenführung zur Zeit des Putschversuchs gespalten gewesen war: Angeblich hatte der Patriarch an die Öffentlichkeit treten und für die Demokraten Partei ergreifen wollen, doch die zwölf Mitglieder des Heiligen Synods hatten nicht zugestimmt.[42] (Im Heiligen Synod hat der Patriarch zwei Stimmen; die Versammlung hat sechs ständige und sechs wechselnde Mitglieder.) Einige verglichen die Situation des Patriarchen im Heiligen Synod mit der Gorbatschows zu Beginn der Perestroika, als der neue Generalsekretär der Partei im Politbüro keine Mehrheit für seine Politik hatte.[43]

Die Zusammensetzung des Heiligen Synods, der ursprünglich von Peter dem Großen eingerichtet worden war und eigentlich das Patriarchat hätte ersetzen sollen, wurde nun genauestens überprüft. Da war zunächst der Metropolit von Kiew, der bekanntermaßen als KGB-Agent fungiert hatte. Ein weiteres Mitglied war Juvenal, der nach dem Kirchengesetz, das Vikaren, also Bischöfen, die keine eigene Diözese hatten, sondern nur Stellvertreter des Patriarchen waren, die Mitgliedschaft untersagte, eigentlich gar nicht in diesem Gremium hätte sitzen dürfen. Eine weitere Person, die viel Aufmerksamkeit auf sich zog, war Kyrill, der Chef der »Abteilung für externe Beziehungen«. Kyrill war ein Musterschüler des Metropoliten Nikodim, der sich durch Theorien über »das Gottesgnadentum der Kommunisten« hervorgetan hatte. Den Akten des KGB war zu entnehmen, daß Nikodim bei der Wahl des neuen Patriarchen im Jahr 1970 offensichtlich von Alexej unterstützt worden war (am Ende war Pimen gewählt worden). Angesichts der verschlungenen Beziehungen zwischen Kirche und KGB ist jedoch nicht auszuschließen, daß Alexej damals annahm, eine Empfehlung von seiner Seite könne einen Kandidaten für die Geheimpolizei unannehmbar machen.[44]

Weitere Unregelmäßigkeiten kamen ans Licht. Wie sollte man sich erklären, daß die Auslandsabteilung des Patriarchats hundert Mitarbeiter beschäftigte, und zwar größtenteils KGB-Agenten, während andere Abteilungen, so auch der persönliche Stab des Patriarchen, nur aus zehn Leuten bestanden? Kurajew, der wichtigste Redenschreiber des Patriarchen, führte in einem langen Artikel aus, daß der orthodoxe Glaube sich mit dem Liberalismus nicht vereinbaren lasse und daß er kein Demokrat sei.[45] Alle Fakten, die inzwischen bekannt wurden, schienen darauf hinzuweisen, daß die Führung der orthodoxen Kirche in vielen Fragen gespalten und die Macht des Patriarchen sehr begrenzt war.

Wie die Slawophilen glaubte auch Alexej II., daß Rußland eine ganz eigene Bestimmung habe, die sich von der Bestimmung anderer Völker grundlegend unterscheide. Er war für die Erneuerung des Heiligen Rußlands und die Wiederbelebung der besten russischen Traditionen. Gleichzeitig bezeichnete er es aber auch als utopisch, Verhältnisse wiederherstellen zu wollen, die vor siebzig oder dreihundert Jahren geherrscht hätten. Die russische Orthodoxie sei mehr als eine nationale Ideologie, sie sei die Suche nach einem Leben in Gott. Gemessen daran seien alle politischen und nationalen Aspekte zweitrangig.[46]

Die extremen Rechten registrierten es mit Freude, daß der Patriarch die besondere geistige Tradition Rußlands betonte. Was ihnen freilich gar nicht gefiel, war seine These, daß die Orthodoxie nie chauvinistisch gewesen sei und nie antisemitische Positionen bezogen habe.[47]

In bezug auf die Monarchie legte der Patriarch sich nicht fest: Großfürst Wladimir Kyrillowitsch sagte bei einem Besuch in seiner Residenz, daß er bereit sei, Rußland in jeder Funktion zu dienen. Der Patriarch antwortete, daß die Wiederherstellung der Monarchie in Rußland eine schwierige Frage sei ...[48]

Während Alexej auf diese Weise zu verschiedenen Problemen Stellung bezog, nahmen einzelne Geistliche in ihrer Eigenschaft als Privatpersonen aktiv am politischen Leben teil. Beispielsweise besuchten sie »patriotische Versammlungen«, sofern diese nicht von antichristlichen Gruppen unterstützt wurden. Einige kritisierten die Behauptungen des Patriarchen, daß die orthodoxe Kirche ihrem Wesen nach weder chauvinistisch noch antisemitisch sei, und knüpften in ihren Schriften leidenschaftlich an die Tradition der Schwarzen Hundert an.[49] Andere wiederum plädierten für einen liberaleren Kurs.

Die orthodoxe Kirche hielt sich, so gut es ging, aus der Politik heraus, zumindest aus dem politischen Tagesgeschehen. Angesichts der bitteren Erfahrungen, die sie in ihrer jüngeren Geschichte mit der Politik gemacht hatte, war diese Haltung auch durchaus verständlich.

Die orthodoxen Laien hatten weniger Skrupel oder Befürchtungen. So wurde im April 1990 auf einer Versammlung in Moskau die Russische Christdemokratische Bewegung (RCHDD) ins Leben gerufen. In ihrem ersten Programm steckte sie sich zum Ziel, den Übergang von einer Politik der Zerstörung und des Hasses zu den Idealen der Schöpfung und der Solidarität zu vollziehen. Die Partei strebte eine Gesellschaft an, in der geistige Freiheit, Barmherzigkeit und *Sobornost* fest verankert sein sollten. Gewalt als Mittel der Innen- und Außenpolitik wurde abgelehnt.

Auf der Grundlage dieses Programms ließ sich die Partei dem demokratischen Lager zuordnen. Sie selbst verstand sich als eine christdemokratische Bewegung nach westlichem Muster und unterstützte Glasnost und Perestroika.[50] Ihr geistiger Vater war der Priester Dmitrij Dudko, der zusammen mit seinen beiden Präsidiumskollegen Viktor Aksjutschiz und Gleb Anischtschenko die (nach eigenen Angaben) 15000 Mitglieder zählende Partei leitete. Sie gehörte der Allianz *Demokratisches Rußland* an, die Jelzin unterstützte. Beim Putschversuch im August 1991 war Aksjutschiz unter denen, die das Weiße Haus verteidigten. Die Partei unterhielt enge Beziehungen zum NTS in Deutschland, der bei der Einrichtung ihrer Moskauer Büros technische Hilfe geleistet haben soll.

Doch wenige Monate nach der Gründung driftete die neue christliche Partei bereits nach rechts. Obwohl sie im Nationalbolschewismus nach wie vor die größte Gefahr sah, kritisierte sie gleichzeitig auch immer häufiger den »Kosmopolitismus« der christlichen Linken, die der Ansicht seien, daß man als Christ nicht das Recht habe, Patriot zu sein.[51]

Ganz so hatten die christlichen Linken nicht argumentiert, aber sie hatten in der Tat davor gewarnt, daß das Interesse an geistigen Werten, das am Anfang eine so wichtige Rolle gespielt hatte, nachlassen oder gar schwinden könnte, wenn christliche Politiker nationale Belange stärker in den Mittelpunkt rückten.

Diese Prognose bewahrheitete sich früher als erwartet. In ihrer grundsätzlichen Haltung unterschied sich die christdemokratische Bewegung vor dem Putschversuch 1991 kaum von anderen gemäßigten Parteien, und ihre Vorstellungen von der Zukunft der Sowjetunion ähnelten denen Solschenizyns. Sie war zwar dagegen, daß sich mehr und mehr Republiken von der Union abspalteten, hatte andererseits aber auch nicht die Absicht, ihnen Steine in den Weg zu legen.[52] Allerdings beschäftigte sie sich zunehmend mit der Frage der russischen Eigenstaatlichkeit, denn Rußland war zweifellos nicht identisch mit der alten russischen Föderation (RSFSR), jenem künstlichen Gebilde, in dem Millionen von Russen gar nicht lebten.

Brauchte Rußland wirklich eine christliche Partei? Schließlich hatte es vor 1917 auch keine solche Partei gegeben. Nun sahen die Führer der Russischen Christlichen Bewegung aber gerade darin eine der Ursachen für die Katastrophe von 1917. Nur die christliche Religion, so meinten sie, hätte damals ein Gegengewicht zum atheistischen Kommunismus bilden können, der die Menschen verwirrte. Und in der gegenwärtigen Situation könne eine solche Partei mehr als jede andere Kraft dazu beitragen, eine moralische und geistige Erneuerung in Gang zu setzen. Die Partei stütze sich auf das philosophische Erbe der religiösen Denker des beginnenden Jahrhunderts.[53]

Nach dem Putsch vom August und dem anschließenden Zerfall der Union vollzog die Christdemokratische Bewegung einen deutlichen Rechtsruck. Sie gehörte zu den Initiatoren des Kongresses der »staatsbürgerlichen und patriotischen Organisationen«, der im Februar 1992 in Moskau stattfand. Als Vorsitzender mußte sich Aksjutschiz sogar eine Rede des Pamjat-Führers Wassiljew anhören (im Juni 1992 wurde Aksjutschiz als Führer der »Russischen Versammlung« von Ilja Konstantinow abgelöst). Die chauvinistischen Kräfte beherrschten den Kongreß, und die Organisatoren fanden sich plötzlich in der Rolle des Zauberlehrlings wieder, der den Geist aus der Flasche gelassen hatte. Als Anischtschenko erklärte, daß der Nationalbolschewismus nach wie vor als Feind zu betrachten sei und daß es falsch sei, unter den »dunklen Mächten« (Juden und Freimaurern) nach Sündenböcken zu suchen, wurde er niedergebrüllt: Schmähungen wie »Judas« und »Häng dich auf« gehörten noch zu den gemäßigteren Ausdrücken, die man ihm an den Kopf warf. Zur gleichen Zeit wurden im Foyer die *Protokolle* verkauft, und Kongreßabgeordnete prahlten damit, daß demnächst »militärische Aktionen« stattfinden würden.[54]

Die Führer der christlichen Partei hatten die Annäherung an die patriotischen Kräfte gesucht, weil ihnen das Schicksal Rußlands wirklich am Herzen lag und weil sie es für potentiell gefährlich hielten, den Patriotismus Extremisten zu überlassen, die zum Faschismus tendierten. Sie hatten die damit verbundenen Gefahren unterschätzt und nicht bedacht, daß in der Konkurrenz mit der Schwarzen Hundert und denen, die am lautesten brüllten, gemäßigte Gruppen einfach beiseite geschoben wurden. Wie Lesow vorausgesagt hatte: Die »Patrioten« verwarfen die geistigen Werte des Christentums als fremdes, halbjüdisches Element. Ihre Auffassung vom Christentum war die der Schwarzen Hundert, nicht die eines Berdjajew oder Bulgakow, eines Lichatschow oder Awerinzew.

Für die russisch-orthodoxe Kirche war der römische Katholizismus seit jeher ein gefährlicher Rivale und Feind. Daran änderte sich auch in der Zeit der Reformpolitik wenig. An dieser Front gab es viele Gemeinsamkeiten mit den »patriotischen Kräften«. Auch die russische Rechte betrachtete den Katholizismus schon immer als feindliche Kraft, die fast so gefährlich war wie die Freimaurer und »Zionisten«.[55] Diese Feindschaft hatte teilweise historische Gründe: das morgenländische Schisma, Byzanz und den Einmarsch der Polen in Rußland im 17. Jahrhundert. Katholizismus ist für die russischen Nationalisten gleichbedeutend mit dem Einsickern westlicher Ideen. Während es immer wieder vorkam, daß Russen den römisch-katholischen Glauben annahmen, traten römische Katholiken nur äußerst selten zum orthodoxen Glauben über. Ein weiterer Streitpunkt war die (katholische) Unierte Kirche in der westlichen Ukraine. In der Reformära machten die verschiedenen Glaubensgemeinschaften wieder verstärkt ihre konkurrierenden Ansprüche auf Kirchen und kirchliches Eigentum geltend. Die Tatsache, daß der das Banner des Ökumenismus schwenkende Vatikan sich seit einigen Jahren besonders aktiv um eine engere Zusammenarbeit zwischen den Kirchen bemühte, machte die russisch-orthodoxe Kirche erst recht mißtrauisch. Die Ernennung von zwei katholischen Bischöfen (in Moskau und Nowosibirsk) wurde als weiterer aggressiver Akt des Katholizismus gewertet: Man wollte den Agenten des Vatikan keine einzige Kirche überlassen und ihnen auch nicht erlauben, ein Priesterseminar zu eröffnen.

Die römischen Katholiken gingen in Rußland äußerst vorsichtig zu Werke. So schlugen sie der russisch-orthodoxen Kirche vor, in Moskau gemeinsam eine christliche Universität zu gründen.[56] Doch die orthodoxe Kirche lehnte den Vorschlag als unannehmbar ab. Wie läßt sich ihre fast schon pathologische Angst vor den Aktivitäten der Katholiken erklären? Nun, teilweise entspringt sie einem Minderwertigkeitsgefühl. Die orthodoxe Kirche glaubt, daß ihre Priester weniger Format haben als die katholischen Geistlichen, die eine viel längere und bessere theologische Ausbildung erhalten. Außerdem stehen dem Vatikan weitaus mehr Geldmittel zur Verfügung. Patriarch Alexej II. zeigte sich versöhnlicher als andere russische Kirchenführer. Anfang 1992 lud er Erzbischof Kondruzewitsch, den Repräsentanten des Vatikans in Moskau, zu einem langen Gespräch über eine eventuelle künftige Zusammenarbeit ein. Doch unter den orthodoxen Fundamentalisten (und den römisch-katholischen Konservativen) herrscht nach wie vor tiefes Mißtrauen, und es ist kaum damit zu rechnen, daß die beiden Konfessionen ihre Beziehungen entscheidend verbessern werden, obwohl doch keine von der anderen viel zu befürchten hat.

Die orthodoxe Kirche in einer neuen Zeit

Es wurde viel darüber diskutiert, warum die russisch-orthodoxe Kirche von den neuen Verhältnissen nicht mehr profitiert hat. Wie sehen ihre Zukunftsaussichten aus, und wie groß ist die Wahrscheinlichkeit, daß die Kirche mit den Nationalisten eine gemeinsame Front bildet? Die meisten Geistlichen fühlen sich mehr zu den Nationalisten hingezogen als zu den Liberalen. Die Nationalisten erinnern sie nicht ständig daran, daß sie mit dem kommunistischen Regime zusammengearbeitet haben, und fordern auch nicht die Absetzung bestimmter Kirchenführer. Obwohl unter der liberalen Intelligenzija ein großes Interesse an der Religion besteht, befürchten die Kirchenführer wahrscheinlich zu Recht, daß es ihnen nicht gelingen wird, diese unruhigen Geister in den Schoß der Kirche zurückzuführen: Statt sich den Regeln und der Disziplin der Kirche zu unterwerfen, werden sie bestenfalls alle möglichen zweifelhaften Veränderungen innerhalb der Kirche vorschlagen. Die meisten Rechten haben, wie bereits erwähnt, die Religion erst sehr spät wiederentdeckt, und es bleibt fraglich, ob ihr Glaube an bestimmte grundlegende Aspekte der christlichen Lehre wirklich aufrichtig ist. Wie die Deutschen Christen in Nazideutschland haben auch sie für das Alte Testament keine Verwendung, denn es ist ihnen zu »jüdisch«. Und mit »Theologen« wie Berdjajew, Bulgakow oder Pawel Florenskij, der in einem sowjetischen Lager verschwand, können sie ebensowenig anfangen. Letzten Endes werden ihnen der Staat und die Nation immer wichtiger sein als die Erlösung. Anders als die Demokraten werden sie die Kirche jedoch immer anerkennen und in Ehren halten – zumindest nach außen hin. Sie werden keine Reformen fordern oder in anderer Form Schwierigkeiten machen.

Die ehemaligen Kommunisten haben die orthodoxe Kirche ebenfalls hofiert und ihr versprochen, den orthodoxen Glauben in Zukunft zur Staatsreligion zu machen.[57] Die Versuchung, aktiv mit der Rechten zusammenzuarbeiten, mag für manche Kirchenführer groß sein, vielleicht sogar sehr groß. Die meisten sind einer Zeit verhaftet, in der von Reformen nie die Rede war, und haben für demokratische Ideen wenig übrig. Andere mögen sich daran erinnern, was der Apostel Paulus in seinem Brief an die Korinther schrieb: Denn was hat die Gerechtigkeit zu schaffen mit der Ungerechtigkeit? Was hat das Licht für Gemeinschaft mit der Finsternis? Was hat der Tempel Gottes gemein mit den Götzen?

Aber vielleicht lassen sich die Kirchenführer außer von rein religiösen Erwägungen auch vom gesunden Menschenverstand leiten. Die enge Zusammenarbeit mit dem Zarismus und später mit dem Kommunismus hat viel Leid über die russisch-orthodoxe Kirche gebracht. Es ist ein Gebot der Vorsicht, sich aus der aktiven Politik zumindest so lange herauszuhalten, bis in Rußland wieder stabilere Verhältnisse herrschen, aber das kann möglicherweise noch lange dauern. Eine solche Haltung ist nicht heroisch, und manche werden der Kirche mangelnden Patriotismus vorwerfen. Aber höchstwahrscheinlich ist dies für die Kirche der einzige Weg, sich zu erholen und zu überleben. Im Verlaufe des 20. Jahrhunderts hat die russisch-orthodoxe Kirche die georgische Kirche und die russischen Kirchen im Baltikum verloren, und kürzlich hat sich auch noch die ukrainische Kirche von ihr gelöst. Weitere Abspaltungen würden ihr den Status einer Weltreligion rauben und sie zu einer Provinzkirche degradieren. Obwohl die Kirche nicht nach Macht strebt oder es zumindest nicht tun sollte, würde es ihrem Ansehen sicherlich schaden und ihr die Erfüllung ihrer Mission erschweren, wenn ihr Einfluß weiter zurückginge.

Wenn die Religion in Rußland auf lange Sicht überhaupt eine Zukunft hat, dann nicht durch die Macht und den Ruhm der weltlichen Politik. Wieder einmal ist sie der Versuchung ausgesetzt, sich mit dem Staat auf ideologischer und politischer Ebene zu arrangieren und dadurch eine mächtige und einflußreiche Position zu erringen. Nichts anderes haben die Führer der Rechten gefordert, als sie die Kirche dazu aufriefen, in der patriotischen Erneuerungsbewegung eine Führungsrolle zu übernehmen. In der russischen Geschichte haben solche Bündnisse Tradition, aber schließlich haben sie auch zur Katastrophe von 1917 geführt. Doch daneben existiert auch eine andere Tradition, und deren Ziele sind christliche Nächstenliebe und die Verwirklichung einer christlichen Gemeinschaft, die frei ist von Haß und Furcht – das Erbe des »Besitzlosen«, um einen theologischen Begriff zu verwenden. Zwischen diesen beiden Traditionen wird sich die Kirche letztlich entscheiden müssen. Sie kann und sollte sich nicht ganz aus dem öffentlichen Leben zurückziehen, aber sie ist keine politische Partei und hat in erster Linie ihre religiöse Mission zu erfüllen. In diesem Dilemma befinden sich alle Religionen, aber nirgendwo ist es so groß wie in Rußland.

14 Das nationalistische Establishment: Literarische Manifeste und politische Aktionen

Als mit Glasnost die politischen Kontrollen gelockert wurden, entstanden viele nationalistisch ausgerichtete Organisationen, die sich häufig auf regionaler Ebene oder in Form von Berufsverbänden formierten. Alle waren klein, und kaum eine bestand in ihrer ursprünglichen Form länger als ein, zwei Jahre. Den Anstoß zu ihrer Gründung gaben die allgemeine politische Verunsicherung und der wachsende Einfluß liberaldemokratischer Kräfte, deren Politik sie auf das entschiedenste ablehnten. Zu den ersten, die Alarm schlugen und das rechte Lager um sich scharen wollten, gehörten die bekannten Schriftsteller Jurij Bondarew und Wassilij Below, die in ihren Büchern vor allem das ländliche Leben beschrieben. Als Sprachrohr dienten ihnen die Tageszeitung SOWETSKAJA ROSSIJA und die Wochenschrift des Schriftstellerverbandes der russischen Republik, LITERATURNAJA ROSSIJA. In einer leidenschaftlichen Rede im Jahre 1988 verglich Bondarew die innenpolitische Situation mit der Lage im Jahr 1941, als die Naziarmeen in die Sowjetunion einmarschierten und das Land und sein Volk vor der Vernichtung standen. Wer waren die neuen Barbaren? Diejenigen, die versuchten, den Widerstand des russischen Volkes gegen seine Feinde zu lähmen, die versuchten, es seiner geistigen Werte zu berauben und moralisch zu entwaffnen. Eine Anstrengung wie seinerzeit in Stalingrad sei notwendig, um Rußland vor dem Abgrund zu retten.

Eine der ersten patriotischen Vereinigungen war die im November 1988 gegründete »Bruderschaft der russischen Künstler« *(Towarischtschestwo Russkich Chudoschnikow)*. Ebenfalls erwähnt werden sollten das »Russische Zentrum« im sowjetischen Schriftstellerverband sowie verschiedene historische und ökologische Gesellschaften.

Im März 1989 wurden der »Fonds für slawische Literatur und Kultur« und die »Union für die geistige Erneuerung des Vaterlandes«

(SDVO) gegründet. Zwei Monate später wurde unter der Schirmherrschaft des Moskauer Stadtsowjets die *Otetschestwo*-Gesellschaft ins Leben gerufen. Ihr erklärtes Ziel war die Förderung der russischen Kultur. Als Vorsitzender der Gesellschaft fungierte Apollon Kusmin, über den später zu sprechen sein wird. Sein Stellvertreter war Oberst Ruzkoj, der später zum russischen Vizepräsidenten avancierte. Viele Gruppen verwandten in ihren Namen Bezeichnungen wie *Sobor, Sobornost* und *Rossija* oder *Jedinenije* und *Jedinstwo* (Bund oder Vereinigung). Auch ein »Fonds für die Wiedererrichtung der Kathedrale von Christus dem Erlöser« wurde eingerichtet.[1]

Häufig waren die Führung und die Zusammensetzung dieser Gruppen bis zu einem gewissen Grad identisch. Sie unterzeichneten verschiedene Appelle und versuchten, die antiliberale Propaganda in ihren Zeitschriften und Verlagen aufeinander abzustimmen. Doch sie hatten damit nur mäßigen Erfolg, und oft war es überaus schwierig, Unterschiede zwischen den einzelnen Gruppen auszumachen. Einerseits hatten sie das Gefühl, »daß dringend etwas getan werden muß«, doch andererseits gelang es keiner, eine gewisse Autorität zu erlangen. Die persönlichen Ambitionen ihrer Anführer standen gewöhnlich im Widerspruch zueinander. Die Intelligenzija fühlte sich von den schrillen oder sogar hysterischen Parolen der extremistischen Sprecher im großen und ganzen nicht angezogen; sie vermißte positive und konstruktive Elemente. Selbst den Organisationen in Moskau, Leningrad und anderen Teilen des Landes gelang es nicht, ihre Aktivitäten auf lokaler Ebene besser zu koordinieren. Klagen über diesen Zustand waren denn auch überall im patriotischen Lager zu hören.

In den letzten Monaten des Jahres 1989 veröffentlichte die SOWETSKAJA ROSSIJA mehrere Aufrufe, die allerdings auf wenig Resonanz stießen. Erheblich mehr Aufmerksamkeit erregten die Manifeste russischer Schriftsteller, die im Februar und März 1990 in der LITERATURNAJA ROSSIJA erschienen, inbesondere der »Brief der 74«.[2] Die Manifeste waren direkt an den Obersten Sowjet und das Zentralkomitee der Kommunistischen Partei adressiert. Offensichtlich erwarteten die Unterzeichner, daß die Politiker auf ihr Ansinnen reagierten und etwas gegen die tödliche Gefahr unternahmen, die das Vaterland bedrohte.

Worin diese Gefahr bestand, war ihrer Meinung nach offensichtlich.

Das war zunächst einmal der um sich greifende Mythos von einem russischen Faschismus, der angeblich die Reformen sabotierte. Mit dieser hinterhältigen Propaganda verfolgten die Feinde des russischen Volkes das Ziel, die patriotischen Kräfte auszuschalten, die Gesellschaft ins Chaos zu stürzen und schließlich die Macht zu ergreifen. Es sei zwar richtig, daß der Faschismus systematisch nach Rußland importiert werde, doch schuld daran seien die jüdischen Faschisten, also die Zionisten, die systematisch die Lüge verbreiteten, daß im vorrevolutionären Rußland Pogrome stattgefunden hätten. In Wahrheit gehe der Holocaust auf das Konto der jüdischen Nazis. Sie hätten Auschwitz und Dachau, Lemberg und Wilna eingerichtet, um »die morschen Zweige vom Baum des jüdischen Volkes abzuhacken«. Durch ihre Helfershelfer in den Medien schürten die Russophoben den Haß zwischen den Nationalitäten in der Sowjetunion und untergruben die Verteidigungsbereitschaft des Landes.[3] Zusätzlich stellten die zionistischen Nazis in Rußland »Sturmtruppen« auf, die sogenannten *Betar.*
Die Unterzeichner des »Briefes der 74« waren davon überzeugt, daß ihr Manifest einen enormen Eindruck hinterlassen habe. Einer meinte sogar, daß es ihren ideologischen Gegnern die Sprache verschlagen habe und daß sie kein einziges Argument gegen die Anschuldigungen der Patrioten vorbringen könnten.[4] In der Tat verursachte der Brief einen Skandal, aber seine politische Wirkung war gering. Walentin Rasputin, einer der Unterzeichner, wurde von Gorbatschow in das neue Beratergremium des Präsidenten berufen. Doch das Gremium blieb ohne Einfluß und wurde bald wieder aufgelöst; Rasputin war schon zuvor ausgeschieden. Als Spiegelbild einer ganz bestimmten Weltanschauung ist der Brief jedoch nach wie vor von Interesse.
Was hatte eine größere Gruppe von Schriftstellern, unter ihnen einige von unzweifelhaftem Talent, dazu bewogen, ein Dokument zu unterzeichnen, in dem behauptet wurde, daß ein paar Juden, die keinerlei Interesse an russischer Politik hatten, für Rußland eine tödliche Bedrohung darstellten? Nach Meinung eines Beobachters kommt in dem Manifest die Verbitterung darüber zum Ausdruck, daß das russische Volk zweiundsiebzig Jahre lang diskriminiert worden sei und »russische Patrioten einem geistigen und seinem Wesen nach rassistischen Terror ausgesetzt gewesen waren«.[5] Zudem waren

die Patrioten erbost über Anspielungen in der liberalen Presse, daß sie möglicherweise hinter Ostaschwilis Aktion gegen die Autorengruppe *April* im Januar 1990 gestanden hätten. In der Tat ist es unwahrscheinlich, daß Ostaschwili seine Order aus Kreisen des nationalistischen Establishments erhalten hatte. Doch das erklärt noch lange nicht die, gelinde ausgedrückt, irrationale Reaktion der »Patrioten«, die im übrigen die breite Öffentlichkeit nicht im mindesten interessierte und von der politischen Führung ignoriert wurde.
Der nächste Versuch der vaterländisch gesinnten Intellektuellen, die sowjetische Politik zu beeinflussen, war ein Papier mit dem Titel »Aktionsprogramm 90«. Sein Verfasser war Walerij Skurlatow. Er hatte in der Ära Breschnew zu den militanten Nationalisten gezählt und, wie an früherer Stelle bereits erwähnt, maßgeblich zur Verbreitung des *Buches Wles* beigetragen.[6] Das »Aktionsprogramm 90«, auch als das »Manifest des Weißen Bolschewismus« bekannt, sorgte vorübergehend für große Aufregung. Die liberalen Blätter verurteilten es als Anleitung zu einem Rechtsputsch. Doch die Aufregung legte sich bald wieder, als sich herausstellte, daß das Manifest von einem einzelnen Mann verfaßt worden war und daß die darin gemachte Andeutung, es werde von einer starken Fraktion in der Parteiführung und weiten Teilen der Öffentlichkeit unterstützt, keineswegs der Wahrheit entsprach.[7]
Von weit größerer Bedeutung war die *Botschaft an das Volk* vom Juli 1991. Nach Meinung vieler Beobachter war dieses Manifest die ideologische Vorbereitung auf den August-Putsch. Zu den zwölf Unterzeichnern gehörten die Schriftsteller Bondarew, Prochanow und Rasputin, der Publizist Eduard Wolodin, der Bildhauer Wjatscheslaw Klykow, die Sängerin Ljudmilla Sykina, die Generäle Boris Gromow und Walentin Warennikow sowie der Chef der *Sojus*-Fraktion im Parlament, Jurij Blochin, der Generalsekretär der russischen KP, Gennadij Sjuganow, und schließlich die beiden bedeutenden Wirtschaftsmanager Starodubzew und Tisjakow.[8] In dem Aufruf wurde behauptet, »aufgeblasene und gerissene Geldscheffler« hätten die Macht in der Sowjetunion übernommen, Feinde des russischen Volkes, Verräter, die sklavisch die Befehle ihrer Gönner von jenseits des Atlantiks ausführten. Man müsse eine Volksbewegung ins Leben rufen und alle entzweienden Faktoren beiseite schieben, um den drohenden Bürgerkrieg und den Untergang des Staates zu verhin-

dern. Weiter hieß es in dem Manifest, daß das Land über fähige, patriotische Führer verfüge, die den Platz der gegenwärtig regierenden Verräter einnehmen könnten.
Drei Unterzeichner der »Botschaft an das Volk« beteiligten sich später aktiv am August-Putsch. Das bedeutet aber nicht, daß dieses Papier bei der Vorbereitung des Putsches tatsächlich eine wesentliche Rolle spielte. Die reformfeindlichen Kräfte hatten schon seit längerer Zeit über eine mögliche Machtübernahme diskutiert. Und Schewardnadse hatte, wie auch einige andere, schon im Dezember 1990 vor einem Putschversuch gewarnt. Die führenden Mitglieder der Junta, die bei der Organisation des Staatsstreichs eine unglaubliche Unfähigkeit an den Tag legten, unternahmen nicht einmal den Versuch, Teile der Bevölkerung zu mobilisieren. Ebensowenig informierten sie ihre potentiellen Verbündeten auf dem rechten Flügel. Die Entscheidung zum Putsch wurde wahrscheinlich deswegen so kurzfristig und ohne sorgfältige Vorbereitungen getroffen, weil Gorbatschows Rückkehr aus seinem Urlaub auf der Krim unmittelbar bevorstand.
Das nationalistische Establishment scheint von dem Putsch jedenfalls überrascht worden zu sein. Die Nationalbolschewisten von *Jedinenije* begrüßten ihn und sicherten den Putschisten ihre volle Unterstützung zu. Alexander Prochanow trat im Fernsehen auf und nannte das Ereignis »einen Segen für Rußland«.[9] Später jedoch deutete er an, daß der Putsch möglicherweise nur eine Art Provokation gewesen sei.[10] Da der Putschversuch bald beendet wurde, blieb vielen Wortführern der Rechten gar keine Zeit, sich öffentlich zu äußern. Ein Umstand, den sie im nachhinein kaum bedauert haben dürften.

Sojus

Wenden wir uns von den literarischen Manifesten ab, die darauf abzielten, das patriotische Lager zu einen, und beschäftigen wir uns mit den politischen Initiativen, die zwischen 1988 und 1991 in der Sowjetunion entstanden. Die wichtigste neue Gruppe, die im sowjetischen Parlament auftauchte, war *Sojus*. Sojus wurde als antiseparatistische Speerspitze der russischen Minderheiten in den baltischen Republiken und Moldawien ins Leben gerufen. Die Führung, darunter Oberst Viktor Alksnis aus Lettland, Jewgenij Kogan aus Estland und Jurij Blochin aus Moldawien, stammte aus diesen Republiken. Als parlamentarische Fraktion konstituierte sich Sojus im Februar 1990, das offizielle Gründungstreffen fand aber erst im Dezember 1990 statt. Mit mehr als 500 Abgeordneten war Sojus zu der Zeit die stärkste Kraft im Obersten Sowjet.[11]

Die Sojus-Führung versuchte, und ohne Zweifel ganz bewußt, im nationalistischen wie auch im kommunistischen Lager möglichst viele Anhänger zu gewinnen. In ihrem Programm vom April 1991 versuchte sie, Kommunisten und Antikommunisten gleichermaßen entgegenzukommen, indem sie dem Streit um die »sozialistische Option« (ob man einem sozialistischen System den Vorzug geben sollte oder nicht) seine sekundäre Bedeutung beimaß. Sie plädierte für einen »dritten Weg« zwischen Kapitalismus und Kommunismus, der »alle wertvollen Erfahrungen der menschlichen Zivilisation und der internationalen Sozialdemokratie« in sich vereinigen sollte.[12] Allerdings wollte sie nicht nur fremde Ideen übernehmen, sondern aktiv nach »neuen Ansätzen zur Lösung politischer und nationaler Konflikte« suchen, extremistische Ansätze ausschließen und alles Positive und Vernünftige integrieren, was gesunder Menschenverstand und weltweite Praxis hervorgebracht hatten. Die Sojus-Führer vermieden zwar eine Verschärfung des Streits mit der KPdSU-Führung (also mit Gorbatschow), legten aber andererseits Wert darauf, die Distanz zu ihr zu wahren. Sie waren für einen Übergang zur Marktwirtschaft, wollten ihn aber so gestalten, daß er der Mehrheit der Bevölkerung und nicht nur den Schwarzhändlern zugute kam.[13]

Ihre Begeisterung für eine echte Marktwirtschaft hielt sich allerdings in Grenzen. In ihren programmatischen Schriften ist die Privatisierung wichtiger Fabriken, Banken und anderer Unternehmen nicht vorgesehen. Alksnis und Petruschenko, ebenfalls ein Oberst, betonten wiederholt die Notwendigkeit einer starken Regierung, wobei sie Pinochets Chile als Vorbild anführten. Doch bei anderen Gelegenheiten bekannten sie sich ausdrücklich zur Verfassung und zu den Bürgerrechten und erhoben die Forderung, den politischen Kampf auf friedliche und zivilisierte Weise auszutragen. Mit diesem weitgefaßten Programm und dem Bekenntnis zu patriotischen Idealen und einer starken Zentralmacht hoffte Sojus, konservative Altkommunisten wie Ligatschow und Nichtkommunisten für sich zu gewinnen. Unterstützt wurde Sojus vom einflußreichen militärisch-industriellen Komplex, einem Teil des Offizierskorps[14] und jenen Russen, die in den nichtrussischen Republiken unterdrückt wurden und entweder schon nach Rußland geflohen waren oder kurz davor standen.[15]

Nach dem Zusammenbruch der Sowjetunion konnte die Sojus-Führung darauf verweisen, daß ihre schlimmsten Befürchtungen Realität geworden waren: Die Union hatte aufgehört zu existieren, die Perestroika hatte sich als Fehlschlag erwiesen. Doch sie konnte aus diesen Katastrophen nur wenig politisches Kapital schlagen. Obwohl sie die stärkste Oppositionsgruppe im Parlament vertrat, gelang es nicht, sich als glaubwürdige Alternative zu den Regierungen Gorbatschow oder Jelzin zu profilieren.

Im Laufe des Sommers 1991 versuchte Sojus, eine landesweite Bewegung aufzubauen, bewies dabei aber einen Mangel an Entschlossenheit und politischer Sachkenntnis. Keiner der Sojus-Führer war in der Politik groß geworden. Alksnis kam zwar aus einer Familie mit bolschewistischer Tradition – sein Großvater war ein prominentes Opfer der Säuberungen von 1937 –, er selbst hatte aber eine Karriere als Ingenieur beim Militär eingeschlagen. Während die Sojus-Führung vollmundige Resolutionen verabschiedete und ihren Willen bekundete, stärkste konservative Oppositionspartei zu werden, fehlte es an der Basis. Sie organisierte nur selten Versammlungen und Demonstrationen, und die Auflage der Parteizeitung blieb mit 25000 Exemplaren sehr niedrig.

Sojus brachte kaum neue Ideen hervor, und in der Führung fehlte es an Ideologen. Aus diesem Grund durften sich Vordenker der Neuen Rechten wie Dugin in den Publikationen der Gruppe auslassen. Antifreimaurerische Attacken wurden zwar abgedruckt, aber gröbere Formen des Antisemitismus, wie sie für die meisten Gruppen der extremen Rechten so typisch waren, wurden vermieden. Gelegentlich erschienen wohlmeinende Kommentare über die positive (nicht jedoch führende) Rolle der Kirche im neuen Rußland. Da die meisten Sojus-Mitglieder einer oder mehreren anderen patriotischen Gruppen angehörten, war die Bewegung in sich wenig gefestigt.

Die Sojus-Führer waren in den Medien sehr gefragt.[16] Aber sie wur-

den nicht eingeladen, an dem Putsch im August 1991 teilzunehmen, sei es, weil sie von den Putschisten als Konkurrenten eingestuft wurden, sei es, weil ihre politische Bedeutung unterschätzt wurde. Alksnis und Petruschenko waren weder Demagogen vom Schlag eines Schirinowskij, noch verstanden sie es, mit ebenso schockierenden wie haltlosen Behauptungen aufzutrumpfen. Das heißt jedoch nicht, daß sie zum gemäßigten Lager gehörten. Immerhin warfen sie der politischen Führung den Ausverkauf des Landes vor und verlangten, daß Gorbatschow und Bakatin (der nach Alksnis Ansicht das Innenministerium und den KGB zugrunde gerichtet hatte) ihrer gerechten Strafe für ihre Verbrechen nicht entgehen dürften.[17]
Die größte Schwäche der Sojus-Fraktion war, daß sie trotz ihrer klaren nationalistischen Ausrichtung in der Öffentlichkeit mit Altkommunisten und verschiedenen neokommunistischen Gruppen wie der Vereinigten Front der Werktätigen (OFT), der Marxistischen Arbeiterpartei, der Kommunistischen Partei der RSFSR und etlichen anderen Organisationen gleichgesetzt wurde, die zu dieser Zeit um die Gunst der Massen stritten.[18]

Nina Andrejewa

In Krisenzeiten treten oft bislang unbekannte Politiker aus dem Schatten ins Rampenlicht. In der russischen Geschichte gibt es sogar einen Ausdruck für solche Leute: *Samoswanez* – ein falscher Thronbewerber, wörtlich übersetzt »einer, der sich selbst gerufen hat«. Aber nicht alle sind politische Hochstapler. Politische Genies sind selbst in den besten Zeiten rar, und wenn ein politisches System zusammenbricht, werden Randfiguren, die normalerweise keine Chance hätten, nach oben geschwemmt. Manche mögen Demagogen oder Scharlatane sein, andere sind Menschen mit festen, eigenwilligen Überzeugungen, die sich zur Rettung des Landes berufen fühlen und mehr oder weniger durch Zufall in eine Position gelangen, die es ihnen erlaubt, landesweit Aufmerksamkeit zu erregen. Manche dieser politischen Senkrechtstarter verschwinden schon bald wieder in der Versenkung, andere halten sich länger. Der erste Herausforderer dieser Art war eine Frau: Nina Andrejewa. Sie versuchte von Leningrad aus, mit einem nationalkommunistischen Programm die unverbesserlichen alten Bolschewiki um sich zu scharen. Ihr Artikel »Ich kann keine Prinzipien opfern«, im März 1988 in der SOWETSKAJA ROSSIJA veröffentlicht, schlug ein wie eine Bombe. Drei Wochen lang wurde dieses Manifest der reformfeindlichen Kräfte für die neue Parteilinie gehalten. Doch dann kehrte Gorbatschow aus seinem Jahresurlaub zurück, und die PRAWDA druckte einen ausführlichen Widerruf ab. Andere Zeitungen folgten ihrem Beispiel. Frau Andrejewa mußte angesichts dieser unwillkommenen Popularität zeitweilig ihre Wohnung verlassen. Dennoch beschloß sie, in der Politik zu bleiben. Im Mai 1989 wurde unter ihrer Führung die nationalkommunistische Organisation *Jedinstwo* (Einheit) gegründet.

Nina Andrejewa kam in Leningrad zur Welt. Ihre Eltern stammten aus der Gegend von Twer (Kalinin) und waren ehemalige Bauern. Ihr Vater arbeitete als Schauermann im Hafen von Leningrad, ihre Mutter als Mechanikerin in den Kirow-Werken. Ihr Vater, ihre ältere Schwester und ihr Bruder, der in der Armee diente, kamen bei der Belagerung von Leningrad ums Leben. Andrejewa schloß die Schule mit Auszeichnung ab, studierte Chemie und heiratete einen Kollegen, einen Professor für Marxismus-Leninismus. Im Jahr 1966 trat sie in die Kommunistische Partei ein.[19] In der Partei kursierten Gerüchte, sie sei wegen ungebührlichen Verhaltens offiziell gerügt worden. Andrejewa war als stalinistische Fundamentalistin der Überzeugung, daß die »reformistische« Führung unter Gorbatschow die Sache des Kommunismus verraten habe. Dabei enthielten ihr Manifest und ihre nachfolgenden Reden nationalistische Passagen, die klar vom Marxismus-Leninismus abwichen. Dies ist auch der Grund, warum sie in einer Darstellung der nationalistischen Kräfte im gegenwärtigen Rußland nicht fehlen darf. Sie übernahm Engels Konzept der »reaktionären Staaten« und stellte es auf den Kopf. Während Marx und Engels die meisten slawischen Völker, allen voran die Russen, als reaktionär einstuften, ordnete Andrejewa alle Feinde Rußlands und Russophoben dieser Kategorie zu, also die meisten westlichen Länder, die Separatisten innerhalb der Sowjetunion und, müßig zu erwähnen, die Juden.

Die Regierung Gorbatschow war in ihren Augen revisionistisch und restaurativ, hatte den Bolschewismus verraten und sich auf die Seite der Menschewiki geschlagen. Aber sie war nicht prinzipiell gegen ein

Mehrparteiensystem in Rußland, vorausgesetzt, alle Parteien orientierten sich am Sozialismus. Gorbatschows Entscheidung, die Marktwirtschaft einzuführen, hielt sie für fatal: In fünf Jahren Perestroika habe die Sowjetunion größere Verluste hinnehmen müssen als im gesamten Zweiten Weltkrieg. Die Perestroika degradiere das Land zu einem halbkolonisierten Rohstofflieferanten der imperialistischen Ausbeuter. Und auch die sowjetische Außenpolitik führe in die Katastrophe: Als die DDR von der Bundesrepublik geschluckt wurde, begann der Countdown für einen neuen Krieg in Europa.

Nina Andrejewa hörte es zwar nicht gern, wenn sie als Neostalinistin bezeichnet wurde. Aber sie nahm Stalin gegen Verunglimpfung in Schutz: Stalin war ein umsichtiger Staatsmann und eine herausragende Persönlichkeit gewesen und hatte trotz extrem widriger historischer Bedingungen aus einem rückständigen Land eine Supermacht gemacht. Was die Juden anging, so war sie sich darüber im klaren, daß nicht alle Zionisten waren. Der Mann, der sich bei ihrem Eintritt in die Partei für sie verbürgt hatte (»Er war wie ein Vater zu mir«), war Jude gewesen; er hatte im Krieg gekämpft und auch für den KGB gearbeitet. Doch die Zionisten waren russophob. Sie verleumdeten Rußland und drängten die russischen Juden zum Verlassen ihrer Heimat.

Nina Andrejewa wollte, kurz gesagt, die Sowjetunion als ungeteilte, kommunistische Supermacht erhalten. Sie unterstützte Initiativen mit dem Ziel, eine kommunistische Partei Rußlands unter Poloschkow und Gidaspow aufzubauen. Allerdings gingen ihr diese Initiativen nicht weit genug. Aber davon einmal abgesehen, wollten die russischen Kommunisten ohnehin nichts von ihr wissen.

So kam es zur Gründung von *Jedinstwo.* Nach eigenen Angaben hatte die Organisation über sechzig Ortsgruppen außerhalb von Leningrad. Nina Andrejewa war gerngesehener Gast bei nationalkommunistischen Versammlungen in Minsk und anderswo. Sie attackierte Gorbatschow, Jakowlew und Schewardnadse und hielt ihnen vor, in Rußland den Kapitalismus wiedereinzuführen und die baltischen Republiken in die Unabhängigkeit entlassen zu haben. Noch härter ins Gericht ging sie später mit Jelzin, den sie mit den Worten Gus Halls, Generalsekretär der amerikanischen kommunistischen Partei, einen »politischen Hochstapler« nannte. Im übrigen bedauerte sie, daß Lenin an den Schulen nicht mehr gelehrt wurde.

Nina Andrejewas Anhängerschaft war zwar begeistert, aber nicht sehr zahlreich. Erzkonservativer Leninismus und Stalinismus waren ziemlich aus der Mode gekommen, und was ihre nationalistischen Argumente und Parolen anging, war sie starker Konkurrenz ausgesetzt. Nina Andrejewa hatte keine Zeitschriften, die ihre Ansichten einem breiteren Publikum hätten zugänglich machen können. Aus diesen und anderen Gründen gelang es ihrer Gruppe nie, sich als bedeutende politische Kraft zu etablieren. Im Jahr 1991 war die Leningraderin fast schon vergessen.

Schirinowskij

Eine weitaus schillerndere Figur als Nina Andrejewa, die Eiserne Lady Rußlands, war der Moskauer Wladimir Wolfowitsch Schirinowskij. Auch er erschien urplötzlich auf der politischen Bühne Rußlands. Schirinowskij war erfolgreicher als Andrejewa und stand fast ebensosehr im Rampenlicht wie Gorbatschow oder Jelzin. Nach seinem überraschend guten Abschneiden bei der russischen Präsidentschaftswahl, bei der er fast sechs Millionen Stimmen auf sich vereinigte (Originalton Schirinowskij: »Fast soviele Stimmen, wie die Schweiz Einwohner hat.«), verging kein Tag, an dem nicht zumindest ein Interview mit ihm gedruckt oder gesendet wurde. Schirinowskij wurde als eines von sechs Kindern 1946 in Alma Ata geboren. Seine Mutter war eine Weißrussin, sein Vater offenbar jüdischer Abstammung. Vor dem Krieg hatte die Familie in Lemberg gelebt. Der junge Schirinowskij studierte am afroasiatischen Institut der Moskauer Universität, besuchte eine Zeitlang aber auch Jura-Vorlesungen. Als Offizier der Roten Armee war er im Kaukasus stationiert. Seine politische Laufbahn begann erst relativ spät. Er trat 1987 einer Gruppe namens »Fakel« bei, eine jener zahllosen »informellen Gruppen«, die damals in Moskau entstanden. Später schloß er sich der Demokratischen Union an, kehrte ihr aber mit mehreren anderen Mitgliedern im Dezember 1989 den Rücken und gründete die Liberaldemokratische Partei (LDPSS). Seine politischen Vorbilder waren, wie er einmal sagte, Bismarck, de Gaulle, Pinochet und Stolypin.[20] Von 1983 bis 1990 leitete er die Rechtsabteilung des Verlagshauses *Mir*.

Ein Mann in den Vierzigern sollte Freunde (oder Feinde) oder wenigstens alte Klassenkameraden haben, die ihn von früher her noch kennen. Doch über Schirinowskijs früheres Leben ist überraschend wenig bekannt. Nach eigenem Bekunden war er »jung, tatendurstig und sehr gebildet«. Einmal verglich ihn jemand mit Hitler. Er antwortete, im Vergleich zu ihm sei Hitler ein Dummkopf gewesen, ein einfacher Unteroffizier, kurzum: ein unbedeutender Mensch. Berichten zufolge soll Schirinowskij eine Zeitlang in der zentralrussischen jüdischen Organisation VAAD aktiv gewesen sein. Nach einer anderen Quelle soll er Geschäftsreisen in die Türkei unternommen haben und dort in Schwierigkeiten geraten sein.[21]

Schirinowskij gründete die Liberaldemokratische Partei im März 1990 zusammen mit Wladimir Woronin, der politisch gleichfalls ein unbeschriebenes Blatt war. Zu Anfang präsentierte sich die Partei als ein Kreis von Freunden und Bewunderern Andrej Sacharows, der kurz zuvor gestorben war. Doch weder Sacharows Frau noch die Freunde des Bürgerrechtlers hatten jemals etwas von Schirinowskij gehört, und sein Auftauchen erregte Verwunderung und Mißtrauen. Politisch ordnete Schirinowskij die LDPSS der »liberalen Mitte« zu. In ihrem Programm trat sie für Rechtsstaatlichkeit, ein Mehrparteiensystem und die Einhaltung der Menschenrechte ein. Außerdem forderte sie eine allgemeine Entideologisierung und einen starken Präsidenten.

Bei ihrem zweiten Kongreß im Oktober 1990 rückte die Partei nach rechts: Von Menschenrechten und Mehrparteiensystem war keine Rede mehr, im Mittelpunkt stand nun die Wiederherstellung von Recht und Ordnung. Offiziell registriert wurde die Partei im April 1991. Dazu müssen nach sowjetischem Recht die Namen von mindestens fünfhundert Mitgliedern in acht Republiken nachgewiesen werden. Schirinowskij hatte große Schwierigkeiten, diese Bedingung zu erfüllen. Schließlich reichte er eine Liste mit 108 Unterschriften aus dem Gebiet Moskau und 1120 Unterschriften aus Abchasien ein. Auf der Liste waren weder die Vornamen noch die Adressen der Unterzeichner eingetragen, doch die Behörden begnügten sich damit. Und nachdem die LDPSS bei den Wahlen sechs Millionen Stimmen bekommen hatte, wollte wegen einer solchen Bagatelle niemand mehr Einspruch erheben.

Schon bald hatte sich Schirinowskij mit seinen Stellvertretern Woronin, Kriwonosow und Bogatschew überworfen, und die liberale Presse nannte ihn einen Politclown. Doch dies alles konnte ihn nicht stoppen, sein Aufstieg schien unaufhaltsam. Zwar meldeten auch Skurlatow und andere Ansprüche auf die Führungsrolle innerhalb der russischen Rechten an, doch nur Schirinowskij gelang es, Millionen von Wählern hinter sich zu bringen. Wie war ihm das gelungen? Schirinowskij hat offenbar schon früh begriffen, daß eine negative Presse immer noch besser ist als gar keine Presse. Daher seine ungeheuerlichen und unsinnigen Behauptungen bei improvisierten Pressekonferenzen, seine Clownerien, seine grandiosen Versprechungen und seine blutrünstigen Drohungen. Jedermann wußte, daß er allenfalls die Hälfte davon ernst meinte, aber er war immer gut für eine Story. Bogatschew und andere ehemalige Parteifreunde beschuldigten ihn später, ein KGB-Agent zu sein. Andere, wie Alimow, hielten dem entgegen, daß er von seiner Veranlagung her denkbar ungeeignet sei, für das Komitee für Staatssicherheit zu arbeiten, und wahrscheinlich hatten sie damit recht. Ihrer Ansicht nach spielte er nur Theater, um dem KGB zu signalisieren, daß er nicht gegen ihn war, sondern auf seine Hilfe baute.[22] Wieder andere verglichen Schirinowskij mit dem Priester Gapon, der bei der Revolution von 1905 eine wichtige Rolle gespielt hatte. Gapon hatte im Dienst der zaristischen Ochrana gestanden, gleichzeitig aber auch eigene Ziele verfolgt, so daß am Ende niemand mehr wußte (auch er selbst nicht), für wen er eigentlich arbeitete. Wieder andere verglichen ihn mit Subatow, einem Obersten der Geheimpolizei, der zur Zeit der Revolution von 1905 Vereinigungen gegründet hatte, die teilweise unter staatlicher Kontrolle standen, teilweise aber auch unabhängig agierten.

Schirinowskij sprach sicherlich nicht die Sprache des intellektuellen Establishments: Die Ära Lenin stand für die Vergewaltigung Rußlands, die Ära Stalin für Homosexualität, die Ära Chruschtschow für Masturbation, die Ära Breschnew für Gruppensex und die Ära Gorbatschow schließlich für politische und wirtschaftliche Impotenz.[23] Er versprach seinen Zuhörern, den Wodka-Preis auf sieben Rubel zu senken – und verletzte damit ein Tabu der Rechten. Aber Kampagnen gegen den Alkoholismus waren bei den Massen ohnehin nie gut angekommen. Schirinowskij plädierte für einen Wirtschaftsliberalismus in Verbindung mit einer politischen Zentralisie-

rung. Alle politischen Parteien, auch seine eigene, sollten aufgelöst werden. In seinen Augen konnte das Land nur überleben, wenn es mindestens zwei Jahre lang mit eiserner Faust regiert wurde.
Seine provokativsten Äußerungen betrafen Rußlands Grenzen und das Schicksal der nichtrussischen Nationalitäten. Er trat dafür ein, Rußland in den Grenzen von 1917 wiederherzustellen und Litauen, Lettland und Estland zu Verwaltungsbezirken unter Führung von Oberst Alksnis zu machen. In einem Interview mit einer litauischen Zeitung sagte Schirinowskij, wenn es nach ihm ginge, würde er Atommüll entlang der Grenze zu den baltischen Staaten vergraben und warten, bis die Balten an Hunger und Verstrahlung starben. Außerdem wollte er das Atomtestgelände Semipalatinsk ins Baltikum verlegen. Bei einem Interview mit einer finnischen Zeitung dachte er laut darüber nach, ob man Finnland nicht wieder dem russischen Imperium einverleiben sollte.[24] Wenn er an der Macht wäre, würde er streikende Arbeiter verhaften lassen und Profitmacher ausweisen.
Bei anderen Gelegenheiten versicherte Schirinowskij, daß seine Partei für strikte Einhaltung der Gesetze sei und nicht die Absicht habe, ihren Weg zur Macht mit Leichen zu pflastern. Auf der einen Seite beschimpfte er jüdische Journalisten, die ihn pausenlos angriffen, auf der anderen Seite teilte er einem arabischen Reporter mit, daß das Palästinenserproblem mit der Errichtung eines »künstlichen Staates« in Jordanien gelöst werden müsse – eine Lösung, die zuvor General A. Scharon vorgeschlagen hatte. Er begrüßte die »Botschaft an das Volk« vom Juli 1991, in der die Rechte eine (Militär-)Diktatur zur nationalen Rettung forderte. Nach dem gescheiterten Putsch im August erklärte er, die Putschisten seien deshalb gescheitert, weil sie ihn nicht in ihre Reihen aufgenommen hätten.
Vor der russischen Präsidentschaftswahl sagte Schirinowskij, daß er Jelzin knapp besiegen werde. Nach Bekanntwerden des Ergebnisses erklärte er, daß die Zeit für ihn arbeite und daß er die nächsten Wahlen gewinnen werde. Die ganze Zeit über unterhielt er enge Kontakte zur kommunistischen Partei – obwohl er ihre Ideologie kritisierte. So wurden die Publikationen seiner Partei von kommunistischen Verlagshäusern gedruckt. Sein Wahlkampf wurde von Andrej Sawidia finanziert, einem Selfmade-Unternehmer. Sawidia, einst ein wichtiger Mann in der Sowjetwirtschaft, war auch sein Kan-

didat für die Vizepräsidentschaft. Im September 1991 erwarb er die Tageszeitung SOWETSKAJA ROSSIJA, die als das wichtigste Sprachrohr der Rechten galt.[25] Aus welcher Quelle stammten Sawidias Millionen? In den Archiven des Zentralkomitees der kommunistischen Partei wurde nach dem Putschversuch ein Dokument gefunden, aus dem hervorging, daß Sawidia einen Kredit in Höhe von drei Millionen Rubel erhalten hatte.[26] Da das Zentralkomitee normalerweise keine Bankgeschäfte tätigte, müssen bei der Kreditvergabe politische Erwägungen eine Rolle gespielt haben.

Die Haltung der Rechten und Rechtsextremisten zu Schirinowskij war gespalten. Teile der extremen Rechten versuchten ihn zu ignorieren, andere beschimpften ihn als Halbjuden.[27] Die gemäßigtere, »seriöse« Rechte hielt vorsichtig Distanz zu ihm. Zwar wurde er gelegentlich von der LITERATURNAJA ROSSIJA und der POLITIKA interviewt, doch Einladungen zu Kongressen und Demonstrationen waren selten. Wahrscheinlich fürchteten die anderen Rechten, er könnte ihnen mit seinen ungezügelten Hetzreden die Schau stehlen. Ganz ignorieren konnten sie ihn freilich nicht, denn schließlich war er der begabteste Demagoge im rechten Spektrum. Aber gerade darin lag auch die größte Schwäche der Schirinowskij-Partei: Alles hing von der Persönlichkeit des Vorsitzenden ab.

Die soziale Basis der russischen Rechten

Auf welche gesellschaftlichen Gruppen konnte sich Schirinowskij stützen? Nun, weitgehend auf dieselben wie andere Parteien und Gruppierungen der Rechten. Intellektuelle oder »klassenbewußte« Arbeiter waren unter seinen Anhängern nur spärlich vertreten. Die größte Unterstützung fand er bei kleinen Funktionären und Beamten im Parteiapparat, in der Verwaltung und bei der Polizei, die im alten System einen, wenn auch bescheidenen, Posten innegehabt hatten und nun fürchteten, ihn zu verlieren – oder ihn bereits verloren hatten.

Schirinowskijs Partei war bei ihrer Gründung keine Rechtspartei, sondern eine radikale Gruppierung der politischen Mitte. Erst 1991 schwenkte sie auf einen nationalistischen Kurs ein. Davor hatte sie den Verzicht auf jede Diskriminierung anderer Nationalitäten gefordert und zu einem ihrer wichtigsten Anliegen erklärt. Wenn die Partei als »bürgerlich« geschmäht wurde, so erwiderte Schirinowskij, er wünschte, sie wäre es, doch angesichts der Verhältnisse in der Sowjetunion könne sie es leider nicht sein.

Im Jahr 1992 verschlimmerte sich die wirtschaftliche Misere. Viele Russen mußten beträchtliche Einkommenseinbußen und eine Verschlechterung ihres Lebensstandards hinnehmen, ganz zu schweigen von der Angst, den Arbeitsplatz zu verlieren. Da die Gefahr eines Krieges mit dem Westen weitgehend gebannt war, wurden Angehörige der Streitkräfte entlassen, die Rüstungsproduktion gedrosselt oder teilweise ganz eingestellt und Teile des inneren Sicherheitsapparats überflüssig. Die Zahl der davon betroffenen Personen bewegte sich, rechnet man die Angehörigen mit, im zweistelligen Millionenbereich. Der alte marxistische Begriff vom Lumpenproletariat tauchte in diesem Zusammenhang wieder auf. Mit gleicher Berechtigung hätte man auch von den *Ausgestoßenen* aller Klassen reden können, jenen Menschen, die ihren Platz in der Gesellschaft verloren haben. Nach Meinungsumfragen, die Anfang 1992 durchgeführt wurden, waren zwischen 60 und 80 Prozent der Moskauer mit ihrem Los unzufrieden, 73 Prozent klagten über akuten Streß, und 53 Prozent litten unter, wie sie es nannten, »Verunsicherung«.[28]

Es steht wohl außer Frage, daß zu jeder Zeit und in jeder Gesellschaft eine beträchtliche Anzahl von Menschen unter den Belastungen des modernen Lebens (und den allgemeinen Zuständen) leidet. Fest steht aber auch, daß die Zahl der Unzufriedenen in Rußland in dieser unruhigen Zeit erheblich höher war als zuvor. Mit der Unzufriedenheit über die politischen, sozialen und wirtschaftlichen Verhältnisse stiegen aber auch die Aussichten der radikalen Parteien. Und da die Linke diskreditiert war, schien ein allgemeiner Rechtsruck von vornherein festzustehen.[29]

Es wäre allerdings ein Fehler, den Einfluß psychologischer Faktoren in der Politik zu unterschätzen. An den antidemokratischen Protestkundgebungen nahmen beileibe nicht nur jene Bürger teil, die von den Reformen materiell am härtesten betroffen waren. Unter den Unzufriedenen waren anscheinend auch unverhältnismäßig viele ältere Menschen, die mit einer viel zu knapp bemessenen Rente über die Runden kommen mußten. Aber ebenso wichtig wie die materielle Not dieser Menschen war ihre Lebenseinstellung, die in der spätstalinistischen Periode und unter Stalins Erben geprägt worden war. Sie waren zwar keine fanatischen Anhänger des Leninismus, zogen aber häufig die Stabilität einer vergangenen Zeit den Unsicherheiten der Ära Gorbatschow und Jelzin vor. Begriffe wie Meinungsfreiheit und Mehrparteiensystem sagten ihnen nicht viel. Unter Stalin, Chruschtschow und Breschnew war Rußland eine Supermacht gewesen, in der ganzen Welt geachtet oder doch zumindest gefürchtet. Ethnische Konflikte waren damals ebenso unvorstellbar gewesen wie eine Auflösung der inneren Ordnung. Kein Wunder also, daß sie Bewegungen, die für eine Politik der starken Hand eintraten, massiv unterstützten.

Es könnte durchaus sein, daß der Ruf nach einer starken Hand mehr Anziehungskraft ausübte als der Nationalismus als solcher, obwohl beides oftmals zusammen auftritt. Meinungsumfragen, die 1990 und 1991 in Teilen Rußlands durchgeführt wurden, zeigten einen spektakulären Anstieg der Zahl der *Gosudarstwenniki*, jener Russen also, die für eine starke Zentralregierung eintreten.[30] Andererseits zeigten vergleichbare Umfragen überraschend geringe positive Werte, was den Nationalstolz angeht.[31] Natürlich wäre es ein Fehler, aus solchen Umfragen, die möglicherweise noch nicht einmal repräsentativ sind, weitreichende Schlußfolgerungen zu ziehen. Mehrere russische Autoren haben denn auch betont, daß das Zusammengehörigkeitsgefühl der Russen vermutlich ebenso groß ist wie anderswo.[32]

Nach dem Putsch

Die russische Rechte hat den Augustputsch von 1991 ohne größeren Schaden überstanden. Gewiß, die liberale Presse nahm die Unterzeichner der »Botschaft an das Volk«, die nur einen Monat zuvor veröffentlicht worden war, heftig unter Beschuß, Schirinowskij wurde in Moskau auf offener Straße bedrängt und bespuckt, und einige rechtsgerichtete Zeitungen konnten ein, zwei Wochen lang nicht erscheinen. Aber schon Anfang September war, zumindest was die russische Rechte anging, der Normalzustand wiederhergestellt. Niemand war verhört, geschweige denn verhaftet worden. Rasputin und Bondarew erklärten, daß sie mit ihrem Aufruf lediglich ihren Schmerz über die unermeßliche Tragödie in Rußland zum Ausdruck hätten bringen wollen und daß sie mit dem Putsch nichts zu tun gehabt hätten. Prochanow ließ verlauten, daß er den Aufruf jederzeit wieder unterschreiben würde.[33]

Nach dem Zweiten Weltkrieg waren bekannte Intellektuelle, die wie Charles Maurras oder Knut Hamsun mit den Nazis kollaboriert hatten, zu hohen Haftstrafen verurteilt oder sogar hingerichtet worden. Wie ist es zu erklären, daß in einem Land wie Rußland, das früher in der Regel mit Repressionen auf solche Fälle reagiert hat, nach dem Augustputsch Vergeltungsmaßnahmen völlig ausblieben? Teilweise mag es daran gelegen haben, daß der Putschversuch so rasch abgewehrt wurde und viele Rechte gar keine Gelegenheit fanden, ihn öffentlich gutzuheißen. Vielleicht war aber auch die Großmut der Sieger der Grund. Vielleicht wollten Boris Jelzin und seine Anhänger beweisen, daß die Tage der brutalen Unterdrückung vorüber waren. Oder nahmen sie ihre intellektuellen Widersacher schlichtweg nicht ernst? Die Zeit wird zeigen, ob sie mit ihrer Nachsicht gegenüber den intellektuellen Wegbereitern des Putsches der russischen Demokratie nicht einen Bärendienst erwiesen haben.

Zweifellos durchlebten die Nationalisten im August 1991 einige bange Momente, denn sie rechneten mit einem Gegenschlag. Ein paar Tage lang verhielten sie sich sehr ruhig. Doch kaum war die unmittelbare Gefahr vorüber, da gründeten ein paar von ihnen ein Komitee, das Beweise sammeln sollte, auf deren Grundlage Gorbatschow des Hochverrats angeklagt werden sollte.

Die Haltung der Rechten gegenüber Jelzin war komplizierter. Obwohl sie instinktiv wußten, daß er keiner von ihnen war, spielten einige im Herbst 1991 mit dem Gedanken, Jelzin »kritische Unterstützung« zukommen zu lassen. Möglicherweise war ihm mehr als anderen Politikern zuzutrauen, daß er eine patriotisch ausgerichtete »russische Politik« verfolgte. Aber solche Sympathien waren nicht tief empfunden und verflogen rasch wieder. Bald galten die Sympathien Jelzins Vize Oberst Ruzkoj, der sich öffentlich mit dem Präsidenten gestritten hatte.

Der Zerfall der Sowjetunion im Gefolge des Putsches war für die russische Rechte, wie überhaupt für alle Patrioten, ein schwerer Schock. Im rechten Lager herrschten Verzweiflung und Trauer. Doch zur selben Zeit behaupteten die Sprecher der Rechten, daß die allgemeine Lage im Land seit der Revolution noch nie so günstig für die Patrioten gewesen sei wie nach dem gescheiterten Putsch.[34] Weit verbreitet war eine Einschätzung, daß die meisten Unionsrepubliken Rußland wie Mühlsteine am Halse hingen und daß das Vaterland ohne diese Last finanziell, politisch und sogar geistig viel besser dastehen würde – eine Einschätzung, die Solschenizyn bereits vor längerer Zeit sehr deutlich zum Ausdruck gebracht hatte. Demgegenüber stand die Befürchtung der Anhänger der *Derschawa*, der Staatsmacht, daß ein kleines, amputiertes Rußland nicht mehr als Bannerträger des historischen »russischen Gedankens« fungieren konnte.

Wie kann diese paradoxe Reaktion erklärt werden? Zum einen schöpften die Politiker und Philosophen der extremen Rechten Hoffnung aus der Tatsache, daß die kommunistische Partei (unter Einschluß der nationalbolschewistischen kommunistischen Partei) aufgehört hatte zu existieren. Dies hatte zur Folge, daß für die Illusionen, die sich Teile der Rechten vor dem Putsch noch gemacht hatten, kein Platz mehr war. Die politische Landschaft war überschaubarer geworden. Die Demokraten und Liberalen hatten nur noch einen ernsthaften Konkurrenten im Kampf um die Macht: das rechte patriotische Lager. Und da die Demokraten augenblicklich die Macht innehatten und ihre Erfolgschancen gleich Null waren, arbeitete die Zeit für die Rechte.[35] Sprecher der Nationalisten gaben zwar zu, daß die Rechte bislang noch kein sozialökonomisches Programm vorgelegt hatte, das eine echte Alternative zur Politik der Demokraten darstellte. Doch gleichzeitig waren sie davon überzeugt, daß Gajdars Wirtschaftsreformen so verheerende Konsequenzen für die Menschen hatten, daß der Ruf nach einer neuen Führung immer lauter und unwiderstehlicher werden würde, auch wenn niemand genau wußte, was die Rechte eigentlich wollte. Vor diesem Hintergrund gingen die Rechten im Winter 1991/1992 an drei Fronten in die Offensive. Sie bezeichneten die Regierung als unfähig, den separatistischen Bestrebungen zu begegnen (zum Beispiel in der Tataren-Frage), bezichtigten sie der unzureichenden Unterstützung der Russen in den ehemaligen Republiken wie in Moldawien und warfen ihr schließlich Inkompetenz in der Wirtschaftspolitik vor.

Im darauffolgenden Winter zeigten die verschiedenen Gruppen des rechten Lagers mehr Bereitschaft, miteinander zu kooperieren. Doch nicht alle neuen Initiativen waren gut durchdacht und sprachen eine breitere Öffentlichkeit an. So beteiligten sich an den gegen Jelzin gerichteten Demonstrationen im März 1992 auf dem Roten Platz fast nur ältere Russen. Der Versuch, den aufgelösten Obersten Sowjet im Moskauer Vorort Woronowo zusammenzurufen, geriet zur Farce. Auch eine Lesung mit Gedichten von Anatolij Lukjanow (dem früheren Chef des sowjetischen Parlaments, der sich auch als Schriftsteller versuchte) war kaum geeignet, die Massen zu mobilisieren.[36] Lukjanow war vor dem Putsch ein enger Vertrauter Gorbatschows gewesen, hatte ihn dann aber hintergangen und sich auf die Seite der Putschisten geschlagen.

Politisch interessanter waren die Gründungsversammlungen verschiedener neuer Organisationen. Am 21. Dezember 1991 wurde der Russische Befreiungsbund (ROS) gegründet. Die Veranstaltung fand im Haus der Moskauer Gewerkschaften statt, die ihre Einrichtungen kostenlos zur Verfügung stellten. Alksnis, Wolodin, Schafarewitsch, die Hauptredner des Abends, gehörten dem rechten Establishment an. Ihre Forderungen enthielten keine Überraschungen: keine Rückgabe der Kurilen an Japan, Bekämpfung der Mafia, Geschäfte mit den abtrünnigen Republiken nur noch zu Weltmarktpreisen.

Ein einziger origineller Vorschlag wurde gemacht: Die Rechte sollte, auf regionaler Ebene und in Moskau, »Schattenkabinette« bilden, die jederzeit die Regierungsgeschäfte übernehmen könnten. Obwohl Schafarewitsch an die Teilnehmer appellierte, Einzelinteressen zurückzustellen, gingen die Auseinandersetzungen zwischen den verschiedenen extremistischen und konservativen Gruppen weiter. Zum Präsidenten des Russischen Befreiungsbundes wurde Sergej Baburin gewählt, ein junger Anwalt aus Sibirien, der sich unter Gorbatschows Präsidentschaft im Parlament einen Namen gemacht hatte. Ursprünglich als Demokrat gewählt, war er mit der Zeit immer weiter nach rechts gerückt und wurde häufig als der zukünftige Führer der Rechten gehandelt.

Im Januar 1992 fand der 3. Kongreß der »Slawischen Versammlung« statt. Zu den Teilnehmern gehörten vorwiegend Extremisten wie »Erzbischof Lasar«, der Führer der Russischen Nationalen Bewegung (RND) Barkaschow, ein bekannter Antisemit und Organisator von Karate-Kampftrupps, und der frühere KGB-General Alexander Sterligow, der anfangs für die Jelzin-Regierung gearbeitet, sich dann aber für eine Doppelkarriere als Geschäftsmann und rechtsgerichteter Politiker entschieden hatte.[37] Ebenfalls anwesend waren einige rechte Exzentriker aus Polen und Bulgarien. Einer von ihnen, ein bulgarischer Philosoph, bemerkte: »Wie kann man eine Regierung tolerieren, deren Mitglieder nicht einmal den Buchstaben ›R‹ korrekt aussprechen können?« Dieser Ausspruch wurde in der Moskauer Presse ausgiebigst zitiert.

Der ernstzunehmendste und ehrgeizigste Versuch, die rechten Kräfte zu einen, wurde im Februar 1992 mit dem »Kongreß der staatsbürgerlichen und patriotischen Kräfte« unternommen. Der Kongreß, zu dem rund 2500 Delegierte erschienen, wurde in einem Moskauer Kino abgehalten. Die Initiatoren waren ehemalige Gruppen der Mitte, die nach rechts gedriftet waren – die Christdemokraten unter Führung von Aksjutschiz und die Kadetten Nikolaj Trawkin und Michail Astafjew. Vizepräsident Ruzkoj, Wunschkandidat der gemäßigten Rechten als Nachfolger Jelzins, sprach vor dem Kongreß.[38] Aber auch Pamjat-Führer Wassiljew richtete, obgleich nicht geladen, das Wort an die Delegierten. Er stürmte die Versammlung und zwang den Vorsitzenden und das Auditorium, seine Tiraden anzuhören, während Kosaken in traditionellen Uniformen mit Peitschen für Ruhe sorgten.

Nach Aksjutschiz hatten sich die »patriotischen Kräfte« mit dieser Versammlung das Ziel gesetzt, Millionen von Menschen, die »die Orientierung verloren hatten«, um sich zu scharen und den russischen Staat zu retten. Anwesend waren starke Delegationen aus vielen Teilen der alten Sowjetunion, die Vertreter von acht »Kosakenarmeen«, alle rechten Fraktionen des russischen Parlaments und Abgeordnete zahlloser anderer Organisationen, darunter die »Christlichen Unternehmer«, die »Kaufmannsgilde«, die »Adelsversammlung«, Offiziersgruppen, zwei monarchistische Organisationen und andere mehr.

Finanziert wurde der Kongreß von einer der neuen Börsen. Ruzkojs Rede wurde sehr aufmerksam, aber nicht unkritisch verfolgt, so etwa, als er die schwarzen Uniformen (des Pamjat) anprangerte. Auch Aksjutschiz und andere Gemäßigtere erhielten nur verhaltenen Applaus. In ihren Reden fielen zu häufig die Worte »Demokratie« und

»Rechtsstaat«, außerdem sprachen sie von einem Patriotismus, der »niemandes Feind« sei. Jewgenij Kogan, einer der Führer der Nationalisten, bezeichnete sie als Vertreter des alten Establishments. Die SOWETSKAJA ROSSIJA kommentierte, daß der Tenor der Versammlung zu antikommunistisch gewesen sei. Den Wortführern der Rechtsextremen hingegen war die ganze Veranstaltung viel zu zahm und manierlich. Ihnen gingen die demokratischen Formulierungen gegen den Strich, sie vermißten die Hetze gegen ihre traditionellen Feinde. Dann, am 9. Februar 1992, beschloß der Kongreß (beileibe nicht einstimmig) die Gründung einer Russischen Volksversammlung (*Sobranije* – RNS), die vor allem auf einer Allianz der Christdemokraten mit den Kadetten und Baburins »Russischem Nationalbund« basierte.

In ihrem Programm forderten sie vor allem, den Zerfall des historischen russischen Staates zu verhindern, das politische und wirtschaftliche Chaos zu beenden und die Verbrechensrate zu senken. Die RSFSR sollte als Rechtsnachfolgerin des russischen Reichs und der UdSSR anerkannt werden. Vereinbarungen und Verträge, die zur Auflösung des Landes beitrugen, sollten für verfassungswidrig erklärt werden (dies betraf etwa die Eingliederung der Krim in die Ukraine im Jahr 1954 und den Rückerwerb Südossetiens). Die Streitkräfte sollten geschlossen unter das Oberkommando der RSFSR gestellt werden und den in anderen Republiken lebenden Russen Schutz gewähren. Das ideologische und politische Programm der Regierung Jelzin, die durch eine wirklich patriotische Regierung ersetzt werden sollte, widersprach nach Meinung der Allianz den Interessen und dem Willen des russischen Volkes.[39] Allerdings war in dem Manifest an einigen Stellen von Demokratie und Menschenrechten die Rede. Aus diesem Grund lehnten es die extremistischen Nationalisten ab. Sie verurteilten die neue Initiative als bloßes »Hilfsangebot der Rechten an Jelzin«.

Im Anschluß an diesen Kongreß unterzeichneten die Vertreter von rund zwanzig rechten patriotischen Gruppen am 11. März 1992 eine Erklärung über die Schaffung einer »vereinigten Opposition«. In dem kurzen Aufruf betonte man die Einheit und Unteilbarkeit Rußlands und forderte eine Rückbesinnung auf das geistige Erbe der russischen Geschichte auf der Basis von Toleranz, um einer erneuten Konfrontation zwischen »Weißen« und »Roten« vorzubeugen. Man übte heftige Kritik an Jelzins Wirtschaftsreformen und beklagte den »Verrat der nationalen Interessen Rußlands auf Geheiß der internationalen reaktionären Kräfte«, der Hauptverantwortlichen für den Untergang der Sowjetunion. Gleichzeitig versicherte die »vereinigte Opposition« jedoch, ihre politischen Ziele im Rahmen der Verfassung verfolgen zu wollen und an der Idee einer bürgerlichen Gesellschaft festzuhalten. Zu den Unterzeichnern der Erklärung gehörten die Russische Volksversammlung, vier kommunistische Parteien und die Russische Partei der Nationalen Wiedergeburt. Die verschiedenen Pamjat-Fraktionen und Schirinowskijs Bewegung wurden ausgeschlossen.[40]

Die Konsolidierung der rechten Kräfte ging 1992 weiter. An der Zusammenkunft des russisch-nationalen *Sobor* im Juni 1992 nahmen 1100 Delegierte teil. Das Treffen fand in den nobelsten Konferenzsälen der Hauptstadt statt, extremistische Sektierer wurden in den Hintergrund gedrängt. Bei dieser Gelegenheit trat die Zusammensetzung der rechten Allianz deutlicher zutage als zuvor: Die Kräfte der rechten Mitte waren ebenso stark vertreten wie die ehemalige Kommunistische Partei und die alten Gewerkschaften. Mit von der Partie waren auch die neuen Kapitalisten, angeführt vom Präsidenten der Börse von Nischni Nowgorod, und einige Prominente, die bisher für unabhängig gehalten wurden, allen voran Jurij Wlassow, olympischer Goldmedaillengewinner im Gewichtheben, und der Filmregisseur Stanislaw Goworuchin, der erst kurz zuvor mit »Unser verlorenes Rußland« einen packenden und bedrückenden Dokumentarfilm gedreht hatte, in dem die Zeit des Zarismus glorifiziert wurde. Die Versammlung wählte ein neues Schattenkabinett. Nach den Worten eines Beobachters verlief das Treffen in einer sachlicheren Atmosphäre und war besser organisiert als frühere Veranstaltungen dieser Art.[41]

Seit in Rußland wieder die Möglichkeit freier politischer Betätigung besteht, waren innerhalb der Rechten bestimmte allgemeine Trends festzustellen. Die ersten Jahre der Glasnost-Ära gehörten den Sektierern und Extremisten. Sie waren die ersten, die auf der politischen Bühne auftauchten, und sie waren sicherlich auch die schrillsten und lautesten. Doch ihre Ideen waren gewöhnlich zu abstrus und ihre Aktionen zu befremdend, als daß man sie hätte ernst nehmen können. Sie sind zwar nach wie vor aktiv und haben sogar die

Auflagen ihrer Publikationen gesteigert, doch angesichts ihrer inneren Zerstrittenheit und ihrer Unfähigkeit zur Kooperation stellen sie keine ernstzunehmenden Aspiranten im Kampf um die Macht dar, zumal ihnen auch eine charismatische Führungspersönlichkeit fehlt. Die politische Initiative ist auf die gemäßigte Rechte übergegangen, eine Koalition der »Männer von gestern« aus der Kommunistischen Partei, der Wirtschaft und den Sicherheitskräften – und auf die neuen Gruppen und Persönlichkeiten, die in der Ära Gorbatschow-Jelzin in Erscheinung getreten sind.

Das heißt aber nicht, daß die Extremisten abgeschrieben werden dürfen. In einer Zeit des politischen und wirtschaftlichen Zusammenbruchs könnte ihre Stunde noch kommen. Sie haben schon einmal als Sturmtruppen und Ideenlieferanten der Rechten eine nicht unbedeutende Rolle gespielt. Zudem gibt es keine klare und eindeutige Trennlinie zwischen den Extremisten und den »seriösen Rechten« – sie unterscheiden sich weniger durch fundamentale Grundsätze und Überzeugungen als vielmehr durch das Ausmaß und die Schärfe ihrer Kritik. Als Sterligow, der als rechter Führer auferstandene KGB-General, ein »rücksichtsloses und strenges Vorgehen« forderte, dachte er sicherlich an dieselben Maßnahmen, die auch von Rechtsextremisten propagiert wurden.[42] Während die sektiererischen Publikationen der Jahre 1988 bis 1991 offenbar nur für ein mäßig gebildetes Publikum geschrieben waren, sollte die 1991 gegründete Wochenschrift DEN zum Flaggschiff der »geistigen Opposition« werden und hohen, wenn nicht gar höchsten politischen und literarischen Ansprüchen genügen. Doch schon nach wenigen Monaten waren diese hehren Ziele vergessen. Das Blatt druckte Texte von Adolf Hitler ab, veröffentlichte die *Protokolle* und betrieb »Konspiratologie« der lächerlichsten Sorte. Die Beiträge waren zwar in einem besseren Russisch geschrieben als die Artikel in den Blättern der Sektierer, aber ihr Inhalt war nicht weniger abstrus und verdreht.

Was läßt sich zugunsten derjenigen sagen, die versuchen, den russischen Nationalismus moderner und stromlinienförmiger zu gestalten? Etwa daß Kurginjan, der den Vorteil einer wissenschaftlichen Ausbildung mitbrachte, die Bedeutung moderner Technologien für die künftige Entwicklung Rußlands erkannte? Daß er versuchte, eine »Staatsdemokratie«, also eine Art Gaullismus, mit einem zivilisierten, pragmatischen Patriotismus und einem »weißen Kommunismus« zu kombinieren, d. h. mit den vermeintlich annehmbaren Errungenschaften des sowjetischen Systems?[43] Doch solche Ansätze krankten nicht nur an inneren Widersprüchen, es lag auch etwas Gekünsteltes in dem verzweifelten Versuch, eine neokonservative Doktrin russischer Prägung zu schaffen. Kurginjan begriff, daß das Land eine übergreifende »Botschaft« brauchte, eine Art neuer Religion. Aber Religionen, auch säkulare, ja sogar Meta-Religionen, müssen organisch wachsen, sie können nicht in Denkfabriken vorgefertigt werden. Mit absurden Anschuldigungen wie etwa dem Vorwurf, daß die russischen Demokraten (die »Mafia«) die Faschisierung der russischen Gesellschaft betrieben, und zwar als bloßes Vorspiel zur Faschisierung der Welt, gab sich Kurginjan der Lächerlichkeit preis. Schließlich hatte er sich in der Vergangenheit nicht gerade als führender Antifaschist profiliert. Die extreme Rechte mißtraute ihm wegen seiner engen Kontakte zu den Spitzen der Kommunistischen Partei im letzten Jahr ihrer Existenz, wegen seiner ethnischen Herkunft und weil ihr sein Nationalismus, der sich eher an der Zukunft als an der Vergangenheit orientierte, nicht zusagte.[44]

Mit Dugin verlassen wir den Bereich der quasi-rationalen Ansätze und begeben uns in die Tiefen des Irrationalismus. Zwar hat auch Dugin den altmodischen russischen Rechtsextremismus hinter sich gelassen und eingesehen, daß nicht die Freimaurer die eigentlichen Feinde sind, sondern die falschen Freimaurer, auch nicht die Juden an sich, noch nicht einmal die in Israel lebenden, sondern die Juden in der Diaspora. Er lehnte den Sozialismus als Teil des Mondialismus ab, der für ihn das Böse schlechthin verkörperte. Das wiederum brachte ihn in Konflikt mit den Nationalbolschewiki, die ihm wie andere Vertreter der extremen Rechten mißtrauten, weil er wenig Begeisterung für die russisch-orthodoxe Kirche zeigte. Folgt man Dugin, dem Erfinder der »Konspiratologie«, so muß die Geschichte der Welt neu geschrieben werden. Nach Dugin nahm der ewige Konflikt zwischen Atlantikern und Eurasiern im alten Ägypten seinen Anfang[45] und führte schließlich zum Kampf zwischen den guten Nazis (Eurasiern) und den bösen Nazis (Atlantikern), wobei die erste Gruppe durch Martin Bormann und Haushofer vertreten wurde. Heute ist Nikolaj Lukjanow, der frühere Vorsitzende des Obersten Sowjet, der Kopf der Eurasier. Auf jeden Fall geht Dugins neue Doktrin weit über den traditionellen russischen Nationalismus hinaus (was er selbst nur sehr ungern zugeben würde). Sie stellt so etwas wie einen europäischen Ultrakonservatismus dar.

Seit dem Zusammenbruch der Sowjetunion erhielt das patriotische Lager ständig Zulauf von Demokraten. Die Allianz (»Demokratisches Rußland«), ursprünglich Jelzins Machtbasis, brach mit den Christdemokraten und anderen, die nach rechts drifteten. Doch dies war erst der Anfang. Ein Abgeordneter und ehemaliger Jelzin-Demokrat drückte es so aus: »Ich bin durch und durch Russe. Deshalb ist mir ein einiges Rußland wichtiger als ein demokratisches Rußland.«[46] Außerdem glaubt Jelzin nicht, daß Rußland jemals ein Imperium im üblichen Sinn war. Hatten die Russen ihr Reich nicht friedlich bis in den Fernen Osten und bis nach Alaska ausgedehnt? Die Russen waren die Gebernation, zumindest was alle ihre Nachbarn anging.[47]

Während einige Demokraten ins patriotische Lager wechselten, kehrten einige nationalistische Gruppen zum Nationalsozialismus oder gar zum Bolschewismus zurück, wo ihre ideologische Reise einst begonnen hatte. Ein interessantes Beispiel dafür ist Michail Antonow, ein führender nationalistischer Publizist, dessen Name in dieser Studie über die Neue Rechte schon mehr als einmal gefallen ist. Daß die Patrioten bis 1992 trotz horrender Fehler der Liberalen keine nennenswerten Erfolge erzielt hatten, schrieb Antonow den ideologischen Verblendungen des rechten Flügels zu. Seiner Ansicht nach war die Rechte mit ihrem Antikommunismus über das Ziel hinausgeschossen: Es stimmte einfach nicht, daß der Sozialismus, wie Schafarewitsch und andere behaupteten, nichts weiter sei als der kollektive Selbstmordversuch vieler Millionen Menschen. Konnte jemand ernsthaft bestreiten, daß die Sowjetunion nach dem Zweiten Weltkrieg unter Stalins Regime im Zenit ihrer Macht gestanden und das beste Gesundheits- und Erziehungssystem der Welt geschaffen hatte?[48] Mit ihrer antikommunistischen Hetze gegen das System, ihren ständigen Klagen über den »Genozid« am russischen Volk und die führende Rolle von Ausländern beim Aufbau und Erhalt des Systems, bildeten die aufgebrachten Nationalisten die rechte Flanke derjenigen, die »Rußland vernichteten«. Antonows Schlußfolgerung lautete: Um Rußlands Unabhängigkeit vor Übergriffen des Westens zu schützen und den Versuchen, das Land zu einem billigen Rohstofflieferanten für die Ausbeuter zu degradieren, zu begegnen, mußte man das Land wieder zu einer Großmacht ausbauen. Dies war aber nicht zu erreichen ohne eine große, messianische Idee, die die gesamte russische Geschichte in sich vereinigte – also auch den Bolschewismus und den Stalinismus. Und da eine Rückkehr zur vorrevolutionären Zeit unmöglich war und von vornherein ausschied, blieb nur noch die Rückkehr zu einem System, das trotz aller Unzulänglichkeiten Rußland siebzig Jahre lang einen Großmachtstatus garantiert hatte.[49]

Wir haben bisher über die frühen Vertreter der Rechten gesprochen, die bereits in den sechziger und siebziger Jahren ihre Stimme erhoben, wie Igor Schafarewitsch, Skurlatow, Michail Antonow und die geistigen Führer des NASCH SOWREMENNIK. Ihnen folgten die »Schwarzen Obristen« Alksnis und Petruschenko, die in der Ära Gorbatschow im Obersten Sowjet in Erscheinung traten. Nina Andrejewa und Schirinowskij schienen einige Zeit die aussichtsreichsten Bewerber im Kampf um die Macht zu sein. Aber hinter ihnen rückten mit Prochanow und Dugin nicht nur Ideologen einer neuen Generation nach, sondern auch Organisatoren, die erst am Anfang ihrer politischen Karriere standen. Der vielleicht bekannteste von ihnen war Sergej Baburin, dessen Name in dieser Geschichte der russischen Rechten bereits an früherer Stelle erwähnt wurde. Doch Baburins Betätigungsfeld war das Parlament. Er hatte sich noch keine Sporen als populärer, geschweige denn als nationaler Führer verdient.

Es gibt noch andere, weniger bekannte Rechtspolitiker wie etwa den in Leningrad geborenen Ilja Konstantinow, der seine politische Karriere in der christlichen Bewegung begann und dabei half, einen Teil der streikenden Arbeiter für die Sache der Rechten zu gewinnen.[50] Michail Astafjew, Nikolaj Trawkin und Nikolaj Pawlow machten sich einen Namen als Führer verschiedener Gruppen der Mitte, die langsam nach rechts rückten. Wie auch Baburin hatten die meisten von ihnen bis 1985 der Kommunistischen Partei angehört. Trawkin hatte es sogar zum »Helden der sowjetischen Arbeit« gebracht und war einer von Breschnews Vorzeigekommunisten gewesen.

Der alten Kommunistischen Partei näher stand der aus Kuban stammende Wiktor Ampilow, Vorsitzender der Russischen Kommunistischen Arbeiterpartei. Ampilow, der seine Sympathien für den Pamjat nicht verhehlte, hatte einige Zeit als sowjetischer Korrespondent in Nicaragua verbracht. Nikolaj Lysenko, der Chef der NRPR, der Nationalrepublikanischen Partei Rußlands, war aktives Pamjat-Mitglied gewesen, hatte aber schon früh eingesehen, daß der Pamjat nicht das ideale Sprungbrett für einen ehrgeizigen jungen Politiker war. Der im Gebiet Irkutsk geborene Lysenko ist – wie auch Baburin und Ampilow – erst Anfang Dreißig und laut Verfassung also noch zu jung, um zum russischen Präsidenten gewählt werden zu können. Rechts außen machte ein gewisser Alexander Barkaschow, ebenfalls ein Pamjat-Zögling, von sich reden. Er gründete die »Gruppe der russisch-nationalen Einheit«, war Mitorganisator mehrerer slawischer Kongresse und machte sich als Karatelehrer ebenso einen Namen wie als Autor von Hetzschriften alten Stils gegen Juden und Freimaurer.[51] Staatsmännischer trat da schon der etwas gesetztere W. Feodorow auf, der unter Gorbatschow Gouverneur von Sachalin geworden war, später aber zu den Rechten stieß.

Kaum einer dieser Männer war ein begnadeter Redner oder mit dem Charisma einer politischen Leitfigur ausgestattet. Andererseits bestand aber auch kein Mangel an Exzentrikern. Da war zum Beispiel der begabte Fernsehproduzent Alexej Newsorow, der sich in seiner Sendung »600 Sekunden« vor allem mit Verbrechen beschäftigte. Newsorow war ständig in die unglaublichsten Abenteuer verwickelt – jemand versuchte, ihn umzubringen, eine schottische Herzogin verliebte sich in ihn ... Meistens stellte sich nach kurzer Zeit heraus, daß die Berichte maßlos übertrieben waren.

Von den russischen Nationalisten neueren Stils ist Newsorow zweifellos der bekannteste und beliebteste – und der am meisten geschmähte. Seine in St. Petersburg produzierte Fernsehsendung »600 Sekunden« wird von siebzig Millionen Zuschauern verfolgt. Anfangs war sie eine lokale Wochenchronik, in der Newsorow hauptsächlich über Verbrechen berichtete und sich als couragierter Mann des Volkes präsentierte. Er machte sich zum Sprachrohr der kleinen Leute und stellte die kommunistische Bürokratie und die »Mafia« (also die Händler und Kaufleute, die exorbitante Preise verlangten) an den Pranger. Innerhalb eines Jahres jedoch wurde die Sendung hochpolitisch. Newsorow propagierte jetzt ein starkes, einiges Rußland und setzte sich für die Belange der in anderen Republiken lebenden Russen ein. Früher Monarchist und fanatischer Antikommunist, vertrat er nun mehr und mehr nationalbolschewistische Positionen. Doch paradoxerweise hatten seine Tiraden gegen seine vermeintlichen Feinde oft die gegenteilige Wirkung. So verdankte Sobtschak, der Bürgermeister von Leningrad, sein politisches Überleben wahrscheinlich den hemmungslosen Angriffen Newsorows. Newsorow schaffte es, in der russischen Intelligenzija Sympathien für die baltischen Regierungen zu wecken, obwohl diese Länder wegen ihrer Verstöße gegen die Menschenrechte gerade in die Schlagzeilen geraten waren – ein Ergebnis seiner einseitigen und verzerrten Berichterstattung aus Riga. Außerdem brachte er Krjutschow, den letzten KGB-Vorsitzenden, in Mißkredit, indem er einen geheimen Bericht an das sowjetische Parlament weiterleitete. Eigentlich hatte er dem KGB-Mann helfen wollen, aber der geheime Bericht (über Intrigen des amerikanischen Geheimdienstes CIA) strapazierte die Gutgläubigkeit der Parlamentarier über die Maßen, so daß er Krjutschow nur schadete. Viele Russen kamen mit der Zeit offenbar zu dem Schluß, daß eine Person, die von dem bekannten Fernsehproduzenten und Reporter verunglimpft wurde, so schlecht gar nicht sein konnte. Dennoch übte Newsorow nach wie vor einen großen Einfluß aus, weniger durch neue und originelle Ideen als vielmehr dadurch, daß er die politische Tagesordnung mitbestimmte.

Ebenfalls ein Exzentriker war der gebürtige Kurde und Lehrer Karem Rasch. Er erfreute sich vor allem bei den Streitkräften großer Beliebtheit. In zahllosen Artikeln vertrat er die Ansicht, daß die Sowjetarmee nicht nur tapfer und hervorragend ausgebildet sei, sondern auch alle moralischen und kulturellen Werte Rußlands verkörpere.

Die russische Rechte war fast eine reine Männergesellschaft, aber es gab Ausnahmen. Dazu zählten Nina Andrejewa, einige Schriftstellerinnen und vor allem die attraktive Saschi Umalatowa, die sich im Parlament mit zügellosen Angriffen gegen Gorbatschow und später Jelzin Bewunderer verschaffte.

Warum war die russische Rechte trotz günstiger politischer Bedingungen nicht erfolgreicher? Diese Frage erscheint etwas voreilig, denn die Aussichten für die russische Rechte sind angesichts der politischen und ökonomischen Krise Rußlands, die wahrscheinlich noch sehr lange anhalten wird, alles andere als düster. Zwei Umstände fallen auf, die in der Frühphase der nationalistischen Bewegung nach 1987 offensichtlich eine Rolle spielten. Zum einen mangelte es der russischen Rechten an genialen oder doch wenigstens überdurchnittlich talentierten Führungspersönlichkeiten, die wie ein Hitler oder Mussolini die Massen in ihren Bann hätten schlagen können. Noch wichtiger war jedoch, daß das patriotische Lager in vielen Fragen zerstritten war: Wie sollte die politische Zukunft des Landes aussehen? Wie das künftige Wirtschaftssystem? Sollten Teile der bolschewistischen Theorie und Praxis übernommen werden? Wo sollten die Grenzen des neuen Rußlands verlaufen? Dies sind nur einige der strittigen Fragen. Was die Neue Rechte zusammenhält, ist ihre totale Ablehnung der Reformregierung. Was ihr fehlt, ist eine gemeinsame Vision, wie das zukünftige Rußland aussehen soll.

Schluß

I

Niemand hat packender über die verschiedenen natürlichen und nationalen Eigenschaften geschrieben, ohne deren Existenz die Welt ein langweiliger und grauer Ort wäre, als das Akademiemitglied Dmitrij Lichatschow, der große alte Mann der russischen Geschichts- und Geisteswissenschaft. Er hat mit großer Leidenschaft die Ansicht vertreten, daß wahrer Patriotismus Individuen wie Nationen geistig bereichere und das edelste aller Gefühle sei:

> Er ist eigentlich kein Gefühl, sondern der wichtigste Aspekt der individuellen wie auch der sozialen Kultur. Er ist der Geist, der eine Person oder eine ganze Nation befähigt, sich über sich selbst zu erheben und Ziele zu setzen, die über persönliche Bestrebungen hinausweisen.[1]

Lichatschow zieht eine klare Trennlinie zwischen Patriotismus und Nationalismus. Letzteren nennt er »das größte Unglück der Menschheit«:

> Er gedeiht in der Finsternis und tut nur so, als basiere er auf der Vaterlandsliebe. In Wirklichkeit jedoch erwächst er aus Mißgunst und Haß gegenüber anderen Völkern und gegenüber jenen Menschen im eigenen Volk, die solche nationalistischen Ansichten nicht teilen.

Laut Lichatschow entsteht der Nationalismus aus einem Mangel an Selbstvertrauen und einem Gefühl der Minderwertigkeit. Er ist ein Ausdruck der Schwäche und nicht der Stärke einer Nation. Nur schwache Nationen sind in der Regel vom Nationalismus infiziert

und versuchen, sich mit Hilfe nationalistischer Leidenschaften und Ideologien zu behaupten.
Die Russen haben nach Lichatschow die meiste Zeit ihrer Geschichte in Frieden mit ihren Nachbarn gelebt. Er beruft sich auf den großen Historiker Sergej Solowjow (den Vater von Wassilij Solowjow), der einmal schrieb, daß die Russen sich von unerfreulichen Prahlereien über ihre Nationalität nicht verführen ließen. Und er zitiert Dostojewskij, von dem der Satz stammt, daß ein »engstirniger Nationalismus nicht dem russischen Geist entspricht«.[2] Lichatschow zieht daraus folgenden Schluß: »Eine bewußte Liebe zum eigenen Volk ist mit dem Haß auf andere Völker unvereinbar: Wenn ein Mensch sein eigenes Volk und seine eigene Familie liebt, dann wird er eher dazu neigen, auch andere Völker und Familien zu lieben. Es gibt Menschen, die eher zum Haß neigen und solche, die eher zur Liebe neigen ... Daher wird der Haß auf ein anderes Volk früher oder später auf Angehörige der eigenen Nation übertragen ... In seinen bewußtesten Formen zeichnet sich der Patriotismus immer durch Friedensliebe aus, durch aktive Friedensliebe und nicht nur durch Gleichgültigkeit gegenüber anderen Nationalitäten.«
Lichatschow ist für viele Russen das Gewissen der Nation, ihre höchste moralische Autorität. Aber entsprechen seine Ansichten wirklich den historischen Tatsachen oder sind sie nur ein kategorischer Imperativ? Einige seiner Beobachtungen sind jedenfalls durch die historische Erfahrung bestätigt worden. Diejenigen, die sich heute als die Frommsten innerhalb der orthodoxen Kirche gerieren, die sich im Gottesdienst härter auf die Brust schlagen und tiefer verbeugen als der Rest der Gemeinde, zeigen oft größeren Eifer im Kampf gegen das, was sie für das Böse halten, als in der Ausübung christlicher Ideale. Seelenrettung und Nächstenliebe, die Geschichte vom barmherzigen Samariter und die Bergpredigt sind ihnen nicht wichtig. Sie beschäftigen sich lieber mit dem Teufel als mit Gott. Der Satan fasziniert sie mehr als Christus, und der Kampf gegen den Teufel und seine Diener hat Vorrang vor allen anderen Geboten. Diese Eiferer lassen einen verblüffenden Mangel an Liebe erkennen, ja, vielleicht sind sie gar nicht fähig zu lieben.
Einer scharfsinnigen Kritikerin fiel auf, daß es in der Literatur der extremen Rechten keine Liebesgedichte gibt und das lyrische Element völlig fehlt.[3] Frauen, und besonders junge Frauen, die als ideo-

logisch unzuverlässig gelten, werden in aller Regel negativ dargestellt. Die einzige romantische Liebe, die diese Literatur kennt, ist der nationalistische Eros – der Ritter, der in glänzender Rüstung das Vaterland verteidigt, *Rodina* – eine Frau.

Wie breit ist die Zustimmung zu Lichatschows Ansichten? Er ist kein Politiker oder Parteiführer. Dennoch sympathisiert ein beträchtlicher Teil der gebildeten russischen Öffentlichkeit, aus der sich das nationalliberale Lager rekrutiert, zumindest mit einem Teil seiner Ansichten. Alle diese Menschen sind überzeugte Patrioten, viele (aber nicht alle) gehören der gleichen Religionsgemeinschaft an. Sie wollen in einem freien Rußland leben, aber nicht unbedingt in einer Demokratie westlichen Zuschnitts, und sie sind sehr bedrückt über den Verlust großer Territorien, die hauptsächlich von Russen bevölkert sind. Prominente Mitglieder dieser Gruppe sind, um nur einige wenige Namen zu nennen, Sergej Awerinzew, ein bedeutender Historiker für mittelalterliche Kultur und Theologie, Alexander Zypko, einer der Politologen, die in der Glasnost-Ära bekannt wurden, einige Mitarbeiter der literarischen Zeitschrift NOWYJ MIR und verschiedene Literaturkritiker wie Igor Winogradow und Alla Latinina. Vor allem aber gehören Solschenizyn und sein Kreis dazu.[4] Schließlich sind da auch noch russische Politiker wie Jelzin und Sobtschak, die nach dem Zerfall der Sowjetunion immer häufiger und nachdrücklicher für russische Belange und Interessen eingetreten sind. Die Ansichten dieser Nationalliberalen werden vermutlich dann am deutlichsten, wenn wir sie mit denen der Radikaldemokraten vergleichen, die im großen und ganzen in der Tradition Sacharows stehen.

Für die Radikaldemokraten ist die Schaffung demokratischer Institutionen die zentrale Aufgabe. Im Fehlen solcher Institutionen sehen sie den Hauptgrund für Rußlands Unglück in der Vergangenheit, und sie fürchten, daß die Freiheit in ihrem Land erst gesichert sein wird, wenn solche Institutionen fest etabliert sind. Sie haben nicht den Wunsch, den Westen sklavisch zu kopieren, aber sie haben auch nicht das innere Bedürfnis, eine spezifisch russische Sozial- und Wirtschaftspolitik zu verfolgen. Sie sehen keine spezifisch russische Tradition, die in der momentanen Orientierungslosgkeit als Modell dienen könnte.

Die meisten Radikaldemokraten sind nicht gläubig. Sie halten den

Verlust traditioneller russischer Gebiete für ein Unglück, sehen jedoch keine Möglichkeit, diesen Verlust ungeschehen zu machen, zumindest nicht in absehbarer Zukunft. Sie verfügen über kein einheitliches Programm für das russische Wirtschaftssystem. Manche plädieren für ein klassisches liberales Modell nach Hajek und Friedman, andere ziehen ein gemischtwirtschaftliches System vor. Sie pochen auf ein Mehrparteiensystem und betrachten die extreme Rechte als die schlimmste Gefahr, weil sie, falls sie die Macht erringen sollte, Rußland wieder zurück zu Krieg und Tyrannei und schließlich in den Untergang führen würde. Sie lieben die Kultur ihres Heimatlands und sind – in der Tradition der russischen Intelligenzija des 19. Jahrhunderts – oft russischer, als ihnen bewußt ist. Gleichwohl üben sie schonungslose Kritik an den dunklen Kapiteln der russischen Vergangenheit. Sie sind offen für westliche Einflüsse, und ihre nostalgischen Gefühle für das alte Rußland sind nicht so intensiv wie die der Nationalliberalen. Tendenziell stimmen sie mit Ernest Renan überein, der schon vor über hundert Jahren in einem berühmten Aufsatz schrieb: »Nationen basieren auf einem Konsens, die Existenz einer Nation ist ein tägliches Plebiszit. Nationen sind nicht ewig, sie hatten einen Anfang, und sie werden ein Ende haben.«[5]

Die Radikaldemokraten sind, allgemein gesprochen, »liberale Demokraten« im westlichen Sinne. Die gemäßigten Nationalisten hingegen sind Konservative. Sie lehnen eine Demokratie in Rußland nicht prinzipiell ab, glauben aber in Anbetracht der russischen Vergangenheit und der enormen Schwierigkeiten, die in Zukunft zu erwarten sind, daß sich mehr oder weniger zwangsläufig ein (aufgeklärtes) autoritäres Regime etablieren wird. Sie hoffen, daß die Religion in Zukunft eine zentrale Rolle spielen wird. Sie neigen zur Idealisierung des vorrevolutionären Rußlands und streben ein politisches und soziales System an, das dem damaligen nicht ganz unähnlich ist – natürlich befreit von seinen negativen Seiten, aber in Übereinstimmung mit den alten russischen Traditionen. Die meisten gemäßigten Nationalisten sind der Ansicht, daß der Preis, der in jüngster Zeit für die Freiheit bezahlt wurde, wohl zu hoch war. Welche Zukunft hat Rußland ohne die Ukraine, ohne Weißrußland, die Krim und das überwiegend von Russen bewohnte Nordkasachstan?

Dies ist der wichtigste Punkt in ihrem Denken, und bis zu einem gewissen Grad sind auch Liberale und Radikaldemokraten derselben Ansicht. Die Balkanisierung der ehemaligen Sowjetunion ist eine Tragödie, und sie wird den Demokratisierungsprozeß mit Sicherheit erheblich erschweren. Es ist paradox: Während in West- und Mitteleuropa die Grenzen fallen, geht der Trend im Osten in Richtung Abspaltung und Separatismus. Während auf einer abstrakten Ebene selbst die kleinste Nation das Recht auf nationale Souveränität hat, machen objektive Faktoren – nicht zuletzt die Vermischung von Rassen und Völkern in der modernen Welt – die praktische Wahrnehmung dieses Rechts oft unmöglich. Es gibt kein moralisches Gebot, daß die Nationen ihr abstraktes Recht auch wahrnehmen müßten. Schottland hat ungefähr genauso lange zu Großbritannien gehört wie die Ukraine zu Rußland. In Schottland bestehen ähnliche Ressentiments (dagegen, daß es von London regiert wird) wie in der Ukraine. Die meisten Schotten sehen jedoch ein, daß niemand etwas davon hätte, wenn Schottland ein völlig unabhängiger souveräner Staat wäre. Es war ein Fehler vieler Russen zu glauben, daß die Ukrainer nicht mehr gemeinsam hätten als eine Sprache, oder vielleicht sogar nur einen Dialekt.[6]

Die sowjetische Nationalitätenpolitik war in mancher (kultureller) Hinsicht weniger repressiv als die zaristische, aber das sowjetische Experiment der Verschmelzung *(Slijanije)* hatte keinen Erfolg, da es den Völkern von oben aufgezwungen worden war. Der Groll gegen Moskau nahm weiter zu, und als die politischen Kontrollen aufgehoben wurden, gab es nichts mehr, was die Nationen und Nationalitäten davon hätte abhalten können, die Union zu verlassen. In der Sowjetunion und zuvor im zaristischen Rußland hatte die Mitgliedschaft in einem Vielvölkerstaat gewisse Vorteile mit sich gebracht, wie die Mitgliedschaft in einem angesehenen Club. Als das Ansehen des Clubs jedoch rapide schwand, fiel dieser Beweggrund weg. Hätte Rußland versucht, dem ukrainischen Nationalismus entgegenzukommen, dann wäre die Abspaltung vermutlich nie erfolgt. Aber eine echte Föderation mit Selbstbestimmung der Mitgliedstaaten wurde nie ernsthaft ins Auge gefaßt. Und als die Mehrheit der Ukrainer erst einmal für die vollständige Unabhängigkeit gestimmt hatte, gab es nicht mehr viel, was die neue russische Führung hätte tun können, um die Union zu retten. In fernerer Zukunft, wenn die mit der Unabhängigkeit verbundenen Träume verblassen, wird es möglicherweise wieder zu einer Annäherung kommen. Doch bis dahin werden die russischen Patrioten nur ohnmächtige Frustration darüber empfinden, daß sie ohne Kiew existieren müssen, der Wiege der russischen Kultur und des russischen Staates. Aus Sicht der russischen Patrioten wäre die einzige Alternative ein Einmarsch in der Ukraine – eine kaum praktikable Lösung. Einige Republikaner in Amerika glauben heute noch, daß Roosevelt und Truman zwischen 1938 und 1948 »China verloren« haben; die russischen Nationalisten werfen heute Gorbatschow und Jelzin den Verlust der Ukraine vor, und nicht denen, die in den zweihundert Jahren zuvor regierten.

II

Der Zerfall der Sowjetunion wird wie kaum ein anderes Ereignis Einfluß darauf haben, wohin der russische Nationalismus und die russische Politik in den kommenden Jahren steuern werden. Er könnte ähnliche Auswirkungen haben wie der Versailler Vertrag von 1919 auf Deutschland oder der Verlust Nordafrikas in den fünfziger und sechziger Jahren auf die französische Politik. Versailles, das Gefühl der nationalen Demütigung, war einer der wichtigsten Gründe für den Aufstieg des Nationalsozialismus, und der Rückzug aus Nordafrika brachte Frankreich an den Rand eines Bürgerkriegs. Rückblickend waren die Verluste, die Deutschland und Frankreich erlitten, keineswegs verhängnisvoll. Deutschland verlor seine unbedeutenden Kolonien und einige Gebiete wie Elsaß-Lothringen, Posen und Teile von Oberschlesien, die größtenteils von Deutschen wider Willen bewohnt waren. Der Verlust des Maghreb führte zum Exodus von mehreren Hunderttausend Franzosen. Das neue Rußland hat dagegen nur noch die halbe Bevölkerung der alten Sowjetunion, und viele Millionen Menschen russischer Nationalität leben jetzt außerhalb Rußlands; sie sind zu ethnischen Minderheiten geworden, und ihre neuen Herren sind nicht allzu tolerant.

Zehn Jahre nach dem Verlust des Maghreb stand Frankreich besser da und lebte in größerem Frieden mit sich selbst als je zuvor. Siebzig

Jahre nach dem Versailler Vertrag und vierzig Jahre nach dem zweiten verlorenen Krieg ist Deutschland der stärkste Staat in Europa. Der russische Schock war ernster. Zwar war der Verlust des russischen Imperiums nicht das Ergebnis einer militärischen Niederlage. Und es stimmt, daß manche russische Nationalisten seit langem die Ansicht vertreten hatten, daß es Rußland ohne die mittelasiatischen und vielleicht auch ohne die kaukasischen Republiken besser gehen würde. Rußland, so behaupteten sie, sei von den nichtrussischen Republiken ausgebeutet und in gewisser Weise auch zerrüttet worden. Walentin Rasputin und einige andere Vertreter des russischen Nationalismus hatten schon lange vor dem August 1991 vorgeschlagen, daß Rußland die Initiative ergreifen und die Union verlassen solle. Die imperialen Ambitionen und das Gefühl, eine historische Mission zu haben, waren jedoch noch immer sehr präsent, und auf jeden Fall hatte niemand erwartet, daß auch die slawischen Republiken austreten würden.

Das volle Ausmaß des Traumas drang erst im Lauf der Zeit ins Bewußtsein. Wie in Deutschland nach 1918 bestand auch in Rußland eine große Bereitschaft, an alle möglichen »Dolchstoßlegenden« zu glauben – an Theorien, nach denen die Katastrophe von den eingeschworenen Feinden Rußlands im In- und Ausland herbeigeführt worden war. Der Groll wuchs, besonders gegen die undankbaren Bewohner der baltischen Länder, der Ukraine und Moldawiens, aber auch gegen die kaukasische Bevölkerung, die schließlich nicht unerheblich von der Hilfe und vom Schutz der Russen profitiert hatte. Ebenso wuchs die Erbitterung über die Behandlung der Russen außerhalb Rußlands, und immer lauter wurde die Forderung erhoben, daß die Krim und die wichtigsten russischen Enklaven in der Ukraine, in Kasachstan und anderswo der russischen Republik einverleibt werden sollten. War es nicht die Pflicht der russischen Regierung, die russischen Interessen außerhalb der Grenzen der alten RSFSR zu schützen? Und waren in der Geschichte nicht alle Länder, die sich ihre Selbstachtung bewahrt hatten, bereit gewesen, das Leben und die Interessen ihrer Mitbürger zu schützen, wenn diese in Gefahr waren?

Diese Stimmung war weit verbreitet, und es wäre selbstmörderisch gewesen, wenn die russischen Demokraten den Patriotismus und die Verteidigung der nationalen Interessen der Rechten überlassen hätten. Wie in Deutschland nach dem Versailler Vertrag hätte eine solche Politik bedeutet, das Land kampflos den Extremisten zu überlassen. Sie mußten die Macht Rußlands behaupten und die Interessen des Landes verteidigen. Dies war nicht nur berechtigt, sondern auch politisch von zentraler Wichtigkeit. Es bestand die große Gefahr, daß die unabhängig gewordenen Republiken sich in ihrem nationalistischen Rausch zunehmend weigern würden, die legitimen russischen Interessen zu berücksichtigen. Dies wiederum hätte den Groll und die feindselige Stimmung in Rußland weiter verstärkt und Konflikte heraufbeschworen, die noch schwerer zu lösen gewesen wären. Appelle an die Vernunft stoßen unter solchen Umständen in aller Regel auf taube Ohren, und es kommen die niedrigsten Instinkte zum Ausbruch. Dies ist die Lehre, die aus der neuen Ordnung nach Versailles gezogen werden muß. Und die französische Geschichte lehrt, daß es einer rechtsgerichteten patriotischen Führung bedurfte, damit das Land den Rückzug akzeptieren, sich an seinen neuen Status gewöhnen und vom Rand des Abgrunds zurücktreten konnte. Sind diese Lehren auch auf Rußland anwendbar? Jede historische Situation ist einzigartig, aber das deutsche und das französische Beispiel sind die besten Parallelen, die man in der jüngeren Geschichte finden kann.

III

Gelegentlich wird behauptet, Rußland sei durch seine Geschichte und seine geographische Lage dazu verurteilt, eine Großmacht zu sein. Was aber, wenn die Kräfte des Zusammenhalts schwächer sind, als allgemein angenommen? Wenn nach dem Zerfall der Sowjetunion auch noch Rußland in mehrere unabhängige oder halbunabhängige Einheiten zerfällt und kleinere Staaten entstehen wie Tataristan, Sibirien, Jakutien und andere? Diese Möglichkeit wurde bereits vor dem Ende der Sowjetunion diskutiert, und sie kann zum gegenwärtigen Zeitpunkt keinesfalls ausgeschlossen werden.[7] Die Argumentation lautet ungefähr folgendermaßen: Es ist leicht, sich Rußland als eine Großmacht oder als eine Vielzahl kleiner Einheiten vorzustellen. Jeder Kompromiß zwischen diesen beiden Extremen ist dagegen instabil und wird wahrscheinlich keinen Bestand haben. Gewiß, es gibt Kräfte, die sich einem weiteren Zerfall entgegenstemmen, aber wie stark sind sie? Gemeint sind damit die russischen Nationalisten und die Altkommunisten auf der einen und die westlichen Länder auf der anderen Seite. Der Westen will eine neue Weltordnung, in der Ruhe und Frieden herrschen, damit er seinen eigenen Garten bestellen kann. Ein vereintes Rußland würde (vorausgesetzt, es ist nicht zu stark) den westlichen Interessen besser dienen als ein chaotischer Zustand, der nur neue politische und wirtschaftliche Probleme schafft und möglicherweise dazu führt, daß sich ein Strom von Flüchtlingen gen Westen in Bewegung setzt. Kurzum, der Westen will verhindern, daß zwischen St. Petersburg und Wladiwostok einer riesige Zone der Instabilität entsteht.

Imperien haben die Tendenz (so geht die Argumentation weiter), früher oder später in verkleinerter Form neu zu erstehen, wie etwa das alte Römische Reich in Gestalt des modernen Italien. Die Anpassung ist mitunter recht schmerzlich: Auch Großbritannien und Frankreich fiel es nicht leicht, sich mit ihrer neuen Rolle in der Welt abzufinden, aber letztlich fand doch eine Normalisierung statt. Die alten imperialen Träume und vermeintlichen historischen Bestimmungen wurden vergessen, und man gewöhnte sich an die neue Lage.

Wie wahrscheinlich ist es, daß eine derartige Normalisierung auch in Rußland stattfinden wird? Niemand kann mit Gewißheit sagen, wie stark die nationalistischen Kräfte sind und wie sie sich in Zukunft entwickeln werden.[8] Es besteht jedoch Grund zu der Annahme, daß eine *Smuta* (Zeit der Wirren), wenn sie denn stattfinden sollte, nicht lange dauern und schließlich zu einer neuen Ordnung führen wird. Der Vergleich mit Frankreich nach dem Verlust des Maghreb ist nicht sehr tragfähig, denn die Gebietsverluste Rußlands sind unendlich viel größer. Hinzu kommt, daß heute sehr viel mehr Russen außerhalb der russischen Republik leben als damals Franzosen außerhalb Frankreichs. Wenn Frankreich in den sechziger Jahren zerfallen wäre und sich in ein Dutzend Provinzen aufgespalten hätte, dann hätten wir einen wirklichen Präzedenzfall. Aber Frankreich ist nicht zerfallen. Klein mag in mancher Hinsicht fein sein, aber das Zusammenleben der Menschen auf dem früheren Territorium der russischen Republik wäre nicht notwendigerweise friedlicher oder sonstwie besser, wenn es statt einer staatlichen Einheit deren zehn oder hundert gäbe. Im Gegenteil, Abspaltungstendenzen auf dem Territorium der russischen Republik werden den russischen Nationalismus wahrscheinlich eher stärken als schwächen. Sie könnten dem Streben nach Wiedervereinigung neue Impulse verleihen. Und diese Wiedervereinigung würde notwendigerweise von oben aufgezwungen werden.

Die Hoffnung, daß sich die politischen Verhältnisse in Rußland dank einer erfolgreichen Wirtschaftsreform normalisieren werden, wird sich nicht unbedingt erfüllen. Eine schnelle Verbesserung der wirtschaftlichen Lage ist unwahrscheinlich, und außerdem lebt der Mensch nicht vom Brot allein. Er (oder sie) braucht etwas, woran er glauben kann, Mythen und Symbole, und manche Länder, zu denen auch Rußland gehört, brauchen sie mehr als andere. Die menschliche Existenz ist keine Bilanz, bei der Gewinne und Verluste, Aktiva und Passiva fein säuberlich aufgelistet sind. Was die geistige Nahrung betrifft, ist das postkommunistische Rußland eine Wüste. Sowohl der Kommunismus als auch der Nationalismus sind orientierungslos; vielleicht finden sie gerade deshalb leicht einen gemeinsamen Nenner. Und die Kirchen scheinen weder über die Botschaft noch über die Apostel zu verfügen, die im Volk jene Begeisterung und Opferbereitschaft hervorrufen könnten, die in kommenden Jahren nötig sein werden. In einem solchen geistigen Vakuum gedeihen alle Arten von Wahnvorstellungen. Nach dem Zweiten Weltkrieg gelang es den Deutschen und den Japanern, wohlhabende und zivilisierte Gesellschaften aufzubauen, ohne daß sie über eine spezifische nationale Idee oder einen Glauben verfügt hätten. Allerdings war ihre Niederlage total gewesen, und das machte es leichter, einen Neubeginn zu wagen und überholte Vorstellungen über Bord zu werfen. Für die Deutschen, die Italiener oder die Japaner wäre es selbstmörderisch gewesen, wenn sie sich nicht in ihr Schicksal gefügt hätten. Doch die Russen wurden nicht in einem Krieg geschlagen. Im Gegenteil, mehrere Generationen wurden im Glauben an die eigene Unbesiegbarkeit erzogen, und nicht nur im militärischen Sinn. Unter solchen Voraussetzungen ist ein echter Neubeginn psychologisch sehr viel schwieriger.

IV

In einer Zeit der schweren Krise treten die negativen und häßlichen Aspekte der russischen Vergangenheit, Tyrannei, Unwissenheit und Knechtschaft vielleicht eher in den Vordergrund als das Schöne und Harmonische. Doch es hat immer auch ein Rußland gegeben, auf das seine Söhne und Töchter stolz sein konnten, ein russisches Volk, das auch »in der Verzweiflung eine große Heiterkeit zeigte, liebenswürdig und vergnügt war«.[9] Ausländische Besucher, die in ihren Schriften die psychologischen Auswirkungen der Despotie anprangerten, beschrieben auch die Gastfreundschaft und Freundlichkeit gegenüber dem völlig Fremden, die Fürsorge, mit der Blinden und Krüppeln begegnet wurde, und die *schirokaja natura.* Sie waren voll des Lobes für die Anständigkeit der einfachen Leute, die vielen großen Talente und kulturellen Leistungen, die Literatur, die älter war als die englische, französische und deutsche, eine Literatur, »die die ganze menschliche Welt erleuchtete und verwandelte« (Solowjow), die Folklore, die so reich war wie die russische Sprache selbst, und die Volkslieder, die so bewegend, traurig und vergnügt waren wie sonst nirgendwo auf der Welt. Außerdem bemerkten sie, daß Rußland für neue Einflüsse vielleicht offener war als jedes andere Land.

Die Natur spielte eine große Rolle bei der Entstehung eines spezifisch russischen Volkscharakters – die unendlich weiten Räume, der russische Wald, die majestätischen Ströme. Kein Volk stand der Natur näher als das russische, und keine Schriftsteller haben liebevoller über sie geschrieben. Lichatschow hat die russisch-orthodoxe Kirche »die glücklichste Form des Christentums« genannt, »einen Glauben von großer sinnlicher Schönheit«.

Es fällt auf, daß selbst die katholischen Kirchen steril sind in ihrer Grandiosität. Man betrachte dagegen eine russische Kirche. Sie ist dank ihres Lichts, ihrer hellen, leuchtenden Ikonostasis, dank der humanistischen Gestaltung des Raums, dank ihrer kosmischen Beschaffenheit und ihrer goldenen Flammen einfach schön. Und sie leuchtet.

Nicht alles war leerer Pomp und starres Ritual. Helmuth von Moltke, der große Stratege des letzten Jahrhunderts, war kein Mann, der sich leicht beeindrucken ließ oder zu Übertreibungen neigte, und er war auch kein Mitglied der russisch-orthodoxen Kirche. Und trotzdem war er, als er der Krönung Alexanders II. im Kreml beiwohnte, zutiefst bewegt von der feierlichen, glanzvollen Prozession, den wunderbaren Kirchengesängen und der Erhabenheit des Ereignisses. Die Russen haben ihr Land geliebt, »wie nur der Russe liebt: unerschütterlich, glühend und zärtlich« (Lermontow). Sie haben auch dann noch gekämpft, wenn jeder Widerstand aussichtslos schien, und die ausländischen Invasoren zurückgeschlagen.

Es ist überhaupt nicht schwierig, eine lange Ode an die Schönheiten Rußlands zu dichten, an den lauteren Charakter und die großartigen Leistungen vieler seiner Söhne und Töchter. Welches andere Volk hätte die Qualen überlebt, die Rußland im Verlauf seiner Geschichte erdulden mußte? Doch vieles davon gilt für ein ländliches Rußland, das für immer verloren ist. Die Nostalgie der russischen Rechten ist reiner Rousseau, ohne daß sie je ein Werk des Genfer Philosophen gelesen hätten. Für ihn war die ländliche Gemeinschaft der einzige Garant für Freiheit und Glück: Von der Hauptstadt geht eine »permanente Pestilenz aus, die die ganze Nation untergräbt und letztlich zerstören wird«. Man könnte sich keine passendere Zueignung für Wassilij Belows *Wsjo Wperedi* (»Wir haben noch alles vor uns«) von 1986 vorstellen. Aber weder das goldene noch das silberne Zeitalter der russischen Kultur gingen von den ländlichen Gemeinschaften aus, und wenn es, wie Lichatschow und andere glauben, trotz siebzigjähriger Verwüstung in den kommenden Jahren abermals eine kulturelle Renaissance geben wird, dann wird sie wieder von den Städten ausgehen.[10]

Die Größe Rußlands ist nie in Frage gestellt worden, und je größer die Errungenschaften des Landes, desto größer ist der Schmerz, der nach siebzig Jahren des Niedergangs und der Zerstörung empfunden wird. Die russischen Nationalisten und mehr noch die extremen Nationalisten haben jedoch unrecht, wenn sie glauben, daß nur sie den Schmerz gefühlt haben, und die Radikaldemokraten »kulturelle Nihilisten« nennen, die angeblich alles Russische ignorieren oder verachten. Dies trifft nicht einmal auf das Sowjetregime zu; unter Lenin, Stalin und ihren Nachfolgern wurden zwar unersetzliche Kulturdenkmäler zerstört und andere verheerende Schäden angerichtet, aber es trifft auch zu, daß die russischen Klassiker in der Sowjetunion in höheren Auflagen gedruckt, öfter aufgeführt und ausgestellt wurden als in den siebzig Jahren vor der Revolution. Eine grundsätzlich negative Haltung zum russischen Kulturerbe bestand nur in einigen wenigen Jahren der Sowjetherrschaft und nur in wenigen Bereichen.

Der Vorwurf, die Liberalen hätten eine »nihilistische« Einstellung zur russischen Geschichte und Kultur, ist unhaltbar, es sei denn, man ginge davon aus, daß ein wahrer Patriot alles bewundern und schätzen muß, was vor 1917 geschah oder hervorgebracht wurde, gleichgültig, wie böse, häßlich oder dumm es auch immer war – nach dem Motto: »Mein Land hat immer recht.«

Die Vorwürfe des »kulturellen Nihilismus« und »Kosmopolitismus« an die Adresse der Demokraten entbehren jeder realen Grundlage, wenn man einmal von der Rolle absieht, die die russisch-orthodoxe Kirche in der künftigen russischen Gesellschaft spielen soll. Nicht alle Rechten sind gläubig, und nicht alle Linken sind Atheisten. Doch es stimmt, daß die Demokraten im allgemeinen für eine säkulare Gesellschaft eintreten, während die Rechten – die gemäßigten Russophilen eingeschlossen – der russisch-orthodoxen Kirche im politischen Leben eine zentrale Rolle einräumen wollen. Die Russophilen haben in den letzten Jahren das religiöse Denken der ersten Hälfte des 20. Jahrhunderts wiederentdeckt, wobei sie eher von den konservativen Denkern dieser Zeit beeinflußt wurden.[11] Alle diese Denker glaubten, daß das Christentum zur politischen Erneuerung Rußlands einen Beitrag würde leisten können, vertraten ansonsten jedoch sehr verschiedene Ansichten. Georgi Fedotow war Demokrat, während Iwan Iljin (dessen Rolle wir in unserer Untersuchung bereits diskutiert haben) ein Mehrparteiensystem ablehnte und eine Mischung aus Diktatur und Theokratie befürwortete. Anton Kartaschew trat für einen Mittelweg ein: für einen christlichen Staat, aber nicht für eine vollentwickelte Theokratie.[12]

Die extreme Rechte entschied sich aus ganzem Herzen für Iljin und druckte häufig seine politischen Essays ab – aber selten, wenn überhaupt, seine theologischen Schriften. »Liebe deinen Nächsten« bezieht sich, was diese Leute betrifft, nur auf den russisch-orthodoxen Glaubensgenossen. Die gemäßigten Russophilen, Solschenizyn eingeschlossen, fühlten sich mehr zu Kartaschew hingezogen. Dagegen hingen die Demokraten, obwohl sie der Kirche den gehörigen Respekt zollten, eher der Idee des modernen Säkularstaats an und befürworteten eine Trennung zwischen Staat und Kirche. Der wahre Unterschied zwischen Demokraten und gemäßigten Russophilen besteht also nicht darin, daß sie sich der russischen Vergangenheit und Kultur unterschiedlich stark verbunden fühlen. Die Geister scheiden sich vielmehr an dem absoluten, ewigen Wert der Nation und an der politischen Rolle, die die Kirche in einem künftigen Rußland spielen soll. Doch selbst dieser Unterschied ist in gewisser Weise künstlich, denn viele Konservative sind nicht gläubig, und die Kirche ist keineswegs darauf erpicht, in den politischen Angelegenheiten des Landes eine allzu aktive Rolle zu spielen. Die wirklichen Unterschiede zwischen den Demokraten und den moderaten Nationalisten sind wohl weniger geistiger als emotionaler und gefühlsmäßiger Natur, aber sie sind deshalb keineswegs weniger real.

V

Wie zutreffend ist nun Lichatschows Unterscheidung zwischen Patriotismus und Nationalismus? Sie hat zweifellos überall auf der Welt ihre Anhänger. Der französische Denker Claude Casanova hat versucht, unseren Patriotismusbegriff zu definieren. Der Begriff stammt offensichtlich aus dem Lateinischen und bezieht sich auf das Land der Väter, das man nicht selbst wählt, sondern in das man zufällig hineingeboren wird. Im europäischen Bewußtsein ist das Vaterland jedoch von alters her nicht nur das Land, in dem man lebt, sondern auch das Land, das man liebt, mit dem man durch zahlreiche Bande der Tradition und Kultur verbunden ist, das Land, das man annimmt und von dem man angenommen wird. Dagegen macht der Nationalist sein Vaterland zu einem Fetisch, zum Gegenstand eines exklusiven Kultes. Seine Vaterlandsliebe ist jeder anderen überlegen. Sein Vaterland unterscheidet sich fundamental von allen anderen Vaterländern und ist ihnen allen vorzuziehen. Die nationalen Pflichten sind für ihn wichtiger als alle anderen: »Nationalisten sind exzessive und exklusive Patrioten, ihr Patriotismus setzt ihrer Menschlichkeit Grenzen.«[13]

Die russischen Nationalisten der extremen Rechten wehren sich jedoch heftig gegen solche Differenzierungen. Auf der primitivsten Argumentationsebene bezeichnen sie Patriotismus, Nationalismus und Chauvinismus als Synonyme,[14] so wie sie auch behaupten, daß der Begriff »Schwarze Hundert« bis zur bolschewistischen Revolution gleichbedeutend mit dem Begriff »Patrioten« gewesen sei.[15] Auf einer anspruchsvolleren Ebene scheuen sie vor solchen empörenden Behauptungen zurück. Selbst Pamjat-Mitglieder, von den Anhängern weniger extremer Gruppen ganz zu schweigen, verwenden lieber den Begriff »patriotisch« als »chauvinistisch«. Sie rechtfertigen die Schwarze Hundert zwar im nachhinein, doch bis auf ein paar Sektierer vermeiden es heute alle, den Begriff in den Mund zu nehmen, weil er eine allzu negative Bedeutung angenommen hat. In ihrem Herzen und in ihrer politischen Praxis machen sie jedoch kaum einen Unterschied zwischen Patriotismus und Nationalismus. Aus ihrer Sicht ist der Nationalismus die heiligste Idee im Leben eines Menschen; erst die Zugehörigkeit zu einer Nation oder einem Volk gibt dem Leben des einzelnen einen Sinn. Die Unterschiede zwischen den Nationen sind für die extreme Rechte fundamental, und die Verpflichtung gegenüber der eigenen Nation hebt alle anderen Pflichten auf. Diese Ansichten werden im großen und ganzen auch von den meisten russischen Nationalisten geteilt. Ob sie glauben, daß die eigene Nation allen anderen überlegen ist, ist in diesem Zusammenhang unerheblich; manche glauben es, andere nicht.
Wer gehört nun zur Nation? Nur ethnische Russen, die zudem der russisch-orthodoxen Kirche angehören. Ein Katholik, Muslim, Protestant oder Jude kann zwar russischer Untertan sein, er kann toleriert werden und das Recht auf freie Religionsausübung sowie gewisse Bürgerrechte erhalten. Da aber der Begriff »Heiliges Rußland« für ihn keine Bedeutung hat, kann er kein echter Russe sein.[16] Manche aufgeklärten Geister der Rechten sind bereit, in diesem Punkt Konzessionen zu machen: Bestimmte Individuen, die kein russisches Blut in den Adern haben, können ihrer Ansicht nach zu wahren russischen Patrioten werden, wenn sie sich große Mühe geben und bereit sind, Opfer für ihr Vaterland zu bringen. Aber ihre Zahl wird nie groß sein. Andere Rechte machen überhaupt keine Ausnahmen. Ein getaufter Jude ist für sie ein begnadigter Dieb, wie ein russisches Sprichwort sagt.

Diese Argumentation der russischen Rechten enthält viele Widersprüche und Ungereimtheiten, für die es vielleicht keine Lösung gibt. Das Kriterium der Religionszugehörigkeit ist in der postkommunistischen Gesellschaft sinnlos. Wie bereits erwähnt, ist selbst nach den günstigsten Umfragen heute nur noch knapp die Hälfte der russischen Bevölkerung gläubig, von den praktizierenden Mitgliedern der russisch-orthodoxen Kirche gar nicht zu reden.[17] Es ist auch nicht möglich, das religiöse durch ein rassisches Kriterium der Volkszugehörigkeit zu ersetzen. Dies rührt zum Teil daher, daß nach den Erfahrungen mit dem Nationalsozialismus außer ein paar Sektierern niemand bereit wäre, ein solches Kriterium zu akzeptieren. Und selbst wenn, so wäre eine Rassentheorie nicht mehr anwendbar in einem Land, in dem sich die Völker und Rassen so vermischt haben wie in Rußland. Es wäre sicher interessant, in Rußland genetische Tests durchzuführen. Die Nationalisten wären über die Ergebnisse wahrscheinlich überrascht und entsetzt. Und sie würden, um den Code Napoléon zu paraphrasieren, zu dem Schluß kommen: *La recherche de l'origine est interdit.*

Gleichwohl ist die Unterscheidung zwischen (gutem) Patriotismus und (schlechtem) Nationalismus aus einer Reihe von Gründen fragwürdig, von denen einige historischer Natur sind. Patriotismus genoß nicht immer so hohe Wertschätzung wie heute. Samuel Johnson war nicht der einzige, der den Patriotismus für die letzte Zuflucht eines Schurken hielt, und auch John Dryden stand nicht allein mit seinem Satz: »Bin nie ein Patriot gewesen, nur ein Narr.« Lessing schrieb an einen Freund, er könne nicht verstehen, was Vaterlandsliebe bedeute – sie sei bestenfalls eine »heroische Schwäche«, auf die er gern verzichte. Schiller, der in Rußland mindestens ebenso bewundert und ebenso oft zitiert wurde wie in seiner Heimat, schrieb im Jahr der Französischen Revolution an seinen Freund Christian Körner, daß patriotische Interessen nur für »unreife Nationen« wichtig seien und daß es ein ärmliches und belangloses Ideal sei, nur für eine Nation zu schreiben. Goethe dachte bis zu seinem Lebensende ähnlich, und Puschkin beklagte sein Unglück, in Rußland geboren zu sein. Schafarewitsch, einer der unbarmherzigsten Russophobenjäger, nahm Heine aufs Korn, weil er nationalen Idealen zu wenig Respekt entgegengebracht habe. Heine war als Jude ein dankbares Ziel, aber wer sich mit der europäischen

Kulturgeschichte auskennt, weiß, daß seine Ansichten von den Trägern der Aufklärung und der Generation danach geteilt wurden. Sie dachten kosmopolitisch und humanistisch und glaubten an den Fortschritt der gesamten Menschheit. Weder Patriotismus noch Nationalismus nahmen auf ihrer Werteskala einen hohen Rang ein. Obwohl die Wurzeln des Nationalismus bis ins späte 18. Jahrhundert zurückreichen, wurde er in Europa eigentlich erst im Zusammenhang mit den Napoleonischen Kriegen erfunden (um E. Kedourie zu zitieren) und trat erst danach in der Welt seinen Siegeszug an. Seither ist die Debatte darüber nicht verstummt, ob der Nationalismus als eine positive oder eine negative Kraft zu betrachten sei. Es trifft zu, daß Liberale (und Marxisten) zu ihrem eigenen Nachteil die politische Wirkung des Nationalismus traditionell unterschätzt haben. Es kann nicht ernsthaft in Frage gestellt werden, daß der Nationalismus im Europa des 19. Jahrhunderts häufig eine positive, integrative Kraft war (wie in früheren Epochen die Familie, der Clan oder das Reich) und mit demokratischen Bestrebungen einherging. Im 20. Jahrhundert hingegen wurde er zur Ideologie (oder zum Werkzeug) aggressiver und diktatorischer Regime und hatte permanente Konflikte, Intoleranz, Repression und Uneinigkeit zur Folge. Angesichts dieser Tatsachen wurde die Meinung vertreten, daß der Nationalismus als solcher weder gut noch schlecht, sondern eine natürliche Kraft sei und daß es schon vor dem Aufkommen des Nationalismus blutige Kriege gegeben habe. Da die Vernichtungsmittel heute aber eine viel verheerendere Wirkung haben als früher, können wir uns Kriege immer weniger leisten und müssen ihre Ursachen wie etwa den Nationalismus negativer beurteilen als ehedem. Es gibt keinen gemeinsamen Nenner zwischen den Ideen eines Herder oder dem demokratischen Nationalismus eines Mazzini oder Garibaldi und den tribalistischen Kriegen im Osteuropa unserer Tage. Die Ursachen dieser Kämpfe sind keineswegs nur idealistisch: Lewis Namier schrieb einmal, daß die Frage der Sprache in den Gesellschaften Mittel- und Osteuropas in dem Moment ungeheuer wichtig geworden sei, als es attraktiv wurde, vom Staat beschäftigt zu werden, und daß der Nationalismus aus diesem Streit über die Sprachen erwachsen sei.

Diese Einschätzung bezog sich auf das 19. Jahrhundert. Sie trifft jedoch auch auf das Osteuropa von heute zu, und besonders auf die Nachfolgestaaten der Sowjetunion. Es hat nie eine weißrussische Nation gegeben, und es besteht auch heute kein »objektiver Bedarf« an ihr. Fremdenfeindlichkeit ist in Osteuropa zur wichtigsten integrativen Kraft geworden, und der Umgang ihrer Apologeten mit der eigenen Geschichte und Kultur ist häufig verlogen: Unter den Geschichtshelden, die sie verehren, sind genausoviele Schurken wie Heilige. In den Händen der Demagogen wird dieser aggressive Nationalismus mit seinem inhärenten Bedarf an äußeren Feinden zu einem Werkzeug, mit dem die Massen manipuliert und von den wirklich wichtigen (politischen, wirtschaftlichen und ökologischen) Problemen abgelenkt werden können. Kurz gesagt, diese Art von Nationalismus führt geradewegs in die Katastrophe.

Die Vordenker des Nationalismus, von denen Herder der wichtigste war, waren Humanisten. Sie beschäftigten sich vor allem mit dem Zusammengehörigkeitsgefühl und der gemeinsamen Kultur von Gruppen. Sie glaubten, daß alle Kulturen (und alle Nationen) Gott gleich nahe seien. Und sie standen in der Tradition der Aufklärung. Damit sind wir bei dem fundamentalen Unterschied angelangt, der zwischen dem heutigen rechtsgerichteten Nationalismus in Rußland und anderswo und seinen ursprünglichen Quellen besteht: Er liegt in dem aufklärungsfeindlichen Element des heutigen Nationalismus. Für die rechten Nationalisten ist die Philosophie der Aufklärung ein Werk des Teufels. Die Idee des Weltbürgertums und das Konzept universaler menschlicher Werte sind für sie verachtenswert und werden als die exakte Antithese der Werte und Ideale eines echten Patrioten betrachtet.

Dies war nicht immer so. Als Dostojewskij in seiner berühmten Puschkin-Rede unter Bezugnahme auf den allumfassenden Humanismus des Puschkinschen Geistes behauptete, das russische Schicksal sei unbestreitbar alleuropäisch (heute würde man westlich sagen) und universal, und die Ansicht vertrat, daß man ein Bruder aller Menschen, *ein universaler Mensch* (im Original kursiv) werden müsse, wenn man ein echter und vollwertiger Russe sein wolle, war er vielleicht allzu euphorisch und drückte sich etwas verschwommen aus, aber er meinte es mit Sicherheit ernst. Es hat ein Bruch stattgefunden, ein Aufstand gegen die Vernunft. Die Idee der Freiheit und die Vorstellung, daß es gemeinsame menschliche Werte gibt, sind verworfen worden.

Nach über zweihundert Jahren ist man sich der Naivität der Aufklärung nur zu bewußt. Sie basierte auf allzu optimistischen Annahmen über die Natur des Individuums und der Menschheit im allgemeinen. Fünfzig Jahre nach dem Zusammenbruch des Faschismus ist aber auch die Alternative deutlicher geworden denn je. Die Aufklärung ist wieder aktuell geworden, weil sie die Freiheit und Gerechtigkeit gegen die Kräfte der Finsternis und Barbarei verteidigt. Und es sind diese Alternativen, um die es im heutigen Rußland geht.

Liberale russische Konservative[18] pflegen an diesem Punkt der Debatte den Prediger Salomo zu zitieren, nach dem alles seine Stunde hat und es für alles Geschehen unter dem Himmel eine bestimmte Zeit gibt – eine Zeit zum Steinewerfen und eine Zeit zum Steinesammeln. Aber ist es nach all den Kämpfen nicht endlich an der Zeit, daß alle Männer und Frauen, die guten Willens sind, die Barrikaden niederreißen und sich gemeinsam für den Wiederaufbau und den Heilungsprozeß einsetzen?[19] Es spricht viel für friedliche Zusammenarbeit in einem Land, das so viele Auseinandersetzungen erlebt. Zusammenarbeit ist jedoch nur möglich, wenn eine gemeinsame Basis besteht. Kann es sich die russische Rechte mit ihrer starken Betonung der Besonderheit des russischen Volkes einerseits und der Russophobie andererseits, mit ihrer tiefen Feindschaft gegen Kosmopoliten und Kulturnihilisten und mit ihrem psychologischen Bedarf an Feinden, kann es sich diese Rechte tatsächlich leisten, die Barrikaden abzubauen, die sie vielleicht genauso nötig braucht wie Honecker einst die Berliner Mauer?

Ist der Unterschied zwischen (gutartigem) Patriotismus und (bösartigem) Nationalismus, wie Lichatschow ihn sieht, nur ein gradueller? Jeder liebt sein Vaterland oder sollte es lieben, aber wer es auf Kosten aller anderen menschlichen Bindungen, Werte und Pflichten liebt, wird zu einer Bedrohung.

Oder sind Patriotismus und Nationalismus nur zwei Seiten ein und derselben Medaille, oder vielleicht sollte man besser sagen, zwei verschiedene Seiten in einem Atlas? Die grundlegenden Unterschiede zwischen dem liberalen westlichen und dem autoritären östlichen Nationalismus sind schon seit langem bekannt.[20] Der Nationalismus im Westen entstand in Ländern, die ethnisch mehr oder weniger homogen und deren Grenzen zumindest klar definiert waren; und sie waren wirtschaftlich und kulturell hochentwickelt. Der

Nationalismus in Osteuropa (und in der Dritten Welt) ist unter völlig anderen Bedingungen entstanden – oder erfunden worden. Daher sein antiliberaler Charakter, die Unterdrückung von Minderheiten, die häufigen Konflikte und Kriege mit Nachbarn und, allgemein gesprochen, sein destruktiver Charakter. Natürlich sind nicht alle Nationalisten im Westen den oben formulierten hohen Maßstäben immer gerecht geworden, aber nach der bitteren Erfahrung zweier Weltkriege hat der westliche Nationalismus im großen und ganzen seinen aggressiven Charakter verloren.
In den letzten Jahren hat die Zahl nationalistisch orientierter Politiker und Gruppen überall in Osteuropa und besonders in den Nachfolgestaaten der Sowjetunion rapide zugenommen. Da sie in aller Regel separatistische oder expansionistische (oder beides) Ziele verfolgen, stellen sie ein ungeheures Konfliktpotential dar. Ob der gemäßigte Nationalismus sich gegen seine gefährlichere Alternative durchsetzen wird, ist ungewiß. Es ist ziemlich irrelevant, ob Menschen Nationalisten werden, weil sie Fanatiker oder Schurken, Romantiker oder Neurotiker sind, weil Nationalismus etwas mit Modernisierung zu tun hat oder weil sie ein ernsthaftes Anliegen haben und einer praktischen Notwendigkeit gehorchen.[21] Selbst wenn der Nationalismus nur ein imaginäres Band darstellt, so scheint er im gegenwärtigen Stadium der historischen Entwicklung ein wesentlicher Bestandteil des menschlichen Charakters zu sein.

VI

Welchen Beitrag leistet nun Solschenizyn zum Weltbild der gemäßigten russischen Nationalisten? In vieler Hinsicht ist der gemäßigte Nationalismus immer sein zentrales Motiv gewesen. Die Tatsache, daß sich viele seiner Voraussagen (über die Schwäche des Westens, über die chinesische Gefahr usw.) als falsch erwiesen haben, tut dem keinen Abbruch. In den siebziger Jahren kam er zu dem pessimistischen Schluß, daß fünfzig Prozent der Menschheit auf den Abgrund zusteuerten und fünfzehn Prozent bereits unmittelbar vor dem Absturz stünden (»Unsere Pluralisten«). Und in den siebziger und achtziger Jahren beschwerte er sich unaufhörlich darüber, daß der Westen vor einer aggressiven

Sowjetunion zurückweiche. Die Verhältnisse in Rußland selbst hat er dagegen eher richtig als falsch beurteilt. Im Gegensatz zur extremen Rechten glaubt er nicht, daß nur Fremde für das gesamte Unglück Rußlands verantwortlich sind; die Notwendigkeit von Versöhnung und moralischer Erneuerung spielt eine zentrale Rolle in seinem Denken. Im Gegensatz zur extremen Rechten lehnt er ein demokratisches System nicht grundsätzlich ab. Er glaubt jedoch, daß Rußland für ein solches System noch lange nicht reif sein wird. Eine autoritäre Herrschaft mit menschlichem Antlitz scheint ihm den russischen Bedürfnissen am besten zu entsprechen. Mit den Liberalen stimmt er in grundsätzlichen Fragen nicht überein. Für Solschenizyn wie für die Slawophilen steht der Begriff der inneren Freiheit im Mittelpunkt; Pluralismus, Kapitalismus und Demokratie haben im Westen (seiner Ansicht nach) eine materialistische Gesellschaft hervorgebracht, die über keine geistigen Werte mehr verfügt. Er lehnt eine ähnliche Perspektive für Rußland ab. Er ist tiefreligiös, und das große Gewicht, das im Westen dem Humanismus und universalen menschlichen Werten beigemessen wird, hat für ihn praktisch keine Bedeutung. Seine Ansichten über die Verbesserungsfähigkeit der menschlichen Natur sind die eines Konservativen. Seine Doktrin ist neo-neo-slawophil genannt worden, aber russophil wäre eine zutreffendere Bezeichnung. Er ist weder ein russischer Imperialist noch ein *Gosudarstwennik,* also jemand, für den die Staatsmacht den höchsten Wert darstellt, auch wenn er natürlich tiefe Trauer über den Verlust so vieler alter russischer Gebiete empfindet. Das zaristische System, wie es vor 1917 existierte, war für ihn zwar nicht frei von Mängeln, aber im Gegensatz zu den Demokraten glaubt er, daß es besser war als alle anderen in der russischen Geschichte. Aus diesem Grund sieht er in der Februarrevolution von 1917 einen Akt von kolossaler Torheit, der notwendigerweise zum Sieg des Bolschewismus führen mußte. Die vielen Bände von *Das Rote Rad,* an denen er über zwanzig Jahre lang arbeitete, sind ein Versuch, diese These mittels eines dokumentarischen Romans zu beweisen.[22]

Solschenizyn genießt bei den Rechten und Nationalisten hohes Ansehen, wenn man von einigen extremistischen Sektierern absieht, die ihn des Hochverrats, der Bespitzelung von Mitgefangenen und ähnlicher Dinge bezichtigt haben. Selbst Solschenizyns linke Kriti-

ker bewundern den Mut, den er vor und nach der Publikation des Romans *Ein Tag im Leben des Iwan Denissowitsch* zeigte, und es wird allgemein zugegeben, daß *Der Archipel Gulag* einen befreienden Einfluß von historischem Ausmaß hatte.
Zu dem Schriftsteller und Ideologen der siebziger Jahre nehmen die Kritiker im Westen eine eher negative Haltung ein. Nicht daß seine Kritik am Westen ganz falsch gewesen wäre; aber er hat das Wesen des westlichen Denkens und der westlichen Gesellschaft nie wirklich verstanden und auch keinen ernsthaften Versuch gemacht, es zu verstehen. Seine politische Philosophie ist selbstgestrickt, sie ist nicht originell, sondern greift Gedanken wieder auf, die schon vor langer Zeit diskutiert, akzeptiert oder verworfen wurden. Ob sich ein Mensch letztlich für Humanismus, liberale Demokratie und Internationalismus oder für Religion, Konservatismus und eine Doktrin entscheidet, bei der Rußland immer an erster Stelle steht, ist eine Sache der persönlichen Präferenz. Eine solche Entscheidung kann weder bewiesen noch falsifiziert, weder gerechtfertigt noch widerlegt werden. Der Unterschied zwischen Solschenizyn und Sacharow ist im wesentlichen der zwischen einem konservativen und einem liberalen Utopismus.
Viele Westler sind über Solschenizyns radikalen Anspruch empört, er sei *der* Pionier des Antikommunismus. Solschenizyn scheint ernsthaft zu glauben, daß praktisch niemand über den Gulag Bescheid wußte, bevor er darüber berichtete. Sein Buch war wahrscheinlich das dickste, aber zuvor waren schon viele andere über das Thema geschrieben und auch von vielen Menschen gelesen worden. Noch weiter ging Igor Schafarewitsch, ein Anhänger und Kollege Solschenizyns, mit seinen Behauptungen. Er beschuldigte das westliche Establishment, es habe den Stalinismus von Anfang bis Ende gerechtfertigt und in Schutz genommen.[23] Tatsächlich aber war der liberale Antistalinismus im Westen die bestinformierte und mächtigste Opposition gegen den Stalinismus, lange bevor Solschenizyn und Schafarewitsch überhaupt die Bühne betraten. Auch er lehnte den Stalinismus bedingungslos ab.
Es ist Solschenizyns Verdienst, daß er im Gegensatz zur russischen Rechten erkannt hat, daß der alte »russische Gedanke« und der Glaube an eine imperiale Mission im heutigen Rußland fehl am Platz sind. Die russischen Patrioten von heute stehen vor der Auf-

gabe, ihre eigene Gesellschaft und ihr Land wieder aufzubauen, und nicht andere Völker zu regieren. Der russische Gedanke, wie er von den Slawophilen interpretiert wurde, hatte stark messianische Züge. Er enthielt die Vorstellung, daß Rußland letztlich auch dem Westen die geistige Erlösung bringen müsse. Der Glaube an die moralische Dekadenz und den primitiven Materialismus des Westens ist im russischen nationalistischen Denken ähnlich tief verankert wie einst im deutschen. Es ist unbestreitbar, daß die westlichen Gesellschaften viele Mängel aufweisen. Daraus folgt jedoch keineswegs, daß Rußland in absehbarer Zukunft in der Lage sein wird, ein Rezept gegen die westlichen Krankheiten zu liefern. »Messias, heile dich selbst« oder ein ähnlicher Wahlspruch wäre für das heutige Rußland viel angebrachter. Möglicherweise wird sich am Ende des gegenwärtigen Fegefeuers irgendeine universale Botschaft herauskristallisieren. Dies ist jedoch keineswegs selbstverständlich und wird in jedem Fall noch lange auf sich warten lassen.

VII

Der rechte französische Nationalismus des 20. Jahrhunderts reichte von de Gaulle über die Action Française bis hin zu den faschistischen Parteien Frankreichs. Und der britische reichte von Churchill bis Oswald Mosley. Die russische Rechte weist eine ähnliche Bandbreite auf. Der grundlegende Unterschied zwischen de Gaulle oder Churchill und den Faschisten ihrer Länder bestand nicht nur darin, daß sie es ablehnten, sich mit der Invasion eines ausländischen Aggressors abzufinden, der ihre Länder besetzen und beherrschen wollte. Er bestand auch darin, daß sie die demokratischen Spielregeln akzeptierten. Und nach dem Zweiten Weltkrieg waren sie, bei allem Glauben an die außerordentlichen Tugenden ihrer Länder, dazu bereit, die Entkolonialisierung mitzutragen und gemeinsam mit ihren Nachbarn eine neue Ordnung in Europa aufzubauen. Sie waren tolerant gegenüber innenpolitischen Gegnern: Als man de Gaulle zur Zeit des Algerienkriegs vorschlug, Sartre verhaften zu lassen (weil dieser die französischen Soldaten zum Desertieren aufgerufen hatte), wies er dieses Ansinnen sofort zurück, denn »auch Sartre ist ein Teil Frankreichs«. Ein Jahrhundert zuvor hatte der beinharte Autokrat Bismarck parlamentarische Verfahren akzeptiert, wenn auch mit großem Widerwillen.

Besteht in der russischen Rechten eine ähnliche Bereitschaft? Es versteht sich von selbst, daß es auch in ihren Reihen Leute gibt, die zu Besinnung und Toleranz aufrufen und der Belehrung durch westliche Demokraten nicht bedürfen. Das vorliegende Buch beschäftigt sich jedoch vor allem mit denjenigen, die dieses Niveau noch nicht erreicht haben und es vielleicht auch nie erreichen werden.

Es gab eine Zeit, in der auch die europäische Rechte politische Freiheiten ablehnte. Ihre Bekehrung zur modernen Demokratie hat sich nur allmählich vollzogen. Die Deutschnationalen und die Action Française waren erbitterte Feinde der Demokratie. In den neunziger Jahren des letzten Jahrhunderts entstand im westeuropäischen Denken eine antiliberale Gegenströmung. Ihre schlimmsten Feinde waren der Kapitalismus, die parlamentarische Demokratie und die liberale bürgerliche Gesellschaft und Kultur, die es selbst hervorgebracht hatte. Es war eine Revolte gegen die Welt der Vernunft und des Positivismus, die auf Irrationalismus und Gewaltverherrlichung, auf Blut und Boden und auf diversen rassistischen und völkischen Theorien basierte. Sie trug dazu bei, daß in Europa zwei Weltkriege stattfanden.

Rußland wurde von dieser intellektuellen Mode nicht erfaßt. Dort gab es nur die Vechi-Bewegung, die zwar antimaterialistisch, aber nicht antidemokratisch war. Die russische Gesellschaft hatte jedoch nie viel für den Liberalismus übrig gehabt. Die russische Antwort auf den linken Radikalismus war die Schwarze Hundert, die nach der revolutionären Bewegung von 1905 entstand; sie war gleichermaßen antiliberal und antikapitalistisch. Mit ihren starken populistischen und antikapitalistischen Elementen, ihrer Fremdenfeindlichkeit, ihrem aggressiven Nationalismus und ihrem noch unreifen (will heißen »unwissenschaftlichen«) Rassismus kam sie, wie übrigens auch die Action Française, dem späteren Faschismus schon sehr nahe.[24] Allerdings hielt sie noch an den Stützen des alten Regimes, Monarchie und Kirche, fest. Sie war keine moderne Bewegung und verstand es nicht, ihre Politik einer sich wandelnden Welt anzupassen. Sie war nicht in der Lage, einen Führer hervorzubringen und eine straff organisierte Partei aufzubauen. Und mit ihrer Propaganda erreichte sie nur einen kleinen Teil der Bevölkerung. Auch anderswo in Europa gab es damals solche »halbfaschistischen« Bewegungen, so etwa die Rex-Bewegung in Belgien und die Eiserne Garde in Rumänien, beide mit starken religiösen Elementen.[25] In jedem Fall gab es spezifische Gründe für die Entstehung solcher zwitterhaften Bewegungen.

In den neunzig Jahren ihrer Geschichte hat die russische Rechte keine wesentlichen Fortschritte gemacht. Sie hat sich weder dazu durchgerungen, die Demokratie zu akzeptieren, noch hat sie sich zu einer echten faschistischen Bewegung entwickelt. Nicht daß es gar keine Veränderungen gegeben hätte: Der Panslawismus des 19. Jahrhunderts macht in der heutigen Welt keinen Sinn mehr und wurde vom Russophilentum ersetzt. Und einige Moskauer Intellektuelle haben große Anleihen bei der postfaschistischen *Nouvelle Droite* gemacht. Es ist jedoch höchst unwahrscheinlich, daß dieser Aufguß von Geopolitik und Eurasianismus, von jüdisch-freimaurerischer Weltverschwörung, die als »Mondialismus« recycelt wird, und von deutscher metaphysischer Philosophie mit einem Schuß Neopaganismus jemals mehr sein wird als ein Gesellschaftsspiel einer Handvoll Intellektueller. Es gibt also keinen signifikanten Fortschritt seit der Schwarzen Hundert, und das hat seine historischen Gründe. Solange der Kommunismus an der Macht war und die Sowjetunion existierte, war es nicht möglich, öffentlich dem Rassismus das Wort zu reden. Er war unvereinbar mit dem Marxismus-Leninismus, selbst in der stalinistischen Phase. Und eine rassistische Position wäre vom antikommunistischen Standpunkt aus selbstmörderisch gewesen, denn die Weißen standen schließlich für ein einziges, einiges und unteilbares Rußland.

Mit dem Bankrott des Kommunismus und dem Zerfall der Sowjetunion ist ein politisches Vakuum entstanden. Es scheint mir jedoch unwahrscheinlich, daß es von einer russischen faschistischen Bewegung gefüllt werden wird. Die Sowjetführer haben ihr Volk im allgemeinen gegen ein Übermaß an Informationen über den Nationalsozialismus und den italienischen Faschismus abgeschirmt. In über fünfzig Jahren wurde nur eine Handvoll Bücher zu diesem Thema publiziert. Keines davon war sonderlich informativ, und viele Aspekte des Faschismus waren völlig tabu. Doch selbst der schlecht informierteste Russe weiß, daß Hitler kein guter Mensch war, daß die Nazis die Russen (nicht nur die Kommunisten) als Untermenschen behandelten, daß sie Millionen von Russen töteten und eine ungeheure Verwüstung anrichteten. All dies hat sich zu tief ins Gedächtnis des Volkes eingegraben, als daß zum gegenwärtigen Zeitpunkt eine Wiederbelebung des Nationalsozialismus möglich wäre. Man könnte höchstens versuchen, den Nationalsozialismus ohne jeden Bezug auf Hitler, Mussolini und den historischen Faschismus durch die Hintertür wieder einzuführen, und dieser Versuch wird auch tatsächlich gemacht.

Möglicherweise gibt es auch noch einen zweiten Grund, warum es schwierig ist, im heutigen Rußland wieder einen ungeschminkten Faschismus zu predigen, und das ist, paradoxerweise, seine Ähnlichkeit mit dem Stalinismus. Die russische Ultrarechte steht für eine autoritäre Regierung. Aber ein »Personenkult«, wie er unter Hitler und Stalin existierte, kann in Rußland heute nicht mehr propagiert werden, außer vielleicht im rückständigsten Teil der Gesellschaft. Dasselbe gilt entsprechend auch für die zentrale Rolle der Staatspartei, einem wichtigen Charakteristikum des Faschismus. Die Russen sind wenigstens für einige Zeit gegen den Führungsanspruch einer Partei immunisiert, gleichgültig, unter welchem Deckmantel sie sich präsentiert.

Eine präfaschistische Gruppe wie die Schwarze Hundert hat mit ähnlichen Bewegungen in anderen Ländern bestimmte Eigenschaften gemeinsam. Wie bereits erwähnt, sind solche Gruppen antiliberal, antikapitalistisch und militaristisch; sie glauben an eine zentrale Rolle der Streitkräfte in innen- und außenpolitischen Angelegenheiten. Weitere typische Eigenschaften sind der Glaube an den Mythos von Dekadenz und nationaler Wiedergeburt, der Glaube an den organischen und hierarchischen Staat und an einen historischen Sonderweg – all dies findet sich auch in der Geschichte der extremen Rechten anderer Länder.

Es gibt jedoch auch bestimmte Merkmale, die, zumindest in dieser starken Ausprägung, nur für die russische Rechte typisch sind. Dies gilt besonders für die Furcht vor Satanisten, jüdisch-freimaurerischen Verschwörern und Russophoben. Wie wir gesehen haben, glaubten alle faschistischen, faschistoiden und präfaschistischen Bewegungen bis zu einem gewissen Grad an Verschwörungstheorien, und keine stand den Juden, den Freimaurern und den Kritikern der Geschichte und Kultur ihres jeweiligen Landes freundlich gegenüber. In keinem anderen Land starrten die ultrarechten Patrioten jedoch so gebannt auf die Intrigen und Machenschaften bestimmter Feinde, die praktisch nur in ihrer Einbildung existierten – und in jedem Fall ziemlich unbedeutend waren. Was mag der Grund dafür gewesen sein – eine atavistische Furcht, ein Gefühl der Minderwertigkeit und Unterlegenheit gegenüber dem teuflischen Feind oder vielleicht ein spezifisch russischer Fanatismus? Wenn aber ein solcher Fanatismus wirklich existiert hätte, so hätte er sich auch auf andere Weise zeigen müssen, und das geschah nicht: Es hat auch in anderen Ländern einen extremen kulturellen Nationalismus gegeben, der dem im heutigen Rußland vergleichbar ist.[26] Aber nirgends war der Glaube an Verschwörungen so ausgeprägt. In Großbritannien wie auch in Frankreich verführten die dramatischen Ereignisse der Jahre 1789 bis 1793 einige Zeitgenossen dazu, die Ursache in einer gigantischen Verschwörung von Philosophen, Illuminaten, Freimaurern, Jesuiten und verschiedenen Kosmopoliten zu suchen. In Deutschland trat dieses Phänomen bereits einige Jahrzehnte früher auf; es spielte eine wichtige Rolle bei der Entstehung des deutschen Konservatismus.[27] Spätestens um die Mitte des 19. Jahrhunderts hatte der westliche Konservatismus jedoch derartige Phantasien überwunden. Sie tauchten zwar immer wieder einmal auf, waren jedoch nie von langer Dauer; sie haben nur in den Randzonen des politischen Lebens überlebt. Der Faschismus war mit vielen Mythen behaftet, aber die paranoide Furcht vor Verschwörungen spielte in seiner Ideologie nie eine besonders zentrale Rolle. Nur in Rußland war (und ist) dieses Phänomen von überragender Wichtigkeit.

Vielleicht ist es unfair, den extremen Nationalisten in Rußland einen Mangel an Originalität vorzuwerfen. Denn die Zahl der ideologischen Spielarten ist bei der Rechten genauso beschränkt wie bei der Linken. In der einen oder anderen Form sind alle Ingredienzien einer rechtsextremen Bewegung, ob konservativ oder faschistisch, in der Vergangenheit schon einmal benutzt worden. Was den Faschismus betrifft, so gibt es wirklich nichts Neues unter der Sonne, mit der einen Ausnahme vielleicht, daß er in Rußland postkommunistischen Charakter hat. Nur die Zukunft wird zeigen, was dies in der Praxis bedeuten kann, vielleicht nur, daß er trotz aller Ablehnung des Kommunismus zwangsläufig bestimmte wesentliche Züge des Kommunismus erben wird.

VIII

Von Historikern des 20. Jahrhunderts ist viel darüber nachgedacht worden, welche Faktoren für den Aufstieg und den Erfolg des Faschismus ausschlaggebend waren. Es ist heute allgemein anerkannt, daß die sogenannten »objektiven Bedingungen« (wie auch beim Kommunismus) keine hinreichende Erklärung darstellen. Objektive Bedingungen wie eine Wirtschaftskrise oder den Zusammenbruch beziehungsweise das Fehlen demokratischer Institutionen hat es oft gegeben. Aber ohne die Existenz eines Führers oder eines *Duce,* die zusammen mit gleichgesinnten Anhängern eine dynamische Massenbewegung schufen, blieben solche Gelegenheiten ungenutzt. Die Annahme, daß früher oder später zwangsläufig ein Führer auftaucht, wenn die objektiven Bedingungen gegeben sind, widerspricht der historischen Erfahrung. Seine Anwesenheit ist ein historischer Zufall, und aus diesem Grund sind Voraussagen über die Machtergreifung durch eine faschistische Bewegung riskant. Eine solche Machtergreifung ist im heutigen Rußland zwar nicht unmöglich, aber immer noch unwahrscheinlich, und sei es nur, weil die russische Rechte sehr zersplittert ist – nicht zufällig (wie Marx sagen würde), sondern aufgrund der Vielzahl von Interessen und Motiven, die in diesen Kreisen vertreten sind.

Es ist leicht, Gründe zu finden, die das Erstarken einer extremen nationalistischen Bewegung begünstigen könnten – das Gefühl der nationalen Demütigung nach dem Zerfall der Sowjetunion; die Notwendigkeit, eine harte Politik zu verfolgen, um die russischen Interessen und die Millionen Russen im Ausland zu schützen; die wirtschaftliche Misere und der Zwang, unpopuläre Reformen durchzuführen; die Ohnmacht der Behörden, Ruhe und Ordnung aufrechtzuerhalten; die Tatsache, daß die demokratischen Institutionen in Rußland nicht fest etabliert sind; das traditionelle Bedürfnis der Menschen nach einer starken Führung; das alte Weimarer Dilemma, wie eine Demokratie überleben kann, in der es nicht genügend Demokraten gibt; die zutiefst gespaltene Linke – all diese und weitere Umstände scheinen jene Vertreter der russischen Rechten zu bestätigen, die schon immer behauptet haben, daß die Zeit für sie arbeite. Und in der Tat haben einige Beobachter die Ansicht vertreten, daß die Chancen des Nationalsozialismus im Jahr 1932 schlechter gewesen seien als die der heutigen russischen Rechten, unter anderem deshalb, weil in Deutschland bereits zehn Jahre lang Demokraten an der Macht gewesen waren, als die Krise eintrat.[28] Und stimmt es nicht auch, daß das postkommunistische Rußland den gleichen Fehler macht wie die Weimarer Republik, indem es den Feinden der Demokratie absolute Freiheit einräumt?

Aus einer Reihe von Gründen, die in dieser Untersuchung schon mehrmals angeführt wurden, ist es trotzdem unwahrscheinlich, daß es in Rußland zu einem richtigen Faschismus kommen wird – und sei es nur, weil sich die Geschichte, im Gegensatz zu einer verbreiteten Ansicht, niemals wiederholt.

Schon eher ist mit einem autoritären System zu rechnen, das sich auf einen nationalistischen Populismus stützt. Pläne für einen russischen Nationalsozialismus existieren schon seit geraumer Zeit: Der russische Nationalgedanke (wie er von den Rechtsextremisten verstanden wird) soll auf der Grundlage eines »Bündnisses zwischen Kapital und Arbeit«[29] und mit Hilfe einer breiten politischen Bewegung durchgesetzt werden; wenn keine breite Bewegung zustande kommt, sollen die Sicherheitskräfte die notwendigen Kontrollfunktionen in der Gesellschaft übernehmen.

IX

Wer ein guter Russe sein will, muß, so heißt es, auf die ruhmreichen Taten seiner tapferen Vorfahren zurückblikken. Dies war immer und überall die Inspirationsquelle des Patriotismus, besonders in Zeiten der geistigen und politischen Krise. Die totalitäre Revolution und die liberale Reform sind gescheitert. Weder das internationale Proletariat noch die slawischen Brüder, noch die anderen Völker der früheren Sowjetunion haben große Lust gezeigt, ihr Schicksal mit dem der Russen zu verbinden. Unter diesen Umständen ist eine Rückbesinnung auf die Nation vielleicht die einzig logische und mögliche Reaktion. Andere Völker haben in Krisenzeiten ähnlich reagiert. Der Wahlspruch *nasche* (unser) ist äquivalent zu dem Namen der irisch-nationalistischen Partei *Sinn Féin,* zu deutsch »wir selbst«; auch den französischen Nationalisten war kein Wahlspruch teurer als *La France seule.* Im Vergleich zu der chauvinistischen Rhetorik in den Nachfolgestaaten der Sowjetunion und in anderen osteuropäischen Staaten erscheinen die Parolen des russischen Nationalismus mit Ausnahme seiner extremsten Spielarten fast moderat.

Die ruhmreichen Taten tapferer Vorfahren, das goldene Zeitalter, das verlorene Paradies, das wiedergewonnen werden muß, dies alles sind natürlich Mythen, denn es hat nie ein goldenes Zeitalter gegeben. Aber Mythen sind immer noch nützlich, und wenn alle anderen Bande zerrissen sind, warum dann nicht an nationalistische Gefühle appellieren, um ein Volk für die gigantischen Anstrengungen zu mobilisieren, die unerläßlich sind, wenn es sich aus dem Sumpf ziehen und eine neue Lebensgrundlage schaffen will? Die Versuchung ist groß, aber die Zweifel, daß ein solcher Appell Erfolg haben wird, sind noch größer. Nietzsche schrieb einmal: »Gut deutsch sein heißt sich entdeutschen.«[30] Dasselbe gilt vielleicht auch für Rußland in seinem momentanen Dilemma. Nietzsche hatte natürlich nicht im Sinn, sich sklavisch an einem fremden Modell zu orientieren; er wollte die alten Traditionen nicht über Bord werfen, nur um mit der Vergangenheit zu brechen – dies ist seit Peter dem Großen versucht worden und hat nicht besonders gut funktioniert. Was Nietzsche wirklich sagen wollte, war folgendes: »Wenn nämlich ein Volk vorwärts geht und wächst, so sprengt es jedesmal den Gürtel, der ihm bis dahin sein nationales Ansehen gab.« Was Rußland heute braucht, können ihm seine ruhmreiche Vergangenheit und seine tapferen Vorfahren nicht geben – nämlich eine neue Wirtschaft und eine neue Gesellschaft. Der Nationalismus ist sehr nützlich, um ein Volk gegen äußere Feinde zu mobilisieren. Die Bedrohung, der sich Rußland heute gegenübersieht, ist jedoch keine äußere. Zum Wiederaufbau des Landes kann der Nationalismus von sich aus keinen entscheidenden Beitrag leisten. Er kann an die historischen und kulturellen Bindungen eines Volkes appellieren, an seine gemeinsamen Werte, an seinen Idealismus. Er hat jedoch keine spezifischen Ideen zu bieten, die aus der russischen Vergangenheit abzuleiten wären.[31]

All dies bezieht sich auf den gemäßigten Nationalismus. Die Ideen der Rechtsextremisten sind nicht nur verrückt, sondern schädlich. Indem sie Feinde schaffen, wo keine existieren, lenken sie die Energien des Volkes von den realen Aufgaben ab, für die sie eigentlich gebraucht würden – für die immense Arbeit des Wiederaufbaus. Wenn sie sich mit ihren Ansichten durchsetzen, dann könnten sie etwas erreichen, was weder Hitler noch Stalin oder seinen Nachfolgern gelungen ist: den totalen Ruin des Landes. Gegenwärtig erscheint diese Befürchtung jedoch ziemlich abwegig, denn das russische Volk ist keine unwissende Masse mehr.
Wer sonst aber wird Rußland in seiner momentanen Zwangslage helfen? Die Antwort ist paradoxerweise in dem Lied Eugen Pottiers enthalten, das jahrzehntelang die Nationalhymne der Sowjetunion war: »Es rettet uns kein Gott, kein Kaiser, kein Tribun.« Die Hilfe wird nicht von außen kommen. Das russische Volk kann sich nur selbst helfen, mit seinem gesunden Menschenverstand und seiner Stärke in der Not.

Anmerkungen

Einleitung

1 »Westler« ist der unzutreffende Ausdruck, mit dem sie von ihren politischen Feinden bezeichnet werden. Die heutigen Westler in Rußland sind genausowenig unkritische Bewunderer des Westens wie die *Sapadniki* des 19. Jahrhunderts.

2 *Deutschland und Rußland* (Berlin, 1965); eine russische Ausgabe erschien 1991.

3 F. Hussong, zitiert nach W. Laqueur, *Weimar. Die Kultur der Republik* (Berlin, 1976), Kapitel 3, passim.

4 Einer meiner Vorfahren gehörte zu den Ärzten, die 1825 in Taganrog die Sterbeurkunde Alexanders I. unterzeichneten. Aber in weiten Teilen der russischen Bevölkerung hält sich der Glaube, daß der Zar nicht gestorben sei, sondern sich in den Ural zurückgezogen und dort als Eremit gelebt habe.

5 Wladimir Solowjow, *Sobranij Sotschinenije* (St. Petersburg, 1902–1907), Bd. V, S. 430–431. Dieser Aufsatz wurde 1892 verfaßt.

6 Ortega y Gasset, *Meditationen über »Don Quijote«* (Stuttgart, 1959).

7 Semjon Frank, *Nrawstwennyj wodorasdel w russkoj revoljuzij* (Petrograd, April 1917).

1 Die russische Sendung

1 Zur Geschichte dieser Idee siehe: Leon Poljakow, *Moscou – Troisième Rome* (Paris, 1989).

2 Hans Rogger, *National Consciousness in eighteenth century Russia* (Cambridge, Mass., 1960), S. 83.

3 Die Literatur über die Slawophilen ist sehr umfangreich. Das jüngste Standardwerk ist *The Slavophile Controversy* von A. Walicki (Oxford, 1975).

4 Doch bei der allgemeinen Renaissance des Slawophilentums in den neunziger Jahren wurde auch Leontjew nicht vergessen. Anläßlich seines 100. Todestages (1991) erschienen Artikel über und von Leontjew in NASCH SOVREMENNIK 12 (1991), in RUSSKIJ WESTNIK 31 (1991) und in verschiedenen anderen Organen der Konservativen.

5 Danilewskijs Buch wurde 1917 verboten. Eine gekürzte Ausgabe erschien 1991 in Moskau.

6 Elena Stakenschneider, zitiert nach: *F. M. Dostojewskij w Wospominanijach Sowremennikow* (Moskau, 1964), Bd. II, S. 307, zitiert nach: Joseph Frank, *Through the Russian Prism* (Princeton, 1990), S. 153.

7 Wayne Dowler, *Dostoyevsky, Grigorev, and Native Soil Conservatism* (Toronto), S. 80.

2 Die Schwarze Hundert und die Entstehung der russischen Rechten

1 Hans Rogger, *The Formation of the Russian Right 1906–1909,* Californian Slavic Studies Bd. III (1964), S. 66 ff.

2 N. Markow, *Der Kampf der dunklen Mächte* (Erfurt, 1935), S. 4. Ehemals Mitglied der zaristischen Duma, arbeitete Markow II., wie er genannt wurde, nach Hitlers Machtergreifung für die Nazis.

3 Der »Bund des russischen Volkes« feierte am 1. August 1990 bei einer Zusammenkunft im Haus der Sowjetarmee in Moskau seine Wiederauferstehung. Das neue Programm wurde in Russkij Wedomosti 4 (1991) veröffentlicht.

4 Wiktor Ostrezow, Poloschenije Del 3 (1991). Gleichzeitig äußerte auch ein Sprecher der extremen Rechten, der Intellektuelle Wadim Koschinow, seine Zustimmung (Moskowskaja Prawda, 4. Oktober 1991). Davor war die Bezeichnung »Schwarze Hundert« von der Rechten abgelehnt worden, da der Name im Laufe der Zeit einen negativen Beigeschmack bekommen hatte.

5 Gringmut wurde in Domostroj 31 (1991) besprochen. Zu Menschikows Renaissance siehe Slowo 9 (1991), Russkij Westnik 1 (1991) und Kuban 9 (1989). Seine Tagebücher wurden neuaufgelegt in Rossiskij Archiw (1992) und in Tretij Rim 7 (1991).

6 Seine Ideen gingen größtenteils auf Houston Stewart Chamberlain zurück, den er auch häufig zitierte. Das Problem mit Chamberlain war nur, daß er zwar Rassist war, von den nichtgermanischen Rassen aber wenig hielt.

7 Die Geschichte des SRN ist noch nicht geschrieben worden. Hans Roggers Aufsätze über das Thema sind wichtig. Auch H. D. Loewes *Antisemitismus und reaktionäre Utopie* enthält interessantes Material. Daneben liegen zwei Doktorarbeiten von Robert Edelmann (Columbia, 1974) und Don Rawson (University of Washington, 1971) zu diesem Thema vor. Das meiste russische Material ist nur in zeitgenössischen Zeitungen und Periodika zu finden. Ein erster ernsthafter Versuch der Analyse war W. Lewizkij, *Prawyje Partii,* erschienen in: L. Martow u. a., *Obschtschestwennoje dwischenije* (St. Petersburg, 1913), Bd. 3. In der Glasnost-Ära wurden viele Dokumente über das Programm des SRN wieder gedruckt. Außerdem erschien eine kurze Geschichte der Partei von W. Ostrezow, *Tschernaja sotnja i krasnaja sotnja* (Moskau, 1991). Diese Lobrede auf den SRN wurde 1990 in einer Auflage von einer Million Exemplaren vom Militär-Verlag herausgegeben. Zwar wurde vom selben Autor ein umfassenderes Werk angekündigt, doch mußte die Veröffentlichung aufgrund einer Anklage wegen rassistischer Hetze verschoben werden.

8 Er war der Autor des Pamphlets *Revoluzionery i tschernosotenzy* (St. Petersburg, 1907).

9 Nach Paragraph 15 der SRN-Satzung. Ostrezow, op. cit. S. 30.

10 Ostrezow, op. cit. S. 30f.

11 Ostrezow, op. cit. S. 22f.

12 Ibid., S. 24.

13 Über Purischkewitsch liegt eine kurze sowjetische Biographie vor: S. Ljubosch, *Russkij Faschist* (Leningrad). Nach Ljubosch gab Purischkewitsch schon zehn Jahre vor dem Aufstieg des Faschismus in Europa die Richtung vor (S. 29). Außerdem sei er den anderen Rechtsextremisten intellektuell und moralisch weit überlegen gewesen.

14 Tatsächlich war ein beträchtlicher Teil der Aktivisten und Anhänger der Schwarzen Hundert nicht russischer Herkunft. Das gilt für die Zariza, für Purischkewitsch (der aus Moldawien stammte, also rumänischer Abstammung war), Gringmut (ein konvertierter Jude), Butmi de Katzman (der seine Ausgabe der *Protokolle* dem SRN widmete), Kruschewan (Duma-Abgeordneter und Herausgeber von BESSARABEZ), General Kaulbars, Levendal, Engelgard, Plehwe, Pelikan, General Rand, Richter-Schwanebach und andere. Zu denen, die die Tradition der Schwarzen Hundert nach 1917 in der Emigration weiterführten, gehörten vor allem Männer wie Winberg und Graf Leuchtenberg.

15 Loewe, op. cit., S. 124.

16 W. L. Burzew, *Protokoli Zionskich mudrezow* (Paris, 1938), S. 106f.

17 *Sojus Russkogo Naroda* (Moskau, 1929), S. 164.

3 Die Protokolle der Weisen von Zion und die Verschwörung der Freimaurer

1 Walter Laqueur, *Deutschland und Rußland* (Berlin, 1965), Kapitel 4–6. Neu durchgesehene englische Ausgabe *Russia and Germany* (New Brunswick, N. J., 1990).

2 Den besten Überblick bietet immer noch Norman Cohn, *Die Protokolle der Weisen von Zion* (Köln und Bonn, 1969); eine russische Ausgabe erschien 1990 in Moskau. Siehe auch Laqueur, *Deutschland und Rußland* (Berlin, 1965), Kapitel 5 und 6. Die ausführlichste und aktuellste im Westen vorliegende Biographie über Sergej Nilus, die Schlüsselfigur bei der Verbreitung der *Protokolle,* ist Michael Hagemeisters Aufsatz »Wer war Sergej Nilus?«, in OSTKIRCHLICHE STUDIEN (März 1991). Von den neueren rechten russischen Autoren sollte A. Strischew erwähnt werden (ZAR KOLOKOL 6 [1990]; MOSKOWSKIJ LITERATOR 32/33 [1990]; WETSCHE München 36 [1989]

3 M. Nasarow, in NASCH SOWREMENNIK 12 (1991), S. 152; Anmerkung des Herausgebers in KUBAN 2 (1991), S. 87.

4 G. Schwarz-Bostunitsch, *Jüdischer Imperialismus,* S. 359. Der in Kiew geborene Russe wurde als hochrangiger SS-Offizier ein enger Vertrauter Adolf Hitlers

und eine der führenden Autoritäten der Nazis in Sachen Talmud, Ritualmorde und Freimaurerei. Siehe Laqueur, *Deutschland und Rußland*, S. 137–142.

5 F. Winberg, *Krestnyj Put* (München, 1921), S. 240–265. Zu Winberg siehe Jane Burbank, *Intelligentsia and Revolution* (New York, 1986), S. 171–177 und Laqueur, op. cit. S. 129–134. Ähnliche Ansichten wie Winberg vertraten Markow II., Schwartz-Bostunitsch, N. D. Schewachow, E. Brant und andere emigrierte Schriftsteller.

6 Schabelskij-Borks Schriften wurden posthum von einem Verlag der russisch-orthodoxen Kirche in den Vereinigten Staaten herausgegeben.

7 »Der Kampf, der zwischen den Zionisten und den bolschewistischen Juden ausgebrochen ist, ist nichts weniger als der Kampf um die Seele des jüdischen Volkes.« ILLUSTRATED SUNDAY HERALD 8 (Februar 1920).

8 A. Dugin, POLITIKA »Anatomija Mondialisma«, DEN 16 (1991). Dugin, anfänglich eine führende Figur im Pamjat, entwickelte sich später zu einem wichtigen rechtsextremen Ideologen, der über den Neokonservatismus, den Neopaganismus und über Sexualität und die Radikalen schrieb. Er machte viele Anleihen bei Julius Evola, einem faschistischen Ideologen aus Italien.

9 Noch bis 1972 wurden Freimaurer gemäß den Vorschriften der Kirche exkommuniziert.

10 Ein Teil der Vorarbeit für diese Propaganda wurde von Ausländern geleistet, darunter der tschechische Kirchenmann Rudolf Vrba, *Die Revolution in Rußland*, 2 Bde (Prag, 1907/1908). Seine Botschaft stieß in Rußland auf offene Ohren.

11 G. Aronson, *Rossija nakanune rewoljuzij* (New York, 1962). G. Katkow, *Russia 1917* (London, 1969). N. Berberowa, *Ljudi i Loschi* (New York, 1986). Siehe auch B. I. Nikolajewski, *Russkije Masony i Rewoljuzija* (Moskau, 1990).

12 N. N. Jakowlew, *1. August 1914* (Moskau, 1974). W. I. Starzew, *Rewoljuzija i Wlast* (Moskau, 1978); ders., *Wnutrennaja Politika Wremenogo Prawitelstwa* (Leningrad, 1980).

Jakowlew brachte die russische Rechte später als Autor von *Z.R.U. protiw SSSR* (Die CIA gegen die Sowjetunion), 2. Ausgabe (Moskau, 1980), in ziemliche Verlegenheit. Dieses Pamphlet war offensichtlich von einer hohen Regierungsstelle in Auftrag gegeben worden. Es rief einen Skandal hervor, weil es lange Tiraden gegen »ausländische Agenten und Verräter« wie Sinjawskij, Galanskow, Ginsburg und, vor allem, Solschenizyn enthielt.

13 A. Ja. Awrech, *Masony i Rewoljuzija* (Moskau, 1990), S. 342.

14 Zu diesem Thema gibt es eine Fülle von Literatur. NASCH SOWREMENNIK und MOLODAJA GWARDIJA brachten nach 1987 praktisch in jeder Ausgabe mindestens einen Artikel darüber, von kleineren Blättern dieser Kreise ganz zu schweigen. Eine umfassende Bibliographie zu erstellen ist praktisch unmöglich. Viele der hier zitierten Beispiele stammen aus einem Beitrag des Historikers Pjotr Lanin, »Tajnyje Pruschiny Istorij«, MOLODAJA GWARDIJA 7/8 (1991).

15 Lanin, MOLODAJA GWARDIJA 8 (1991), S. 257.

16 Ibid., S. 260 ff.

17 RUSSKOJE DELO (Februar 1991).

18 So etwa Lolli Samoiski, *Sa fasadom masonkogo Chrana* (Moskau, 1990), ein Buch, das mit nur wenigen Änderungen auch zwanzig oder dreißig Jahre früher hätte erscheinen können.

19 Zwei Bände (New York, 1984).

20 R. Gul, Bd. 2, S. 179–188.

21 Michail Bujanow, »Masonofobija«, NOWOJE WREMJA 42 (1991).

4 Sei verdammt, Schwarzer Teufel – Die russisch-orthodoxe Kirche und die radikale Rechte

1 In *Polunotschniki* (Mitternachtsgespräche, 1891) oder in *Die Klerisei.* Ebenso in Pomalowskijs *Skizzen aus einer Burse* (1855–1863). Leskows Großvater war Priester gewesen.

2 Die russische Rechte und die orthodoxe Kirche feierten 1982 recht aufwendig den 600. Geburtstag des Sergej von Radonesch.

3 WETSCHE 7 (1991), S. 16. Warsonofij (Pawel Platschankow), ein ehemaliger Kosakenoberst und ein begüterter Mann, wurde erst relativ spät in seinem Leben Mönch und war von 1906 bis 1912 geistlicher Erzieher im Kloster Optina Pustyn. Leonard J. Stanton, *Optima Pustyn in the Russian Literary Imagination* (New York, 1992), S. 21; zu den Fälschungen S. 280–330.

4 Alexander Neschnyj, OGONJOK 45 (1991). Neschnyj berichtet, daß dies die Kirche 1991 nicht davon abhielt, die neue Schwarze Hundert aus Moskau und Nischnyj Nowgorod zur Neueinweihung der Gedenkstätte des heiligen Serafim in Divejevo als Ehrenwache einzuladen.

5 Über Ioann Sergejew, wie Johannes von Kronstadt eigentlich heißt, liegt eine umfangreiche Literatur vor. Die umfassendsten Arbeiten sind: Alla Selawry, *Johannes von Kronstadt, Starez Rußlands* (Basel, 1981). A. Semanow Tjanschanskij, *Otez Ioann Kronstadskij* (New York, 1955). I. K. Surskij, *Otez Ioann Kronstadskij,* 2 Bde. (Belgrad, 1938–1941).

6 G. Fedotow, *A treasury of Russian spirituality* (New York, 1948), S. 346.

7 Zitiert in John S. Curtiss, *Church and State in Russia. The last years of the empire 1900–1917* (New York, 1940), S. 210.

8 Die treibende Kraft war der Mönch und Donkosake Iliodor (Trufanow). Ursprünglich ein enger Vertrauter Rasputins, überwarf er sich später mit ihm und attackierte ihn in der bitterbösen Schrift »Der verrückte Mönch von Rußland«. Iliodor wurde in die Verbannung nach Zarizyn (Stalingrad) geschickt, wo er zum Objekt eines hysterischen Kults wurde, dem vorwiegend Frauen huldigten. Später wurden ihm die geistlichen Würden aberkannt. Er emigrierte in die Vereinigten Staaten, wo er 1958 starb.

9 Zahllose weitere Beispiele dieser Art finden sich in Curtiss, op. cit., S. 254 ff.

10 Curtiss, op. cit., S. 272 f.

11 Mehr zu dieser Polarität in N. Zernow, *The religious renaissance of the twentieth century* (London, 1963), und in den Arbeiten von K. Mochulskij und anderen über Dostojewskij. Eine gute Übersicht über die Literatur bietet Sven Linner, *Starez Sossima* (Stockholm, 1973).

12 Wladimir Solowjow, *Stati po jewrejskomu woprosu* (Berlin, 1925), S.48.

13 *Russkoje Snamja*, Bd. III (1909), zitiert nach Christopher Reed, *Religion, Revolution and the Russian Intelligentsia 1900–1912* (London, 1979); ein Beispiel für die neuere verleumderische Kritik an Berdjajew findet sich in SLOWO 9 (1991), S.72.

14 A. Udabow in RUSSKOJE WOSKRESENIJE 4 (Dezember 1991). Auf derselben Seite findet sich folgende Feststellung: »Als Dostojewskij sagte, die Schönheit werde die Welt retten, meinte er zweifellos die Schönheit der russischen Waffen« (I. Kobrin).

15 T. A. Rjasanowskij, *Demonologija w Drewnerusskoj Literature* (Moskau, 1915), S. 47ff.

16 Um nur ein Beispiel zu nennen: Ein Autor bemerkte, daß die erste Nummer der liberalen Wochenschrift OGONJOK, die nach dem Putschversuch im August 1991 herauskam, auf der Titelseite groß die Zahl 666 brachte (POLOSCHENIJE DEL 3 [1991]). Praktisch alle neueren Zeitschriften der extremen Rechten, wie etwa PULS TUSCHINO, NASCHE und PAMJAT, drucken Bilder ab, die, wenn auch weniger meisterhaft ausgeführt, an die Visionen eines Hieronymus Bosch, Breughel oder Doré und früherer solcher Maler erinnern.

17 R. K. Emerson, *Antichrist in the Middle Ages* (Seattle, 1981).

18 Die Lehren des Origines wurden im 6. Jahrhundert von der Kirche verurteilt (J. B. Russel, *Satan* [Ithaca, 1981], S.144ff.). Russels vierbändiges Werk über den Diabolismus ist die ausführlichste Abhandlung über dieses Thema, die gegenwärtig erhältlich ist. Leider werden die östlichen Kirchen darin nur beiläufig erwähnt.

19 Rjasanowskij, op. cit., S.61ff. Was heidnische Dämonen angeht, siehe: W. Mansikka, *Die Religion der Ostslawen* (Helsinki, 1922).

20 Die Bogumilen glaubten, Gott habe Satan mit der Erschaffung der Welt beauftragt. Deswegen sei die Schöpfung grundsätzlich schlecht, geistige Dinge ausgenommen.

21 C. G. Jung vertrat, wie so oft, eine andere Position. Die moderne Neigung, die Existenz des Teufels zu leugnen, liegt nach ihm in der Angst begründet, sich der Realität des Bösen zu stellen.

5 Der sowjetische Patriotismus

1 Gemeint ist Ilowajskijs Geschichte Rußlands. Frederick Barghoorn, *Soviet Russian Nationalism* (New York, 1956), S.216.

2 Der Fairness halber sollte erwähnt werden, daß Metropolit Nikolaj im Jahr 1960, als er gegen die zunehmende Kontrolle der Kirche durch die Partei protestierte, kurzerhand aus seinem Amt entfernt und durch einen gefügi-

geren Kirchenmann ersetzt wurde. Einen allgemeinen, historischen Überblick über diese Zeit gibt Jane Ellis, *The Russian orthodox church. A contemporary History* (London, 1986).

3 Weitere wichtige Publikationen waren der WESTNIK und die von Schimanow herausgegebene Aufsatzsammlung *Mnogaja Leta.* Der WESTNIK erschien in Paris, druckte jedoch Artikel in Rußland lebender Autoren ab. Dasselbe gilt auch für die Münchner WETSCHE der achtziger Jahre, die weiter rechts stand als die Zeitung gleichen Namens, die im Samisdat erschien.

4 WESTNIK 97, ursprünglich erschienen in der Samisdat-Sammlung *Metanoia 2.* Eine englische Übersetzung erschien in M. Meerson-Aksenow und Boris Schragin, *The Political, Social and Religious Thought of Russian Samizdat* (Belmont, Mass., 1977), S. 353–393.

5 Zitiert in: J. Dunlop, *Faces of contemporary Russian Nationalism* (Princeton, 1983), S. 152.

6 Die Satzung des »Allrussischen Sozialchristlichen Bundes«, Paris 1975; nach Janow, *The Russian Challenge,* S. 92.

7 Ein Beispiel für eine solche, gänzlich negative Haltung ist Igor Smirnows Artikel »Filosofija Smuty« in NASCH SOWREMENNIK 11 (1991). Eine interessante Kombination von theosophischen und satanischen Traditionen findet sich im Werk des Autors Jurij Mamlejew, der 1974 aus Rußland emigrierte.

8 Nach 1987 wurde Ossipow Führer der monarchistischen Splittergruppe »Wiedergeburt«.

6 Der Faschismus und die russischen Emigranten

1 Eine politische Geschichte der russischen Emigration ist bisher noch nicht geschrieben worden. Einige Einzelheiten über die Zusammenarbeit zwischen russischen Emigranten in Frankreich und den Nazis finden sich in Robert H. Johnston, *New Mecca, new Babylon* (Kingston and Montreal, 1988), S. 165–170.

2 Zur Zusammenarbeit russischer Emigranten mit den Nazis in Deutschland nach 1933 siehe Robert C. Williams, *Culture in Exile* (Ithaca), S. 332–352.

3 Zu den Ansichten Kasem Beks siehe *K molodoi Rossij* (Paris, 1928), *Rossija mladorossy i emigrazija* (Paris, ohne Jahr) und die Zeitschriften BODROST und MLADOROSSKAJA ISKRA. Eine kurze Beschreibung seiner politischen Karriere gibt Nicholas Hayes, »Kasem Bek and the Young Russian Revolution«, SLAVIC REVIEW (Juni 1980), S. 265–268. Interessante Hinweise finden sich auch in W. S. Warschawskij, *Nesametschonnoje Pokolenije* (New York, 1956), sowie in den obengenannten Büchern von Robert H. Johnston und Roman Gul.

4 G. P. Fedotow, »Nowyj Idol«, Erstveröffentlichung in SOWREMJONNYJE SAPISKI 57 (1935), neu abgedruckt in *Tjaschba o Rossij* (Paris, 1982), S. 182–198.

5 N. Hayes, op. cit., S. 268.

6 »Nasch Posor« (Unsere Schande), Erstveröffentlichung am 15. November

1938 in NOWAJA ROSSIJA; nachgedruckt in G. P. Fedotow, *Saschtschita Rossij*, New York, 1988, S. 20ff. Der Ausdruck »Stabskapitäne« bezieht sich auf die Bewegung Iwan Solonewitschs, auf die im folgenden noch näher eingegangen wird. Die Karlowitzer Synode war eines der geistlichen Zentren der russischen Kirche in der Emigration.

7 Ibid., S. 205.

8 Solonewitsch wurde mehrfach neu aufgelegt und zitiert, so auch von Igor Schafarewitsch in MOLODAJA GWARDIJA 6 und 12 (1989). Zu seiner Märtyrerrolle siehe RUSSKIJ WESTNIK 18 (1991). Große Teile seiner Arbeiten wurden in NASCH SOWREMENNIK 5 (1990) und anderswo abgedruckt, so in POLOSCHENIJE DEL 3 (1991) und POLITIKA 14 (1991).

9 Igor Djakow in NASCH SOWREMENNIK 11 (1991).

10 Ju. Melnikow (Pseud.), »Russkije Faschisty w Mantschschurij«, in PROBLEMY DALNEGO WOSTOKA 2 und 3 (1991). Die bei weitem ausführlichste Darstellung gibt John J. Stephan, *The Russian Fascists* (New York, 1978).

11 Stefan, op. cit. S. 160f.

12 Pjotr Balukschin, *Final w Kitaje* (San Francisco, 1959), Bd. II, S. 129.

13 Ibid., S. 133.

14 John J. Stephan, op. cit.

15 Die wichtigsten Quellen für diese Phase der Geschichte des NTS sind seine Zeitschrift SA ROSSIJU sowie die Autobiographien von B. Pranischnikow, *Nowopokolenzy* (Silver Spring, 1986), und von Stolypin, *Na Sluschbe Rossij.*

16 Eine gute und knappe, auf die verschiedenen Programme gestützte Zusammenfassung der Doktrin des frühen NTS gibt C. Andrejew, *Wlassow and the Russian Liberation Movement.*

17 Altgediente NTS-Mitglieder wie A. Artjomow, J. Truschnowitsch und R. Redlich haben ihre Erinnerungen an die Ideen und die Politik der Bewegung in *Posew* (1990/91) veröffentlicht. Ihre Ausführungen sind durchaus interessant, allerdings neigen sie dazu, Vorfälle und Aktionen, die im nachhinein peinlich erscheinen, zu verschweigen.

18 C. Andrejew, loc. cit., S. 190.

19 *Schema Nazionalnogo trudowogo Sojusa* (Berlin, 1944), S. 43ff.

20 Die Geschichte des NTS war nach 1945 Thema vieler polemischer Debatten. Siehe zum Beispiel die Publikation des amerikanischen Außenministeriums, »The Russian Solidarist Movement«, External research paper series 3, Nr. 76 (Washington, 1951), und die Schriften von Boris Dwinow. Ferner die Aufsatzsammlung *Protiw Tetschenija I* (New York, 1953?).

21 Zitiert in Prjanischnikow, op. cit., S. 41. Nach dem Krieg wurden verschiedene Versuche unternommen, die Vorkriegsgeschichte des NTS neu zu schreiben, was uns hier jedoch nicht weiter zu beschäftigen braucht.

22 Ibid.

23 Michail Kislink, Chef des Kemerowo-Gebiets, zitiert von TASS am 15. Oktober 1991. Der NTS arbeitete mit der Gruppe Ossipows zusammen (mehr darüber an späterer Stelle) und konnte seine Ansichten über bestimmte Lokalblätter wie SEWER (Petrosawodsk) verbreiten.

24 Aufständische Bauern machten Pugatschow am Ende des 18. Jahrhunderts zu ihrem Anführer. Iljins Schriften sind in Rußland von den Presseorganen der Konservativen und der extremen Rechten immer wieder neu abgedruckt worden – zum Beispiel in TRETIJ RIM 5 (1991), RUSSKIJ WESTNIK 18–27 (1991) und RUSSKOJE TOWARISCHTSCHESTWO 3 (1991). Auch einige seiner Bücher wurden neu aufgelegt.

25 Eine Zusammenfassung dieser Debatte gibt N. Poltorazkij, *Ivan Alexandrovich Il'in* (Tenafly, N. J., 1985), S. 129–137; *Über den Widerstand gegen das Böse mit Hilfe der Gewalt* wurde in Fortsetzungen in SLOWO 5–8 (1991) abgedruckt.

7 Die russische Partei und der Nationalbolschewismus

1 Einer der Vorläufer, Jefim Dorosch, war Jude.

2 Abramow vertrat als junger Mann eine extrem antikosmopolitische Position, soll dies in späteren Jahren jedoch sehr bedauert haben.

3 D. Lichatschow, *O Russkom* (Moskau, 1989), zum ersten Mal zehn Jahre früher in NOWYJ MIR veröffentlicht.

4 Proskurin ist der Verfasser eines Epos über das russische Leben während und nach dem letzten Krieg. Stalin wird in seinem Werk ziemlich positiv dargestellt. Auch eine deutliche Fremdenfeindlichkeit wird darin spürbar. In seinen Reiseberichten behauptet er unter anderem, daß der durchschnittliche Engländer es sich nicht leisten könne, von einer Telefonzelle aus zu telefonieren.

5 Aber diese wenigen Lippenbekenntnisse waren nach wie vor sehr wichtig. So veröffentlichte Koschinow in NASCH SOWREMENNIK 10 (1986) einen langen programmatischen Artikel über den *leninistischen* Begriff der nationalen Kultur, dem er uneingeschränkt zustimmte; beinahe die Hälfte der Fußnoten enthielt Zitate aus Lenins gesammelten Werken.

6 John Dunlop, *The Faces of Contemporary Russian Nationalism* (Princeton, 1983), S. 221–241.

7 Dieser Brief sollte in den Ideologiedebatten der Glasnosz-Jahre 1989/90 eine wichtige Rolle spielen.

8 Im Lauf der Jahre wurde viel über die Entwicklung von Solschenizyns Denken geschrieben; die zuverlässigste und ausgewogenste Studie ist Michael Scammells umfangreiche Solschenizyn-Biographie (New York, 1984). Die systematischste Darstellung gibt Dora Schturman, *Gorodu i Miru* (Urbi et Orbi), (Paris – New York, 1988); die Autorin sympathisiert sehr stark mit Solschenizyn.

9 Von diesem Buch existieren verschiedene Fassungen, einige davon sind »gereinigt«. Die neueste erschien unter dem Titel »Est li u Rossij buduschtscheje?« 1991 in Moskau.

10 Jewgenij Wagin, der nach einigen Jahren im Gulag die Sowjetunion verließ und nach Italien übersiedelte, gab Schafarewitschs Ideen eine originelle Wendung. Wagin schlug als Bezeichnung für die Ideologie und die politischen

Ziele des »kleinen Volkes« den Begriff *Mondialismus* vor (SLOWO 10 [1991]); siehe auch L. Ochotin in DEN 7 (1991). Gemeint ist damit die Errichtung einer plutokratischen Weltregierung, antinationalistisch und antireligiös im Sinne der Bilderberg-Konferenzen und der Weltföderalisten Fukujama und Kojéve; es handelte sich um eine intellektuelle und aktualisierte Version der *Protokolle der Weisen von Zion.* Wagin, ehemals ein Führer der christlichen Dissidentengruppe WSCHSON, gab nach seiner Emigration in München das rechtsgerichtete Organ WETSCHE heraus. Der Begriff Mondialismus wurde wahrscheinlich zuerst von der französischen *Nouvelle Droite* verwendet.

11 V. Hehn, *De moribus Ruthenorum* (Stuttgart, 1892).

12 So die These von Iwan Burljajews »Lermontow«-Film, der von den *Cognoscenti* und praktisch allen Kritikern verhöhnt wurde, sich aber dennoch zu einem Kultfilm der Rechten entwickelte.

13 Dies bezieht sich zum Beispiel auf die Gedichte von Pawel Kogan und Jack Altgausen, beides Dichter der zwanziger und dreißiger Jahre. Kogan half, einen Freund zu denunzieren: den berühmten Physiker Lew Landau, den die Denunziation ohne die Intervention Kapizas das Leben gekostet hätte. Kogan fiel im Zweiten Weltkrieg. Russische Helden zu verspotten war zu dieser Zeit in Mode, doch die treibenden Kräfte waren Pokrowskij oder Demjan Bednyj, nicht Kogan.

8 Der Neopaganismus und der Mythos vom Goldenen Zeitalter

1 Michael Katers Studie *Ahnenerbe* (Stuttgart, 1974) liefert einen kritischen Überblick über diese Aktivitäten. Hitler zeigte wenig Interesse an diesen Bemühungen, Himmler unterstützte sie dagegen mit geradezu fanatischem Eifer. Mussolini war an dieser Art von historischer Mythenbildung noch viel weniger interessiert als Hitler; aber Italien mit seiner reichen römischen Vergangenheit konnte sich das auch leisten, während die faschistischen Bewegungen in kleineren europäischen Ländern, wie etwa in Rumänien, fast schon verzweifelt nach einem ruhmreichen Erbe forschten.

2 Die komplizierte Kriminalgeschichte von der wahren Herkunft und das spätere Schicksal des »Buches Wles« wurde von Maya Kaganska sehr sorgfältig nachgezeichnet: »The Book of Vlas: The Saga of a Forgery«, in: *Jews and Jewish Topics in Soviet and East European Publications* (4, 1986), S. 3–27. Der Aufsatz enthält auch eine vollständige Bibliographie aller Veröffentlichungen, die vor 1986 für und wider das »Buch Wles« erschienen sind.

3 Eine englische Übersetzung dieses Dokuments findet sich in A. Janow, *The New Russian Right* (Berkeley, 1978), S. 170ff. In den neunziger Jahren tauchte Skurlatow erneut als zentrale Figur in verschiedenen Parteien und »Komitees zur nationalen Rettung« auf. Spekulationen über die wirklichen Motive Skurlatows und seiner Anhänger finden sich im ARCHIV SAMISDAT 6589 vom 28. Juni 1991 (RFE/RL).

4 Eine Liste dieser Romane und kurze Inhaltsangaben finden sich bei M. Kaganska, op. cit., S. 21–24.

5 Gemeint war die Verhaftung der Anführer des Putsches vom August 1991. ISTOKI 5 (1991).

6 Das »Buch Wles« beeinflußte auch extremistische Zirkel des rechten Flügels, die Jemeljanows Neopaganismus ablehnten und über seine mangelnde Kompetenz in historischen Fragen spotteten (Jemeljanow war studierter Volkswirtschaftler, kein Historiker). RODNJE PROSTORI 1 (Leningrad, 1991).

9 Die Ideologie der Neuen Rechten (I)

1 Beispiele zeitgenössischer Lobeshymnen auf Stolypin sind der Artikel »Prorok«, WOLJA ROSSI 2 (Jekaterinenburg, 1991), und der Bericht über Stolypins Vorlesungen in St. Petersburg in NASCHE WREMJA 6 (1991).

2 »Prosweschtschonnyj Patriotism«, MOSKWA 5 (1991), S. 9.

3 Eine gnadenlose Abrechnung mit dem Charakter und den intellektuellen Fähigkeiten Nikolaus II. findet sich im Tagebuch von M. Menschikow, einem der extremsten konservativen Autoren seiner Zeit. Die Eintragung entstand im April 1918 unter dem Eindruck des Zarenmordes. Menschikow war offensichtlich davon überzeugt, daß fast jeder, der über ein Mindestmaß an gesundem Menschenverstand und Format verfügte, das Land hätte retten können. RUSSKIJ WESTNIK 20 (1991).

4 Rechte Zirkel forderten vor einiger Zeit, aus diesem Haus eine nationale Gedenkstätte zu machen. Boris Jelzin sah sich schweren Vorwürfen ausgesetzt, weil er in seiner Zeit als Parteisekretär von Swerdlowsk (Jekaterinenburg) auf Befehl Breschnews den Abriß des Hauses angeordnet hatte. RUSSKOJE SNAMJA 1 (1991). RUSSKOJE SNAMJA war 1906 das wichtigste Organ der Schwarzen Hundert. Die neugegründete Zeitschrift versteht sich als dessen legitime Erbin.

5 Nach einer neueren Theorie, die so wahrscheinlich (oder unwahrscheinlich) ist wie die bisherigen, hieß Jurowskij nicht Jurowskij, sondern Stanislaw Unschlicht, ein bekannter Bolschewik und polnischer Adliger. Unschlichts Spitzname in der Partei war »Jurowskij«. Später war er einer der führenden Köpfe der Geheimpolizei Tscheka. STRANA i MIR 6 (1991).

6 M. Bernstam aus Stanford (Kalifornien) hat in einem Artikel, der in MOLODAJA GWARDIJA 5/6 (1992) neu abgedruckt wurde, behauptet, daß die Roten militärische Unterstützung aus dem Ausland erhielten, so auch von lettischen Einheiten. Der Gerechtigkeit halber sollte darauf hingewiesen werden, daß die Weißen von den Alliierten und Japan unterstützt wurden.

7 L. K. Schkarenkow, *Agonija beloj emigrazij* (Moskau, 1986); A. L. Afanasjew, *Polyn w tschuschich poljach* (Minsk, 1985).

8 Die meisten russischen Emigranten waren weder Großfürsten, noch gehörten sie zur extremen Rechten. Die führenden Tageszeitungen in der Emigration wie POSLEDNIJE NOWOSTI (Paris, 1920–1940) und NOWOJE RUSSKOJE SLOWO

(New York) sowie die wichtigsten Periodika wie SOWREMENNYJE SAPISKI (Paris) und WOLJA ROSSIJ (Prag) standen links oder in der Mitte. Die Herausgeber und Autoren dieser Blätter wurden nicht rehabilitiert. Die russische Rechte hatte nie ein Interesse an Männern wie Pawel Miljukow, Viktor Tschernow, Alexander Kerenskij oder Mark Wischnjak. Sie gelten bis zum heutigen Tag als »Verräter« und Feinde Rußlands.

9 Zu den Vorwürfen gegen Wlassow siehe General M. Garejew, »O Mifach ...«, WOENNO-ISTORITSCHESKIJ SCHURNAL 4 (1991).

10 Die Schabelskaja, Schauspielerin und russische *femme fatale*, war die Autorin der *Satanisti 20 ogo weka*. Sie war die Mutter des Offiziers, der 1922 in Berlin Wladimir Nabokows Vater erschoß. Krestowskij war der russische Eugène Sue. Er schrieb über den Sündenpfuhl St. Petersburg und entwickelte in späteren Jahren ein lebhaftes Interesse für die jüdische Unterwelt.

11 Bucharins abfällige Kommentare über Jessenin werden in diesem Zusammenhang häufig angeführt, erschienen jedoch erst zwei Jahre nach Jessenins Tod. Die Vermutung, Jessenin sei ermordet worden, hält sich hartnäckig. Siehe dazu »Ubijstwo Jessenina«, in BLOKNOT PATRIOTA 1 (Leningrad, 1990). MOSKOWSKIJ LITERATOR I (1992) kündigte die Einsetzung eines Ausschusses an, der »die Umstände des Todes von S. A. Jessenin klären« sollte. Erst kürzlich wurde der Verdacht geäußert, auch Alexander Blok sei von führenden bolschewistischen Intellektuellen vergiftet worden (W. Solouchin, LITERATURNAJA ROSSIJA 4 [1992]). Was Solouchin als Beweis für seine These vorlegt, ist lächerlich.

12 W. Chodassewitsch, »Jessenin«, SOWREMENNYJE SAPISKI Bd. 27 (1926). Siehe auch Fritz Merau, *Sergej Jessenin* (Leipzig, 1992), S. 66–71. Einige Jahre später plädierte Jessenin, wie auch Blok und ein paar andere Freunde, für einen revolutionären Destruktivismus, während Gorkij, das Schreckgespenst der Rechten, vor sinnloser Zerstörung warnte.

13 N. Berdjajew, »O russkom nazionalnom«, SLOWO (7. Dezember 1908).

14 I. Schafarewitsch, POLITIKA (März 1991); Rasputin, zitiert in A. Streljanij, »Pesny sapadnich Slawjan«, LITERATURNAJA GASETA (8. August 1991).

15 G. P. Fedotow, »Russkij Tschelowek«, RUSSKIJE SAPISKI 3 (1938).

16 W. Chlestkin, »Komu grjaduschtscheje«, OBSCHTSCHESTWENNJE NAUKI 3 (1989).

17 W. Solowjow, Deutsche Gesamtausgabe Bd. 4 (München u. Freiburg, 1972), S. 73f.

18 Der Brief wurde ursprünglich in LITERATURNAJA ROSSIJA 9 (1990) veröffentlicht, später aber auch in NASCH SOWREMENNIK 4 (1990) und anderen Publikationen abgedruckt.

19 »O tajnoj prirode kapitalisma«, WETSCHE 10 (Nowgorod, 1991).

20 J. Borodaj, »Potschemu Prawoslawnym ne goditsja protestanskij Kapitalism«, NASCH SOWREMENNIK 10 (1990).

21 WOSKRESENIJE (August 1990).

22 L. Alexejewa, *Soviet Dissent* (Middletown, 1985).

23 NASCHE WREMJA 7/8 (1991). Lysenko selbst schlug zur Überwindung der Krise die Einrichtung eines großen staatlichen Kreditinstitutes vor, das Kleinunternehmen aller Art fördern und unterstützen sollte.

24 Kurginjans Aufsätze erschienen zuerst in LITERATURNAJA ROSSIJA 26/27/28/35 (1989), später auch in DEN und MOSKOWSKAJA PRAWDA. Der Beitrag »Eine politische Quadrille – oder der Pakt mit dem schwarzen Pudel« (eine Anspielung auf Goethes *Faust*), erschien in MOSKWA 8 (1991) und vielen anderen Zeitschriften. Mehr dazu in dem Artikel »Prawaja Alternatiwa«, POSTFACTUM 1/2 (1991), S. 10ff.

25 NESAWISIMAJA GASETA (19. Februar 1991); Victor Jasman, »Elite Think Tank prepares Post-Perestroika Strategy«, *Report on the USSR* (24. Mai 1991).

26 N. P. Gorjatschew, *Otetschestwo* (Dezember 1991).

27 *Kak nam obustroit Rossiju?* (Paris, 1990), S. 18.

28 W. Kriworotow, in KUBAN 1 (1991), S. 80. Der Autor bezieht sich auf Solschenizyns *Krebsstation.*

29 »Na Posizijach Sozialisma«, MOSKOWSKIJ LITERATOR (24. März 1989).

30 V. Litow, »S Leninym pobeschdat!«, MOLODAJA GWARDIJA 4 und 5 (1990).

31 A. Sergejew, »Enziklopedija kriminalnoj Burschuasij«, NASCH SOWREMENNIK 4 (1990).

32 A. Kusmitsch, »Katastrofa Rossij, mif ili realnost?«, WOSKRESENIJE 6 und 7 (1991).

33 »Otkrytoje pismo Akademiku Saslawskoj«, MOSKOWSKIJ LITERATOR (14. April 1989).

34 *Mein Kampf*, Volksausgabe (München, 1930), S. 151.

35 A. Barkai, *Das Wirtschaftssystem des Nationalsozialismus* (Frankfurt, 1988); W. Hock, *Deutscher Antikapitalismus* (Frankfurt, 1960).

36 DEN (10. Januar 1992). Der Ausdruck »Neue Rechte« wird auch von einigen Mitgliedern der christlichsozialen Dissidentenbewegung der sechziger Jahre wie E. Wagin in Anspruch genommen (NASCH SOWREMENNIK 4 [1992]). Im vorliegenden Zusammenhang gilt unsere Aufmerksamkeit einer neueren Gruppe von Publizisten, die vor allem die Zeitung DEN als Sprachrohr benutzt.

37 Prochanow in VEK XX I MIR 11 (1991), S. 23.

38 Wer sich einen Überblick über das Denken der *Nouvelle Droite* verschaffen möchte, sollte die Schriften de Benoists, die Zeitschrift ELEMENT und die im Verlag Copernic erscheinenden Publikationen lesen. Eine gute Zusammenfassung und ausgezeichnete Bibliographie zu diesem Thema finden sich in Gress, Jäschke, Schönke, *Neue Rechte und Rechtsextremismus in Europa* (Opladen, 1990), und in Wolfgang Kowalski, *Kulturrevolution* (Opladen, 1991).

39 Nach Dugin wurde der Begriff erstmals von dem Slawophilen Jurij Samarin verwendet, später auch von Dostojewskij und Konstantin Leontjew.

40 *Metanoia* ist ein theologischer Begriff, der sich auf die Buße und innere Umkehr in Vorbereitung auf das Kommen des Himmelreichs und der Erlösung bezieht (Matthäus 3,8; Markus 1,15.).

41 »Wremja rabotajet na naschich«, POLITIKA (September 1991). POLITIKA hat auch lange Interviews mit Alain de Benoist, Robert Stoikers und anderen westlichen Vordenkern der Neuen Rechten abgedruckt.

42 Um nur ein Beispiel zu geben: Dugin zählt Spengler, Othmar Spann, Werner Sombart und Carl Schmitt zu den führenden Denkern der deutschen kon-

servativen Revolution und behauptet, daß sie ausnahmslos überzeugte Russophile gewesen seien. Eine Behauptung, die der wahren Einstellung dieser Männer in keinster Weise gerecht wird. POLITIKA (September 1991).

43 Dugins Vorliebe für Julius Evola, den er sehr häufig zitiert, wurde bereits erwähnt. Evola (1889–1974), ursprünglich ein Dadaist, wandelte sich zu einem führenden faschistischen und neofaschistischen Ideologen. Ein Anhänger Alfred Rosenbergs und Jünger der deutschen Rechtsradikalen, floh er nach Mussolinis Sturz nach Deutschland und wurde bei der Bombardierung Wiens im Jahre 1945 schwer verletzt. Trotz einer Lähmung blieb er publizistisch tätig. Einige seiner modernismus- und demokratiefeindlichen Schriften hatten einen nicht zu unterschätzenden Einfluß auf das Denken der »Neuen Rechten« in Europa.

44 In DEN wurde betont, daß der Antiamerikanismus kein rein russisches Phänomen sei, sondern Teil eines kontinentalen (europäischen und asiatischen) Trends, der sich an Politikern wie Le Pen, der belgischen Zeitschrift VOULOIR und der Neuen (und der extremistischen) Rechten in Ländern wie Großbritannien, Deutschland, Indien usw. festmachen lasse. DEN (29. Dezember 1991).

45 Die Chasaren waren ein Turkstamm, der im 4. Jahrhundert am Schwarzen Meer ein Reich errichtete und um 740 zum Judaismus bekehrt wurde. Die Herrschaft der Chasaren endete Mitte des 10. Jahrhunderts.

46 Karim Rasch, »Armija i Kultura«, WOENNO-ISTORITSCHESKIJ SCHURNAL 9 (1989), S. 9.

47 »Jadernyj Schtschit i nazionalnaja ideja«, NASCH SOWREMENNIK 10 (1991), S. 156 (J. Katasonow).

48 Ibid., S. 152 (I. Schanin).

49 Ibid., S. 148 (A. N. Anisimow).

50 D. Katasonow, MOSKOWSKIJ LITERATOR 20 (Dezember 1990). Im Sommer 1992 wurden solche Ansichten sogar schon von Vertretern der gemäßigten Rechten wie Nikolaj Pawlow geäußert. NESAWISIMAJA GASETA (12. Juni 1992).

51 Zur Veranschaulichung der antijapanischen Haltung innerhalb der russischen Rechten siehe die Beiträge von Chorin und Sergejew in RUSSKIJ WESTNIK 28/29 (1991).

52 Als ein Beispiel von vielen: »Agressija protiw Iraka prodolschjetsja«, POLOSCHENIJE DEL (Mai 1991). In der Tat erschienen so viele proirakische Artikel, und die Unterstützung war so enthusiastisch, daß viel darüber spekuliert wurde, ob nicht mehr dahintersteckte. Siehe dazu DOMSTROJ 2 (1991); DEN 2 (1991); »Arawiskaja Awantjura Detej Arbatowa«, POGRANITSCHNIK (12. Dezember 1990).

53 Sabrodskij, MOSKWA 7 (1991). Kommentare zu späteren Ereignissen finden sich in: A. Malschenkow, »Islam i Nazional Kommunism«, NESAWISSIMAJA GASETA (12. März 1992).

54 LITERATURNAJA ROSSIJA 2 (1991).

55 Zu Gumiljow und der Debatte über seine Thesen siehe Milan Hauer, *What is Asia to us?* (Boston, 1990), S. 30f.

56 LITERATURNAJA ROSSIJA (24. Februar 1989). Einige Schriften Gumiljows liegen in englischer Übersetzung vor, so zum Beispiel *Ethnogenesis and the Biosphere* (Moskau, 1990).

57 A. Kusmin, MOLODAJA GWARDIJA 9 (1991), und Gumiljows Antwort darauf in DEN 1 (1992). Außerdem Gumiljow, »Menja nazywajut Eurasijzem«, NASCH SOWREMENNIK 1 (1991), und Gusewas scharfer Angriff in RUSSKIJ WESTNIK 27 (1991); Gusewa wirft Gumiljow vor, die Geschichte des russischen Volkes zu verfälschen und »unsere Ahnen zu verleumden«. Siehe auch RUSSKIJ WESTNIK 15 (1992).

58 Weitere Argumente dieser Art finden sich in M. Alexander, LITERATURNAJA ROSSIJA 26 (1990); E. Wolodin, LITERATURNAJA ROSSIJA 28 (1990); N. Twerskow, »We need a German-Russian alliance forever«, GOLOS ROSSIJ 1 (1991). Der Ausdruck »Achse Berlin–Moskau« geht zurück auf A. Fomenko, LITERATURNAJA ROSSIJA 34 (1990), S. 19.

59 MOSKWA 7 (1991).

60 NARODNOJE DELO 1 (1991).

61 Um nur ein Beispiel zu nennen: In der Zeitschrift KNISCHNOJE OBOSRENIJE 3 (1992) wurden in der Sparte »Philosophie, Soziologie, Psychologie und Religion« 25 neue Bücher annonciert. Zehn davon beschäftigten sich mit den okkulten Wissenschaften. Während die nicht-okkulten Werke in einer durchschnittlichen Auflage von 10 000 bis 20 000 erschienen, lag die Auflage bei Büchern über Astrologie und verwandte Themen im Durchschnitt bei 50 000 bis 100 000.

62 Fritz Saxl, *Lectures*, Bd. 1 (London, 1957), S. 73.

63 RUSSKOJE WOSKRESENIJE 5, 13 (1991). Nostradamus wurde jedoch auch in populärwissenschaftlichen Zeitschriften wie SNANIJE SILA 11 (1991) besprochen. Die Prophezeiungen betreffen nicht Rußland, sondern ein Land names Aquilon, in dem einige Nostradamus-Anhänger Rußland zu erkennen meinen.

64 PULS TUSCHINA 14 (1990). Der Autor des Artikels erhängte sich später. Überflüssig zu erwähnen, daß der Vorfall von PULS TUSCHINA als Mord eingestuft wurde.

65 Felix Velichko, »Astrology and Politics«, INTERNATIONAL AFFAIRS (November 1991), S. 91. Der Autor führt weiter aus, daß die Putschisten im Juli bessere Erfolgschancen gehabt hätten. Ehrlicherweise hätte Velichko erwähnen sollen, daß viele westliche Sowjetexperten, von Schewardnadse, Jakowlew und anderen ganz zu schweigen, ebenfalls einen Staatsstreich befürchteten.

66 ISTOKI (Mai 1991); WOSKRESENIJE 7 (1991).

67 WOSKRESENIJE 7 (1991).

68 Eine Anspielung auf M. Bulgakows Roman *Hundeherz*.

69 Aus Anlaß ihres 100. Todestages widmete NAUKA i RELIGIJA, einst die führende Zeitschrift der Atheisten, Madame Blavatsky fünf Beiträge (September 1991). Im selben Jahr wurde in Moskau eine neue theosophische Gesellschaft gegründet.

70 N. Goodvick-Clarke, *The occult roots of Nazism* (Wellingborough, 1985); G. Mosse, *The crisis of German Ideology* (London, 1966), Kapitel 2.

10 Die Ideologie der Neuen Rechten (II)

1 So etwa W. Bondarenko, »Istorija Rossij po Marxu«, SLOWO (Februar 1991).

2 G. Martschenko, »Karl Marx«, KUBAN 1 (1991), S. 41 ff. Der Autor wird als »selbsterklärter Zionist« vorgestellt.

3 Martschenko, ibid.

4 RODINA 10 (1989). Der Artikel wurde davor in einer Emigrantenzeitschrift in Deutschland veröffentlicht.

5 M. Stein, »Genealogija rod Uljanovich«, ursprünglich erschienen in LITERATOR 38 (Leningrad, 1990), nachgedruckt in SLOWO 11 (1991). Informationen über die Familie Blank finden sich in W. Zaplin, OTETSCHESTWENNYJE ARCHIVY 2 (1992).

6 So der Einwand der Historiker G. Bordjugow, W. Koslow und W. Loginow, *Istorija i Konjunktura* (Moskau 1992), S. 267 ff.

7 G. Klimow, *Protokoly Krasnych Mudrezow,* Globus (1988), S. 226.

8 Zum Beispiel von RUSSKIJ WESTNIK 28/29 (1991).

9 W. Laqueur, *Stalin. Abrechnung im Zeichen von Glasnost* (München, 1990), S. 316 ff.

10 Benediktow, MOLODAJA GWARDIJA 4 (1989); Malachow, MOLODAJA GWARDIJA 4 (1988); Felix Tschujews Gespräche mit Molotow wurden 1990 veröffentlicht.

11 POLOSCHENIJE DEL 3 (1991).

12 Kaganowitsch war 1990 der letzte Überlebende aus dem engeren Kreis um Stalin und wurde zum Buhmann der Rechten; schließlich war er der einzige Jude in dieser exklusiven Gesellschaft gewesen. Kaganowitsch verfügte bis 1937 über beträchtlichen Einfluß, doch danach sank sein Stern und er gehörte nicht mehr zu Stalins engsten Vertrauten. Er starb 1991 im Alter von 96 Jahren. Noch im Jahr vor seinem Tod brachten mehrere rechte Zeitschriften gefälschte Interviews mit ihm.

13 Ein Beispiel für die vielen langen Listen »ausländischer« Berater findet sich bei A. Barkaschow, *Era Rossij* (Samisdat, 1991).

14 Als sehr informativ in diesem Zusammenhang erwies sich der Aufsatz von W. Koschinow, »Prawda i Istina«, NASCH SOWREMENNIK 4 (1988); 1989 und 1990 erschienen viele ähnliche Aufsätze von A. Lanschikow, W. Bondarenko, M. Lobanow, S. Kunajew und anderen in derselben Zeitschrift sowie in MOLODAJA GWARDIJA. In den Publikationen der extremen Rechten und in WOENNO-ISTORITSCHESKIJ SCHURNAL wurde darüber hinaus behauptet, die damaligen Marschälle und Generäle hätten sich tatsächlich gegen Stalin und Woroschilow verschworen. Deshalb sei die »Enthauptung« der Roten Armee weitgehend gerechtfertigt gewesen.

15 »Slowo K Narodu«, SOWETSKAJA ROSSIJA und MOSKOWSKAJA PRAWDA (23. Juli 1991).

16 N. Posdnjakow, SOWETSKAJA ROSSIJA (30. Juli 1991).

17 Siehe etwa W. Rasputin, »Intelligenzija i Patriotism«, MOSKWA 2 (1991); oder, auf einem schwächeren Niveau, A. Newsorow, »Jest takoe uschasnoje ponjatije – Intelligenzija«, NARODNAJA PRAWDA 2 (November 1991).

18 Newsorow, loc. cit.

19 Zitiert in P. Hollander, *Anti-Americanism* (New York, 1992), S. 336.

20 Ähnliche Ansichten über die Unmöglichkeit eines plötzlichen Übergangs vom Totalitarismus zur Demokratie wurden 1989 auch von Liberalen wie A. Migranjan und I. Kljamkin vorgetragen.

21 B. Krotkow, RABOTSCHAJA TRIBUNA (31. Januar 1991). Eine unmittelbar bevorstehende Militärdiktatur wurde im Juli 1991 in POLOSCHENIJE DEL und anderen Zeitschriften prophezeit.

22 NESAWISIMAJA GASETA, englische Ausgabe (April 1991). Andere Vertreter der Rechten führten an, daß der Enthusiasmus für Pinochet nicht angebracht sei, vor allem wohl wegen Pinochets Begeisterung für Amerika. DEN (26. Januar 1992).

23 So brachte ISTOKI 5 (1991) auf der Titelseite einen Artikel von S. I. Prischepenko, einem führenden Neobolschewisten in Moskau, während im Innern des Blattes Goebbels' Rede über die »Theorie und Praxis des Bolschewismus« vom Nürnberger Parteitag 1936 abgedruckt wurde.

24 Kurginjan in NARODNAJA PRAWDA (November 1991); Dugin in DEN (26. Januar 1992). Dugin erinnerte seine Leser daran, daß Haushofer die aus Rußland emigrierten Eurasier vor dem Zweiten Weltkrieg in Prag getroffen hatte.

25 W. Krjukow, NARODNOJE DELO 1 (1991).

26 »Losch i Prawda Awgusta 1991«, LITERATURNAJA ROSSIJA 43 (1991). Viele Rechte (und auch einige Linke) waren davon überzeugt, daß der Putsch vom August 1991 von den Gorbatschow-Liberalen als Provokation inszeniert worden war. Teilweise wurden Parallelen zum Berliner Reichstagsbrand vom Februar 1933 gezogen. RUSSKIJ WESTNIK 20 (1991).

27 »Istoritscheskaja Tragedija«, POLITIKA 13 (September 1991). Später rief Sinowjew zum Sturz der Regierung »mit allen möglichen Mitteln« auf. NARODNAJA PRAWDA (Februar 1992).

28 »Stukatschestwo«, SOWETSKAJA ROSSIJA (3. August 1991).

29 SOBESEDNIK 45 (1990).

30 KOMSOMOLSKAJA PRAWDA (14. Januar 1992); NESAWISIMAJA GASETA (9. Januar 1992).

31 NASCH SOWREMENNIK 12 (1991). In den Jahren 1990 und 1991 wurde Schafarewitsch wiederholt interviewt; siehe etwa DEN 2 (1991); POLITIKA 7 (1991).

32 A. Janow, *The Russian Idea and the year 2000* (Oxford, 1987).

33 N. Leskow, *Jewrei w Rossij* (Moskau, 1990), S. 12f.

34 *Poiskanija ob Ubijenij Jewrejmi christianskich Mladenzew* ... Dies Buch erschien erstmals in den fünfziger Jahren des 19. Jahrhunderts und wird heute noch bei den Zusammenkünften der SEMSCHTSCHINA-Anhänger auf dem Friedhof von Waganskoje verkauft. Wie in dem Nachdruck vermerkt, war das Buch lange Zeit nur äußerst schwer zu bekommen. An dieser Stelle möchte ich Dr. Hagemeister dafür danken, daß er mir ein Exemplar besorgt hat.

35 Dies war der Name einer von Markow II. vor 1914 herausgegebenen Zeitschrift. Markow II. war eine führende Figur der extremen Rechten und wur-

de später zu einem Anhänger Hitlers. Die Zeitschrift SEMSCHTSCHINA wird seit 1990 wieder aufgelegt.

36 Solonewitschs Aufsatz erschien 1936 in der von ihm selbst herausgegebenen Zeitschrift GOLOS ROSSIJ (Sofia) als sechsteilige Artikelserie. Solonewitsch verteidigte sich gegen den Vorwurf, er habe die antisemitische Literatur nicht gelesen, indem er darauf verwies, daß Schmakow, der führende antisemitische Publizist des 19. Jahrhunderts, der Onkel seiner Frau sei.

37 PANORAMA (Juli 1991); Interview mit W. Pribilowskij.

38 S. Korolew, MOLODAJA GWARDIJA 6 (1989) und I. Sawelew, ibid. 6 (1990). Sawelew ist ein ehemaliger KGB-Oberst und Fachmann für »ethnische Psychologie«.

39 SPISKI PALATSCHEJ ROSSIJ, Samisdat (Moskau, 1991).

40 Kommos' Buch wurde 1989 in Deutschland neu aufgelegt. Ein drittes Buch auf russisch wurde von A. Diky verfaßt und in den USA veröffentlicht. Einiges an Vorarbeit in dieser Richtung war von (oder für) Henry Ford geleistet worden, dessen Aufsätze über das internationale Judentum und den Bolschewismus ebenfalls auf russisch erschienen waren (Berlin 1925 und 1941).

41 Die bisher verläßlichste Untersuchung über die ethnische Zusammensetzung der bolschewistischen Partei zwischen 1917 und 1921 ist die unglaublich detaillierte, aber leider noch nicht abgeschlossene Untersuchung von J. Menaker, *Sagoworschtschikij* ... Teil I, Buch 1 (Jerusalem, 1990; im Selbstverlag erschienen).

42 NASCH SOWREMENNIK 8 (1988).

43 Das Vorhaben, an Chagalls Geburtsort Witebsk eine Gedenkfeier abzuhalten, stieß auf beträchtlichen Widerstand. Doch zumindest ein rechter Kritiker ergriff für Chagall Partei und schrieb, daß seine Bilder vom Charakter her russischer (oder weißrussischer) seien als die Werke der russischen Konstruktivisten.

44 Schmakow, Schafarewitsch, Gluschkowa, Aksjutschiz, Korozew, Barkaschow, Stelmach, Koschinow, Schirinowskij, Baschilow, Schundik, Kunajew, Wikulow, Krupin, Buschin, Loschtschiz, Prochanow, Katasonow, Slipentschuk, Gunko, Burlajew, Jerochin, Rasch, Pikul, Purischkewitsch, Mjalo, Ostaschwili, Lykoschin, Prokuschew, Senin, Pridius, Newsorow, Sartakow, Diky, Schewachow, Ostrezow, Litschutin, Bursow, Petelin, Isajew, Bondarenko, Doroschenko, Sbitnew, Nogtew, Sterligow, Sjuganow, Nauman, Baburin, Jemelin.

45 Über die Aktivitäten der neoslawophilen Organisationen erschienen 1990/91 Berichte in mehreren Ausgaben von SLAWJANSKIJ WESTNIK. Die sechste Nummer 1991 erschien mit der Schlagzeile »Die Slawen müssen den (Fernen) Osten beherrschen« – eine Forderung, die mit den Parolen der Eurasier nicht unbedingt konform geht.

46 SOWREMENNYJE SAPISKI 34 (1928).

47 Auch NASCH SOWREMENNIK entdeckte, wenn auch mit etwas Verspätung, den Eurasianismus. W. Koschinow behauptet in seinem Aufsatz »Istoriosofia Eurasijzew« (2, 1992), daß die Eurasier, obschon sie nicht in allen Belangen recht hätten, zu den geistigen Erben Puschkins und Tolstojs zählten. Aufsätze

von führenden Eurasiern wie G. Wernazkij, N. S. Trubezkoj und P. Savizkij wurden in NASCH SOWREMENNIK 2 und 3 (1992) wieder aufgelegt. Auch der rechte russische Schriftstellerverband beschäftigt sich seit 1992 intensiv mit dem Eurasianismus, sehr zum Nachteil seiner literarischen Aufgaben. LITERATURNAJA GASETA (10. Juni 1992).

48 G. Scheweljow, »Transfiguration of the Spirit«, INTERNATIONAL AFFAIRS (Dezember 1991).

49 LITERATURNAJA GASETA (28. August 1986).

50 Mehr zu dieser Debatte in Milan Hauser, op. cit., S. 221–225.

51 D. Lichatschow, LITERATURNAJA GASETA (6. Februar 1992).

52 Boris Slawnyj, »Graschdanskoje Obschestwo ili graschdanskaja wojna?«, SNAMJA 2 (1992).

53 R. Hofstadter, *The paranoid style in American Politics* (Chicago, 1966); E. Shils, *The torment of secrecy* (Glencoe, 1956).

54 D. Pipes, »Dealing with Middle Eastern Conspiracy Theories« ORBIS (Winter 1992).

55 Jurij Jemeljanow, »Byl li sagowor Tuchatschewskogo?« SLOWO 12 (1991). Carell arbeitete für das Propagandaministerium; Jemeljanow verwechselt ihn mit einem gewissen Schmidt, der als Dolmetscher für Hitler arbeitete.

56 Zum Fall Schestakow siehe RUSSKIJ WESTNIK 33 (1991). Mehrere in jüngerer Zeit verstorbene Rechtsextremisten wurden in die Liste der Märtyrer mitaufgenommen: Podkolsin, Petrow, Jumin und Iwanow. Anmerkung des Herausgebers in RUSSKIJ WESTNIK 14 (1992).

57 RUSSKIJ WESTNIK, Sonderbeilage, 26 (1991).

58 DEN 4 (1992).

59 »Jeschtscho ras o welikoj Rossij (5)«, DEN (26. Januar 1992). Zu Balaschows Ansichten siehe auch SLAWJANISKIJ WESTNIK (April 1991).

60 S. Kurginjan, NARODNAJA PRAWDA (November 1991).

61 Die Vorstellung, die offizielle nationalistische Ideologie wirke wie ein Rauschgift, findet sich bei Pjotr Struve, *Patriotica* (St. Petersburg, 1911), und davor schon bei Solowjow.

11 Zaren und Kosaken

1 Bei einer Meinungsumfrage im Frühjahr 1992 sprachen sich fünf bis sechs Prozent der Befragten für ein monarchistisches System aus. Für eine konstitutionelle Monarchie waren 34 Prozent der befragten Russen unter fünfundzwanzig. Siehe LITERATURNAJA GASETA (3. Juni 1992).

2 Im 5. Kapitel seines Buches *The New Russian Nationalism* (New York, 1985) beschreibt John B. Dunlop sehr detailliert, wie sich diese promonarchistischen Gefühle in der Sowjetunion und unter den Emigranten äußerten.

3 Eine kurze Beschreibung und viele Quellenangaben enthält E. Solowejs, »Wstanet tretij Rim – Prawoslawnyje monarchisty sewodnja« (Moskau, 1992), S. 3ff.

4 Ossipows Ansichten waren alles andere als judenfreundlich, im Gegensatz zu anderen rechtsextremen Führern weigerte er sich jedoch, der Judenfrage in seinem Programm einen vorrangigen Platz einzuräumen. Die SEMSCHTSCHINA, auf die ich weiter unten noch zu sprechen komme, wird jedoch (unter der Leitung von W. Demin) vom rechtsextremen Flügel von Ossipows »Christlicher Wiedergeburt« herausgebracht.

5 In den Jahren 1990 und 1991 wurden ungefähr sechzig Ausgaben dieses zweiseitigen Wochenblatts veröffentlicht. Mit mikroskopisch kleinen Buchstaben druckte man viele Artikel neu ab, die entweder vor 1917 in russischen Zeitungen oder in den zwanziger und dreißiger Jahren in Emigrantenzeitungen erschienen waren. Das rechte Blatt DOMOSTROJ (16, 1991) enthält interessante Kommentare zur SEMSCHTSCHINA.

6 SEMSCHTSCHINA 59 und 60, 1991. Diese Kritik bezog sich auf den Tenor der Reden, die der Patriarch 1991 während eines Amerikabesuchs hielt, und auf die Tatsache, daß er Angriffe gegen den Erzpriester Alexander Men, jenen Geistlichen jüdischer Abstammung, der 1990 ermordet wurde, zurückwies.

7 SEMSCHTSCHINA (1. Mai 1990).

8 F. Jurew, RUSSKIJ WESTNIK 2 (1992), Beilage. Der meistgelesene Autor in Rußland ist A. Dumas.

9 Das Programm der »Allrussischen Partei des Monarchistischen Zentrums«, auf das man sich am 1. Dezember 1991 in St. Petersburg einigte, sieht ein kompliziertes Gesetzgebungsverfahren vor, an dem der Monarch und zwei zu berufende Beratergremien beteiligt sein sollen.

10 SEMSCHTSCHINA 1 (1991). Solowej, op.cit., S. 15f.

11 RUSSKIJ WESTNIK 2 (1992), Beilage (J. Bulitschew).

12 Ibid.

13 NASCH SOWREMENNIK 12 (1990).

14 DOMOSTROJ 17 (1991).

15 *Ustaw rossijskowo oswoboditelnowo Sojusa,* 1990. *Program Christianskogo Patriotitscheskogo sojusa,* 1988; *Programnyje Prinzipy W.P.M.Z.,* Januar 1992.

16 Ibid.

17 Im Jahr 1953 wurde dem Paar eine Tochter namens Maria geboren, die inzwischen selbst einen Sohn namens Georgi hat. Dieser Sohn, der 1992 elf Jahre alt war, betrachtete sich nach Aussagen seines Großvaters als der zukünftige Herrscher Rußlands. Interview mit Kyrill in der NESAWISIMAJA GASETA.

18 N. Talberg, »Mysli starogo Monarchista«, in SEMSCHTSCHINA 28 (46) (1991). A. Schiropajew, RUSSKIJ WESTNIK 28/29 (1991). L. Bolotin, ZAR KOLOKOL 1 (1990); sowie ZAR KOLOKOL 10 (1991). A. Werchowskij, WOLJA ROSSIJ 3 (1991). Diese Artikel stützen sich überwiegend auf noch ausführlichere Aufsätze, die in den vergangenen Jahren in Büchern veröffentlicht wurden, besonders in M. Sasikin, *Zarskaja Wlast ...* (Sofia, 1924), und in K. Weimarn, *Istinnoje Wosroschdenije i restawrazija* (ohne Ort, 1984).

19 RUSSKIJ WESTNIK 28/29 (1991); dessen Quelle war ZAR KOKOL.

20 Talberg in SEMSCHTSCHINA 28 (45) (1991).

21 SEMSCHTSCHINA 17 (34) (1991).

22 SEMSCHTSCHINA 53 (1991).

23 Die Geschichte der Kosaken hat viele westliche Historiker fasziniert, daher gibt es über dieses Kapitel der russischen Geschichte wahrscheinlich mehr ausgezeichnete Studien als über viele andere. P. Longworth, *Die Kosaken: Legende und Geschichte* (Frankfurt, 1977); R. H. Mc Neal, *Tsar and Cossack 1855–1914* (London, 1987); Albert Seaton, *The Horsemen of the Steppes* (London, 1985); Peter Kenez, *Civil War in South Russia* (Berkeley, 1977); G. Stökl, *Die Entstehung des Kosakentums* (München, 1953); R. Karmann, *Der Freiheitskampf der Kosaken* (Puchheim, 1985).

24 *Nationale Kosakenbewegung. Die Kosakenfrage* (Prag, 1943), S. 11. Siehe auch Udo Gehrmann, *Das Kosakentum in Rußland zu Beginn der 90er Jahre* (Köln, 1992), S. 23.

25 KASATSCHIJA WOLJA 1 (1992). Der Bericht dieses Komitees wurde im Juni 1992 von Jelzin bestätigt und amtlich beglaubigt.

26 Martynow-Bericht, KASATSCHIJE WEDOMOSTI vom 4. Dezember 1991. Es heißt, daß Martynow, ehemaliges Parteimitglied und Leiter einer Moskauer Fabrik, am Vorabend seiner Wahl der orthodoxen Kirche beitrat. Martynows erster Stellvertreter, Wladimir Naumow, gehörte ebenfalls zu den etablierten Parteimitgliedern. Er arbeitete in einer führenden Position für den Moskauer Sowjet.

27 Die wichtigste Informationsquelle zum Thema der kosakischen Erneuerung sind der KASATSCHIJE WEDOMOSTI, eine monatliche Beilage zum RUSSKIJ WESTNIK, und die im nordkaukasischen Tscherkask erscheinende KASATSCHIJA WOLJA. Außerdem existieren ungefähr vierzig lokale, unregelmäßig erscheinende kosakische Nachrichtenblätter. Eine ausführlichere Liste regionaler kosakischer Publikationen findet sich in der Bibliographie und bei Udo Gehrmann, op. cit. Schließlich ist da noch das politisch-literarische Monatsmagazin KUBAN, das seine Seiten jedoch überwiegend mit historischen Reminiszenzen und juden- und freimaurerfeindlicher Propaganda füllt. Über die jüngsten Aktivitäten der Kosaken berichtete die Zeitschrift nicht.

28 KASATSCHIJE WEDOMOSTI 4 (1991). Siehe auch ROSSISKIJ OBSOR 1/2 (1992). Nach dieser Quelle hatten sich bis 1991 ungefähr 350 000 Nachfahren der Kosaken der neuen Bewegung angeschlossen. Insgesamt gibt es jedoch einige Millionen Kosaken, von denen die Mehrheit inzwischen lieber in Sibirien lebt als am Don oder am Kuban.

29 KOMSOMOLSKAJA PRAWDA (26. Oktober 1991).

30 KOMSOMOLSKAJA PRAWDA (15. Januar 1992).

31 TRUD (4. Februar 1992); RABOTSCHAJA TRIBUNA (23. Januar 1992). Eine Verteidigung der kosakischen Aktivitäten in der Don-Region und in Moldawien findet sich in der Zeitschrift DOMOSTROJ 14 (1992).

32 SYN OTETSCHESTWA (Februar 1992). Anfang 1992 erschienen kosakische Einheiten am Dnjestr, wo sie die dort ansässigen Russen gegen die moldawischen Behörden verteidigten und so eine weitere Front schufen. KASATSCHIJE WEDOMOSTI 2 (1992).

33 KASATSCHIJE WEDOMOSTI 4 (1991). In ihrem Programm definierten sich die Kosaken mal als Volk, mal als »besondere ethnische Gruppe« – zwei völlig verschiedene Begriffe. NARODNAJA PRAWDA (Januar 1922).

34 Martinow-Interview mit Eduard Wolodin, DEN 17 (1991).

35 *Molot,* zitiert in DIGEST MOSKOWSKICH NOWOSTEJ (18. Januar 1992).

36 Ju. Awerjanow, »Sowremennoje Rossiskoje Kasatschestwo; polititscheskij portret«. NESAWISIMAJA GASETA (19. Mai 1992).

12 Pamjat

1 Die Angaben über die Zahl der Mitglieder reichen von ein paar Hundert bis zu zehn Millionen (Jemeljanow). Bei einer Veranstaltung anläßlich der Gründung der Pamjat-Zeitung im Jahre 1990 waren fünfzehnhundert Menschen anwesend. Das war das bisher größte Treffen.

2 Wesentlich höher war jedoch die Zahl der in der Sowjetunion veröffentlichten antizionistischen Bücher. Sie betrug zwischen 1965 und 1985 ungefähr zehn Millionen. Auf jeden sowjetischen Juden kamen also fünf Bücher.

3 Zur frühen Geschichte des Pamjat W. Pribilowskij in PANORAMA (Moskau) 8, 9, 10, 14; RUSSKAJA MYSL (Paris, 30. Juli 1987); SOBESEDNIK 49 (1990); W. Solowej, *Pamjat; istorija, ideologija polititscheskaja praktika* (Moskau, 1991); Gerd Koehnen, »Pamjat«, in OSTEUROPA 3 (1990); L. Dadiani, »Die Gesellschaft Pamjat« (in Jiddisch), SOWJETISCH HEIMLAND 11 (1990).

4 Hier nur die wichtigsten: E. Losoto in KOMSOMOLSKAJA PRAWDA (22. Mai 1987); Alimow und Lynew in ISWESTIJA (2. Juni 1987); P. Gutjontow in SOWJETSKAJA ROSSIJA (17. Juli 1987); A. Tscherkisow in SOWJETSKAJA KULTURA (18. Juni 1987) sowie Artikel in OGONJOK, MOSKOWSKAJA PRAWDA und anderswo.

5 Die Reden wurden im Samisdat verbreitet; einige finden sich in den Samisdat-Archiven von Radio Liberty. Eine wurde in der Zeitschrift KONTINENT 50 (1986) abgedruckt.

6 Aus einer Rede, die er 1986 in Leningrad hielt. Siehe Semjon Resnik, *Krasnoje i Koritschnewoje* (Washington, 1992), S. 199ff.

7 Pribilowskij, op. cit., S. 7.

8 WETSCHERNAJA MOSKWA (9. April 1988); MOSKOWSKAJA PRAWDA (17. April 1988).

9 RUSSKIJ WESTNIK 10 (1991). Er ist der Autor eines Pamphlets mit dem Titel *Era Rossij* (Samisdat, 1991).

10 S. Resnik wohnte der Verhandlung bei und hat den Sachverhalt sehr genau beschrieben. *Krasnoje i Koritschnewoje,* S. 47–82.

11 Pribilowskij, op. cit., S. 48; Solowej, op. cit., S. 24.

12 Interview mit Wassiljew in SNAMJA KOMMUNISMA (9. September 1988).

13 *Woswanie patriotitscheskogo obedinenija Pamjat* (Samisdat, Dezember 1987; Samisdat-Archiv, München, AC G138).

14 W. Koschinow, NASCH SOWREMENNIK 10 (1987); Rede Rasputins in Gorkij, 1988.

15 ARGUMENTY I FAKTY 28 (1988).

16 Solowej, op. cit., S. 42.

17 Solowej, op. cit., S. 51.
18 E. Proschetschkin und W. Todres in Sowetskij Zirk 29 (1989).
19 Solowej, op. cit., S. 57.
20 Aus dem Stenogramm einer Pressekonferenz, Mark Deich und Leonid Schurawlew, *Pamjat kak ona jest* (Moskau, 1991), S. 95.
21 Das Manifest erschien in Russkoje Woskresenije 2 (1990).
22 Ostaschwili ist, wie schon sein Name verrät, kein Russe. Dasselbe gilt möglicherweise auch für Wassiljew, der sich stets weigerte, seinen wirklichen Familiennamen zu verraten, weil die Familie seines Vaters angeblich »einer sehr grausamen Verfolgung ausgesetzt war«. Interview mit Surah Tschawtschawadse, Kaw Kasioni 2 (1990).
23 Russkoje Woskresenije 5 (1990).
24 Einzelheiten über die Verhandlung in Mark Deich, op. cit., passim.
25 Megapolis Express (24. Juli 1990).
26 Wetschernaja Moskwa (12. Oktober 1990).
27 Istoki 4 (Juli 1991).
28 Istoki 4 (Juli 1991).
29 Solowej, S. 72; S. Resnik, S. 152–189. Interview in Nedelja 12 (1990).
30 Verschiedene Samisdat-Flugblätter und das Organ Osnownyje Poloschenja der Gruppe RNDF (*Russkij Narodnyj Demokratitscheskij Front – Dwischenije Pamjat*, so der offizielle Name der Sitschew-Gruppe).
31 Das liberale Blatt Stoliza 38 (1991) akzeptierte diese Differenzierung nicht.
32 D. Radischewski, Moskowskie Nowosti 42 (1990).
33 Kommersant 18 (1991).
34 Im Jahr 1990 kamen vier Ausgaben der Samisdat-Zeitschrift Pamjat heraus, später erschienen dann zwei Ausgaben eines größeren, offiziell registrierten Blattes. Die Auflage betrug 1991 angeblich 100000, es ist jedoch anzunehmen, daß die meisten, wenn nicht alle Exemplare, kostenlos verteilt wurden.
35 »K woprosu o staroj i novoj orfografij«, Pamjat 1 (1991).
36 Zum Beispiel »Obraschenie« (Samisdat, Juni 1990); in Pamjat 2 (1991) wurden Auszüge aus den *Protokollen* und antisemitische Karikaturen abgedruckt.
37 Pamjat 1 (1991), S. 13.
38 Interview in dem dokumentarischen Fernsehfilm *Passport* (Fünfte Kolonne) (Awerbuch, April 1992). Nach dem für »zionistische« Angelegenheiten zuständigen KGB-Oberst waren die meisten Pamjat-Führer von seiner Organisation rekrutiert worden.
39 Nowoje Russkoje Slowo (14. Februar 1992). Der russische Vizepräsident Ruzkoj war bei diesem Treffen, das angeblich von der russischen Waren- und Rohstoffbörse finanziert worden war, ebenfalls zugegen und erhielt großen Beifall. Siehe auch T. Jachiakowa in Moskowskie Nowosti 5 (1992).
40 Nesawisimaja Gaseta (1. Februar 1992). Vielleicht wollte Wassiljew seinen alten Rivalen übertreffen, als er zu gewaltsamen Aktionen gegen die Regierung aufrief. Wetschernaja Moskwa (20. März 1992). Bei anderen Gelegenheiten (Den 11, 1992) versuchte man eher den Eindruck zu vermitteln, daß der

Pamjat aus gemäßigten Monarchisten und frommen Kirchgängern bestehe und alle entgegengesetzten Behauptungen haltlos und »dumm« seien.

41 Die Kandidaten, die der Pamjat bei den Wahlen von 1989/90 unterstützte, fielen alle durch. Sie konnten sich immerhin mit der Hoffnung trösten, daß die Zeiten sich irgendwann ändern würden.

13 Die Erneuerung der orthodoxen Kirche

1 A. Hampel, »Nach dem Martyrium der Lüge«, FRANKFURTER ALLGEMEINE (21. Dezember 1991).

2 K. M. Motschulskij, *Dostojewskij* (Princeton, 1971), S. 429.

3 D. Pospelowski, *The Russian Church under the Soviet Regime 1917–1982.* (Gestwood, 1984), Bd. I, S. 105. Jane Ellis, *The Russian Orthodox Church* (Bloomington, 1986).

4 J. Hecker, *Religion and Communism* (London, 1933), S. 154.

5 Marc Raeff, *Russia Abroad* (New York, 1990), S. 123ff.

6 D. Pospelowski, op. cit., Bd. II, S. 266. Zur Geschichte der russischen Kirche im Ausland siehe Gernot Seide, *Geschichte der Russischen Orthodoxen Kirche im Ausland* (Wiesbaden, 1983); in diesem Buch werden die dunklen Kapitel in der Geschichte der Auslandskirche teilweise etwas beschönigt.

7 Pospelowski, op. cit., Bd. II, S. 391.

8 Interview, RUSSKIJ WESTNIK 31 (1991).

9 MOSKWA 3 (1991), »Ne Dopustit raskola«.

10 PRAWOSLAWNAJA RUS 14 (1991), »Pisateli, tschto vi pischete?«

11 N. Babasjan, NOWOJE RUSSKOJE SLOWO (2. Januar 1992).

12 Zu Kaschira siehe MOSKOWSKIJE NOWOSTI 50 (1990); zu Susdal siehe MOSKOWSKIJE NOWOSTI 22 (1991); siehe ferner PRAWOSLAWNAJA RUS (1991), passim.

13 NASCH SOWREMENNIK 12 (1990). Erstaunlicherweise wurde diese wichtige Botschaft der russisch-orthodoxen Kirche erst später auch im offiziellen Mitteilungsblatt des Moskauer Patriarchats (2, 1991) veröffentlicht. Mit der Botschaft antwortete die russische Kirche auf ein Sendschreiben der orthodoxen Kirche im Ausland, das vom New Yorker Metropoliten Witali, von den Erzbischöfen von Los Angeles und San Francisco sowie von Markus, dem Bischof von Berlin und Deutschland, unterzeichnet worden war.

14 DEN 5 (1992). In seinem Hirtenbrief für 1992 schlug sich Lasar auf die Seite derjenigen, die gegen die jüdisch-freimaurerische Verschwörung kämpften. RUSSKIJ STAG 1 (1992).

15 DEN 8 (1992).

16 Einige behaupteten, der KGB habe die Freie Kirche zwischen 1989 und 1991 unterstützt, um ein Schisma herbeizuführen. D. Pospelowskij in WESTNIK RCHDD. 159 (1990).

17 Die »Katakombenkirche« (Wahre Kirche) ist nicht mit der orthodoxen Kirche identisch. Zunächst wurde erwartet, daß es zu einer Verschmelzung kommen würde oder daß die beiden Kirchen zumindest eine gemeinsame Front

bilden würden, aber die orthodoxe Auslandskirche weigerte sich, die Anordnungen vieler Bischöfe der Wahren Orthodoxen Kirche zu befolgen, die sich, wie der Fall Lasar zeigt, unter Umständen an Personen richteten, deren Herkunft, Charakter und Ansichten recht zweifelhaft waren.

18 KRASNAJA SWESDA (25. Februar 1992); NESAWISIMAJA GASETA (25. Februar 1992).

19 RUSSKIJ WESTNIK 10 (1992), S. 12. Diese Meinung vertrat offensichtlich auch der Pamjat, von dem sich Markus, der Erzbischof von Berlin und Deutschland, jedoch distanzierte. NESAWISIMAJA GASETA (8. April 1992).

20 *»Tschekisti w rjassach«,* Interview mit dem Priester G. Edelstein in ARGUMENTY I FAKTY 36 (1991). Mit genau denselben Worten beschrieb auch der Priester Andrej Ribin, der sechs Jahre lang in der Abteilung für externe Angelegenheiten des Moskauer Patriarchats gearbeitet hatte, die vollständige Infiltration der Kirche mit KGB-Agenten. RUSSKAJA MYSL (28. Februar 1992).

21 Soja Krachmalnikowa, RUSSKAJA MYSL (20. Dezember 1991).

22 ARGUMENTY I FAKTY 1 (1992). Ein führender Agent unter den Buddhisten hatte den Decknamen »Sajana« erhalten. Auch die Opfer hatten Decknamen: so hieß Vater Alexander Men »Missionar«, Sacharow »Asket« und seine Ehefrau Elena Bonner »Lisa«; Solschenizyn war »Pauk« (die Spinne).

23 A. Neschnyj, OGONJOK 4 (1992). Filaret wurde im Juni 1992 abgesetzt, allerdings nicht wegen seiner Arbeit für den Staatssicherheitsdienst.

24 Siehe die Artikel von M. Posdnajew in STOLIZA 26 (1991) und in NESAWISIMAJA GASETA (17. September 1991). Ferner S. Lesow in STRANA I MIR 6 (1990) sowie verschiedene Artikel des Priesters Mark Smirnow in STOLIZA 43 (1991) und ROSSIJA (22. März 1991). Antworten von kirchlicher Seite erschienen sporadisch im MOSKOWSKIJ ZERKOWNYJ WESTNIK, zum Beispiel im Januar 1992, aber dem Patriarchat mangelte es an guten Publizisten.

25 MOSKOWSKIJE NOWOSTI 10 (1992).

26 SOBESEDNIK 8 (1992).

27 Ibid. Diese Vorfälle ereigneten sich 1987 und 1988.

28 RUSSKOJE WOSKRESENIJE 4 (1941). In der Zeit nach 1953 gab es eine ganze Reihe von Dissidentenpriestern mit nichtrussischen Namen. Die meisten waren wie Eschlimann keine Juden. Der Name des neuen Patriarchen war Ridiger; ein Metropolit hieß Wendland. Eine weitere Rechtfertigung der Zusammenarbeit zwischen Kirche und KGB findet sich in einem Leitartikel in RUSSKIJ WESTNIK 9 und 10 (1992).

29 MEGAPOLISEXPRESS (3. Januar 1992).

30 D. Schuschanin, NESAWISIMAJA GASETA (31. Januar 1992). S. Krachmalnikowa, NOWOJE RUSSKOJE SLOWO (3. März 1992).

31 PRJAMOJ PUT, zitiert bei Krachmalnikowa.

32 G. Edelstein beschrieb, was zu tun war, damit ein neuer Mönch im Heiliggeistkloster in Wilna bleiben durfte. Die Polizei erteilte eine solche Erlaubnis normalerweise nicht, der KGB dagegen schon, vorausgesetzt man offerierte die richtigen Geschenke. ARGUMENTY I FAKTY 36 (1991).

33 MOSKOWSKJE NOWOSTI 11 (1989).

34 ISWESTIJA (7. August 1991).

35 Literaturnaja Gaseta (28. November 1990).
36 Iswestija (26. April 1991).
37 »Patriarch i Politika«, Moskowskij Zerkownyj Westnik (Juni 1991). Diesen langen Artikel schrieb der junge Diakon Andrei Kurajew, ein führender Berater des Patriarchen.
38 Rossijskaja Gaseta (19. Februar 1991).
39 Iswestija (7. Juni 1991).
40 S. Krachmalnikowa, Russkaja Mysl.
41 Weitere Kritikpunkte nannte die Demokratitscheskaja Rossija (22. März 1991); siehe dazu auch die Antwort der Kirche »Patriarch i Politika«, loc. cit.
42 J. Krotow, Kuranty (27. August 1991). Es wird weithin angenommen, daß von allen Kirchenführern besonders Kyrill, der Metropolit von Smolensk und Kaliningrad, sehr starke Sympathien für die russische Rechte hegt; als Leiter der Auslandsabteilung des Moskauer Patriarchats hat er viel Einfluß.
43 M. Frankow, »Mysteries of the Holy Synod«, Moscow News 6 (1992).
44 Frankow, loc. cit. Zu Nikodim siehe auch Diakon Andrej Ribin, Stoliza 10 (1992).
45 Nesawisimaja Gaseta (5. März 1992).
46 Komsomolskaja Prawda (16. April 1991); »Patriarch i Politika«, op. cit.
47 Interview mit der BBC, abgedruckt in Panorama (Dezember 1990). Kritik an diesen Erklärungen äußerten nicht nur die Rechtsextremisten, sondern auch die Fundamentalisten innerhalb der Kirche, zum Beispiel der *Sojus prawoslawnych bratstw* (Bund der orthodoxen Bruderschaften) sowie die hausinterne Zeitschrift Westnik. Diese Kreise behaupteten, daß sogar der Krieg zwischen den Serben und den Kroaten von einer geheimen »talmudischen Führung« angezettelt worden sei. Der Öffentlichkeit gegenüber äußerten sie sich etwas vorsichtiger: Gegen die Juden als Volk habe man nichts, nur gegen die »Talmudisten«. Interview mit Natalja Babasjan in der Nesawisimaja Gaseta (21. Mai 1992).
48 Pressekonferenz in Moskau, Nowoje Russkoje Slowo (17. November 1991).
49 Zur Veranschaulichung siehe Georgij Fedotow vom Pskow-Petschorskij-Kloster, Molodaja Gwardija 8 (1991).
50 Nascha Strana 4 (1990). Die Partei gab die beiden Zeitungen Put und Wybor heraus. 1991 verfügte die Partei zudem noch über fünf regionale Zeitschriften. Der Wybor war zu jener Zeit die interessanteste und seriöseste Zeitung der christlichen Intelligenzija.
51 S. Lesow, Oktjabr 10 (1990). (»Nazionalnaja Ideja i Christianstwo«). Siehe auch die Antwort des Sprechers der extremen Rechten, M. Antonow, Den 21 (1991).
52 Interview mit Anischtschenko, Stoliza 13 (1991).
53 V. Aksjutschiz, Moskowskij Zerkownyj Westnik (Januar 1991).
54 M. Perewoskina, Russkaja Mysl (14. Februar 1992).
55 Diakon German Iwanow – Trinazatji. »Ostoroschno-Vatikan«, Moskwa 6 (1991).

56 Igor Schewelew, NOWOJE RUSSKOJE SLOWO (6. Februar 1992).

57 So der Inhalt einer Rede, die Iwan Poloskow auf einem Patriotentreffen im Februar 1991 hielt; Mark Smirnow, ROSSIJA vom 15. März 1991.

14 Das nationalistische Establishment: Literarische Manifeste und politische Aktionen

1 Für eine ausführliche Übersicht über nationalistische Gruppen siehe W. Pribilowskij, op. cit, Teil I, und W. Solowej, *Russkij nazionalistitscheskij establishment* (Moskau, 1992), unveröffentlichte Forschungsarbeit.

2 LITERATURNAJA ROSSIJA, (2. Februar, 2. März 1990).

3 Schenkt man dem Manifest Glauben, dann erreichte die patriotische Presse nur 1,5 Millionen Leser, die »Russophoben« hingegen 60 Millionen.

4 Tatjana Gluschkowa, MOSKOWSKIJ LITERATOR 17/18 (1990).

5 Gluschkowa, loc. cit.

6 Informationen über Skurlatows Leben finden sich in RUSSKOJE WOSROSCHDENIJE 1 (1990). Nach einer Karriere im Komsomol arbeitete er als Abteilungsleiter in der Diplomatischen Akademie des Außenministeriums. In der Reformära trat er als Gründer und Mitgründer verschiedenster politischer Parteien auf, unter anderem der Russischen Nationalen Front (RNF).

7 RABOTSCHAJA TRIBUNA (3. Oktober 1990); PRAWDA (15. Oktober 1990).

8 MOSKOWSKAJA PRAWDA (23. Juli 1991); Gromow, stellvertretender Innenminister, zog seine Unterschrift später wieder zurück. Sykina erklärte, daß ihr nicht der vollständige Text gezeigt worden sei.

9 SOWETSKAJA ROSSIJA (20. August 1991); ROSSIJSKAJA GASETA (4. September 1991).

10 KOMSOMOLSKAJA GASETA (3. September 1991).

11 Sergej Mitrochin, PANORAMA (September 1991).

12 POLITIKA 5 (Mai 1991).

13 POLITIKA, ibid. Das offizielle Sojus-Organ änderte seinen Namen in OBO SRENIJE.

14 Nach Alksnis waren sowohl die Generäle wie auch die jüngeren Offiziere überzeugt, daß die gegenwärtigen politischen Zustände nicht von Dauer sein konnten. Aber sie neigten zur Zurückhaltung und wollten ihre Position nicht durch voreilige Aktionen gefährden. LITERATURNAJA ROSSIJA 7 (1992).

15 Eine kritische Bewertung der politischen Kräfte, die Sojus unterstützten, findet sich in A. Chiva, ISWESTIJA (11. Mai 1991).

16 Die Verlautbarungen der Sojus-Führung erschienen das ganze Jahr 1991 über in POLITIKA. Alksnis, Blochin, Petruschenko und einige andere führten zahllose Interviews mit Presse und Fernsehen. Als Beleg mögen einige wenige Beispiele genügen: Alksnis in DEN 5 (1991), SOWETSKAJA ROSSIJA (21. November 1990 und 24. Januar 1991); Petruschenko in AURORA 12 (1991).

17 LITERATURNAJA ROSSIJA 7 (1992).

18 Insgesamt existierten im Jahr 1991 rund neunzig solcher Organisationen, darunter auch »Frauen für eine sozialistische Zukunft unserer Kinder«, die »Russische Akademie«, die »Russische Universität« und die »Vereinigung zum umfassenden Studium der russischen Nation«. Eine ausführliche, kommentierte Auflistung der Gruppen findet sich bei I. I. Antonowitsch, Iswestija ZK KPSS (Juli 1991) und in dem oben erwähnten, von Pribilowskij herausgegebenen Nachschlagewerk.

19 Die wichtigsten Quellen zu Nina Andrejewas Leben und Denken bilden die zahlreichen Interviews, die sie gegeben hat. Zu den interessanteren gehören: Sobesednik (Juni 1990); Sojus (Juli 1990); Argumenty i Fakty 22 (1990); Megapolis Express (17. Oktober 1991), Snamja Junosti, Minsk (Februar 1991), und ein Gespräch mit dem israelischen Diplomaten Josef Ben Dor in Tschas Pik (26. Juli 1991). Nina Andrejewa wurde auch von vielen ausländischen Journalisten interviewt. Ihre Reden und Aufsätze erschienen in Interdwischenije (Dezember 1990); Woenno-istoritscheskij Schurnal 6 (1990) und anderswo.

20 Juriditscheskaja Gaseta 9/15 (1991).

21 Zu Schirinowskijs Jugendjahren siehe S. Mitrochin in Swobodnoje Slowo 16 (1991) und N. Alexandrow in Schisn 7 (1992). Zu seinem späteren Leben W. Batschew, M. Gorbanewski »Komitettschiki«. Teil 1 erschien in Posew 1 (1991), Teil 2 im Samisdat, Radio Liberty AC 6580 (28. Juni 1992). Was seine finanziellen Verhältnisse angeht, siehe Kuranty (16. April 1991) und Ogonjok 2 (1992). Ferner das Interview mit Schirinowskijs ehemaligem Berater Leonid Alimow, Stoliza 27 (1991). Die Geschäftsreise in die Türkei wird erwähnt von A. Tarasow, Iswestija (12. Februar 1992).

22 A. Meschkow, Stoliza 27 (1992).

23 Liberal 1 (1990).

24 Einige für Schirinowskij typische Zitate finden sich in folgenden Interviews und Artikeln: Sowetskaja Rossija (30. Juli 1991); Golos Armenij (25. Oktober 1991); Dialog 10 (1991); Nesawisimaja Gaseta (25. Juli 1991); Selskaja Schisn (4. Juni 1991); Wremja, TV (14. April 1991); Delowaja Schisn 24 (1991); Tschas Pik (27. Mai 1991).

25 Interview mit Sawidia in Komsomolskaja Prawda (28. September 1991). Sawidia war auch Eigentümer von Literaturnaja Rossija und anderen rechten Publikationsorganen.

26 Ogonjok 2 (1992).

27 Russkoje Djelo, St. Petersburg, 1 (1992). Als Schirinowskij 1992 vor einer Gruppe von Geschichtsstudenten sprach, wurde er gedrängt, Auskunft über die Nationalität seiner Großeltern zu geben. Er sagte, sie seien gestorben, bevor er zur Welt kam. Aber seines Wissens seien sie Russen gewesen. Sollte sich jedoch herausstellen, daß in seinen Adern auch nichtrussisches Blut fließe, so sei dies ein Grund zur Freude. Denn es sei doch nur angemessen, wenn diejenigen, die einen Vielvölkerstaat wie Rußland regierten, selbst gemischter Abstammung seien.

28 Iswestija (27. Januar und 27. Februar 1992).

29 Bisher wurden nur wenige Versuche unternommen, die sozialen Wurzeln der

russischen Politik in der Reformzeit zu untersuchen. Eine der wenigen Ausnahmen bildet A. S. Arestowa, »Sozialnaja basa sowremennogo polititscheskogo dwischenija w SSSR«, MNOGOPARTIJNOST ODSCHTSCHESTWENNOJE DWISCHENIJA; Institut sozialno-polititscheskich Issledowanij, Akademij Nauk SSSR, 4 (1992).

30 W. Solowej, *Fenomen Schirinowskogo*, unveröffentliches Manuskript (Moskau, 1992). Des weiteren L. Bisow und N. Lwow in WEK XX I MIR 3 (1989).

31 S. Wasilzow, RODINA 5 (1989). Nach dieser Umfrage gaben lediglich 3,6 Prozent der Russen an, mit großem Stolz auf die kulturellen Errungenschaften Rußlands zu blicken.

32 L. M. Drobischewa, »Etnitscheskoje samoposnanje russkich ...«, SOVETSKAJA ETNOGRAFIJA 1 (1991); W. Solowej, op. cit.

33 Bondarew in LITERATURNAJA ROSSIJA 35 (1991); Rasputin in RUSSKIJ WESTNIK (25. Dezember 1991); Prochanow in LITERATURNAJA ROSSIJA 40 (1991).

34 M. Antonow, LITERATURNAJA ROSSIJA 40 (1991).

35 Ähnliche Ansichten wie Antonow vertreten Prochanow, DEN 21 (1991), E. Wolodin, SOWETSKAJA ROSSIJA (28. September 1991) und I. Schafarewitsch, PRAWDA (1. November 1991).

36 Die Lesung fand am 26. März im Kino »Gorisont« statt. Mehrere Wortführer der Rechten erklärten, sie seien bereit, sich in Lukjanows Zelle einschließen zu lassen, wenn man ihm erlaube, seine Gedichte selbst vorzutragen. Die Behörden gingen auf den Vorschlag nicht ein.

37 Diese Gruppe ist im wesentlichen identisch mit der »Russischen Nationalversammlung«, die in Nischnij Nowgorod gegründet wurde und der Rasputin, Sterligow, und V. P. Feodorow, der Gouverneur von Sachalin, vorstehen.

38 Zum Kongreß selbst siehe PRAWDA (10. Februar 1992); SOWETSKAJA ROSSIJA (11. Februar 1992), NESAWISIMAJA GASETA (10. und 11. Februar 1992). Die Erklärungen des Kongresses wurden in einer 32 Seiten starken Sonderbeilage der Februarausgabe der Zeitschrift OBOSREWATEL abgedruckt.

39 POSTFACTUM (9. Februar 1992).

40 SOWETSKAJA ROSSIJA (10. März 1992). Eine der Parolen, die auf einem RNS-Flugblatt standen, lautete: »Kein Marxismus-Leninismus, kein nationalistischer Extremismus.«

41 NESAWISIMAJA GASETA (16. Juni 1992). Ganz ohne Emotionen ging es allerdings nicht ab. In DEN 22 (1992) wurden die Regierungsmitglieder wiederholt als »Verräter« und »Okkupanten« beschimpft. Die Demokraten wurden als Prediger des amerikanischen Chauvinismus, des kulturellen Rassismus und der unmenschlichen Doktrin der Marktwirtschaft angeprangert.

42 NESAWISIMAJA GASETA (16. Juni 1992).

43 Kurginjan wurde bei der Abfassung seiner Aufsätze und bei seiner Tätigkeit für den Postperestroika-Klub von zwei Beratern unterstützt: dem Ökonomen Gennadij Awrech (geb. 1941) und Wladimir Owtschinskij (geb. 1955), einem Rechtsexperten und Kenner der Schattenwirtschaft (also der »Mafia«).

44 Zusätzlich zu seinen regelmäßigen Beiträgen in DEN 1991/1992 siehe auch JURIDITSCHESKAJA GASETA 14/15 (1991) und 1 (1992) sowie GLASNOST 50 (1991).

45 Den 7 (1992). Dugins »Einführung in die Konspiratologie« erschien in Den 14–18 (1991), seine »Anatomie des Mondialismus« in Politika (November 1991). Eine detaillierte Übersicht über die Theorien Dugins und Kurginjans findet sich in W. Solowej, »Russkij nazionalistitscheskij establishment – nowaja wolja« (unveröffentlichtes Manuskript; Moskau, 1992).

46 Anatolij Medwedjew, Nowoje Wremja 17 (1992).

47 Literaturnaja Gaseta (22. April 1992); Russkaja Mysl (10. April 1992).

48 M. Antonow, »Na uskoj doroge sektantstwa«, Literaturnaja Rossija (15. Mai 1992).

49 Ibid. Dieser Aufruf stieß anscheinend auf taube Ohren, zumindest bei der rechten Prominenz. Die Dichterin Tatjana Gluschkowa zum Beispiel geißelte weiterhin die internationalen Verbrecher und Führer der Bolschewiki, die sich eines »in der Geschichte einzigartigen Holocausts an den slawischen Völkern« schuldig gemacht hätten. Molodaja Gwardija 5–6 (1992). Exakt solche Phrasen mißfielen Antonow und seinen Freunden, weil sie ihrer Überzeugung nach letztlich zur Niederlage der patriotischen Kräfte führen mußten.

50 Ein Porträt Ilja Konstantinows und ein Interview mit ihm erschienen in Moskowskij Literator (Mai 1992).

51 Fast alle Führer der Neuen Rechten in Rußland wurden in den vierziger und fünfziger Jahren geboren. Baburin und Konstantinow gehören zu den jüngsten. Die meisten haben einen Universitätsabschluß, Nikolaj Pawlow in Biowissenschaften, Anischenko (von der christlichen Partei) in Russischer Literatur, und Aksjutschiz hat zwar keinen Abschluß, studierte aber fünf Jahre Philosophie. Dasselbe gilt für die zentrale Führung der Kosaken. Martynow (geb. 1942) hat einen Abschluß in Ökonomie, und sein Stellvertreter Wladimir Naumow (geb. 1951) studierte Sprachen an der Akademie des Verteidigungsministeriums. Die einzige Ausnahme bildet Barkaschow (geb. 1953 in Moskau), der aus einer Arbeiterfamilie stammt und mit siebzehn von der Schule abging.

Schluß

1 D. Lichatschow, »O Russkom«. Sametki I Nabljudenija (Moskau, 1991).

2 Dostojewskij fährt fort: »Unsere Leute stellen ihre Schwächen rückhaltlos zur Schau. Sie sind bereit, vor der ganzen Welt über ihre Fehler zu sprechen und endlos über sich selbst zu klagen ...« Ehrlicherweise muß man hinzufügen, daß Dostojewskij bei anderen Gelegenheiten in einem anderen Ton über den russischen Nationalismus schrieb.

3 Natalja Iwanowna, »Russkij Vopros«, Snamja 1 (1992), S. 200. Doch auch bei den Kommunisten wurden frauenfeindliche Töne angeschlagen. Trotzkijs »Literatur und Revolution« ist dafür ein hervorragendes Beispiel, desgleichen die Äußerungen Stalins und Schdanows über Anna Achmatowa.

4 Es überrascht nicht, daß die ideologischen Fronten sich ständig verschoben

haben. Während Solschenizyn von einem Liberalen wie G. Pomeranz gegen die Liberalen verteidigt wurde, haben sich einige der Christdemokraten von einst (A. Guliga, J. Kublanowskij, Aksjutschiz) dem nationalistischen Lager angenähert.

5 Vorlesung an der Sorbonne vom 11. März 1982 mit dem Titel: »Qu'est-ce qu'une nation?« (Paris, 1982). Er fügte hinzu: »Die Europäische Föderation wird sie wahrscheinlich ersetzen. Aber dies ist nicht das Gesetz des Jahrhunderts, in dem wir leben.« In späteren Jahren betrachtete er diesen Vortrag als sein Credo und hoffte, man werde in einer Zukunft, in der die moderne Zivilisation von einem tödlichen Chaos aus Nationalismus und Rassismus verschlungen werde, an ihn zurückdenken.

6 Das Drucken von Büchern war in der Ukraine, von einigen Ausnahmen abgesehen, von 1863 bis 1905 verboten. Bis vor kurzem ging der Trend in der ukrainischen Elite zur Zweisprachigkeit. Der ukrainische Nationaldichter Schewtschenko schrieb mehr in russisch als in ukrainisch. Gogol und Korolenko schrieben nur russisch. Russische Historiker haben ihren ukrainischen Kollegen von Hruschewskyj bis Doroschenko auch noch in unseren Tagen bittere Vorwürfe gemacht, weil sie zu sehr auf ein unabhängiges ukrainisches Bewußtsein, auf eine eigene Staatlichkeit und Kultur und natürlich auf eigene Grenzen gepocht hätten. Diese Kritik war nicht immer falsch, aber ähnliche Vorwürfe könnte man natürlich auch der russischen Geschichtsschreibung machen.

7 Denis Dragunow ist einer der überzeugendsten Vertreter dieser These. Er formulierte sie in einer Reihe von Artikeln in WEK XX I MIR, DRUSCHBA NARODOW und STOLIZA 19 (1992).

8 Die russische Öffentlichkeit ist in dieser Frage gespalten. Nach einer Meinungsumfrage Anfang 1992 erwarteten 44 Prozent der Befragten, daß die Patrioten Zulauf erhalten und schließlich die Macht übernehmen würden; 46 Prozent hielten dies für unwahrscheinlich. V. A. Gruschin in MOSKOWSKAJA PRAWDA (5. März 1992).

9 J. G. Kohl, *Russia and the Russians* (ein Reiseführer; London, 1842), S. 66.

10 Auch Lichatschow glaubt an eine solche Renaissance: MOSKOWSKIJE NOWOSTI (22. März 1992).

11 NOWYJ MIR, um nur ein Beispiel zu geben, widmete in den Jahren 1990 und 1991 religiösen Fragen mehr Raum als politisch-sozialen.

12 Zu den Schriften Fedotows, Berdjajews und Iljins siehe die bibliographischen Anmerkungen. Kartaschew hat mit dem Buch *Wossosdanije swjatoi Rusi* (Paris, 1956) in diesem Zusammenhang einen wichtigen Beitrag geleistet. Eine kurze Erörterung der zur Debatte stehenden Fragen findet sich in N. N. Petro, *Christianity and Russian Culture in Soviet Society* (Boulder, 1990).

13 J. C. Casanova in: COMMENTAIRE 1 (1992), S. 5.

14 »Sprawotschnik patriota tschernosotenza«, in RUSSKIJ TRAKTIR 1 (1992).

15 ibid.

16 Dies war die vorherrschende Ansicht seit den späteren Slawophilen. Das Zitat stammt aus Iwan Aksakow, »Myslima li russkaja narodnost wne Prawoslawi-

ja?«, Der Artikel erschien erstmals in DEN (1. August 1864) und wurde in RUSSKIJ RUBESCH 4 (1992) neu abgedruckt.

17 Nach einer Umfrage von VOX POPULI vom September 1991 bezeichneten sich 51 Prozent der befragten Frauen und 27 Prozent der Männer als gläubig, was nicht heißt, daß sie alle Mitglieder der russisch-orthodoxen Kirche waren.

18 Der Begriff wurde wahrscheinlich von S. Frank geprägt.

19 Alla Latinina und Julia Latinina, »Wremja rasbirat barrikady«, NOWY MIR 1 (1992).

20 John Plamenatz, »Two Types of Nationalism«, in E. Kamenka, *Nationalism, the Nature and Evolution of an Idea* (London, 1973). Der Autor, ein Experte für Marxismus und Nationalismus, ist in Montenegro geboren.

21 All diese Interpretationen hatten in den Debatten, die in den letzten Jahrzehnten über den Ursprung der Nationen und die verschiedenen Nationalismustheorien geführt wurden, ihre Verfechter. Siehe beispielsweise E. Gellner, *Nations and Nationalism* (Oxford, 1983); Anthony D. Smith, *The Ethnic Origins of Nations* (Oxford, 1986), und *Theories of Nationalism* (London, 1983); Benedict Anderson, *Die Erfindung der Nation. Zur Karriere eines erfolgreichen Konzepts* (Frankfurt, 1983), und viele andere Untersuchungen. Ein interessantes Werk über den neuen osteuropäischen Nationalismus ist Mischa Glenny, *The Rebirth of History* (London 1990).

22 Solschenizyns politische Philosophie ist von einer seiner Anhängerinnen ausführlich, wenn nicht zu ausführlich, kommentiert worden: Dora Schturman, *Gorudu i Miru*. Eine gutdurchdachte Kritik übt Wjatscheslaw Wosdwischenskij in *»Solschenizyn – kotoryj?«,* OGONJOK 47 und 48 (1991). In jüngerer Zeit lieferten sich Alexander Agejew und Andrej Nemser eine Debatte zu diesem Thema in NESAWISIMAJA GASETA (4. Juni 1992).

23 »Dwe dorogi k odnomu obriwu«, NOWY MIR 7 (1989).

24 Es erübrigt sich wohl, auf die Unterschiede zwischen diesen beiden Bewegungen hinzuweisen. Die eine sprach vor allem die Mittelklasse an und legte großen Wert auf Respektabilität, die andere war für das Lumpenproletariat attraktiv.

25 Eiserne Garde und Schwarze Hundert hatten mit Erzengel Michael sogar denselben Schutzheiligen.

26 Zum Beispiel die Vertreter des Kulturpessimismus in Deutschland um 1890 oder Papini und seine Freunde in Italien im Jahrzehnt vor dem Ersten Weltkrieg.

27 Das maßgebliche Werk war Ernst von Goedthausen, *Enthüllung des Systems der Weltbürgerrepublik* (Leipzig, 1786). Eine Diskussion dieser Ansichten findet sich in Klaus Epstein, *Die Ursprünge des Konservatismus in Deutschland* (Berlin, 1973), passim.

28 L. Ginzberg, »Grosit li faschism?«, NESAWISIMAJA GASETA (28. April 1992). Der Historiker Dr. Ginzberg hat drei Bücher über Nazideutschland geschrieben.

29 Wladimir Jadow, »Rossijskij National-Sozialism objawlajet manifest«, ISWETIJA (9. April 1992). Ich beziehe mich auf einen Aufsatz des Akademiemitglieds G. Ossipow in: DEN (29. März 1992).

30 *Menschliches-Allzumenschliches* (Berlin, 1988), Bd. II, S. 511 f.

31 Auch die Geschichte der westeuropäischen Nationen bietet keine sicheren Rezepte, weil Rußland vor einer ganz anderen Situation steht. Die einzigen Lehren, die aus ihr gezogen werden können, sind negativer Natur – welche Ideen und Ansätze nicht funktionieren. Die russische Rechte hat sich sehr bemüht, bei bislang noch unbekannten ausländischen Autoren Anleihen zu machen. Dabei ist sie noch nicht bei den Lehren angelangt, die für sie am interessantesten sein müßten, auch wenn sie ebensowenig anwendbar sind. Hier wären zu nennen: der TAT-Kreis (die TAT war eine konservative Kulturzeitschrift), die korporativistischen Schulen, die Theorien Carl Schmitts über die autoritäre Demokratie und den Notstand sowie die verschiedenen Spielarten des Nationalbolschewismus. Sie alle hatten in Deutschland vor der Machtergreifung der Nazis ihren Höhepunkt – allerdings erwarteten im Deutschland der Jahre 1930–1933 nur sehr wenige Leute von der Kirche eine Rettung.

Bibliographie

Eine umfassende Darstellung der Geschichte des russischen Nationalismus und des »russischen Gedankens« liegt nicht vor. Das Thema ist vielfältig und schwer abzugrenzen. Mit dem romantischen Zeitalter beschäftigt sich Hans Roggers bahnbrechendes Werk *National Consciousness in 18th century Russia* (Cambridge, Mass., 1960). In dem späteren Werk *Jewish Policies and Rightwing Politics in Imperial Russia* (Basingstoke, 1986) widmet er sich dem Nationalismus des frühen 20. Jahrhunderts. Für die sehr frühe Periode siehe D. S. Lichatschow, *Nazionalnoje samoposnanije drewnej Rusi* (Moskau, 1945). Die frühe Literatur über die Vorstellung vom Dritten Rom findet sich in Léon Poliakov, *Moscou Troisième Rome* (Paris, 1989).

Über die Slawophilen wurden hervorragende Studien verfaßt. Dies gilt für die Untersuchungen von A. Walicki, *The Slavophile Controversy* (Oxford, 1975), N. Rjasanowskij (1952) und anderen Autoren, die im Text erwähnt wurden. Zwei allgemeine Werke über die russische Geistesgeschichte verdienen ebenfalls erwähnt zu werden, obgleich sie schon vor langer Zeit geschrieben wurden: Owsjanniko-Kulikowskij, *Istorija Russkoj Intelligenzij* (Moskau, 1911), und Iwanow Rasumnik, *Istorija russkoj obschtschestwennoj mysli* (Moskau, 1907). Dostojewskijs Schriften, vor allem aber *Das Tagebuch eines Schriftstellers,* sind in diesem Zusammenhang von überragender Bedeutung. Dasselbe gilt für die Sekundärliteratur über Dostojewskij, vor allem J. Franks monumentale Dostojewskij-Biographie (1976) und Wayne Dowlers Schriften über Dostojewskij und die *Potschwenniki.*

Von Interesse ist auch Lew Tichomirow, der ehemalige Terrorist, der sich zum Konservativen und schließlich zum Monarchisten mauserte. Einige seiner Schriften liegen auf englisch vor, *Russia, Political and Social* (London, 1892).

Ob der erzkonservative Pobjedonozew zu den Nationalisten gezählt werden soll, ist fraglich. Mit Robert Byrnes hat er ebenso einen Biographen gefunden wie Tschaadajew (Gerschenson), die Aksakows (P. Christoff), Chomjakow (A. Gratieux), Kirejewskij (A. Gleason) und sogar Danilewskij (Robert E. Mac Master). Einige der nach 1917 verbotenen Werke wurden im Moskau der Reformära wieder aufgelegt, so auch die Schriften Tschaadajews und Danilewskijs.

Weit weniger untersucht wurde die Rechte, insbesondere die extreme Rechte, in den letzten Jahren des Zarismus. Eine kurze Stolypin-Biographie hat der inzwischen verstorbene A. J. Awrech vorgelegt (Moskau, 1990). In den zwanziger Jahren erschienen mehrere Sammlungen von Dokumenten der Schwarzen Hundert, später war auch dieses Thema tabu. Einige dieser Quellen sind in meinem Buch *Deutschland und Rußland* angegeben. H. D. Loewes *Antisemitismus und reaktionäre Utopie* (Hamburg, 1978) ist die einzige bisher vorliegende wissenschaftliche Studie über die Schwarze Hundert. Wer sich dafür im Detail interessiert, findet weitere Verweise, insbesondere im Hinblick auf die Verbindung der Schwarzen Hundert zur Kirche, in John S. Curtiss, *Church and State in Russia* (New York, 1940).

Die Veröffentlichung von W. Osetrows Buch über die Schwarze Hundert, das aus der Sicht eines Sympathisanten geschrieben ist, wurde auf Anordnung eines Moskauer Gerichts vorläufig ausgesetzt. Eine gekürzte Fassung erschien jedoch 1991 beim Verlag der Sowjetarmee (Woennoje Isdatelstwo) mit einer Auflage von einer Million *(Tschernaja Sotnja)*. Die *Vechi* (Marksteine) (1908) liegen in englischer Übersetzung vor, *Landmarks* (New York, 1977). Sie sind von überragender Bedeutung für das Verständnis eines Teils der russischen Intelligenzija. Das gilt auch für die Aufsatzsammlung *Is glubiny* (Moskau, 1918). Sie wurde in der Glasnost-Ära ebenso neu aufgelegt wie die Essays von rechtsgerichteten Autoren des frühen 20. Jahrhunderts, allen voran Menschikow und Sergej Scharapow, und natürlich verschiedene Versionen der *Protokolle der Weisen von Zion*. Am häufigsten wird heutzutage die Ausgabe von Sergejew Posad aus dem Jahre 1917 neu gedruckt. Zu den Standardwerken über die *Protokolle*, die bereits im Text angeführt wurden, sollte folgendes noch hinzugefügt werden: P. A. Taguieff. *Les Protocoles des Sages de Zion*, 2 Bde. (Paris, 1992).

Folgende Monographien über die russische Emigration sollten erwähnt werden:

Robert H. Johnston. *New Mecca, New Babylon*. Kingston, Montreal, 1988.

Marc Raeff. *Russia Abroad*. New York, 1990.

B. Prianischnikoff. *Nowopokolenzy*. Silver Spring, Maryland, 1986.

John Stephan. *The Russian Fascists*. New York, 1978.

Gleb Struve. *Russkaja Literatura w Isgnanij*. Paris, 1984.

Robert C. Williams. *Culture in Exile-Russian Emigrés in Germany 1881-1941*. Ithaca, 1972.

Johnstons Buch ist vor allem im Hinblick auf die russische Rechte in Frankreich wichtig und enthält weiterführende Quellenangaben. Stephan behandelt die russischen Faschisten in der Mandschurei, und Prjanischnikoff ist für das Verständnis der frühen Geschichte des NTS von Bedeutung.

Großfürst Kyrill veröffentlichte 1939 eine Autobiographie in englischer Sprache, *My life in Russia's Service* (London, 1939), die jedoch nur die Zeit bis 1917 abdeckt. Sie enthält ein Nachwort seines Sohnes Wladimir, des im April 1992 verstorbenen Thronanwärters. Von den vielen Autobiographien russischer Emigranten verdienen zwei hervorgehoben zu werden, die in diesem Kontext von besonderem Interesse sind:

Roman Gul. *Ja unjos Rossiju*. 2 Bde., New York, 1984.

W. A. Warschawskij. *Nesametschonnoje Pokolenije*. New York, 1956.

Die Zahl der Bücher über das nationalistische Gedankengut in der Emigration ist Legion. Folgende gehören zu den wichtigsten:

N. Berdjajew. *Das neue Mittelalter*. Darmstadt, 1927.

— *Sinn und Schicksal der russischen Kommunisten*. Luzern, 1937.

— *Die russische Idee*. St. Augustin, 1983.

G. P. Fedotows Aufsätze erschienen in mehreren Bänden:

Lizo Rossij (Paris, 1988); *Saschtschita Rossij* (Paris, 1988); *Rossija, Jewropa i my* (Paris, 1973); *Tjaschba o Rossij* (Paris, 1982).

Iwan Iljins Schriften zum Nationalismus und zur Monarchie (siehe auch weiter unten) wurden in den letzten Jahren in Moskau von rechtsgerichteten Zeitschriften abgedruckt und in Buchform herausgegeben. Von D. Polotorazkij liegt eine Biographie über Iljin vor.

Iwan Solonewitschs *Narodnaja Monarchija* (San Francisco, 1978) wurde in den letzten Jahren in Moskau neu aufgelegt. Darüber hinaus erschienen zum Thema Nationalismus zahllose Bücher und noch mehr Aufsätze von gewichtigen Vertretern der Rechten wie Peter Struve bis hin zu fanatischen Verschwörungstheoretikern wie F. Winberg, *Krestnyj Put* (München, 1921). Einige dieser Werke habe ich bereits in meinem Buch *Deutschland und Rußland* besprochen, andere werden in einer neueren Studie von Jane Burbank, *Intelligentsia and Revolution* (Oxford, 1986), kritisch untersucht.

Die in Rußland selbst und im Ausland erschienene Literatur über die russisch-orthodoxe Kirche ist äußerst umfangreich. Von den allgemeinen Werken seien folgende erwähnt:

M. Bourdeaux. *Patriarch and Prophets.* New York, 1970.

Jane Ellis. *The Orthodox Church.* Bloomington, Indiana, 1986.

A. Kartaschew. *Otscherki po istorij russkoj zerkwi.* 2 Bde., Paris, 1959; Moskau, 1992.

Ioann Kronstadtskij. *Christianskaja Filosofija.* Moskau, 1992 (Nachdruck der Ausgabe von 1902).

D. Pospelowskij. *The Russian Church under the Soviet Regime.* 2 Bde., Gestwood, 1984.

Gernot Seide. *Geschichte der russischen orthodoxen Kirche im Ausland.* Wiesbaden, 1983.

N. D. Talberg. *Istorija christianskoj zerkwi.* Jordansville, New York, 1964.

Zu den aus Emigrantenkreisen stammenden Werken über den Satanismus und die Apokalypse gehören folgende:

B. Moltschanow. *Antichrist.* Jordansville, New York, 1987.

Ratibor-Jurwenitsch. *The contemporary faces of Satan.* o. O., 1985.

Seraphim (Rose). *The future of Russia and the end of the world.* Jordansville, New York, o. D.

Seraphim. *Orthodoxy and the religion of the future.* o. O., 1983.

Aktuelle Ereignisse in der russisch-orthodoxen Kirche innerhalb und außerhalb Rußlands werden besprochen in:

PRAWOSLAWNAJA RUS und PRAWOSLAWNAJA PUT. Beide Jordansville, New York.

WETSCHE (München).

Die führende wissenschaftliche Arbeit über die Rolle des Teufels im religiösen Denken ist Jeffrey Burton Russells vierbändige Studie *The Devil, Satan, Lucifer,* und *Mephistopheles.* Ithaca, New York, 1977–1986.

Das offizielle Organ der russisch-orthodoxen Kirche in Rußland ist das SCHURNAL MOSKOWSKOGO PATRIARCHATA, von dem auch ein Rundbrief herausgegeben wird. In letzter Zeit sind auch in der Zeitschrift MOSKOWSKIJ ZERKOWNYJ WESTNIK interessante Artikel erschienen.

Zu den spezifisch antijüdischen Publikationen zählen die Nachdrucke der vorrevolutionären antisemitischen Literatur wie die *Protokolle,* die Schriften Ljutostanskijs oder Schmakows *Meschdunarodnoje taijnoje prawitelstwo* und J. Brafmans *Das Buch vom Kahal* (Leipzig, 1928; erstmals aufgelegt in Wilna, 1869).
Daneben gibt es Nachdrucke der in den dreißiger Jahren in Riga und anderen Emigrantenzentren publizierten Bücher wie Gladkis *Schid,* Schewachows *Jewrejskij terror w Rossij* und Werke, die nach 1945 in den USA veröffentlich wurden, namentlich Gregorij Klimows *Tajny Sowetskich mudrezow* und A. Dikys *Jewrei w Rossij i w SSSR* und *Russko-Ewrejskij Dialog* (New York, 1970). (Diky gehörte zu den frühen Emigranten, Klimow, ein ehemaliger sowjetischer Geheimdienstoffizier, lief 1948 in Berlin über.) Von den Broschüren sollte W. Uschkuiniks *Pamjatka russkomu tscheloweku* (New York, 1982) erwähnt werden. Daneben existieren zahllose anonym veröffentlichte Hefte, zum Beispiel *Sakrytaja Tema,* das den Anteil von Juden in der Sowjetführung zum Thema hat. Eine weitere populäre Übersetzung ist Douglas Reeds *Spor o Zione* (Johannesburg, 1986; Krasnodar, 1992).
Einen Überblick über die Samisdat-Publikationen der verschiedenen christlichen Gruppen bietet John B. Dunlop in *The Faces of Contemporary Russian Nationalism* (Princeton, 1983) und seinen anderen Büchern. Das meiste aus der Zeitschrift WETSCHE findet sich im *Archiv Samisdata* bei Radio Liberty und in WESTNIK (herausgegeben vom Pariser CVJM-Verlag). Einige bemerkenswerte Aufsätze christlicher Dissidenten liegen auch in englischer Übersetzung vor.
Die Literatur über den Monarchismus ist lange nicht so umfangreich. Sie beschränkt sich auf einige Zeitschriften mit verschwindend geringen Auflagen wie NASCHA STRANA (Argentinien) und ZAR KOLOKOL (Moskau, Samisdat).
Zu den nach dem Zweiten Weltkrieg erschienenen Studien über den russischen Nationalismus gehören neben den bereits erwähnten Büchern John Dunlops *The New Russian Revolutionaries* (1976) und *The New Russian Nationalism* (1985) sowie Alexander Janows *The Russian New Right* (Berkeley, 1978) und *The Russian Challenge and the Year 2000* (Oxford, 1986). Dunlops Einstellung zur gemäßigten Rechten ist insgesamt positiv, Janow hingegen sieht in ihr eine Gefahr für Rußland und den Westen. Auch Michail Agurskijs *The Third Rome, National Bolshevism in the USSR* darf in diesem Zusammenhang nicht vergessen werden, obgleich er sich hauptsächlich mit dem Nationalbolschewismus in der Zeit zwischen den Kriegen beschäftigt.
Zu den (mehr oder weniger) offiziellen Organen der russischen Nationalisten innerhalb der Sowjetunion gehörten die Monatszeitschriften NASCH SOWREMENNIK, MOLODAJA GWARDIJA und SEWER; letzterer wird in Petrosawodsk herausgegeben und hat einen begrenzteren Leserkreis. Ähnliches Material erschien auch in KUBAN und DON. Die MOLODAJA GWARDIJA tendierte zum Nationalbolschewismus, während der NASCH SOWREMENNIK auch das »menschliche Antlitz des Chauvinismus« genannt wurde. Ironischerweise wurde der NASCH SOWREMENNIK von Maxim Gorki, dem Buhmann der russischen Rechten, als jährlicher Almanach gegründet, während die MOLODAJA GWARDIJA erstmals 1922 vom Komsomol, der kommunistischen Jugendorganisation, herausgegeben wurde. Die frühen Her-

ausgeber, darunter Alexander Isbach, A. Besymenskij und Michail Swetlow, waren jüdische Schriftsteller. Zum selben Lager zählt auch MOSKWA, obwohl dieses 1957 gegründete Blatt eine gemäßigtere Linie verfolgte. Seit 1968 wird es von M. Alexejew herausgegeben.
Die Zeitschrift SLOWO, die in Zusammenarbeit mit dem Moskauer Patriarchat verlegt wird, gehört zu den neusten Publikationen. Wie MOSKWA ist sie etwas gemäßigter als die weiter oben erwähnten Blätter. Die Auflage all dieser Zeitschriften ist in den letzten Jahren beträchtlich zurückgegangen. Im Jahr 1990 betrug die Auflage von MOLODAJA GWARDIJA noch 725 00 Exemplare; 1992 war sie auf 200 000 geschrumpft, so daß die Herausgeber sich gezwungen sahen, in einem Aufruf die Leser (und »alle echten Patrioten«) um finanzielle Unterstützung zu bitten, da andernfalls das Überleben der Zeitschrift fraglich sei. Auch die Auflage von NASCH SOWREMENNIK ist in den beiden letzten Jahren dramatisch gesunken (allerdings sollte hinzugefügt werden, daß dies für die meisten politischen Zeitschriften in Rußland gilt).
Wichtige Wochenschriften sind DEN und LITERATURNAJA ROSSIJA, das Organ des Schriftstellerverbandes der Russischen Föderation, sowie einige lokale Blätter wie LITERATURNYJ IRKUTSK und MOSKOWSKIJ LITERATOR; letzteres wird in unregelmäßigen Abständen vom Moskauer Schriftstellerverband herausgegeben. TJUMEN LITERATURNAJA griff selbst Solschenizyn wegen angeblicher Kontakte zum Weltjudentum an (2, 1991).
Neben den bereits erwähnten Studien von Pribilowskij, Mark Deich und S. Resnik liegt weitere Literatur über den Pamjat vor. I. A. Jerunows und W. D. Solowejs *Russkoje Delo Sewodnja* (Bd. 1 »Pamjat«; Moskau, 1991) enthält neben einer exzellenten Analyse auch wichtige Dokumente.
Die Eurasier publizierten in den zwanziger und dreißiger Jahren sehr eifrig. Nach dem Zweiten Weltkrieg wurden einige wissenschaftliche Untersuchungen über ihre Lehren veröffentlicht. Die wichtigsten sind:
Otto Böss. *Die Lehre der Eurasier.* München, 1961.
Nicholas Riasanowsky. *The Emergence of Eurasianism.* CALIFORNIA SLAVIC STUDIES 4 (1967).
Die am häufigsten diskutierten Romane rechtsgerichteter Autoren, die in der frühen Reformära herauskamen, sind:
W. Astafjew. *Der traurige Detektiv.* Berlin und Weimar, 1990.
W. Below. *Wsjo wperedi.* Moskau, 1986.
W. Rasputin. *Poschar.* Moskau, 1985/1986.
In dieselbe Kategorie gehören auch Aufsätze von Leonid Borodin, Wladimir Krupin, A. Prochanow, W. Solouchin und anderen. Am meisten gelesen wurden die historischen und patriotischen Romane von Walentin Pikul.
Auch Standard-Naziliteratur wurde in den letzten Jahren in Rußland neu gedruckt oder vervielfältigt. Darunter Adolf Hitler, *Mein Kampf* (Moja Borba), sowohl in der ungekürzten Übersetzung als auch in einer gekürzten Version, die ursprünglich in Schanghai herausgegeben worden war, und Josef Goebbels, *Der Bolschewismus in Theorie und Praxis* (erstmals 1936 veröffentlicht). Weitere Schriften:

Alfred Rosenberg. *Der enthüllte Bolschewismus.* Nürnberg, 1938.
Hermann Fehst. *Bolschewismus und Judentum.* Berlin, 1934.
Von den neueren antijüdischen Publikationen sollten folgende erwähnt werden:
W. Jemeljanow. *Dezionisazija.* Paris, 1977.
— *Jewrejskij Nazism i Asiatskoje sposobstwo proiswodstwa.* o. O., o. D.
A. Romanenko. *Genozid.* Leningrad (sic!), 1991.
Von den Publikationen, die sich explizit mit angeblichen Freimaurerverschwörungen beschäftigen, sollten neben den bereits im Text angeführten, wissenschaftlicheren Studien, folgende erwähnt werden:
G. Schwartz-Bostunitsch. *Die Freimaurerei.* Weimar, 1928.
W. Iwanow. *Prawoslawnyj mir i masonstswo.* Charbin, 1935.
N. Markow. *Der Kampf der dunklen Mächte.* Erfurt, 1944.
A. Seljaninow. *Tajnaja Sila masonstwa.* St. Petersburg, 1911.
Zu den erwähnenswerten Zeitschriften der zeitgenössischen Rechten gehört das Wochenmagazin DEN (Auflage 90000). Es erschien 1991 zum ersten Mal und wird von Alexander Prochanow herausgegeben. Das Blatt ist die Antwort der Rechten auf LITERATURNAJA GASETA. RUSSKIJ WESTNIK (Auflage 100000), herausgegeben von A. Senin, vertritt eine noch extremere Position, dient mehreren Gruppen als Forum und veröffentlicht darüber hinaus häufig Beilagen über den Monarchismus, die Kosaken und ähnliche Themen.
Die wichtigsten Quellen in bezug auf den aktuellen russischen Nationalismus sind die von den verschiedenen Gruppen finanzierten Periodika. Dazu gehören:
ECHO, herausgegeben vom Schriftstellerverband Wologda.
GIPERBOREA (Wilna), ein theoretisches Organ der extremen Rechten in russischer Sprache.
GLASCHATAJ (Auflage 60 000).
GOLOS ROSSIJ (Petrograd, Auflage 40 000).
GRADU I MIRY (Irkutsk).
ISTOKI (Auflage 15 000), seit 1992 NESAWISIMAJA WOENNAJA GASETA.
LIBERAL, Sprachrohr der Schirinowskij-Partei.
MONARCHIST (St. Petersburg).
MOSKOWITJANIN.
MOSKOWSKIJ TRAKTIR, 1992 aufgegangen in RUSSKOJE WOSKRESENIJE.
NAKANUNE (Slatoust, Auflage 5000).
NARODNIJE NOWOSTI (»Für Gott, die Nation und die Arbeit«).
NARODNOJE DELO, Organ der »Volkssozialistischen Partei«.
NASCHA ROSSIJA.
NASCHE, herausgegeben von MOLODAJA GWARDIJA.
NASCHE WREMJA, Organ der »Nationalen Republikanischen Partei Rußlands (Auflage 40000).
OTETSCHESTWO (St. Petersburg, Auflage 25000).
OTTSCHISNA (St. Petersburg).
PAMJAT (Moskau).
PAMJAT (Nowosibirsk).
POLITIKA, ursprünglich das wöchentlich erscheinende Organ der Parlamentsfrak-

tion Sojus, wurde dann aber unter dem neuen Namen OBOSRENIJE zum Sprachrohr der Mitte-Rechts-Koalition mit einer Auflage von 25000.

POLOSCHENIJE DEL, herausgegeben von einem der Pamjat-Ableger.

PULS TUSCHINA, benannt nach einem Moskauer Stadtviertel (Auflage 10000). Motto: »Rußland erwacht aus seinem Schlaf.«

RODNYJE PROSTORY (St. Petersburg).

ROSSISKOJE WOSROSCHDENIJE, Organ der »Russischen Nationalen Front« Skurlatows.

RUSSKIJ PULS (Auflage 20000), Motto: »Unsere Position: Opposition.«

RUSSKIJ PUT, seit Januar 1992 vom »Bund für die geistige Wiedergeburt des Vaterlandes« herausgegeben.

RUSSKIJE WEDOMOSTI (Auflage 10000), erscheint unter der Schirmherrschaft der »Russischen Partei«.

RUSSKIJ STAG, herausgegeben von A. Barkaschow, einem ehemaligen Pamjat-Mitglied und Autor des Pamphlets *Era Rossij.*

RUSSKOJE DELO, Sprachrohr der »Nationaldemokratischen Partei«.

RUSSKOJE SNAMJA (Moskau, Auflage 8000).

RUSSKOJE TOWARISCHTSCHESTWO (Auflage 40000), Organ der »Sozialen Organisationen Rußlands«.

RUSSKOJE WOSKRESENIJE (Auflage 40000), Motto: »Patrioten, vereinigt euch.«

SEMSCHTSCHINA, führt die Tradition einer von Markow II. publizierten Schrift der Schwarzen Hundert fort.

SLAWJANSKIJ WESTNIK (Auflage 50000), herausgegeben von der Slawischen Stiftung für Literatur und Kultur.

SLAWJANSKIJE WEDEMOSTI (Minsk, Auflage 50000).

SOGLASIE.

STROITELNAJA GASETA (Auflage 100000), heute DOMOSTROJ.

TRETIJ RIM, Sprachrohr der »Russischen Patriotischen Bewegung«.

W BLOKNOT PATRIOTA (Leningrad).

WELIKOROS.

WETSCHE (Auflage 12000), herausgegeben vom Nowgoroder Schriftstellerverband. Nicht zu verwechseln mit der in München erscheinenden rechten Zeitschrift WETSCHE.

WOLJA ROSSIJ (Jekaterinenburg).

WOSKRESENIJE, sympathisiert mit Ostaschwili und dem Irak; ein Schwerpunkt ist Astrologie.

WOSROSCHDENIJE ROSSIJ.

Von einigen dieser Zeitschriften erschienen nur einige wenige Nummern. Manche verschwanden spurlos, andere haben ihren Namen gewechselt. Mehrere werden praktisch kostenlos verteilt. Die Angaben über ihre Auflagen sollten mit Vorsicht genossen werden.

In eine andere Kategorie gehören:

SITUAZIJA, rechtsgerichtet, vom Innenministerium gefördert und von W. Filatow herausgegeben, dem ehemaligen Herausgeber von: WOENNO-ISTORITSCHESKIJ SCHURNAL; unter Filatows Regie ein Flaggschiff rechtsextremer Propaganda; hat Auszüge aus Hitlers *Mein Kampf* und dergleichen abgedruckt.

Zuletzt eine Reihe von Büchern, die in keine der oben angeführten Kategorien passen, aber dennoch einen direkten Bezug zur Neuen Rechten haben:

I. Bickerman (Hrsg.). *Rossija i Jewrei.* Paris, 1978 (Nachdruck).

Peter Duncan. *Russian Messianism.* Glasgow, 1990 (Dissertation).

Wassilij Grossmann, *Leben und Schicksal.* London, 1988.

Iwan Iljin, *Osnowy borby za nazionalnuju Rossiju.* Berlin, 1938.

Alexander Kappeler (Hrsg.). *Die Russen. Ihr Nationalbewußtsein in Geschichte und Gegenwart.* Köln, 1990.

Wladimir Krasnow. *Russia beyond Communism.* Boulder, 1991.

Dmitrij Lichatschow. *Reflections on Russia.* Boulder, 1991.

Nicolai Petro (Hrsg.). *Christianity in Soviet Society.* Boulder, 1990.

Michael Scammel. *Solzhenitsyn.* New York, 1984.

I. Schafarewitsch. *Russofobia.* München, 1989.

Alexander Solschenizyn. *Rußlands Weg aus der Krise.* Zürich, 1990.

Alexander Solschenizyn u.a. *Stimmen aus dem Untergrund.* Darmstadt und Neuwied, 1975.

Peter B. Struve. *Patriotica.* St. Petersburg, 1911.

J. Troizkij. *Wosroschdenije russkoj idej.* Moskau, 1991.

Zu den grundlegenden konservativen Werken über die russische Geschichte im 20. Jahrhundert, die in den letzten Jahren neu aufgelegt wurden, gehören:

E. E. Alferjew. *Imperator Nikolaj II.* Jordansville, New York, 1983.

S. S. Oldenburg. *Zarstwowanje Imperatora Nikolaja II.* USA, 1981 (neueste Ausgabe).

N. Sokolow. *Ubijstwo zarskoj semi.* Buenos Aires, 1978.

Das *Archiv der russischen Revolution* (Berlin, 1920), von E. Gessen herausgegeben, ist ein unschätzbares, mehrbändiges Werk. Es wurde 1991/1992 in Moskau neu aufgelegt. Das gleiche gilt für die Memoiren führender Figuren des Bürgerkriegs (zum Beispiel General Denikin) und für die Studien über die frühen Jahre des Terrors (etwa von Melgunow).

Neben der Literatur über die Renaissance der Kosaken sollten auch die folgenden lokalen Publikationen nicht unerwähnt bleiben:

DONISKAJA WOISKOWIJA (Wedomosti).

DONSKOJ KASAK.

DONSKOJE SLOWO (Rostow).

GOLOS DONA (Rostow).

JAITSKAJA WOLJA.

KASAK (Konstantinowsk).

KASATSCHAJA WOLJA (Tscherkesk).

KASATSCHIJ WESTNIK.

KASATSCHIJE WEDOMOSTI (Moskau).

KAWKASKIJ KRAJ.

USSURISKIJ KASATSCHIJ WESTNIK.

Die Intellektuellen der Neuen Rechten in Rußland sind nicht sehr zahlreich, dafür aber laut und sehr produktiv. Sie sind stark von der westeuropäischen Philosophie des Paneuropäismus und der Revolte gegen den Modernismus in-

spiriert. Vor allem haben sie Julius Evola entdeckt, insbesondere sein Buch *Erhebung wider die moderne Welt* (Stuttgart und Berlin, 1935).
Eine gute Übersicht über Evolas Philosophie bietet ein Artikel des Historikers T. Sheehan, »Myth and Violence; the Fascism of Julius Evola and Alain de Benoist«, SOCIAL RESEARCH 1 (1981).
De Benoists bekanntestes Werk ist *Aus rechter Sicht* (Tübingen, 1983/1984). Für dieses Buch erhielt De Benoist den Literaturpreis der Académie Française. Doch die Doktrin der europäischen Rechtsaußen, die so etwas wie einen Eurofaschismus anstreben, steht im Gegensatz zur ablehnenden Haltung weiter Teile der russischen Rechtsextremen gegenüber dem Westen. Eine dauerhafte ideologische Verschmelzung ist daher wenig wahrscheinlich.

Bildnachweis

Seite 1 unten: Archiv für Kunst und Geschichte, Berlin.
Alle anderen Abbildungen: Privatarchiv des Autors.

Register